JN260237

巡礼の文化人類学的研究

四国遍路の接待文化

浅川泰宏 著

古今書院

まえがき

「巡礼」とは何か。とくに四国遍路についていえば,「遍路」とは何なのか—。本書で目指したのは,弘法大師ゆかりの札所寺社を巡拝する者という一般的な理解を超えた,もうひとつの遍路像への接近である。本書が見据える世界は,愛媛のわらべうた「いやよ母さん」に端的に示されている。

> いやよ母さん,守奉公いやよ,
> お主ににらまれ,子にいじめられ,
> 人には楽なよに思われまする,
> 遍路と守とは歩かな食えぬ,
> 歩き止めたら食えらせぬ。[北原編 1974（1947）:322]

　子守はつらいが,生きていくために頑張らなければならない。そんな切ない心情が伝わってくる。だが,そんな守子たちと同様に,遍路も歩いて食わねばならないと歌われているのは,なぜなのか。
　巡礼者である遍路が「歩く」ことは容易に理解できよう。だがそれは,遍路たちが「祈る」ためではなく,「食う」ためなのだという。少なくとも,この歌を歌い継いできた人々にとって,遍路とは生きるために歩き続けなければならない存在だったのだ。これが「巡られる人々」の民俗知識による遍路像の一端だとするならば,それは今日一般的に知られているものと,あまりに異なるものではないだろうか。
　こうした問題意識にもとづき,約10年にわたって継続的に行ってきたフィールドワークが,本書の核になっている。なぜ,遍路道をはずれた場所にも遍路の足跡が残されているのか。なぜ,遍路についての語りに「ヘンド」という語彙がしばしば持ち込まれるのか。フィールドで発見した2つの問いを手懸かりに,日常的実践としての接待に注目して,巡られる人々の認識構造と接待を産み出す心

性に文化人類学的観点から奥深く切り込んでいくこと。著者の本書における試みはこのようなものである。

初出について

　本書は，2006年に慶應義塾大学院社会学研究科に提出した博士論文「日常的実践から見た巡礼に関する文化人類学的研究－四国遍路における接待を事例として」に加筆・修正したものである。各章の初出は以下の通りである。

序　章　書き下ろし
第1章　書き下ろし
第2章　「巡礼功徳譚のダイナミズム－四国遍路『尻なし貝』物語を事例として」『哲学』第107集，三田哲学会，pp.131-167，2002年。
　　　　「平等寺門前宿の変遷に関する民俗誌・史－地域文化研究としての一試論」『徳島地域文化研究』第1号，徳島地域文化研究会，pp.3-16，2003年。
　　　　「地域社会の状況と遍路宿泊施設－「道の覇権」の視点から」早稲田大学道空間研究会編『現代四国遍路の宿泊施設』（2000年・2001年早稲田大学特定研究課題共同研究2000B－005研究成果報告書），早稲田大学道空間研究会，pp.103-118，2003年。
第3章　「遍路道を外れた遍路－新しい巡礼空間モデルの構築に向けて」『日本民俗学』第226号，日本民俗学会，pp.35-69，2001年。
第4章　書き下ろし
第5章　「語りわけられる巡礼者－四国遍路のターミノロジー」『徳島地域文化研究』第3号，徳島地域文化研究会，pp.16-27，2005年。
第6章　「響振する苦しみ－ある女性遍路にみる＜救い＞の構築プロセス」坂田正顕・長田攻一・千葉文夫編『道空間のポリフォニー』音羽書房鶴見書店，pp.237-265，2007年。

目　　次

まえがき………………………………………………………………………………ⅰ

序章　研究の目的と方法………………………………………………………………1

第1節　研究の目的－actualな問題としての日常性と巡礼現象の多義的理解の結合に向けて－……………………………………………………………………1
1-1.　actualな問題としての日常性……………………………………………… 1
1-2.　巡礼概念の多義的再考の必要性…………………………………………… 2

第2節　研究の方法－「巡られる」視点からの巡礼再考－……………………5
2-1.　日常性に関する社会学・文化人類学的研究の系譜………………………5
　　(1) 社会学――経験的生活世界として　5
　　(2) 文化人類学・民俗学――非日常性との対比において　6
2-2.　フィールドとしての巡礼――日常性のフロンティア……………………8
　　(1) 巡礼の宗教的儀礼的理解　8
　　(2) 他者を送り込む装置としての巡礼　11
2-3.　資料と用語について…………………………………………………………14
　　(1) フィールドワークと資料について　14
　　(2) 用語の使用法　14

第3節　研究の対象－四国遍路の概要について－………………………………16
3-1.　研究対象の設定――四国遍路の概要………………………………………16
　　(1) 四国地方について　16
　　(2) 弘法大師の聖跡巡礼　17
　　(3) 四国遍路の歴史と現況　18

第4節　本書の構成…………………………………………………………………19

第1章　巡礼研究の展開と課題……27

第1節　巡礼研究の展開と文化人類学的課題……27

1-1. 巡礼研究の2つのアプローチ——実証的研究と解釈学的研究……27

1-2. 日本宗教学と巡礼研究……28
（1）宗教学的巡礼研究のパイオニア——小池長之　30
（2）コミュニタス理論の導入——星野英紀と髙橋　渉　30
（3）牽引するマリア系巡礼——寺戸淳子と藤原久仁子　31
（4）「信仰」と聖地論の問題系　32

1-3. 巡礼の文化人類学的研究……33
（1）海外の巡礼研究と人類学的巡礼研究　33
（2）境界的現象としての巡礼——V. ターナーと A. ファン＝ヘネップ　34
（3）日本での儀礼論的巡礼研究の展開——青木　保と黒田悦子　37
（4）巡礼の文化人類学的課題と四国遍路への応用——儀礼論から実践＝解釈学へ　38

第2節　四国遍路研究の展開と課題……41

2-1. 四国遍路研究の2つの時代——戦前と戦後……41

2-2. 戦前の四国遍路研究……42
（1）真言教学での萌芽——原　秀四郎と『有聲』　42
（2）「ヘンド」をめぐる語彙論的展開——喜田貞吉と地方史家　43
（3）「ヘンド」の「賤民」論への統合——喜田貞吉の「民族史」研究　47
（4）まとめ　51

2-3. 戦後の四国遍路研究……52
（1）全体的な動向　52
（2）近年の動向——四国発のプロジェクト研究の隆盛　54

2-4. 四国遍路研究の成果と課題……54
（1）戦前期の成果と課題——「考古学」的問題系と課題としての「ヘンド」　55
（2）戦後期の成果と課題——比較研究・一般理論への関心と課題としての接待　56
（3）2つの課題の接合——接待の認識論的課題による脱構築　60

第2章　四国遍路の歴史的変容－民衆参加型巡礼システムの確立と変遷－…71

第1節　浮遊する聖性－巡礼功徳譚が語る四国遍路世界の変容－……………72

1-1.「巡礼功徳譚」――巡礼研究と口頭伝承研究との接合……………………72
(1) 口頭伝承と巡礼功徳譚　72
(2) 巡礼功徳譚の性質と可能性　73

1-2. 民衆型四国遍路の確立－とくにメディア空間の成立に関して－……………74
(1) 四国「八十八ヵ所」の成立と『四国徧礼功徳記』　74
(2) 近世マスメディアにみる四国遍路情報の社会化――言説空間の成立　75
(3) 文学作品にみる四国遍路の表象　80

1-3. 巡礼功徳譚の解読――事例としての尻なし貝物語…………………………82
(1)「阿州小野の尻なし貝」　82
(2) 尻なし貝の正体　84

1-4. 巡礼功徳譚のダイナミズム………………………………………………88
(1) 弘法大師遍路信仰と巡礼功徳譚の拡散性　88
(2) 巡礼功徳譚の生成――「岩本寺七不思議」　91
(3) 巡礼功徳譚の消滅　95

1-5 おわりに――「巡礼功徳譚」の可能性…………………………………100

第2節　遍路宿の民俗史・誌－マス・ツーリズムの拡大から歩き遍路の復活まで－…103

2-1. 地域文化研究としての四国遍路……………………………………………103
(1) 巡られる島「四国」　103
(2) 四国遍路と地域社会　103

2-2. 遍路宿――巡礼空間と地域社会の結節点…………………………………104
(1) 現代の「遍路宿」　104
(2) 遍路宿に関する先行研究　105
(3) 本節の目的　106

2-3. 遍路宿の分布と遍路の巡り方－阿波南方の事例より－……………………107
(1) 徳島県下における遍路宿の分布　107
(2) 体験記にみる阿波南方の行程　107
(3) 宿の消えた町「新野」　110

2-4. 調査地概要……………………………………………………………110
2-5. 事例1：太龍寺周辺の遍路宿……………………………………112
　　(1) 太龍寺（副住職S氏）　112
　　(2) 民宿「坂口屋」（女将S氏）　113
　　(3) 民宿「龍山荘」（主人M氏）　115
　　(4) 観光ホテル「わしの里」（代表者M氏）　117
2-6. 事例2：平等寺周辺の遍路宿……………………………………119
　　(1) 平等寺（住職T氏）　120
　　(2) 元遍路宿「岡川」（O夫妻）　120
　　(3) 清水旅館（女将T.S.氏）　122
　　(4) 民宿「みゆき荘」（主人M氏）　123
　　(5) 「山茶花」（女将）　124
2-7. 道の覇権をめぐる争い……………………………………………126
　　(1) 太龍寺登山口をめぐって――阿南VS鷲敷　127
　　(2) 街道拠点をめぐって――桑野VS新野　128
2-8. 四国遍路の動向と地域社会経済のうねりの中で……………132
　　(1) 四国遍路の第2次近代化と新生阿南市（1960～70年代）　132
　　(2) 歩き遍路の復活と阿南市の建設特需（1980～90年代）　134
　　(3) 新しい時代へ（2000年以降）　136
2-9. おわりに――地域産業としての遍路宿からみる複眼的な歴史……137

第3章　巡礼空間の認識論的再考－四国遍路の歴史人類学的考察から－……147

第1節　巡礼空間モデルの認識論的再考に向けて…………………………148
1-1. 認識論的前提としての「四国八十八ヵ所」………………………148
　　(1) 「四国遍路」と「四国八十八ヵ所」　148
　　(2) 札所と遍路道　149
　　(3) 理念型としての「八十八ヵ所」――「聖地＝巡礼路モデル」　151
　　(4) 「聖地＝巡礼路モデル」の限界――遍路道をはずれた遍路たち　153
1-2. 巡礼者の多面性と巡礼空間モデルの再考…………………………154
　　(1) 田中智彦の「発展的経路」モデル　154

(2)　多面的実践体としての四国遍路　157
　　　(3)　巡られる人々——遍路と相対する日常をつくりだす基盤としての
　　　　　四国遍路　157
　　　(4)　2つのパースペクティブの接合の必要性　158
第2節　広域過去帳調査——企画と方法について……………………………159
　2-1.　先行研究と本調査の位置づけ……………………………………………160
　　　(1)　歴史人口学（Historical Demography）とその資料　160
　　　(2)　前田　卓の過去帳調査　161
　　　(3)　過去帳調査の可能性と本調査の主眼　161
　2-2.　他資料の検討……………………………………………………………162
　　　(1)　納　　札　162
　　　(2)　遍　路　墓　164
　　　(3)　宗門改帳と過去帳　165
　2-3.　調査地の概要……………………………………………………………166
　2-4.　資料としての過去帳……………………………………………………168
　　　(1)　「遍路」の認定基準について　168
　　　(2)　過去帳の資料的限界について　170
　　　(3)　本調査における過去帳データの取り扱い　171
　　　(4)　その他・備考　171
第3節　遍路道をはずれた遍路たち——調査結果……………………………171
　3-1.　総数と分布………………………………………………………………172
　3-2.　年代別分布………………………………………………………………173
　3-3.　出　身　地………………………………………………………………174
　3-4.　身分・戒名等……………………………………………………………175
　3-5.　男　女　比………………………………………………………………175
　3-6.　広域過去帳調査の結果…………………………………………………175
第4節　四国遍路の歴史人類学的考察と「乞食圏」……………………………176
　4-1.　調査地域の地誌学的考察………………………………………………177
　　　(1)　「北方」と「南方」　177
　　　(2)　一般幹線道「土佐街道」と陸上交通の要所「桑野」　179

（3）郷町「富岡」と富岡道　179
　　　（4）港町「橘浦・答嶋」　179
　　　（5）遍　路　道　179
　4-2．遍路道をはずれるいくつかの仮説…………………………………………180
　　　（1）駅路寺の利用　180
　　　（2）道に迷った可能性　181
　　　（3）知人宅の訪問　181
　　　（4）名所見物・他の社寺参詣　182
　　　（5）港町橘・答嶋の港湾機能の利用　183
　　　（6）郷町富岡の都市機能の利用　185
　4-3．両面的実践としての乞食と接待……………………………………………186
　　　（1）「乞食」と遍路行　186
　　　（2）四国遍路の接待　188
　　　（3）地域社会の経済的サポート力　191
　　　（4）遍路として生きる人々　192
　4-4．地域社会のマクロ経済からみる接待の需給バランス……………………193
　　　（1）文化文政期の社会経済的状況　193
　　　（2）天保期の社会経済的状況　194
　　　（3）需要超過する接待　198
　4-5．乞食圏——四国遍路研究の新たな射程……………………………………199
　　　（1）高群逸枝の手記にみる「修行」　199
　　　（2）検証1：平等寺と阿南市海岸部　203
　　　（3）検証2：薬王寺と日和佐町赤松地区　204
　　　（4）その他の可能性　205
　　　（5）広域過去帳調査の総括と「乞食圏」の設定　206
第5節　接待論の再考と第3世代型巡礼空間モデル………………………………208
　5-1．接待論の理論的拡張…………………………………………………………208
　　　（1）接待の主体　208
　　　（2）接待の動機　210
　　　（3）サーリンズの互酬性と接待論再考　211

(4) 接待論の理論的拡張　214
　5-2. 第3世代型巡礼空間モデルの射程——聖性のフロンティア……………214
第6節　附録——過去帳調査に関する2つの覚書………………………217
　6-1. 客死遍路の戒名の特殊性……………………………………………217
　　　(1)「2文字戒名」について　219
　　　(2) 戒名を構成する文字種について　219
　　　(3) ヨソ者と檀家の記述格差について　220
　6-2. 客死遍路の処理と過去帳調査の歴史的限界……………………………221

第4章　まなざしの構築学——正統性・境界性・異質性——……………231

第1節　『憲章簿』にみる土佐藩の遍路認識
　　　　——堅持された正統性とambiguousな境界性——………………233
　1-1.『憲章簿』について………………………………………………………233
　1-2. 遍路街道の設定と脇道禁止……………………………………………235
　　　(1) 土佐藩対遍路政策における基本理念　235
　　　(2) 厳格化する脇道禁止——「脇道通候儀は堅法度に候」　239
　1-3. 2つの接待禁止令－文化文政期と天保期－………………………247
　　　(1) 文化文政期の接待禁止令
　　　　　——民俗行事としての接待に対する部分的禁止………………247
　　　(2) 天保期の接待禁止令——食料安全保障政策としての包括的接待禁止　250
　1-4. 四国遍路の正統性と異質性・境界性——遍路「体」の者…………255
　　　(1) 正統化される信仰的実践　255
　　　(2) 見出される異質性——「悪業」と民俗宗教　257
　　　(3) 排除に向かう境界性——「辺路体の者」　262
　　　(4) 幕末の遍路追払令——天保飢饉と安政大地震に関連して　267
　1-5. まとめ——近世的遍路認識の諸特徴……………………………………272
第2節　遍路者認識のモダニティ
　　　　－ambivalentな境界性と排除に向かう＜分類のまなざし＞－………276
　2-1. 四国会議——排除のコンセンサス……………………………………277
　2-2. 近代国民国家と各県の遍路政策－明治初期の県令布達から－………279

　　　　(1)　解体される関係性――乞食遍路追放と接待禁止　279
　　　　(2)　戸籍制度と脱籍無産者としての遊行宗教者　283
　2-3.　文明開化と四国遍路－明治11年・『普通新聞』社説を中心に－……………286
　　　　(1)　風俗改良運動と違式詿違条例　286
　　　　(2)　徳島『普通新聞』社説――風俗改良問題としての四国遍路　287
　2-4.　法＝警察システムによる分類と排除――「乞食遍路取扱心得」………296
　　　　(1)　接待の違式詿違条例化――高知県令布達明治11年甲第183,184号　296
　　　　(2)　制度化された分類と排除――「乞食遍路取扱心得」　297
　2-5.　衛生観念による排除の新説――明治19年・『土陽新聞』社説…………300
　　　　(1)　社説の概要　300
　　　　(2)　論説の背景――コレラ大流行と関連して　303
　2-6.　駆動する近代的排除システム――「遍路狩り」について……………305
　　　　(1)　『土陽新聞』社説の反響と「遍路狩り」　305
　　　　(2)　高群逸枝が遭遇した「遍路狩り」　307
　　　　(3)　伊東老人の対抗言説　308
　2-7.　戦術としての「遍路」真偽論――巡礼者側からのリプライ…………309
　　　　(1)　ベテラン遍路の忠告から　310
　　　　(2)　横川徳郎「遍路四類型」　312
　　　　(3)　安田寛明「未来への夢」　313
　2-8.　まとめ――近代的排除システムを駆動する＜分類のまなざし＞………318
　【補注】：『土陽新聞』論説の掲載年次をめぐる誤解について……………322

第5章　四国遍路のターミノロジー－接待の実践とヘンドの解釈学－ ……329
　第1節　巡られる人々の遍路認識に迫るために………………………………330
　1-1.　＜分類のまなざし＞の限界………………………………………………330
　　　　(1)　排除の網をかいくぐる人々――高群逸枝『娘巡礼記』より　330
　　　　(2)　反転するまなざし――村上　護「遍路幻想」より　331
　1-2.　日常的実践としての接待――本章の視点………………………………333
　1-3.　両義性のダイナミズム――課題と方法…………………………………334
　　　　(1)　異人論と巡礼研究　334

（2）認識論的アプローチ　336
　　　（3）フォークタームへの着目　337
　第2節　巡られる人々の民俗誌－昭和30年代頃までの阿南市を中心に－……338
　　2-1. 巡られる体験に関する聞き取り調査について……………………………338
　　　（1）「ヘンド」に関する認識論的切断　338
　　　（2）巡られる体験に関する聞き取り調査　338
　　　（3）異文化としての四国遍路──著述のポジション　339
　　　（4）フィールドでの「ヘンド」　339
　　2-2. 巡られる人々の民俗誌……………………………………………………342
　　　（1）富　岡　342
　　　（2）橘　343
　　　（3）椿　泊　343
　　　（4）新　野　345
　　2-3. 認識構造のデッサン──「語り分け」の発見……………………………348
　　　（1）共通する2つのカテゴリー　348
　　　（2）類義語的解釈の問題点　351
　　　（3）異義語的解釈の戦略的採用　351
　第3節　遍路を語り分ける－分析概念と解釈モデル－……………………………353
　　3-1. 語り分けの記号論──瀬戸内寂聴「はるかなり巡礼の道」より………353
　　3-2. 語り分けの合意形成論──新居浜郷土史談会「遍路について」より…357
　　　（1）呼　称　358
　　　（2）相　違　点　358
　　　（3）ヘンドの隣接概念　360
　　　（4）座談会の合意事項　361
　　3-3. ＜ヘンド＞概念の解釈モデル……………………………………………362
　　3-4. 認識のフローチャートと語り分けの民俗知識……………………………364
　　　（1）接待のプロセスと＜ヘンド＞的要素　365
　　　（2）「語り分け」の民俗知識とハビトゥス概念との親和性　369
　　　（3）一致しない解釈と実践　371
　　3-5. ＜ヘンド＞における否定性の限界─山内村（仮称）の事例から─………372

　　　　(1) 四国遍路の「闇の歴史」――山内村と＜ヘンド＞　373
　　　　(2) 否定性の限界　378
　第4節　＜ヘンド＞の解釈学－接待の実践と両義性のダイナミズム－…………378
　　4-1. 事例1：遍路Aをめぐる解釈の相反……………………………………378
　　　　(1) 姑の視点　379
　　　　(2) 嫁の視点　380
　　　　(3) 増幅する意味性　381
　　4-2. 事例2：行者Uをめぐる解釈の転換……………………………………383
　　　　(1) 出会い　383
　　　　(2) 再会と来訪　384
　　　　(3) 絶縁　385
　　　　(4) 後日談　386
　　4-3. 考察――解釈のゆらぎと認識の分割／統合作用………………………388
　　　　(1) 並立する＜オヘンロサン＞と＜ヘンド＞　389
　　　　(2) ＜オヘンロサン＞が＜ヘンド＞に零落するまで　390
　　4-4. まとめ――認識の分割／統合作用と日常性／聖性の関係……………394

第6章　響振する苦しみ－ある女性遍路にみる＜救い＞の構築プロセス－……403
　第1節　苦しみの巡礼世界をみつめなおす……………………………………404
　　1-1. フィールドで出会った苦しみの巡礼者たち……………………………404
　　　　(1) 四国霊場で　404
　　　　(2) 篠栗新四国霊場で　405
　　1-2. 巡礼動機の再整理に向けて………………………………………………407
　　　　(1) なぜ巡礼者は巡礼者となったのか？　407
　　　　(2) 目的実現型と目的探索型　409
　　　　(3) 結びつけられる巡礼と病苦　409
　　1-3. 研究の対象と方法…………………………………………………………412
　　　　(1) 対象の設定――苦しみの巡礼　412
　　　　(2) 分析枠組み――儀礼の動態論的パースペクティブ　412
　　　　(3) 調査上の問題の克服――事後的な語りへの注目　413

第2節　ある女性遍路にみる＜救い＞の構築プロセス……………………414
　2-1. 黒田さん（仮名）の病気直し巡礼……………………………………414
　　（1）記憶のなかの遍路　414
　　（2）＜危機の民俗＞としての病気直し巡礼　414
　　（3）儀礼の「失敗」と＜救い＞の実現　415
　2-2. 苦しみの変容から＜救い＞が構築されるまで………………………417
　　（1）個人的で絶対的な苦しみ　417
　　（2）相対化した苦しみ　417
　　（3）苦しみを「見舞う」　418
　　（4）響振する苦しみ　420
　2-3. 矛盾する動機と解釈をつなぐ心的メカニズム………………………422
　2-4. おわりに――複合系の民俗知識とハビトゥス概念の脱構築………425
　　（1）その後のエピソード　425
　　（2）接待の多様化と移調するハビトゥス　427
　　（3）複合系の民俗知識――ハビトゥス概念の脱構築へ向けて　428

結論　四国遍路の日常的実践としての接待……………………………………433
　あとがき……………………………………………………………………………437
　参考文献……………………………………………………………………………439

序　章
研究の目的と方法

　本研究は，これまで主として非日常的な信仰的実践もしくは宗教的儀礼として捉えられてきた巡礼現象を，レヴィ＝ストロース以後の構造のダイナミズムに関する理論的関心を意識しながら，日常的実践という視点から捉え直し，巡礼現象を支える「構造」の多義性と変化の側面に光を当てることで，新たな文化人類学的巡礼研究の領域を開拓することを目的とする。

第 1 節　研究の目的
－ actual な問題としての日常性と巡礼現象の多義的理解の結合に向けて－

1-1. actual な問題としての日常性

　近年，文化人類学では日常性についての議論が注目を集めている。人々はそれぞれ日々の生活を生きており，この議論はそのような日常生活への着目といえるだろう。田辺繁治・松田素二らは，人類学が日常性に着目する理由として，エスノグラフィーを描くという人類学的作業における政治性や道徳的態度を突きつけた J. クリフォード（Clifford, James）＆ G.E. マーカス（Marcus, George E.）らによる『文化を書く』［クリフォード＆マーカス編著 1996（1986）］と，それ以降のポストモダン人類学によってもたらされた「表象の危機」等の人類学の「ある種の混迷」，すなわち人類学の営みがエスノグラフィーにおけるレトリックの次元に陥る危険性とフィールドにおける人々の行為や実践の視点からの乖離を乗り越える可能性をあげている［田辺・松田編 2002］。

　田辺は日常的実践を「社会的世界と個人的経験との関係性のなかで構成されるすべての人間行為」であり「さまざまな社会，文化のなかで，あるいはそのあい

だで差異化しながらも，日常生活の全ての場面で見られるルーティン化された慣習的行為」と定義している [田辺 2002a：3]。これによると日常的実践は，「日常生活のすべての」というような 1. 汎用性，「ルーティン化された慣行為」というような 2. 慣習性が要点としてあり，この慣習性が必ずしも意識化されないという点で 3. 暗黙性が含まれている。

一方，社会学でも，A. シュッツ（Schutz, Alfred）の議論以降，日常性への着目が盛んに行われてきた。そのような動きとしてエスノメソドロジーや現象学的社会学があるが，その両者を統合する位置にあるのが構築主義（constructionism）と呼ばれる立場である。構築主義は，現実を当事者の語りや行為から「構築されたもの」というふうにみなす。このパースペクティブによると「ある文化や民俗をそれとして浮き上がらせるのは，言説や実践による」ということになるだろう。このような見方は，文化人類学や民俗学において，文化や民俗をア・プリオリなものではないとする，いわゆる言語論的転回（linguistic turn）以降の思想的立場と響き合うものである。

1-2. 巡礼概念の多義的再考の必要性

こうした時，本研究が対象化する「巡礼」概念も再考を余儀なくされる。その方向性は，当事者たちがどのようなものとして巡礼や巡礼者を認識し，解釈しているのかという，認識論的理解・解釈学的アプローチであり，それは必然的に巡礼現象の多義性への着目となるであろう。後述するようにこれまでの巡礼研究は，巡礼者や巡礼行為，聖地・巡礼空間などを主として焦点化してきた。例えば四国遍路の場合，それを弘法大師の聖蹟巡礼であり，したがって巡礼者は弘法大師ゆかりの札所を巡礼する存在であるという理解から演繹される巡礼空間モデルとしての「四国八十八ヶ所」という認識論的前提が存在し，しばしば巡礼現象の多義的理解を妨げ，本質論的解釈や一元的理解へと傾向づけられていた。

とくにそうした言説に回収されがちなのが，「接待」と呼ばれる巡礼者歓待の慣習である。接待は主として，巡礼空間の周辺の人々が巡礼者に対して金品を無償で施与する行為である。これが巡礼者への経済的・精神的援助の側面をもち，

第1節　研究の目的－actualな問題としての日常性と巡礼現象の多義的理解の結合に向けて－

巡礼者の巡礼体験に影響を与える大きな要素でもあることから，四国遍路という巡礼体系を支える構造として重視されてきたものである。そして，接待を行う動機づけとして，大師信仰や善意，愛，同情などの美的に捉えられた四国の人々の心性がしばしば読み込まれてきた。一方で，こうした言説は，現代社会において「癒し」「優しさ」などのキーワードと結びつけられ，下にあげる例のように，「四国」に特定の立場・意味を強いるような「オリエンタリズム」［サイード 1993（1978）］的問題につなげられ得る言説を再生産する原動力ともなっている。

A) お遍路さんを包む「お接待」という言葉。とてもいい響きです。今どき都会で聞かれる「接待」という言葉とは全然ちがいます。「接待」は今すぐの見返りを求めています。でも「お接待」というのは何の見返りも求めません。無限の優しさ，無限の慈悲なのです（中略）お遍路道の近くに住む人々は，みな仏様の掌の中にいるのです

B) 大師にすがる心，遍路をやさしく迎える心，四国の地には昔のままの人々の優しさと暖かさが解け合っています

A,BはともにNHKのテレビ番組『四国八十八ヶ所』第3回（1998年4月19日放送）での語りである。（A）は番組途中に挿入された作家・立松和平のものであり，（B）は番組の最後のナレーションである［NHK「四国八十八か所」プロジェクト編 1998：31-32, 34］。これらは，接待を「無限の優しさ」からなされるものと捉え，そうした「昔のまま」の「優しさ」が残存する土地として四国を描くのだが，それはすなわち四国の人々に彼らが期待する「優しさ」を保持するという役割を押しつけるものでもあるのである。

だが，四国で暮らす人々の日常的実践としての接待の視点からは，これとはまったく異なる言説が語られることもめずらしくはない。

C) 私はそんな風土につちかわれた伊予大洲の生まれである。（中略）そのころ，やって来る遍路の身なりはさまざまであった。白衣に笈，菅笠に金剛杖の本格派は少なくて，物もらいに近い遍路が多かった。へんど，

へんどと軽んじて呼んでいたことを思い出す [村上 1984：3]。
D) お遍路さんを子供の時から毎日見てるわけです。（中略）こっちの日常性が脅かされるという一種の恐怖感ももっていました。叱られるときには,「お遍路さんの子にやる」と言われるんです。（中略）ですから, 敬意をもつと同時に蔑視するという二重の構造みたいなものが子供の時からありました [森本・廣末 1976：51]。

C) は愛媛県出身の作家・村上 護の, 子どもの頃の接待についての回想の一部であり, D) は高知県出身の国文学者・廣末 保が, 評論家・森本哲郎との対談で語ったものである。

同じ四国遍路という巡礼現象についての, このような2つの言説のズレを目の当たりにするとき,「人びとはいかに語り, 思考し, 行為することによって日常的実践を遂行しているのか」「それらの日常的実践はいかに意味あるものとして社会的なひろがりのなかに接合されるだろうか」「そうした社会的な接合のなかで人びとはいかに自己や集団のアイデンティティを構築し変容させながら生きていくのだろうか」 [田辺 2002a：1] という日常的実践が射程化する問題群は示唆的である。

そこで, 本研究では, 巡礼現象の多義的理解のために, 上記のごとくまなざしの交錯する「接待」に焦点を当て, 従来の多くの巡礼研究が立ってきた巡礼者側ではなく, 接待者側, すなわち地域社会の側から考察することを試みる。そこで, 当事者たちが, 日常的実践としての接待を通じて, 巡礼や巡礼者たちをどのようなものとして認識し, 接待を実践するのかという考察を通して, 彼らが認識・実践・解釈をどのように接続し, ひとつの物語を形成していくのかという問題にアプローチする。さらに, 構築されるものとしての文化・民俗という考え方や, 個別の実践・解釈と集合としての構造・表象の関係を「ハビトゥス」という概念モデルで説明しようとした P. ブルデュー, 社会動態論としての V. ターナーのコミュニタス論などの理論的関心を念頭におきつつ, フィールドデータを歴史的パースペクティブに位置づけ,「変化」に着目しながら動態論的に把握する。

このような変化する構造や表象の問題という文化人類学の大きな課題に対して,

おもに日常的実践としての「接待」の分析からアプローチしつつ，巡礼の多義的理解のための新しい手法を提示することが，本研究の目的である。

第2節　研究の方法－「巡られる」視点からの巡礼再考－

本研究では，日常性への着目による巡礼概念の多義的理解という目的のために，巡礼を「巡礼者という特殊な意味性を付与された他者を送り込む装置」と理解し，巡る巡礼者に対し，「巡られる」という視点からフィールドを捉えるという方法をとりたい。そのために，まず前者について日常性に関する先行研究の概略を確認し，次いで，後者についてフィールドとしての巡礼とこれまでの巡礼研究の視点を概観してみよう。

2-1. 日常性に関する社会学・文化人類学的研究の系譜

(1) 社会学──経験的生活世界として

日常世界についての社会学からの説明は，例えば山岸 健においては「私たちがいつも，そこで生きている世界，それは社会的で文化的な様相を呈している意味・価値・規範の，サインとシンボルの，プラークシス（行為・実践）とポイエーシス（制作・創造）の，時間的空間的世界」というふうになされている［山岸 1993：12］。

このような日常性概念は現象学的社会学者 A. シュッツの日常生活世界（world of everyday life）にその端をみることができよう。シュッツは「日常生活の世界とは，覚醒し，成長した人間が他の人々と共に，その中でそれに対して行為している世界であり，また自然的態度にもとづいて一つの現実として経験しているような世界のことである」とし，続けて「我々が生まれるはるか以前から存在し，他の人々，つまり，われわれの祖先たちによって秩序ある世界として経験され解釈されてきた間主観的な世界であり，また，今，われわれの経験と解釈の所与として与えられているような世界である」と述べている［シュッツ 1980（1970）：28］。すなわち，成人が自明なものとして経験可能で，言語を介して行われる他

者との関係性の世界であり，歴史的に継承されるものということができるが，これは法則的規則的な科学（あるいは哲学）の世界に対抗する形で持ち出されたという出自がある。

このような経験的実践的な日常世界への着目は，その後 P. バーガー（Berger, Peter L.）& T. ルックマン（Luckmann, Thomas）の知識社会学に引き継がれた。二人の議論は，日常生活の＜現実＞は社会的に構成されており，その構成のプロセスをある現象を現実的なものと特定する自明的な＜知識＞から分析するものであった［バーガー＆ルックマン 1977（1967）］。この方法は M.B. スペクター（Spector, Malcolm B.）& J.I. キツセ（Kitsuse, John I.）によって構築主義（constructionism）として継承される。T. パーソンズ（Parsons, Talcott）の系譜を引く R. マートン（Merton, Robert K.）を批判する形で出された構築主義は，言語を通して構築された現実として社会現象をみなすひとつの方法論的パースペクティブである。この議論はもともと，先鋭化している社会問題の扱い方に関して，それを実証するのではなく，当事者がいかに「クレイムの申し立て」を行っているかという視点をとるという所から出発しているが，その意味ではとくに社会構築主義（Social constructionism）と呼ばれるような立場においては，（科学の世界に対しての）経験的な日常世界とはいえ，やや特殊な状況に傾いていった。

(2) 文化人類学・民俗学——非日常性との対比において

これに対し，文化人類学での日常性の扱われ方は少々異なった観点からなされてきた。ある現象や行為が日常的であると切り取られたとき，そこには必ず非日常的というカテゴリーが背景にある。あらゆる差異は対抗概念と対にして初めて浮かび上がるからである。すなわちここでは，(1) 非汎用性，(2) 非慣習性，(3) 非暗黙性などが含まれると理解された行為が非日常的なものとして想定されている。同じく経験的世界ではあっても，人類学における日常性は非日常性と対比する形で表され，多くの場合，デュルケム（Durkheim, Émile）やモース（Mauss, Marcel）らのように，宗教や儀礼と関連して，聖なる非日常と俗なる日常という聖俗二元論として展開されてきた［デュルケム 1975（1912）］［モース 1973,1976］。とくに，俗なる日常世界から聖なる時間・空間を区分し創出するものとして着目されたのが儀礼（rites, ritual）である。儀礼は日常と非日常を象

徴的に分離する機能をもつとされ，E. リーチ（Leach, Edmund R.）は「日常・時間的限定性・明晰分明な範疇・中心・俗」に対し，「非日常・無時間性・曖昧不分明な範疇・周縁・聖」という対比を行い，両者の往復運動が人生の階梯を踏み，社会的な時間を生むと考えた［リーチ 1981（1976）および 1990（1961）］。また，V. ターナー（Turner, Victor W.）もこのような聖と俗との振り子運動をコミュニタス（communitas）論として展開した。彼は地位や役割が固定化された日常としての構造と，そのような差異が融解し，時に逆転するような非日常としての反構造（コミュニタス）の弁証法的プロセスが社会の変容を促すとし，そのコミュニタス的状況の典型例を巡礼に求めた［ターナー 1996（1969），Turner 1975（1974）］。

民俗学でも，このような「聖・非日常」と「俗・日常」の二項対立を，櫻井徳太郎や波平恵美子らがフォークタームに由来する「ハレ」・「ケ」という言葉を使って説明してきた。ハレは非日常的な行為や生活様式などを支える価値観や認識を表す語句であり，ケはその対立概念である。これに広義の不浄性を表す「ケガレ」を加え，これらを三極とする循環的な時間モデルを模索した。とくに櫻井は，ケは米を中心とする生産性や豊饒性を示す生命エネルギーと説明し，ケガレはそのエネルギーの涸渇による危機的状況であり，祭りによる回復がハレの状態と説明する。［櫻井ほか 1984］。これに対し，波平はハレ・ケ・ケガレを儀礼分析のための関係論的枠組みとし，とくに不浄性を示す概念としてのケガレに重点をおいた［波平 1985］。

また，近年，日常・非日常の議論に新しい展開を寄せると期待されるのが観光人類学である。橋本和也は観光を聖なる旅と捉えるグレイバーン（Graburn, Nelson）の議論から「聖なる／非日常的な／旅行」と「俗なる／日常の仕事／家にいる」という対立項を取り出している［橋本[和] 1999：75］。ここでは聖／俗に加えて移動と定住という人々の行動様式が加味されており，これは巡礼についても重要な要素であるといえるだろう。

これらの議論はどちらかといえば，聖なる非日常の方に焦点が集まる傾向があった。人類学における聖俗論では，日常世界は儀礼や宗教などの非日常的な対象を浮き上がらせるための背景として捉えられてきたといえるだろう。また民俗学でも，波平恵美子が指摘するように，日本人の古い時代の生活の痕跡が残されていると考えられたハレの方が重視され，日常性を表すケのほうは比較的軽視さ

れていた［波平 1994：615-616］。だが本来，人類学や民俗学が問題としていたのは，人々の生活である日常の方であったことはいうまでもない。田辺らが日常的実践への着目を，人類学自体の再構築へ向ける方向性として表明するのも，まさにこのような批判的考察に基づくものなのである。

2-2. フィールドとしての巡礼——日常性のフロンティア

(1) 巡礼の宗教的儀礼的理解

巡礼（pilgrimage）[1]も，このような聖性・非日常性の文脈で捉えられる文化現象のひとつである。ごく端的にいえば，巡礼はある宗教的理念に基づいて設定された聖地を巡ることである。

代表的な巡礼をあげてみよう。まず，キリスト教世界では聖ヤコブの聖地であるスペイン西北部・ガリシア地方のサンティアゴ・デ・コンポステーラ[2]（Santiago de Compostela）巡礼や，19世紀に聖母マリアが出現したとされるピレネー山脈の麓にある南フランスのルルド（Lourdes）などが有名である。またイスラーム世界では，預言者ムハンマド生誕の地であるアラビア半島のメッカ（Mecca）への巡礼が信仰上の義務として位置づけられているし，チベット仏教の聖地ポタラ宮殿を擁するラサ（Lhasa）や，ヒンドゥー教の聖地である北インドのガンジス川の沿岸都市ベナレス（Varanasi）も多くの巡礼者を集める巡礼地である。

日本でも，観音信仰に基づく西

図序-1 巡礼者のためのミサが始まる直前のSantiago大聖堂の内部（2004年9月，著者撮影）奥に照らされて見えるのが聖ヤコブ像．

国三十三所[3]、坂東三十三所、秩父三十四所の百観音巡礼や、弘法大師信仰を中心とする四国遍路がある。他に、諸国の一宮等に法華経を奉納して回る六十六部廻国巡礼があったが、現在ではほとんど行われていない。

このように文化や地域、宗教によらずに広範にみられる'universal'な現象［Reader and Swanson 1997：225］といわれる巡礼を、比較巡礼学の視点から星野英紀は次のように定義する。

> 巡礼とは、日常空間と時間から一時脱却し、非日常時間、空間に滞在し、神聖性に近接し、再び日常時空に復帰する行動で、その過程にはしばしば苦行性を伴う［星野 2001：21］。

星野の定義では、（日常時空からの）脱却 －（非日常時空での）滞在 －（日常時空への）復帰というプロセスが述べられているが、これは彼自身も明言するように、分離（séparation）－過渡（marge）－統合（d'agrégation）というA.ファン＝ヘネップ（van=Gennep, Arnold）の通過儀礼論［ファン＝ヘネップ 1995（1909）］をモデルとしている。加えて、巡礼を特徴づけるものとして、非日常性、神聖性、苦行性などが指摘されているように、巡礼には日常とは異なる要素が組み込まれており、そのプロセスにおいてさまざまな儀礼的要素があることが、文化人類学者や民俗学者によって注目されてきた。

図序-2 六十六部廻国供養塔
（建立年：享保11年．所在地：川崎市中原区．2005年7月，著者撮影）

例えば、多くの場合、巡礼者は特別な服装をすることがあげられる。四国遍路などでは白装束と菅笠を着用し、金剛杖を持つ。杖や笠は異人性を象徴するものと理解されている［赤坂 1993（1985）等］。また白装束は死装束といわれ、死後、実際にそうした目的で使用されたりもする[4]。さらに笠には「迷故三界城，

図序-3 Santiago巡礼者が身につけるホタテ貝のシンボル（Burgos市にて．2004年9月，著者撮影）

図序-4 巡礼者たち；（上）四国遍路（2003年8月，柳水庵にて著者撮影），（下）Santiago巡礼（2004年9月，Santiago大聖堂前にて著者撮影）．両巡礼とも若者の徒歩巡礼者が増えている．

悟故十方空，本来無東西，何処有南北」という葬送儀礼に使われる偈が記されているなど，巡礼・遍路の服装には，随所に死のメタファーが取り込まれている［真野 1980：48-49］。また，メッカでもイフラーム（ihra:m）と呼ばれる縫い目のない白い巡礼服をまとうし，サンティアゴでは聖ヤコブを象徴するホタテ貝を身につける。これらのことから，巡礼は死と再生をモチーフにした通過儀礼的な側面をもつことや，日常の構造が融解・反転するコミュニタス的状況を表すことが指摘されてきた［Turner 1975（1974）］。

こうした図式は，巡礼が非日常的実践でありながら，実は日常性を前提としていることを明確に物語っている。すなわち，巡礼は巡礼者が所属する日常空間と，神聖性に満ちた巡礼空間[5]の往還運動であり，日常世界から巡礼空間を聖別する宗教的儀礼なのである。そしてこの日常世界からの巡礼空間の分離は，そこが聖地であり巡礼路であるという巡礼者の観念によって創

出され，彼らの巡礼行という実践によって維持されるということも確認できよう。つまり，巡礼を宗教的儀礼として捉えるならば，巡礼空間は宗教的観念によって日常世界から切り取られるものであり，かつ実際の巡礼行為によって，新たな確認的意味が付与されることで維持されていく再帰的空間として考えられる。そのうえで，これまでの巡礼研究は基本的に，「巡礼者」の「巡礼行為」による「巡礼空間」の再帰的構築の総体を巡礼現象の中心的ポジションにおいて理解してきたのである。

(2) 他者を送り込む装置としての巡礼

　もちろん，著者もそうした理解にとくに異論があるわけではない。巡礼現象はまず何より巡礼そのものの側から理解されるべきであろう。しかし，同時に，切り取られた日常世界のほうにも目を向けてみることも無駄ではあるまい。なぜならば，聖別され，分離されたとはいえ，両者は決して無関係ではないからである。そこでやや視点を引いて，両者の関係性を外側から眺めてみよう。

①隣接する巡礼空間と生活圏

　聖地にはチベット高原のカイラース山（Kailas）のように，隔離され人が立ち入ることへのタブー（taboo）が課されている場所もあるが，しばしば聖地は人々の生活する日常空間に隣接して存在し，巡礼路はしばしば当地の人々の日常生活圏を通過する構造になっている。先にあげたサンティアゴ巡礼や四国遍路あるいは西国三十三所などの巡礼路も時として街中を

図序-5　スペイン Burgos 市街地を通過する Camino（2004年9月，著者撮影）
ホタテ貝が向けられた手前側が Santiago 方向を指す．

通過し，非巡礼者の生活圏に隣接あるいは「上書き」されていることに気づくだろう。

　この時，巡礼者と巡礼路沿線にある当該地域社会とはまったくの無関係ではありえない。例えば四国遍路における交換論的コミュニケーションである接待のように，時に積極的に交流をもつこともあるし，単にすれちがうだけという消極的なかかわりの仕方もあるだろう。いずれにせよ，とくに聖地に至る巡礼路沿線においては，巡礼者は非日常的な状態にありながら，彼らの日常世界を通過するという状態にある。この意味で巡礼は日常世界と非日常世界をつなぐものである。巡礼は，巡礼者と地域住民との出会いの場を創出するという側面ももつのである。

②「巡られる」地域社会

　そして，両者の出会いの場は日常性と非日常性のせめぎ合うフロンティアでもある。こうした状況を地域社会側から考えるならば，次のようになるだろう。すなわち，巡礼空間が行為によって聖性・非日常性を帯びた領域として構築され，その巡礼がある特定の行為者（集団），あるいは季節や期日を超えて普遍化したとき―つまりそのめざすところが一般的な意味での巡礼地となったとき―，そのような巡礼空間に隣接するという状況は一回性のものではなく，慣習性を獲得し日常的状況となる。巡礼者の「巡り」によって創出された「巡られる」という状況の成立である。本研究では，この巡られるポジションにある地域社会を，橋本裕之の民俗芸能における「地域」概念についての議論［橋本裕 1993］を参考に，「巡礼者の巡る行為によって即応的自動的に構成される空間で，可変性を持つ分析枠組み」と規定しておく。

　この巡られるという立場は，自らの意志ではなく巡礼者によって受動的に設定される。すなわち，巡られる共同体は好むと好まざるとにかかわらず，非日常的な意味性・象徴性を帯びた存在としての巡礼者と相対するという状況下におかれている。「巡られる」という言葉はやや耳慣れないものではあるが，観光人類学での一般的な用語である「ホスト」に対し，当事者のこのような非選択性を強調するために，あえてこの用語を使用したい。

　このとき，巡礼は「巡礼者という特殊な意味性を付与された他者を送り込む装置」となる。いわば，巡礼概念のローカルの視点からの読み替えである。巡礼者

が移動することで外部に押し広げられた非日常的な意味空間が，外部社会に接触・浸透することで非日常性を注ぎ込まんとしている状況であるといえよう。こうした状況下で暮らす感覚を，先にも紹介した高知出身の国文学者・廣末 保は，次のように語っている。

　　お遍路さんを子供の頃から毎日見てるわけです。何か不思議な人たち，全く違う時間・空間をしょった人たちが，日常生活をしているわれわれの中を横切っているという異様な感じは子供のときから持っていたんですね。こっちの日常性が脅かされるという一種の恐怖を持っていました［森本・廣末 1976：51］

　つまり，遍路が巡る人々であるならば，彼らは巡られる人々なのである。このとき，巡られる人々が自らのおかれた状況にどのようにして対応し，それを自らの日常生活のなかに組み込んでいるのだろうか。
　日常性に着目する巡礼研究は，最近になってイアン・リーダーによって本格的に注目されるようになったもので[6]［Reader 2005a］，今後の発展が期待されるテーマでもある。
　本研究は，フィールドワークに基づくミクロな当事者の認識・実践に解釈学的にアプローチする方法を通して，例えば，ここで廣末が吐露する「異様な感じ」や「日常性が脅かされる恐怖」等の感覚に分け入っていきたい。

　具体的な事例には四国遍路を選択する。四国遍路は弘法大師信仰を主たる基盤として成立している巡礼であり，四国四県に展開する88の札所寺院を順拝していく巡礼である。巡られる地域社会の地理的な範囲は，個々の巡礼者の出発地点を考慮するならば，それによって無限の広がりを有するとも考えられるが，本研究ではこれをひとまず，四国内の巡礼路沿線とその派生地域，と一定の制限をかけておく。そして，そこにおける両者の具体的なかかわりあいの実践の場であり，日常性のフロンティアである接待の場において，おもに地域社会の側を参照点として考察していきたい。

2-3. 資料と用語について

(1) フィールドワークと資料について

　四国地域で地域社会がどのように巡礼者に接してきたかということに関する聞き取り調査を基本に，著者は1997年より四国で毎年平均1～2カ月のフィールドワークを行ってきた。なかでも，最も重点的に調査を進めたのは，徳島県阿南市と海部郡，那賀郡にわたる徳島県南部である。この聞き取り調査に際しては，方言やフォークターム，ローカルなエピソードなどを効果的に交えることで，インフォーマントとの心的距離を縮め，さらに標準語では表現しにくい当事者の微妙な心性をすくい取るという方法をとった。とくに方言の使用は，認識論的アプローチをとる本研究においては，大きな成果を上げることができたと考えている。

　そのため，本文中で語りを引用する際にも，原則として方言のままで記述することにした。そのうえで，四国地方の方言に親しみのない第三者に文意が読み取れるかどうかのチェックを受け，とくに難解なものなど，必要と判断される場合には［　］内で標準語を補った。また，すべての語りはノートと録音記録を元に構成したものであり，文意や会話の流れを妨げない範囲で，順序や重複表現などを編集したほか，必要と思われる個所には（　）で内容を補足した。

　また，これらのフィールドデータに加えて，体験記や郷土史等のテクストデータも併用する。これにより，相補的で多面的な記述をめざしつつ，個人レベルの経験と社会的言説のインタラクションを広い視野で実現し，複合的なコンテクストの構築を試みる。とくに歴史的な部分においては，聞き取り調査の限界もあり，巡礼者の取り扱いに関する行政文書や新聞などを中心に，積極的な文字資料の活用を行う。

(2) 用語の使用法

①「巡礼」と「遍路」について

　本書では，「巡礼」という用語を，英語のpilgrimage等のラテン語のperegrinusの派生語と翻訳可能なテクニカル・タームとして使用する。もちろん「遍路」もその下位概念に位置づけられるし，本書でもそのように使用する。

第2節　研究の方法－「巡られる」視点からの巡礼再考－　15

　日本語は,「巡礼」に相当する語句に非常に豊かなヴァリエーションをもつ。これを「巡礼」という一語で標準化することには,やはりためらいがある。とくに伊勢神宮と「参宮」,四国霊場と「遍路」,六十六部と「廻国」など特定の巡礼と結びついたものや,善光寺などの単一の聖地への巡礼に対して,こうした違和感は根強く残る。とくに後者については,「巡礼」がもつ「メグル」という語感が,善光寺などの単数聖地型で想定される「行き・帰る」という往復行動にフィットしないことから,類型化の議論とも重なり,さまざまな提案がなされてきた。

　しかしながら,近世の旅日記などにみられるように,西国巡礼の行き帰りに,伊勢参宮や善光寺参りが組み込まれるなど,実際にはいくつかの巡礼がひとまとめにして行われることも少なくはない［田中 2004］。現在でも四国遍路を終えた後には高野山に参拝するのが正式とされており,それぞれの「巡礼」の境界は必ずしも明確ではない。したがって,少なくともテクニカル・タームとして「巡礼」を設定することは必要かつ問題ないであろう。

　ただし,本書では,テクニカル・タームとしての「巡礼」で均一的に記述していく方法はとらない。なぜならば,本書で事例とする四国遍路では,「巡礼」という言葉の3つの用法,すなわち(1)巡礼者,(2)巡礼行為,(3)巡礼体系のすべてにおいて圧倒的に「遍路」を用いる傾向があるからである。さらに「遍路」の中にも,ヘンロ,オヘンロ,ヘンド,オシコク等を代表とする豊かなフォーク・タームが存在する。したがって,四国遍路に関する記述においては,漢字表記の「遍路」をテクニカル・タームとして併用する。そのうえで,「巡礼」はむしろ多様性・多義性と含み込む遍路の中でも,とくにその理念型の強調や,他巡礼との比較可能性を含意する際に用いるといった,戦略的な使い方を行いたい。

②異字同義語について

　近世資料を中心に,巡礼関連のタームはしばしば異字体をもつ。本研究で「ヘンド」という言葉のニュアンスに着目し,深く掘り下げているように,こうしたちがいを詳細に論じる議論もあるが,それは本研究が課題とするところではない。したがって,そうした議論は尊重しつつも,以下にあげるものについては,本書では,基本的に同義語と考え,固有名詞を除いては,先頭の語句を優先的に用いるものとする。

(1) 遍路　　辺路，徧礼，遍礼
(2) 接待　　摂待
(3) 巡礼　　順礼
(4) 順拝　　巡拝
(5) 廻国　　回国

③引用文の表記について

　なお，引用文の表記については，「辺路」と「遍路」など，本書で同義語と捉えているものを含めて基本的に原文に従うが，読解の便宜上，原則として漢字の旧字体は新字体に，漢数字はアラビア数字に，かな文のカタカナはひらがなに，それぞれ改めた。ただし固有名詞についてはこの限りではない。さらに，さらに適宜句読点を補った他，助詞や接続詞もひらがなに改めた箇所があることをお断りしておきたい。

　また引用文中の下線や傍点等の強調表現は，とくに断りのない限り，引用者によるものである。

　筆者が不明瞭な資・史料の引用については，資料名と参照した刊行文献の校訂者などを記した。また近世の資料については，筆者名がわかっているものについても，レファレンスの便宜上，資料名や編者・校訂者を優先させたものがある

第3節　研究の対象－四国遍路の概要について－

3-1．研究対象の設定――四国遍路の概要

それではここで，本研究の対象となる，四国遍路についての基本的な事柄をいくつか述べて起きたい。

（1）四国地方について

　四国は東京から約500km離れた西南西に位置する[7]日本で4番目に大きな島である。面積は約1万8000km^{2}で日本の国土の約5%を占める。四国四県といわ

れるように，徳島，高知，愛媛，香川の4つの県があり，これはそのまま阿波，土佐，伊予，讃岐の旧国名に一致する。これら4県の2000年現在の人口を合計すると約415万人になり，これは日本全体の約3%にあたる[8]。中央には四国山脈が貫き，北に瀬戸内海，東に紀伊水道，南に太平洋，西に豊後水道と四方を海に囲まれている。4県の県庁所在地を中心に展開する平野部にはある程度の都市圏が存在するが，大部分は過疎化が進む村落地域となっている。

かつて四国と本州を結ぶ交通路は海路が中心であり，四国は隔絶された地域というイメージが強かった。また，四国内も例えば鉄道網は高松を起点に各県に放射状に延びており，各県は互いに独立した雰囲気が少なからずあったといわれている。しかし，昭和60年代から平成にかけて，本四連絡橋が開通することで，本州と四国は陸路で結ばれ，また各県庁所在地を相互につなぐ「Xハイウェイ」と呼ばれる高速道路網が整備されるなど，大きく交通事情が変化するに伴って，次第に四国を一つの地域として認識するような機運が醸成しつつある。その一例として捉えられているのが，ほかならぬ四国遍路である[9]。

(2) 弘法大師の聖跡巡礼

四国遍路は四国地方に点在する88ヵ所の寺院[10]を対象とする巡礼である。ヨーロッパのサンティアゴ・デ・コンポステーラ（Santiago de Compostela）が聖ヤコブの巡礼とされているのと同じ意味で，四国遍路は弘法大師の聖蹟巡礼[11]といわれている。「弘法大師」とは中世の僧侶空海（774-835）が，921年に朝廷から送られた名前である。史実としては，空海は835年に没しているが，その後，彼は死んではおらず，生き続けて全国を旅しながら人々を救済しているとする信仰が起こり，彼に関する多くの伝説が生まれることになった。すなわち弘法大師とは歴史上の人物である空海の伝説的な人格であり，日本の民俗宗教（folk religion）上で非常に重要な存在である。

空海は四国の生まれで，若い頃に四国の地を巡って修行したといわれている。彼の生誕地跡とされているのが75番札所[12]の善通寺であり，残りの札所も弘法大師が修行した場所，あるいは寺院を建立し，仏像を作成した場所とされている。つまり，札所は弘法大師ゆかりの場所として捉えられているのである。巡礼者は札所で読経し，札を納め，朱印をいただく。札所には1番から88番まで番号が

つけられている。1番札所は徳島県鳴門市にあり，高知，愛媛，香川と右回りに四国を周回する。最後の88番目の札所は香川県さぬき市にある大窪寺である。

これらの寺院をつなぐ巡礼路は海岸部を中心に，時折内陸部に入り込みながら四国をほぼ一周する。全長1,300～1,400kmの行程といわれており，徒歩なら40～50日，車なら10日～2週間程度の日程を要する。

また，現在も生き続ける弘法大師は，四国遍路においては巡礼者とともにあり，巡礼者を守護したり，戒めたりするとされている。この概念を「同行二人」[13]と呼ぶ。他方，巡礼者を迎える四国の地域社会の人々にとっては，巡礼者の中に弘法大師が紛れ込んでいるというふうにも考えられている。このように，四国遍路の思想的な基盤のひとつに，「巡る弘法大師」（Wandering Koubou-daishi）という宗教的なイメージがあるのである。

（3）四国遍路の歴史と現況

四国遍路の起源は明確ではない。四国遍路が弘法大師の巡礼であるとされることから，その起源は空海の時代，すなわち8世紀末から9世紀初頭とする言説があるが，歴史的な根拠はない。文献上では，10～11世紀頃に「四国辺地(へち)」という四国遍路の原型と考えられるものが登場するが，これはむしろ出家した僧侶の修行の一形態と考えられる。一般庶民による札所への連続参拝といった形が登場するのは，15世紀頃といわれる。その後，17世紀後半には，こうした庶民による巡礼の存在が確実になる。旅行記やガイドブック，絵図などのメディアも登場し，近世期を通じて次第に隆盛になる[14]。

19世紀になると，明治政府による神仏判然令で札所から神社がはずれ，別当寺などその神社に関係が深かった寺院が代わりに札所になった。

近代で最も大きな変化のひとつが，乗物の利用である。とくに第二次世界大戦後には，旅行会社の組織する大型バスによる団体巡礼が大多数を占めるようになった。その後，高度経済成長とともに巡礼者は増加したが，その一方で，徒歩による巡礼者は昭和30年代頃を境に激減し，「1日1人来ればいいほう」といわれるまでになっていた[15]。年間の巡礼者は現在では約10～15万人といわれているが，ほとんどはバスやタクシー自家用車の利用者である。近年では，徒歩による巡礼が復活している。こうした流れは1990年代頃からあったが，とくに

1998年4月よりNHKが2年間にわたって放送したテレビシリーズ『四国八十八カ所』が大きな影響を与えたといわれている[16]。しかしながら，増えたとはいえ，徒歩巡礼は年間約1,000人前後，全体の約1％程度にとどまっているが，インターネットを含め各種メディアが扱うのは，ほとんどが徒歩巡礼関連である。その結果，実際には乗り物を利用する巡礼者が大多数にもかかわらず，我々が通常得ることができる情報は徒歩巡礼が主流という情報上の逆転現象も起こっている。

かつて日本の巡礼の代表的地位は，四国遍路ではなく，むしろ西国巡礼（西国三十三所巡礼）であった。西国巡礼は京都や大阪を中心に33カ所の観音菩薩を本尊とする寺院を巡礼するものであり，巡礼を扱った文芸作品などに頻繁に取り上げられていた。しかしながら，現在では映画やテレビ，小説あるいはその他の雑誌記事などのメディアに取り上げられる巡礼はほとんどが四国遍路であり，西国巡礼に代わって日本の代表的巡礼の位置を占めるようになっている。

第4節　本書の構成

本論文の構成は以下に示すとおりである。
　序　章　研究の目的と方法
　第1章　巡礼研究の展開と課題
　第2章　四国遍路の歴史的変容－民衆参加型巡礼システムの確立と変遷－
　第3章　巡礼空間の認識論的再考－四国遍路の歴史人類学的考察から－
　第4章　まなざしの構築学－正統性・境界性・異質性－
　第5章　四国遍路のターミノロジー－接待の実践とヘンドの解釈学－
　第6章　響振する苦しみ－ある女性遍路にみる＜救い＞の構築プロセス－

第1章では，巡礼研究および四国遍路研究の先行研究を概観し，その成果と課題を確認したうえで，本研究が文化人類学における巡礼研究の新たな可能性を開拓するものであることを確認する。第1節では巡礼研究の展開を宗教学と文化人類学という2つの学問分野において整理する。まず，日本宗教学における巡礼研

究の系譜を概観し，宗教学が巡礼者信仰と聖地をどのように問題化してきたのかを確認する。次に文化人類学における巡礼研究の系譜について，ターナーのコミュニタス理論が儀礼論から出発したものであるということを再確認するという観点から整理する。

また，四国遍路研究史については，これまでまとまった形では，ほとんど紹介されなかった戦前期の研究について紹介・整理し，戦前期の四国遍路研究が，「ヘンド」という言葉を問題にしていたことを明らかにする。次に戦後期の諸研究について概要を整理する。これらの作業を通して，従来の四国遍路研究の成果と課題を明らかにする。

第2章では，本書で対象とする民衆参加型の四国遍路システムの歴史を通覧する。一般庶民でも参加可能な巡礼体系としての四国遍路は，17世紀頃に確立したと考えられる。以後，現代に至るまでの300年余りの歴史の中で，四国遍路はいくつかの大きな変革を経験してきた。本章では，このような四国遍路の構造変化を，単に歴史的概要として記述するのではなく，巡礼世界のミクロなモノや情報の変化が，マクロな巡礼世界や地域社会の全体的状況の変化と，互いに連関していく様を具体的に描き出すことを試みる。

第1節では，明治初期の神仏判然令による札所の交替と近代における乗物を利用する巡礼の登場，第2節では昭和30年頃から商品化が相次いだ大型貸切バスを主力とするマス・ツーリズム化と，2000年以降の徒歩巡礼の復活という四国遍路世界の有り様を大きく変化させたトピックを意識しながら，それぞれ，「巡礼功徳譚」としての尻なし貝伝説や，巡礼世界と日常世界の結節点としての「遍路宿」の変化から描き出す。これによって，マクロ／ミクロ，あるいは聖／俗が縦横に交差する，多面的構造としての四国遍路史を提示する。

第3章は，著者のフィールドでの気づきのひとつ，「なぜ巡礼路をはずれたところに巡礼者の足跡があるのか」という問いを背景とする。まず，巡礼空間モデルの批判的検討から，これまでの四国遍路研究の空間認識が札所と遍路道のみを焦点化するような，「聖地＝巡礼路モデル」を認識論的前提として抱え込んでしまっているという問題点を指摘する。次に，そのような空間認識を再考するた

めに，過去帳調査から18世紀から19世紀にかけて，従来の理念的巡礼者モデルにそぐわない，「遍路道をはずれる遍路」が相当数存在したことを明らかにする。さらに彼らが巡礼路をはずれた理由を，さまざまな角度から考察し，その結果として浮かび上がってきた，「道を越えて接待を求めていく遍路」という新たな巡礼者像を元に，接待概念の理論的再考などを踏まえつつ，彼らの両義的な実践から立ち上がる「乞食圏」という新たな領域を組み込んだ巡礼空間モデルを提示し，文化人類学的な巡礼研究のための認識論的前提として提案する。

第4章は，四国の地方行政における遍路への認識・対応という問題を，近世の「藩」・近代の「県」という権力組織に焦点を当てて考察する。従来の研究はこうした問題を多く，遍路者に対する排斥論として語ってきた。本章はそれらの中からとくに真野俊和の「近代的乞食観」という指摘をM.フーコーの「まなざし」の構造の概念に引き寄せ，それがどのような近代化の潮流と関連して構築されてきたのか，またどのような知を背景として練り上げられたものなのか，あるいは何を正統とし何を異質とみなしたのか，そしてどのような権力として行使されてきたのかという視点から，近世と近代の比較を通して，再検討する。

第1節では，近世土佐藩の法令集である『憲章簿』辺路の部を通覧し，当時の対遍路政策の基本的な特徴を指摘する。なかでも脇道禁止というルールを取り上げ，これが藩の遍路者認識と深くかかわっていたことを明らかにする。第2節では，明治初期の各県の対遍路政策の分析を行う。それによって，近世と近代における遍路者認識の変化を，タームとしては「遍路体の者」から「乞食遍路」，概念としてはambiguousな境界性からambivalentな境界性へのウェイトの移行として提示する。次に，遍路排斥を唱えた新聞社説等から，19世紀後半の乞食遍路排斥の論理が，日本近代史と密接に関係していたことを指摘する。

その結果，近代の四国遍路世界における排除の論理を，ある合理的な基準に則って「遍路」を明確に類型化していく＜分類のまなざし＞の登場として理解する。さらにはこうした認識が，巡礼者自身にも共有されていたことをも確認し，近代の四国遍路へのまなざしの構造についての複合的な議論を試みる。

第5章では，本書で巡られる人々として設定する地域社会の遍路認識の構造に

迫る．そのための具体的手がかりとして，「ヘンド」という民俗語彙に着目する．ヘンドは，四国遍路の語りの中にしばしば登場し，通常の遍路とは異なると説明され，ネガティブな意味性に引きつけて解釈される傾向をもった異人的概念である．しかしながら，第4章でみたような境界性を排除するような近代的遍路観とは異なり，隣接概念である乞食等には完全には回収されないものでもある．このヘンド概念をまずフィールドから掘り起こしつつ，遍路を「語り分け」たテクストや座談会の分析と摺り合わせながら，フォークタームを分析概念化し，地域社会の遍路認識に関する解釈モデルを提示する．

そのうえで，比較的近年の事例において，こうした＜ヘンド＞に関係した具体的な事例の分析を行い，彼らが「遍路」に付与する解釈の不確定性がどのようなメカニズムから発生するのかということを考察する．

第6章では日常的な実践としての接待によって身体化された，四国遍路に関する民俗知識の現代的展開を扱う．第5章で明らかにした昭和30年代頃までに四国で生活した経験のある人々に特徴的に共有されているある種の民俗知識が，現代においてどのように読み替えられ，また書き換えられているのかを考察する．具体的には，ひとりの巡礼者の事例から，彼女がどのようにして，巡礼を想起し，実践し，解釈していくのかというプロセスを解釈学的に分析する．またその体験を踏まえて，彼女がまったく新しい形の日常的実践としての接待を実践していることを紹介する．これによって，本研究が一貫してとってきた巡られる立場からの巡礼研究と，今後の課題としての巡礼体験に関する研究に架橋的なパースペクティブを構築し，本研究の発展的可能性を提示する．

〔注〕
1) 本書では基本的に「巡礼（pilgrimage）」をテクニカル・タームとして使用する．
2) サンティアゴ・デ・コンポステーラはスペイン北西部ガリシア地方にある聖ヤコブ信仰の巡礼地であり，エルサレム，ローマに並ぶキリスト教三大巡礼地のひとつとして知られている．中世期にレコンキスタ（イスラーム教徒からの国土回復運動）などの社会的状況を反映しながら盛んに行われた．巡礼路はカミーノ（Camino）と呼ばれる．主要なカミーノはパリやル・ピュイなどフランスのいくつかの都市を起点とし，

第 4 節　本書の構成　23

これらがピレネーで合流して聖地に至る．巡礼路が 1993 年，サンティアゴ旧市街が 1985 年に世界遺産に登録された．

3) 観音菩薩を本尊とする 33 の札所寺院を巡拝する巡礼．聖数 33 は，『法華経』「観世音菩薩普門品」の，観音菩薩が仏，童女，阿修羅など 33 通りに変身して衆生を救うという発想に基づくと考えられている．西国巡礼は，紀伊半島南端の那智山青岸渡寺を 1 番札所として出発し，奈良・京都から姫路を経て若狭湾に出，琵琶湖を通って岐阜県揖斐郡の 33 番谷汲山華厳寺へと至る．一般に，聖武天皇の頃，大和長谷寺の徳道上人が開き，平安中期の花山法皇が再興したとされている．実際には 12 世紀頃の三井寺の僧，行尊，覚忠によって開かれ，室町末期頃から民衆が参加するようになったらしい．近年では，1967 年（昭和 42）には約 3 万人，1980 年代，90 年代にはでは年平均 7 万人強の参拝者を迎えている [前田 1971] [佐藤 2004]．かつては成人儀礼として西国巡礼に行く例もあり，また 11 年で 33 回の巡礼を成就させる「三十三度行者」も信仰を集めていた [小嶋編 1993]．西国は日本の巡礼の中でも最も古く，かつては単に「巡礼」といえば西国を指した．近世期には『傾城阿波の鳴門』など文芸作品のモチーフとしても数多く採用された巡礼である．

4) このような習俗のうち，近年メディアでも報道されたものとして，1990 年代に長寿の双子姉妹として人気をはくした，成田きんさんの事例がある．生前，巡礼した際に使用した白装束を「死んだ時に着たい」と話していた成田きんさんは，死去した際に白装束で安置されたという（日刊スポーツ・訃報・成田きんさん：http://www.nikkansports.com/jinji/2000/seikyo000124.html：2005 年 10 月閲覧）．

5) ここでいう巡礼空間には，とりあえず目的地としての聖地と，そこに至る巡礼路を想定しておく．詳しくは第 3 章で検討したい．

6) だが，リーダーの注目するのは，"Way of Life" としての巡礼という概念を通して把握される巡礼体験の日常化という意味での日常性であり，視点がやはり巡礼者サイドにあることが，本研究とは異なる．しかしながら，当事者の日常生活にどのように巡礼体験が影響するのかという問いは重要かつ興味深い．本書でも第 6 章で同じようなテーマを扱う予定である．

7) 巡礼の開始地点がある徳島の場合．

8) 2000 年度国勢調査より．（総務省統計局 http：//www.stat.go.jp/data/kokusei/index.htm：2005 年 3 月閲覧）

9) また同様の例に，2005 年から開幕したプロ野球独立リーグ「四国アイランドリーグ」がある．同リーグは，日本野球機構（NPB）に加盟するセ・パ 12 球団とは別の組織であり，各県を本拠地とする 4 球団によって構成されている．これまで「野球王国」

といわれながら，四国はキャンプ地ではあっても本拠地ではなかった（2004年の日本ハムファイターズの北海道移転，2005年の東北楽天ゴールデンイーグルスの発足によって，現在，北海道，東北，関東，中部，近畿，中国，四国，九州の8つの地方の中でNPB加盟球団がないのは唯一四国のみとなった）という背景を「プロ野球選手となることを夢見ている若者」の「チャレンジのための育成の場」と読み替え，逆に「4県の間の交通整備がなされており，どの地域への移動も概ね2時間内で可能というインフラにめぐまれていること」を四国の選定理由にあげ，MVPの表彰なども四国四県の知事連携によって行われるなど，四国の辺境性・隔絶性と，現代的な一体感がうまく表象されている例といえよう（ニュースリリース http://www.iblj.co.jp/news/pdf/newsrelease040930.pdf 等を参照：2005年12月閲覧）．

10) 近世まではいくつかの神社も巡礼対象であったが，明治期の神仏判然令により現在は寺院のみになっている．

11) 「聖蹟巡礼」とは小嶋博巳の用語である．小嶋は巡礼の対象となる聖地の特徴のちがいから，西国巡礼を「本尊巡礼」，四国遍路を「聖地巡礼」とした新城の類型を修正し，後者を「ある特定の聖者に対する崇拝・信仰に発し，その聖者にゆかりをもつ聖地群を対象とする巡礼」を，「聖蹟巡礼」として規定した［小嶋 1987：160-161］．

12) 札所とは，巡礼の対象となっている寺院－歴史的には神社も含む－のことである．巡礼者の目的のひとつが対象寺院に札を納めることであり，「札」「所」と呼ばれるのはそのためである．

13) 広義には，巡礼者は常にその巡礼対象とともにあるとする概念を指すが，とくに四国遍路において，遍路者が弘法大師と一緒に回っているという思想を指す．この背景には，「大師が今なお衆生救済の為に諸国を行脚している」と信ずる弘法大師の入定信仰があると考えられる．遍路者が身につける菅笠や白衣には「同行二人」と記されており，この思想が四国遍路の重要なテーマとなっていることが理解できる．また，これがより具現化したものが金剛杖である．遍路者は，宿についたらまず杖の足を洗い，床の間に立てかけて宝号を唱える．道に迷った時は杖を倒して進む方向を決める，杖で加持するなど，杖は弘法大師の身代わりとされている．「同行二人」は，個人に焦点があてられる現代の徒歩巡礼において，巡礼体験の意味づけ・解釈を方向付けるものとして，重要性を増している概念である．

14) とくに文化文政期には隆盛をきわめ，近世中期前後の年間遍路者数はだいたい1万5000人から2万人程度と推定されている［新城 1982：1,043］．

15) これらの数値は，以前札所寺院の関係者からよく聞かされたものである．著者の場合は，1997年夏に21番太龍寺の副住職からはじめて聞いた．

16) 同番組は NHK 総合では，1998 年 4 月 5 日から 2 年間で 90 回分が放送された．またアンコール放送もたびたび行われたほか，その間さまざまな関連番組が制作された．

第1章
巡礼研究の展開と課題

第1節　巡礼研究の展開と文化人類学的課題

1-1．巡礼研究の2つのアプローチ——実証的研究と解釈学的研究

　巡礼現象の中心的実践である巡礼行為を一言で述べるとしたら，それは聖地への「旅」である。したがって，巡礼行為は時間・空間の移動や，身体・精神の変容を伴うプロセスでもある。それ故，巡礼現象は，社会，文化，経済，政治，科学技術，スポーツ，医学などさまざまな分野と絡み合う。実際，人文・社会科学系に限っても，宗教学の他，文学，歴史学，地理学，社会学，民俗学，文化人類学など，さまざまな学問領域からアプローチがなされている。むしろ巡礼研究は学際的なアプローチこそが有効とされることもある所以である［例えば Jha 1991 等］。

　こうした研究領域の多彩性を整理するために，これらを実証的アプローチと解釈学的アプローチという観点から把握してみたい[1]。実証的アプローチによる巡礼研究は，巡礼「現象」の「実態」を明らかにするような立場である。歴史史料や量的データを重視する傾向があり，巡礼現象の内側からの視点による直接的なアプローチといってもよいだろう。この分野での大きな業績を残した研究者としては，新城常三［新城 1982］，前田 卓［前田 1971］・佐藤久光［佐藤 2004］，田中智彦［田中 2004］らの名前があげられる。またとくに近年，四国遍路，坂東巡礼，秩父巡礼などをテーマに実証的な研究成果を着実に積み上げているのが，早稲田大学道空間研究所の共同研究であり，多数の報告書と代表的メンバーである長田攻一，坂田正顕らによる論文が刊行されている［早稲田大学道空間研究会編 1994, 1997 および長田・坂田・関編 2003 等］。

他方，解釈学的アプローチによる巡礼研究は，巡礼「概念」の意味解釈に重点を定める立場である。質的データや構造分析，象徴分析などの手法を重視する傾向があり，上位概念や隣接概念との比較や接合によって，巡礼現象を説明・解釈する比較論的なアプローチともいえる。宗教学的研究や文化人類学的研究に加えて，真野俊和の民俗学的研究［真野 1980,1991］等はこちらに分類されよう。

　この区分は力点のちがいであることはいうまでもない。そのうえで，本研究では解釈学的アプローチのほうに主眼を置きたい。なぜならば，本研究の着眼領域は，どちらかといえば巡礼現象の周辺的・境界的部分であり，その場合，実証的アプローチよりも解釈学的視座のほうが，より有効な方法になると思われるからである。そこで次に，これらの成果と課題を確認するために，解釈学的アプローチにおける2つの主要分野である，宗教学と文化人類学における巡礼研究について概観してみたい。

1-2. 日本宗教学と巡礼研究

　巡礼は，少なくとも第一義的には，聖地を巡る宗教的実践としてこれまで理解されてきたし，文字通り「実践」されてきた。であるならば，巡礼現象を扱う学問体型として，まず宗教学・宗教研究が注目されよう。そこで，宗教学における巡礼研究の系譜について，四国遍路を中心としつつも，やや視野を広げて巡礼・参詣を含み込む研究領域を対象として整理してみたい。とくに本項では，ひとつの試みとして, 日本宗教学会 (Japanese Association for Religious Studies) の機関誌『宗教研究』に掲載された論文および学術大会紀要（研究発表要旨）に着目する。これにより，日本宗教学の代表的な研究発表の場で，どのように巡礼研究が議論されてきたのかを確認してみたい[2]。

　実際の作業については, 以下の手順で行った。まず, 日本宗教学会のホームページ（http : // wwwsoc.nii.ac.jp/jars/）上で公開されている，機関誌バックナンバーのワード検索を利用して，タイトルに巡礼・遍路・参詣・聖地などの語句を含む論文・研究発表要旨をピックアップした仮リストを作成する。次にこれを基に,『宗教研究』の創刊号から345号までを通覧し，内容を確認したうえで，先の仮リストに修正・捕捉を加えたものが本章末に添付した資料Aである。また図1-1は

第1節　巡礼研究の展開と文化人類学的課題　29

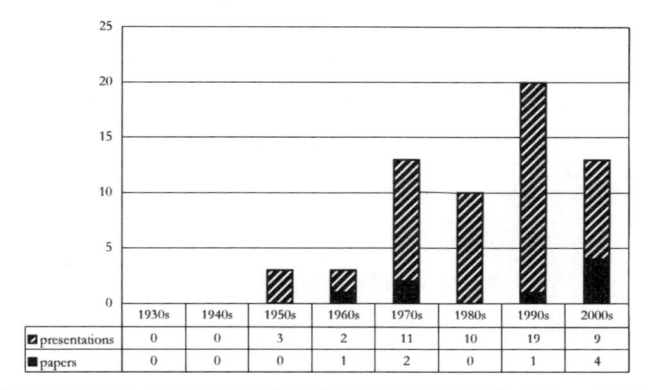

	1930s	1940s	1950s	1960s	1970s	1980s	1990s	2000s
presentations	0	0	3	2	11	10	19	9
papers	0	0	0	1	2	0	1	4

図 1-1　『宗教研究』にみられる巡礼研究の論文・研究発表数推移：1930 〜 2005 年（第 345 号まで）

表 1-1　日本宗教学における巡礼研究の展開

年　代	お も な 話 題	論文	発表	合計
1950 年代	小池長之による研究対象としての「巡礼」の発見	0	3	3
1960 年代	論文初掲載（ただし歴史学者新城常三によるもの）	1	2	3
1970 年代	星野英紀（巡礼）と高橋 渉（参詣）の論文掲載と海外研究の登場	2	11	13
1980 年代	多様化の時代	0	10	10
1990 年代	巡礼研究の急増と寺戸淳子による一連のルルド研究	1	19	20
2000 年代	三大宗教の特集企画に組み込まれる巡礼研究	4	9	13

これらを年代別にまとめてグラフ化したものであり，表 1-1 は各年代の特徴を示したものである。

　ここから，日本宗教学会においては，1950 年以降に巡礼研究が登場し，1970 年代に本格化，1980 年代頃から多様化し，そして 1990 年以降，毎年のように研究発表が行われるようになる。そして 2000 年以降は，「「生活の宗教」としての仏教」（333 号・2002 年），「「生活の宗教」としてのキリスト教」（337 号・2003 年），「イスラームと宗教研究」（341 号・2004 年）という，三大宗教の特集号企画と相まって，論文の掲載数が増えているという大まかな流れがみえてくるだろう。以下，なかでも重要と思われる 5 人の研究者を取り上げ，宗教学がどういう観点から巡礼を扱ってきたのかを振り返ってみたい。

(1) 宗教学的巡礼研究のパイオニア――小池長之

　先述したように，巡礼は宗教的実践と捉えられるが，実は初期の日本宗教学では巡礼はマイナーな研究分野であった。このことは1930年(昭和5)の学会設立後，実に20年間にわたって巡礼研究がみられないことに明確に表れている[3]。

　日本宗教学会において，巡礼を初めて本格的に取り上げたのは，1950年の第9回学術大会における小池長之の学会発表である。小池は，巡礼者は何を信仰しているのかという問いをたて，その実践が複合的で多岐にわたることから，仏教型や神道型などと明確に分類できない「民間信仰（folk-beliefs）」の一形態として巡礼を位置づけた [小池 1950]。

　このような巡礼理解は宗教学が当初，巡礼に目を向けなかった理由でもある。すなわち，伝統的に宗教教団を対象とし，教義解釈などを中心に扱う傾向があった宗教学において，小池は「民間信仰」という概念を通して，巡礼という研究対象を「発見」したのである。

　また事例にも，四国遍路，秩父巡礼，西国巡礼など日本の主要な巡礼を取り上げており，それぞれ掘り下げた議論がされたとは言い難いが，今日から振り返っても興味深い着眼点がすでに提示されている [小池 1950,1951,1959]。そのような意味で，小池は宗教学における巡礼研究のパイオニアということができよう。

(2) コミュニタス理論の導入――星野英紀と高橋　渉

　こうした「民間信仰」の一例として，宮城県北部の弥勒寺における「おみろく参り」の事例研究から出発し，参詣および巡礼[4]の理論研究へ発展させたのが高橋　渉による1970年代の一連の研究である。高橋は，巡礼（高橋の用語では"巡詣"）[5]の動機に，呪術宗教，通過儀礼，観光をあげ，なかでも呪術宗教的なものが，より本来的なものとする。そして巡礼とは，ある目的や祈願がほかならぬ巡礼それ自体によって達成されるはずであるという信仰に基づく実践であると規定した。

　また，彼が「おみろく参り」の調査から導き出した「地域的信仰形態（regional form of belief）」という概念を応用し，巡礼は自発的私的な行為であり，また組織性や持続的な社会関係を否定するという特徴があることを指摘した [高橋

1978,1979]。高橋自身は言及していないが，彼のこれらの指摘は，Victor Turner の巡礼研究を彷彿とさせるものである［Turner 1974 等］。

高橋とほぼ同時期に活躍した星野英紀は，『宗教研究』に巡礼をテーマとした論文を初めて掲載した宗教学者である[6]。彼は四国遍路という特定の巡礼に焦点を定め，巡礼者や接待者（巡礼者に報謝を行う人々）の内面に解釈学的に迫ろうとするミクロなパースペクティブと，複数聖地型の「巡礼」と単数聖地型の「参詣」，またラテン語の "*peregrinus*" の派生語群を明示的に分けたうえで，類型化を行い，日本と世界の巡礼を比較しながらその共通項を探ろうというマクロな試みの双方から，日本の巡礼研究を大きく発展させた。

前者の試みには，高群逸枝という有名な女性巡礼者の手記を基に，彼女が巡礼体験をいかに認識し，内面化していったという研究がある。これは，彼の師であるV. ターナーのコミュニタス論を巡礼者個人のライフヒストリーへ適用したものであり，非常に興味深い［星野 1981,2001：207-233］。また後者においては，人類学の理論，とくにファン＝ヘネップの通過儀礼論を宗教学に持ち込み，巡礼とは「日常空間と時間から一時脱却し，非日常時間，空間に滞在し，神聖性に近接し，再び日常時空に復帰する行動で，その過程にはしばしば苦行性を伴う」ものであるとする定義を提案した［星野 2001：21］。

なお近年の星野は，再び四国遍路研究に精力的に取り組んでおり，巡礼体験の内面化に関する問題をニューエイジなどの思想とからめて分析する発展的再考［星野 2001：353-382 および 2004a,2004b,2004c,2004d］や，研究史的に脆弱であった近代の四国遍路事情に関するいくつかの論文を上梓している［星野 2001：311-334,353-382 および 2003］。

(3) 牽引するマリア系巡礼——寺戸淳子と藤原久仁子

その後，1980,1990 年代にはさまざまな巡礼を対象とした研究発表が相次いだ。星野，高橋，あるいはターナーによる理論的準備を経ての多様化の時代といって差し支えないだろう。なかでも，19 世紀マリア出現に関する関 一敏の研究［関 1993］に続いて，近現代ヨーロッパにおけるマリア系巡礼の研究が進んでいる。その中心的研究者が1990 年代半ばから，活発な研究発表や論文執筆を行っているのが寺戸淳子である。

寺戸は聖母マリアの象徴論的研究から出発し，フランスのルルド（Lourdes）において継続的なフィールドワークを行っている。彼女の初期の主要業績はルルドで展開されるスペクタクルに着目したものであり，ルルドにおいては「十字架の上のイエス（犠牲）」と「無原罪のマリア（奇蹟）」という2つの身体モデルによってカトリック的に理解される傷病者の肉体を中心とする巡礼体験理解が重要であることを明らかにした [寺戸 1995]。寺戸の論考は，V. ターナーと彼に対する John Eade, Andrea Dahlberg らの批判を踏まえたものであり，コミュニタス論や内省的な巡礼解釈とは異なる可能性を模索するものであるという。

さらに，近年はボランティア組織への参与観察を通して，アーレントやゴフマンの議論，あるいは巡礼者やボランティアの行動規範である"disponible（ディスポニーブル）"という概念を用いて聖地における共同性を分析しており，注目される [寺戸 2000,2004,2006]。

もうひとり，同じマリア研究から出発し，その一環として地中海のマルタ島の比較的新しいマリア巡礼地であるギルゲンティ（Girgenti）の研究を行っているのが藤原久仁子である[7]。マリア出現を体験したジュザ・ミフスッド（Ġuża Mifsud: 1923-1996）という女性が「聖女」として信仰されるようになるプロセスや，彼女が体験した「マリア出現」がどのように人々に共有され，ギルゲンティがどのようにして巡礼地として整備されていったのかという問題を，語りの構築主義的分析を中心に明らかにしている [藤原 2004]。

(4)「信仰」と聖地論の問題系

以上，宗教学における巡礼研究の系譜を概観してきたが，ここにおいておもに焦点が定められてきたのは「信仰（belief）」であるということに気がつくだろう。宗教学で問題になってきたのは「巡礼がいかなる信仰に根ざしているのか」という問いである。そしてそのような信仰が観察可能な場所として「聖地」に目が向けられ，「それ（信仰）は聖地でどのように表出しているのか」という問いに読み替えられた。星野英紀の巡礼定義は，巡礼を日常世界と神聖な非日常－すなわち「聖地」－の往還運動と捉えているわけであるが [星野 2001：21]，これにより巡礼は日常世界から切り分けられ，そのうえで宗教学は聖なる時空間を問題にしてきたのである[8]。

1-3. 巡礼の文化人類学的研究

　宗教学的巡礼研究のキーワードが「信仰」と「聖地」であるなら，人類学的巡礼研究のそれは「儀礼」である。それは文化人類学における巡礼研究の創始者といってよいであろうV. ターナー（Turner, Victor）と，E. デュルケムとともに彼のコミュニタス理論に影響を与えたA. ファン＝ヘネップ（van Gennep, Arnold）が，ともに儀礼論の研究者であったことからも明らかである。ここでは，ターナーの巡礼研究が儀礼研究から発展したものであり，それ故，巡礼＝コミュニタス論は，象徴と社会のダイナミクスを説明するという彼の象徴人類学的関心に直結する社会動態論モデルであるという理論的高みをもっていたことを再確認するという観点から，これまでの文化人類学的巡礼研究の整理を試みたい。

（1）海外の巡礼研究と人類学的巡礼研究

　巡礼はさまざまな宗教，文化，社会に存在するユニヴァーサルな現象とされている［Reader and Swanson 1997：225］。そのため1980年代頃から海外では，巡礼をテーマとした学際的研究が盛んに行われた。カナダ大学のサイモン・フレイザーとペンシルベニア大学比較宗教学部との共催により，1981年米国ピッツバーグで開かれた「Pilgrimage：the Human Quest」と題する国際会議には，比較宗教学や人類学者などの諸分野から100名近い代表が集まり，巡礼者同士の関係のネットワークや巡礼というシステムの複雑性などについて議論が行われた。その後，1983年の第11回国際人類学民族学会議，続く1988年の第12回会議でもシンポジウムが開催されるなど，巡礼研究は総合的なアプローチによる学際的テーマとして捉えられている[9]［Jha 1991：7］。
　これらの巡礼研究では，調査地はラテンアメリカ，ヨーロッパ，ヒンドゥー文化圏，チベット仏教圏と多岐にわたり，そこでのおもな関心は，巡礼の共通要素の抽出や巡礼のヴァリエーション，すなわちどのように当該地域の文化，経済，政治を反映しているかといった点にあった。そのためか1988年，英国ローハンプトン高等教育研究所で行われたカンファレンスでは，最も有力で巡礼研究の方向性を導いていくものとして人類学に期待が寄せる旨の言明がなされている

[Bowman 1988]。

(2) 境界的現象としての巡礼──V. ターナーとA. ファン゠ヘネップ

人類学における巡礼研究は V. ターナーが切り開いた。彼は人類学で長らく省みられなかった巡礼を，A. ファン゠ヘネップの系譜を引く儀礼論の領域に位置づけた。ターナーの巡礼論や儀礼論に関しては，すでに星野英紀，華園聰麿，鈴木正崇らが整理・考察を行っている［星野 1976 および 2001：58-81］［華園 1997］［鈴木正 2005］が，本研究と関係する点について簡単に確認したい。

①ターナーの巡礼＝コミュニタス理論

ターナーの巡礼論の出発点は，巡礼はコミュニタス（communitas）と彼が名づけた特徴的状態が観察可能な対象であるということにある。コミュニタスとは，儀礼過程（ritual process）における境界状態（リミナリティ：liminality）で起こりうる，組織性が融解したような平等的・実存的な人間関係の有り様である。この関係性について，彼は，R. マートンを引きあいに出し，個人の社会的な地位や役割が固定化されたマートン流の「役割のセット」的な「構造（structure）」に対する「反構造（anti-structure）」であると説明［Turner 1975（1974）：201］し，境界性，部外者性，構造的劣性3つの文化的側面に現れるとする［ターナー 1996（1969）］。つまり，コミュニタスとは，いわば共同性の一形態であるが，ターナーは「共同体（community）」が含み込む「共通の生活の場」という意味からの区別を明確にするために，ラテン語の *communitas* という言葉を使って説明する［ターナー 1996（1969）：128］。

ターナーの巡礼＝コミュニタス論を直感的に理解するために最も適当な事例が，マルコムＸ（Malcolm X：1925-1965）のメッカ巡礼のエピソードであろう。マルコムＸがほかならぬ，ターナーの同時代人であり，当時アメリカで最も過激な黒人解放運動家のひとりであることを想起するならば，マルコムＸが彼自身の原初の地と考える聖地メッカにおいて，肌の色のちがいを乗り越え，神の前の平等を「真の兄弟愛」として体感し，その結果，ネーション・オブ・イスラムを脱退するに至ったプロセスは，巡礼とコミュニタスが最も劇的に結合した例として，ターナーの巡礼＝コミュニタス論の構想に大きな影響を与えたものと思われる

[Turner 1975（1974）：168-169,204］。

②ファン＝ヘネップの通過儀礼論と巡礼

ところで，このターナーのコミュニタス概念に影響を与えたのが，ファン＝ヘネップ[10]であった。彼は，状態や属性を変化させる儀礼を通過儀礼（rites de passage）と呼び，この種の儀礼には，分離（境界前）－過渡（境界上）－統合（境界後）の3つのフェーズがみられることを，境界という概念を用いて通文化的に考察した［ファン＝ヘネップ 1995（1909）］。彼の儀礼研究では，主として妊娠・出産や葬式あるいはイニシエーション儀礼のような，人生のプロセスに関するものが考察の対象となったが，彼の議論が概ね完了した後に，『通過儀礼』第9章「他の型の通過儀礼」において，巡礼についても若干の言及がなされている。

その章でファン＝ヘネップは，人間の社会活動を有限の有機的活動と捉え，そのエネルギーの衰退が要求する「根本的必要性」に対応するために，通過儀礼は多く，死と再生の形式をとるのだと述べている。そのような擬死再生の観念が存在する例として，誓願の供儀とともにあげられるのが巡礼である。彼はカトリックやイスラームの巡礼にも，「分離・過渡・統合」のプロセスがみられ，仏教も同様とするが，いずれもごく簡単な言及にとどまっている［ファン＝ヘネップ 1995（1909）：156-158］。しかしながら，彼もまた，儀礼研究から導き出した境界性の応用的事例として，巡礼を視野に入れていたことは確認しておいてよいだろう。

③ターナーにおける儀礼論と巡礼研究の関連性

そして，ターナーもまた同様に，ンデンブ族の成女儀礼等の儀礼研究からコミュニタス理論を導き出し，自らの学問体系を象徴人類学として構築していく中で，その応用的かつ最適な事例として巡礼を捉えていたということが，文化人類学的巡礼研究を系譜学的に捉えるためには，最も重要な点である。ターナー自身が述べるように，彼が巡礼に興味をもつのはそれが境界的現象であり，社会的「反構造」（social "anti-structure"）や儀礼的象徴の意味論（semantics of ritual symbols）などの学問的関心が，すべて収斂していく場が巡礼であると考えたからである［Turner 1975（1974）：166］。そして彼のこうした学問的関心は，コミュニタス

と構造の弁証法的過程が社会生活のメカニズムであるという理解に結実していく。したがって，ターナーにとっての巡礼はコミュニタス的特性がみられると同時に，通過儀礼的な時間軸をもち，構造と弁証法的関係をとることで，全体として社会の動態論的モデルを形成するものであった。著書の章題にあるように，彼にとっての巡礼は，"Pilgrimage as Social Processes（社会過程としての巡礼）"なのであり，"ritual process"という分析枠組みによって切り取られる"pilgrimage process"に注目するものであった。だからこそ，コミュニタス概念は，実存的あるいは自然発生的なコミュニタス（*existential* or *spontaneous* communitas），規範的コミュニタス（*normative* communitas），イデオロギー的コミュニタス（*ideological* communitas）に分類される必要があったのである［Turner 1975（1974）: 169およびターナー 1996（1969）: 181-234］。

④巡礼＝コミュニタス論のインパクトと批判的展開

　ターナーによる巡礼研究は，他の人類学者に大きなインパクトもって迎えられ，多くの巡礼研究を排出する原動力となった。日本でも星野英紀が，女性史家として名高い高群逸枝が大正時代に行った娘時代の巡礼体験と，その後の人生における位置づけをコミュニタス論で読み解くことで，彼女がいかに巡礼体験を理念化・内面化させてきたかというプロセスを論じた。星野は，社会動態論モデルから個人の内面の心的変化を説明するモデルへとコミュニタス論を応用させたのである［星野 2001］。

　だが，星野によれば，海外ではターナーに触発されて生まれてきた研究の多くは彼に批判的なものであったという［星野 2001: 67］。例えば，ターナーは社会的事実や集合表象をある意味で「事物」とみなす視点を受け入れるなど，方法論的にデュルケムを多く継承しているとするが，同時に，行為者自身の説明や解釈を重点化することで，デュルケムを乗り越えようとする意図を述べていた［Turner 1975（1974）: 183-184］。A. モリニス（Morinis, Alan）は，ターナーの理論は巡礼の個人性を軽視していると，まさにこの点に不満を述べ，松尾芭蕉の「奥の細道」なども巡礼として理解するより心理学的なアプローチを提唱した［Morinis 1992］。また J. イーデ（Eade, John）や M. サルノウ（Sallnow, Michael J.）らはコミュニタスを一面化して描くターナー理論の決定論的性質は巡礼の多様性

と反するとし，巡礼者集団の対立や葛藤を強調した多元的理解を示した［Eade & Sallow 1991］。これらの批判に対し，星野はターナーのコミュニタスはきわめて抽象度が高い次元で意味をもつものであり，個々のフィールドでは齟齬をきたすことはある意味当然で批判は正鵠を得ているとしている［星野 2001：75］。その後，星野はコミュニタス論を再構築する方向性はとらず，モリニスらの批判を踏まえて，より近年には巡礼者の意味づけ論という宗教学的な方向へ進んでいる。

ターナーの巡礼研究によせられたこれら批判を，いささか乱暴ではあるが，一言で述べるならば，「巡礼はコミュニタスとは限らない（多様なモノである）」というものである。しかしながら，冒頭に述べたように，彼のコミュニタス論が象徴人類学的な動態論モデルでもあったことを思い起こすとき，こうした批判が，巡礼＝コミュニタス論の理論的高みをある意味では，切り捨てしまうという負の可能性をもっていたことも否めないのではないだろうか[11]。

(3) 日本での儀礼論的巡礼研究の展開——青木 保と黒田悦子

一方，日本では，ターナーの巡礼＝コミュニタス論は比較的肯定的に受容された。おそらくその理由は2点ある。ひとつは，日本では巡礼研究の論点が，巡礼はコミュニタスか否かという命題に向かわず，むしろ，聖地構造（直線型／円環型等）や用語（参詣／巡礼等）の問題を内包し，「巡礼」概念そのものを巡る論争のほうが活発だったということである[12]。もうひとつは，日本の文化人類学的巡礼研究が，儀礼論的関心からターナーを継承し，それぞれのフィールドで巡礼を事例として展開させたものであったということである。このような流れから巡礼研究を行った文化人類学者に，青木 保と黒田悦子があげられる。

青木 保は「巡礼という行為は，それ自体が儀礼過程としての完結した形式を有している」［青木 1985a（1982）：152］と，巡礼を儀礼のひとつのヴァリエーションとして把握していることを明確に述べている。

青木は，御嶽登頂巡礼のフィールドワークを通じて，この巡礼が，出発から聖地での巡礼行を経て，帰宅するまでの大きな時間的枠組みでは，「リミナリティとコミュニタスがやはり出現する」ような，通過儀礼論的な儀礼過程として捉えることができるとする。この点については「ターナー・タイプ」の分析で明らかになることは多いとするのだが，聖地内における時間的枠組みにおいては，沈黙・

緊張・苦痛から騒乱・解放・快楽へという祭りとして捉えることができる「別の儀礼の構造」が現れていると述べる。すなわち彼は、ファン＝ヘネップからターナーに継承された「通過儀礼」モデルを、デュルケムからE.リーチに至る「祭儀モデル」で補強することで、御嶽巡礼の全体的な儀礼過程を明らかにしようとしたのである[13]［青木 1985a（1982）：152-162］。

　黒田悦子はターナーの巡礼＝コミュニタス論と、エリック・ウルフのグアダルーペに関する民族誌的記述などを基に、中米の巡礼について考察した。彼女は、巡礼を祝祭儀礼の一種と理解し、その統合機能に着目する。そして、ウルフによって定式化したグアダルーペを規範的コミュニタス、地方巡礼を実存的コミュニタス的色彩が強いとし、文化相対主義の立場から前者を罪、後者を功と評価する［黒田 1988］。黒田の課題は、「巡礼のコミュニタス性の特質、もしくは限界とでも呼べるものを明らかにし、巡礼の儀礼としての可能性を考える必要がある」というものであった[14]［黒田 1988：242］ように、彼女の巡礼研究では、コミュニタス概念が、メキシコのウィチョルのペヨーテ狩り巡礼や、カトリックの巡礼といった諸事例についてどの程度当てはまるか、ということに主眼がおかれていた。

　このように、ターナーのコミュニタス論が日本に紹介されたことにより、1970年から1980年代にかけて、文化人類学でも巡礼研究が行われるようになった。その代表的な研究者が、星野英紀、青木保、黒田悦子らである。彼らは、ターナーのコミュニタス論を比較的肯定的に摂取し、分析のツールとして、四国遍路、御嶽巡礼、メキシコの諸巡礼というそれぞれのフィールドに持ち込んだ。そして、ターナーのコミュニタス論自体の出自から明白であるように、これらはいずれも儀礼研究のひとつのヴァリエーションとして行われた。そのため、彼らの巡礼研究は、巡礼という「儀礼」におけるコミュニタス概念の有効性や適応範囲に関する議論に主眼がおかれ、星野を例外として、各自の研究領域の主流となることはなく、それ以上の発展はあまりなされなかった[15]。

（4）巡礼の文化人類学的課題と四国遍路への応用——儀礼論から実践＝解釈学へ

　前述のように儀礼論的巡礼研究は発展しなかったが、人類学における儀礼論自体は展開を続けてきた。福島真人は1990年代前半までの儀礼論の系譜を、機能主義から構造分析を経て、解釈主義への展開としてまとめた。そこでターナーは

第1節　巡礼研究の展開と文化人類学的課題　39

一定の評価をされつつも，儀礼の諸項目，細則（彼の言葉でいえば象徴）の意味について，あまりに楽観的であったこと，彼の豊かな解釈がムチョナ（Muchona）というひとりの呪医によっていることの2つの限界を指摘される［福島　1993：113,119］。

　おそらく後者については，星野英紀もまた同様の問題に突き当たったのだと思われる。彼の巡礼研究のひとつの到達点である高群逸枝の遍路体験に関する分析［星野　2001：207-233］において，福島の指摘するターナーとムチョナの関係を，そのまま星野と高群逸枝の関係に当てはめれば，星野がコミュニタス論を四国遍路に導入し，高群逸枝というひとりの巡礼者において，「高群自身の人生の推移とともに遍路コミュニタス観が徐々に形成され」，最終的には「イデオロギー的コミュニタス的な側面が濃厚」になっていくプロセスを鮮やかに分析できたのは，事例である高群自身の特殊性という限界に突き当たるという見解が導き出せるからである。

　高群逸枝は，まず近代の知識人であり，若き日の巡礼の「原体験」をリアルタイムに記録した『娘巡礼記』と，後年，抱え込んだ日常の苦しみから遍路への再出発を望みながらも叶わず，かつ高群の手から『娘巡礼記』が失われてしまったがために，かえってそれまでの人生経験を踏まえ，さまざまな参考文献を引用しながら練りあげられた新たな書物『お遍路』『遍路と人生』を上梓したという希有な人物であった。こうした点を考慮するならば，星野の考察はこの2種類のテクストを通じて初めて可能になったものであり，ある種の理念型は提示できるが，他の事例への応用に困難を伴うことが避けられないという批判が可能にはなる。

　星野がこの分析によって一定の成果を残した後，巡礼による自己変革プロセスへの関心の続編というべき1990年代以降の現代歩き遍路の考察では，より宗教学的な方向に転回していったことも，あるいはここで福島が指摘したような事情と無関係ではないのかもしれない。

　福島によれば，レヴィ＝ストロース（Levi-Strauss, Claude）によって最終的に徹底的に形式化された儀礼は，認知の問題となり，民俗知識によってそれぞれに喚起され，不確定につくりあげられる意味の問題となる。儀礼と神話の無批判な結合を批判し，前者を行為や実践，後者を知やコスモロジーと一般化することで，儀礼＝神話論の更なる発展を図る彼は，こうした見解を踏まえて，解釈とコンテ

クストの問題を「喚起ポテンシャル」という概念で提示する。そして，ある意味が喚起される際に，参照され，影響するのが民俗知識だとする［福島 1993：119-137］。

　こうした民俗知識とそこから呼び起こされる行為や意味の問題こそが，近年，P. ブルデューの実践理論を出発点とする，川村邦光の「民俗の知」［川村　2000］[16] や，田辺繁治らの「日常的実践」［田辺・松田編 2002, 田辺 2002b］などで議論されるようになっているものである。このうち日常的実践の概念は，ブルデューのハビトゥスが「構造化する構造」として行為主体の可能性を縮小させてしまう危険性をもっていたのに対し，「構造化される構造」としての側面，すなわち個々の実践がハビトゥス自体の変動に迫るような次元を読み込んでいくという方向性をもっていると田辺は述べる［田辺 2002b：564］。こうした理論的関心は，ターナーの巡礼研究の動態論的側面を再評価しようとする本研究の方向性にも重ねられる。本研究の理論的立場は，ターナー［1996（1969）］，サーリンズ［サーリンズ 1993（1985）］，ブルデュー［1988（1980）］といった，レヴィ＝ストロース以降のポスト構造主義の研究者が関心をよせた構造のダイナミクスを，福島のいう「喚起ポテンシャル」のような解釈の不確定性，および状況論的アプローチの議論を踏まえつつ，巡礼研究に組み込んで行こうとするものである。

　ここまでの議論を踏まえると，巡礼現象において，行為と意味の結びつきの有り様，すなわち認識・実践・解釈をめぐる問題が浮上するであろう。四国遍路という本書の具体的なテーマに引きつけるならば，四国遍路という名の元に蓄えられている民俗知識とはいったいどのようなものなのであろうか，さらにその民俗知識は具体的な実践の場において，どのように参照され，あるいはその実践を通じて，どのような条件のもとで改変されうるのであろうかといった課題が照射される。

　とはいえ，四国遍路に関する民俗知識はおそらく膨大な領域になるであろう。本書で解明を試みる具体的な課題としては，なかでも巡礼者認識に関するものに焦点を絞りたい。つまり，四国遍路において巡礼者がどのように認識され，解釈され，知識化されているのかという問いであり，これを地域社会の視点から，主として接待の分析を通してアプローチする。いわば地域社会からの巡礼者たちへのまなざしの構築，そして変容に関する問題群といえよう。これにより「巡礼（者）

とは何か」という巡礼研究の根本的な問いの解明への貢献を念頭におきつつ，行為と意味の結びつきに関する解釈学的な理解にひとつのモデルを提供することを，本研究を通底する目標とする。

第2節　四国遍路研究の展開と課題

2-1. 四国遍路研究の2つの時代——戦前と戦後

　次に，本研究の直接の対象となる四国遍路についての先行研究を，戦前期と戦後期にわけて整理を行う。これまで四国遍路（あるいはそれを中心とする巡礼研究）の研究史については戦後の研究に主眼がおかれてきた［例えば真野 1979］。確かに，単行本や学術論文の形式をとった本格的な学術研究の多くは戦後に登場する。その意味では，1951年の小池長之の日本宗教学会における研究発表「四国遍路をめぐる信仰」を，エポック・メイキングな出来事と著者もみている［浅川 2005a：16］。だが，短い調査報告の形式が多いものの，戦前期にも学術的な論考はいくつか発表されており，本研究にとって見逃せない着眼点に言及したものも少なくない。しかし，戦前期のこうした学術研究・報告については，まとまった形で整理・分析されることは，これまでほとんどなかった。

　そこで本節では，まず第2項で戦前期の研究について細かく検討し，いくつかの系譜に整理してみたい。とくにキーワードとしたのが，本書第5章で取り扱う「ヘンド」という言葉である。戦前期の研究には，四国遍路を論じながらも，同時に「乞食」という問題が読み込まれ，「ヘンド」という言葉について言及がなされるという特徴がある。こうした語り口が，なぜ・どのようになされたのかという視点を，戦前期の研究史を整理する際の軸とした。次に第3項で戦後期の研究を総括する。こちらは戦前期に比べ，内容的にも質的にも重厚である。本稿中でも具体的に触れることが多いので，概要の把握にとどめ，それに近年の新たな動向を加えることを主眼とした。最後に第4項で，それぞれの成果と課題を確認し，本研究の具体的な研究目標とどのように接続されるのかを明らかにしたい。

2-2. 戦前の四国遍路研究

(1) 真言教学での萌芽——原 秀四郎と『有聲』

　四国遍路に関する学術研究・報告は戦前より散見される。管見の範囲では，1909年（明治42）『有聲』に掲載された，歴史学者の原 秀四郎の「八十八ヶ所の研究に就て」が最も古い[17]。

　原は，自身が伊予越智郡出身で宗旨が真言宗であったことを明らかにしたうえで，祖母から聞かされた弘法大師伝説，子どもの頃の村接待の記憶，一生に一度は巡礼するという通過儀礼的な側面などを語り，さらに全国に八十八カ所の写し霊場が多いことに驚くと述べる。そして，四国遍路を起源，現状，地方との関係，あるいは四国の風景・風俗が巡礼者の心理へ与える影響などの観点からこれを研究対象とすることを提案し，紙上での情報・意見交換を呼びかけている［原 1909][18]。

　これに対し，早速，翌月刊行された同誌33号「時事漫語」の欄に，原の提案を「非常に興味ある提言」とする無記名の意見が掲載された。その筆者は，「巡礼の風習は宗教信仰の特産物」と述べ，「キリスト教徒の聖跡参拝」や「仏教徒の仏陀伽耶参拝」をはじめ，西国，坂東，秩父，善光寺，伊勢，高野山，金比羅，厳島などさまざまな巡礼を列記したうえで，四国遍路は，「老若男女を打ち混じ，不具者も疾病者も打ち雑りて」現在最も盛んに行われている巡礼であり，「凡そ日本島国民で四国遍路ほど一般的な大規模な旅行があらうか，而して肉体的にも精神的にも此れほど種々雑多な経験を重ぬるところがあらうか」と評価する[19]。さらに，「為政者は之が保護監督に対して何等か成案があるのか」「四国遍路を邪魔者のやうに想うて，面倒な取締法を案出するだけに腐心するやうでは寔に心細い次第である」と，本書第4章で述べるような当時の四国遍路に対する行政・社会の否定的な取り扱いに苦言を呈する。そして，一時期の淫祠邪教キャンペーンを乗り越え，すでに鉄道による遠隔参拝で教勢を拡大していた天理教を例に引きながら，宗教界および宗門の興隆のために，「社会の人事の重要事件として順礼に関する研究を重ねねばならぬ」としている［無記名（『有聲』時事漫語）1909：38-40］。

実は『有聲』第1号（1906年）にも,「南和の有志」が新四国霊場を行乞しながら巡拝した旨の記事[20]が掲載されており,刊行元の修養団は,当初から巡礼に少なからぬ関心を抱いていたと考えられる。原の論考は,こうした実践的関心や真言宗の教学研究と結びつき,さらに発展する可能性をもっていたと考えられる。しかし,著者が閲覧した東京大学の近代日本法政史科センター（明治新聞雑誌文庫）収蔵分に関する限り,先の時事漫語と同じ第33号と76号（1912年）に若干の言及があるものの,その後の大きな展開はみられなかったようである。

(2)「ヘンド」をめぐる語彙論的展開──喜田貞吉と地方史家

戦前におけるもうひとつの四国遍路研究の系譜が,喜田貞吉（1871-1939）を核とする2系統の議論である。そのひとつは,「ヘンド」という民俗語彙の報告に端を発する,四国遍路の呼称をめぐる語彙論的展開であった。

(A) 喜田貞吉

喜田貞吉は現在の徳島県小松島市櫛渕町[21]の出身で,東京帝国大学で国史を専攻した後,東京帝国大学で講師となった学者である。文部省で教科書選定にかかわっていたが,1910年（明治43）に起こった尋常小学校の国定教科書の記述をめぐる「南北朝正閏問題」で職を追われ,以後は京都帝国大学,東北帝国大学等で教鞭を執った[22]。その研究領域は,歴史学から地理,考古,民俗等の方面にも広がりをみせ,とくに民俗学に関しては柳田國男から知的刺激と批判をたびたび受けた。多岐にわたる喜田の研究において中心的なテーマが,1906年（明治39）頃から関心を示すようになったといわれている「民族史」的研究である。著作集の解説を執筆した上田正昭は,方法論的,認識論的な問題を含みながらも,「日本民族」の単系発展を否定し,「複合民族」であることを多角的に論究する研究姿勢や,渡来人とのつながりに着目し,「騎馬民族征服王朝説」に類似する先駆的視座を有していたと評している［上田 1979］。

喜田は研究成果の発表において,単行本よりも雑誌を好んだという。彼が最初に発刊したのが,1899年（明治32）年自ら組織した日本歴史地理研究会（後に日本歴史地理学会と改称）の機関誌『歴史地理』であるが,その第22巻第1号（1913）の「国土産」という小欄に掲載された,「四国へんど」という記事[23]がある[24]。

ここでの喜田の主眼は「土語として馬鹿にされて居るものの中には，案外確かな，正しい来歴の古語を伝へて居るのがあるものだ」という周圏論的な言語論にあった。そして「なまじ文字の知識のある連中は，文字になづみて土語を賤しみ所謂訛音匡正方言訂正の声の中に之を改め様とする弊がある」として，文字化され，国語として平準化されていく語彙に対して，文字化されない民俗語彙に価値を認めようとする。そこで例として紹介されるのが四国遍路である。

> 四国には有名なる八十八箇所の霊場があって，之を巡拝する所謂巡礼なるものが諸国から入り込んでくる。彼れ等は体よく云へば法捨を受けつつ，体悪く云へば乞食をしつつ巡礼するので，土地では之をヘンドといふ。何時から書き始めたか知らぬが文字には之を遍路と書き……これも口をドと訛つたものだと云つて，学校の先生などこれを態々匡正しようとするものがある（※〇印は喜田自身による）。

このように述べた後，沢庵和尚の『鎌倉記』や吉田兼好の『徒然草』の用例を引きつつ，ヘンドとは田舎を意味する「辺土」の霊場巡拝の修行者のことと理解する。さらに『今昔物語』に登場する「辺地」と「辺土」を同一の語句とし，「四国辺地即ち四国辺土で，遍路では意味をなさぬ。やっぱり土語の方が正しいのだ」と主張した［喜田 1913］。

実は，ヘンドという言葉を取り上げたのは喜田が最初ではない。先の原 秀四郎が『有声』に寄稿した文書にもそれはみられる。しかし，原は「予は我祖母の指揮する一団中の接待委員（！?）となってチョロチョロ足で大人の間に交つて，塵紙の一帖づつをオヘンドサンに渡したのであつた。……断ゆるが如く続くが如く遠く聞ゆるお遍路サンの御詠歌は，予を夢地に導いたのであつた」［原 1909：12］のように，同じ文脈で，「オヘンドサン」と「お遍路さん」を区別せずに使っている。これに対し，喜田はヘンドという言葉を初めて，学術的対象として焦点化したのであった。

(B) 景浦直孝

この喜田説に対して異論を唱えたのが，松山市出身で後に伊予史研究の大家と

なった景浦直孝（1875-1962）である[25]。彼は『歴史地理』第24巻第1号（1914）の「談叢」欄に「四国遍路」という文章を寄稿する。これは概論，起源論（および88の限定数について），語彙論の3段構成になっており，最後の部分が喜田への反論になっている。

まず，景浦は「春風駘蕩として桃花水暖かなるの候，隣里郷党相誘ひ菅笠負笈の姿甲斐甲斐しく四国八十八カ所の霊跡順拝にと出でたつもの，世俗之を遍路と云ふ」と紹介する。さらに，53番円明寺の納札（1598）や過去帳の記述（1728），『四国徧礼功徳記』（1690），『四国徧礼絵図』（1763）などの近世の四国遍路資料を引用しながら，四国遍路の起源を議論し，その結果，弘法大師の弟子である真済説が開創したとする説を退け，近世期に禅宗藩であった旧大洲領に札所がないこと等から，八十八ヶ所の成立を近世初期と推測する。

そして最後に議論される語彙論であるが，先の喜田説を紹介し，先にあげた近世資料の文字やふりがな，あるいは『佩文韻府』などによりながら，「遍路は矢っ張り「へんろ」にして唯邊路と書くが正しかり」，そして「辺土は片田舎の意にして，現今の所謂遍路の意にはあらざるなり」と結論する［景浦 1914：89-90］。

さらに翌年，景浦はこれに加筆し，最終的に「但し我が愛媛県下の一部には，「四国へんど」と唱ふる所なきにしもあらざれど，之は偶以て地方の慣用語たるに過ぎざるなり」という具合に，喜田が退けた「ヘンド」を方言と理解する説を支持する論考を，愛媛の郷土史雑誌の『伊予史談』に掲載している［景浦 1915：15][26]。

(C) 西園寺源透

この「ヘンド」を巡る語彙論は，昭和に入り，宇和島出身の郷土史家・西園寺源透(1864-1947)が，『伊予史談』上で再び取り上げた[27]。その論考「四国遍路考」は，40年にわたる西園寺の四国遍路研究の成果というだけに，多くの論点を網羅している[28]が，その最後に言及されているのが，「「ヘンロ」考」と題された呼称の問題である。西園寺は「四国霊場を参拝するものを，邊路，偏路，遍路，偏禮，徧禮，邊土等と云ふ」と述べ，それぞれ用例をあげているが，邊土については文献を例示せず，「四国到る所の民間に口称するもの」として，次のように述べる。

我伊予の民間に於ては，ヘンド，オヘンド，ヘンド札，ヘンド姿，グレヘンド，オゲヘンド，ヘンドの荷さがし，ヘンドの嫁入長持ないなどと云ふて，総てヘンドと発音してをり，ヘンロとは口称せぬ，試みに阿讃土三国の識者に質問したら，左の如き解答を得たのである。

琴平町の草薙金四郎氏の答，遍路はヘンドに御座候恐らく讃岐一円は共通に候はん。

徳島市飯田義資氏の答，当地にても遍路をヘンド〇〇〇と申候，概ねヘンロ△△△とは不申候，オヘンドサン，ヘンド宿，ヘンド道，ヘンド石，ヘンド坊主など，常に俗間の用語として聞く所に御座候。

高知市武市佐市郎氏の答，土佐にてはすべてヘンロ△△△とは不申候，ヘンド〇〇〇と申候。右三氏の垂示と，我伊予の民間称呼とは全然一致して居る，依りて四国は同一にヘンドと称しておることは些の疑もない［西園寺 1937：26（※文中の〇△印は西園寺自身による）］

すなわち「ヘンド」は，四国霊場の巡礼者を指し示す，四国全域で使用されているフォークタームであるというわけである。そして「邊土」という語句については，漢文等の用例から「歴々たる立派な熟字」とし，その意味を邊路・邊地や，辺鄙，辺境，辺陬などと同じ「カタヰナカの義」と理解する。つまり，ともに「邊路」「邊土」はともにヘンドと発音する地方の社寺を巡拝するということの略称であり，これを江戸時代の「半可通学者」が，「メグル，アマネシ」の意をもつ「遍路」に改めたという見解を提示する。これらのことから，彼は四国霊場の巡礼者を示す言葉として，「邊土（ヘンド）」が最も正確な語であると結論するのである［西園寺 1937：26-28］。

以上をまとめると，喜田は四国の地域性からフォークタームの「ヘンド」の正統性を認めたのに対し，景浦は歴史史料から「ヘンロ＝辺路」が正しく，「ヘンド」を方言と理解した。それに対し，西園寺はフォークタームとしての「ヘンド」の四国における普遍性を確認して，再びその正統性を主張したといえよう。「ヘンド」をフォークタームとして理解するという喜田，西園寺の視点や，それが四国全域で使われているということを確認した西園寺の業績は，評価されるべきものであ

ろう。
　しかしながら、「邊土（ヘンド）」が最も正確な語であるとする西園寺の結論には方法論上の問題がある。いうまでもなく、それは「ヘンド」というフォークタームを、安易に歴史的テクスト上の文字に結びつけていることである。その背景には、四国霊場を参拝する巡礼者を一様のものとして捉える彼の視座にある。そのために、彼はフォークタームとしての「ヘンド」の普遍性を確認しながらも、「邊土」という文字の四国遍路に関する用例はほとんどないという「矛盾」に突き当たり、それが故に、「邊路は音便上ヘンドとなつたとの説もあるが、或はさうかも知れぬ」[西園寺 1937：27]とすることで、「邊路」を＜ヘンド＞の文字に割り当てるという操作を行わなければならなかったのではないだろうか。

　このような観点から一連の議論の主発点である喜田の文章を読み返してみると、そこでは、四国遍路の中心的実践であるはずの「巡る」こと、すなわち「巡礼」そのものではなく、いわばそれに付帯する実践であった「報謝／乞食」が焦点化されていたことに気づくであろう。

　　彼れ等は体よく云へば法捨を受けつつ、体悪く云へば乞食をしつつ巡礼するので、土地では之をヘンドといふ[喜田 1913：85]。

　この彼のまなざしは、景浦、西園寺のように四国遍路の巡礼者全体を視野に収めているのではなく、明らかにある特殊な「巡礼者」を焦点化していたのである。

(3)「ヘンド」の「賤民」論への統合——喜田貞吉の「民族史」研究

(A)「サイコク」と「ヘンド」への喜田のまなざし

　喜田貞吉はまた、いわゆる部落問題の研究にも精力的に取り組んだ人物としても知られている。上田の解説によれば、それは、彼の「民族史」研究から派生したテーマであり、また喜田の少年時代からの個人的経験と、明治30〜40年頃の部落改善運動などの社会情勢とも結びついたものであったという。そして当時、異民族起源と考えられていた「特殊部落」を、社会的な「境遇」の問題として捉え直す喜田の視点は、同時期の柳田國男に先んずるものであった。大正以降

も，喜田は部落問題への考察を進め，ついには「我が日本民族の由来沿革を調査し，其の社会組織上の諸現象を明にする」ことを目的とし，「とくに過去に於ける賤民の成立変遷の蹟を詳にし，今尚時に疎外せらるる傾向を有する，同情すべき我が同胞解放の資料を供せん」とするために，『歴史と民族』を1919年（大正8）に創刊するに至る［上田 1982］。

そのひとつの結晶が，同年7月に刊行された「特殊部落研究号」と題する特集号（第2巻第1号）である。そして，彼自身の講演録や研究論文，多数の寄稿論文などが賑やかす誌面の片隅の「余白録」に掲載されたのが，巡礼研究的には初期の西国巡礼の資料でありながら異色のものというべき「西國といふ賤民」という一文であった。

　　讃岐には西国（サイコク）という賤民があった。他国で勧進とか箕直しとかいふ類で，もと浮浪人或は来り人であつたらしい。今はサイコクで立派になつて居るものもあるが，やはり通婚は嫌がられるそうな（喜）［喜田 1919a：313］

わずか100文字足らずの短信であるが，同年10月の第2巻第4号には，これをうけて讃岐から「「サイコク」といふ賤者について」という報告が寄せられる。これによると「サイコク」とは川魚を漁ることを本業とし，籠細工，ゐかき，箕直しを副業とする人々をさす名称であり，「エッタ」ほどには蔑視されてないという［大西 1919：507］。そして注目すべきは，それに主筆・喜田がつけたコメントである。

　　喜田申す。讃岐に「西国」といふは九州地方に「勧進」といふ如く，もと浮浪的の物貰の称呼と思はれる。……勧進僧の名が基本義を失つて物貰ひの名となつた様に，西国といふも，もとは西国巡礼の修行者から出た名であらう。四国巡礼の遍路は仏教信仰から来た修行者であるが，それが四国では物貰ひの乞食の名となつて居る。「幾ら貧乏してもまさか乞食も出来ぬ」といふ事を，「まさか遍路も出来ぬ」などといふ。西国の名も同じ程の事であらう［喜田 1919b：507-508］。

ここで喜田は,『風俗研究』に掲載された『豊国祭屛風』から「西国」という文字のある托鉢する巡礼者の絵図を紹介し,「即ち物貰の乞食である。その物貰ひが土着して,なほ山家(窩)的生活をして居るのもあるらしい」と述べる。ここでは巡礼者と乞食が同一の俎上で議論されている。先の1913年の文章とのつながりを感じさせるこの文章からわかるように,彼は喜捨を受ける巡礼の様子を,宗教的な極と,乞食＝物貰という極の両眼的なとらえ方をしているのである。そして,両者をつなぐ言葉が「ヘンド」であった。しかし,ここでは,「西国」「勧進」「遍路」などが,元は修行・信仰から出た名であるが,現在では物貰・乞食の名となっているという一種の進化論的図式に置き換えられ,逆に「ヘンド」という語が切り捨てられている。
　さらに3年後の1922年(大正11)の7巻5号の「学窓日誌」の欄に掲載した論考では,タイトルに「お摂待－四国遍路」とわざわざルビが振られ,「「おへんどはん」は即ちお遍路様で,四国順礼の事を遍路と書いて,ヘンドといふのだ」と,「ヘンド」が復活する。その四国順礼は「乞食して廻るのが本体」であり,「ヘンドは乞食するのが即ち修行で,弘法大師も自身乞食された事がチャンと御伝記に出て居る。それを倣つたといふ訳で,巡礼は家毎に軒に立つて南無大師遍照金剛と唱へつつ,一ト握りづつの米の法捨を受けたものだ」と,弘法大師を範に持ち出しながら,巡礼と乞食を,そして書き言葉の「遍路」と民俗語彙の「ヘンド」とを一体化させる見方を示している［喜田　1922：519］。記号論的にいえば,乞食をして巡礼することを"シニフィエ",「遍路」と書かれる「ヘンド」という言葉を"シニフィアン"として結びつけた,となるだろうか。
　だが注目すべきは,これに続く「こんな事から,自分の郷里では,物貰ひ廻る事をヘンドするといふ。何某も可哀相に,働き者に死なれて他に寄る辺がないので,村中をおヘンドに廻って居るそうなゝなどといふ」［喜田　1922：519-520］という記述である。したがって喜田は,四国遍路を表す古語の名残として理解していた「ヘンド」を,その遍路が本来内包していた巡礼に付随する「乞食」「物貰い」というもう一つの実践を焦点化し,むしろ「乞食」の意味をもつ現代的な言葉として把握しなおしたのである。

(B) 宮武省三「乞食と遍路」

　さらに同誌 8 巻 4 号（1922）には，宮武省三による「乞食と遍路」という論考が掲載される。これは戦前の四国遍路に関する習俗を，西国巡礼や海外の例と比べながらさまざまに紹介する大変興味深いものであるが[29]，タイトルに表されているように，文章の前半を占めるのは，「乞食」の話題である。ここでは，喜捨を求める乞食とその断り方が，宮武自身の体験を交えて，日本，中国，インドという広い視野から語られるのだが，その際，事例のひとつとして登場するのが「ヘンド」である。

　　たとへば讃州高松では，乞食が「ヘンドになんぞやつてイタ」と曰ふと，「なんにもない」と答へ，遍路姿の多少風体のよい物貰は，「マーお通り」，又は「マーお断り」と言ひ，伊予でも「通れ通れ」，又は「お通りなさい」［宮武 1922：48］

　この文章は，「我国でも物貰を断る言葉は大体極つて……「通れ」が昔から一般の通用語ぢやが，物も言ひやうで角が立つので，其の言ひまはし一つで幾らか地方性の漂ふ気のするは面白い」［宮武 1922：48］という部分に続くもので，日本における物貰の断り方の一例とし揚げられたものである。この後，讃岐，伊予に続いて，松江，越中高岡，金沢，肥後八代地方，佐賀，博多，久留米，関東，横浜と列挙されるのであるが，重要なのは，「ヘンド」と自称するものが，「乞食」「物貰」と他称され，四国のローカルな存在から日本という枠組みにおけるひとつのヴァリエーションとして再配置されている点である。

　この後も，春秋の風物詩としての遍路を「実に詩趣ある眺め」としながらも，彼らが唱える「南無大師遍照金剛」という真言を，「ナンデモ喰ひたい遍路の根性」「生の大根も遍路に喰はせ」などと言い換えて冗談をたたいている者もあることや［宮武 1922：49］，「無智憫れむべきぢやが，是も天下泰平の徴であらう」と宮武が評する「大師オロシ」と称する民間巫者の存在など［宮武 1922：52］，当時の四国遍路において，多種多様な「巡礼者」たちが，緩やかかつ曖昧に混在している様子が記述されている。

しかしながら、最後の部分で「序に」（ついで）として、「高松では乞食をもヘンドと曰ひ」[宮武 1922：54]と述べるように、全体として、宮武もまた喜田と同様に、「ヘンド」を「乞食」としてみなしていく姿勢をとっているのである。

(4) まとめ

以上のように、ここでは戦前期の四国遍路研究として大きく3つの流れを確認したい。それは、（A）仏教学・密教学、（B）郷土史、そして（C）賤民・貧民研究という系譜である。

（A）に関しては、本書の歴史的射程の中では、その最初期に萌芽的な姿勢をみることができる。高野山の学僧であった寂本は、大坂寺島の頭陀僧といわれる真念と共同で『四国徧礼霊場記』（1689）『四国徧礼功徳記』（1690）を刊行したが、とくに罰をもたらす弘法大師像を明確に否定するなど、当時の庶民信仰的な奇蹟譚や伝説に対しては、仏教学的立場から一定の距離をとる見解を示した。こうした教学的な議論は、星野英紀や森 正人が取り上げる「遍路同好会」や明治・大正・戦前昭和期の僧侶たちにおける、移動手段と宗教的正統性をめぐる諸見解［星野 2001：187-207、および森 2005：114-153］、そして戦後では宮崎忍勝などの真言宗系の研究［宮崎 1974］につながるものといえよう。

また（C）については、これに先立つものとして、例えば本居内遠の『賤民考』があげられる。彼は四国遍路等の巡礼で行われる托鉢行為を「修行」と意味づけられることについて、「心得あやまり」であり、「仏意の悪習なり」と論じている［本居 1927（1902）：181］。あるいは、天保年間より書き記された近世の随筆『近世風俗志』（守貞謾稿）において「四国遍路 阿州以下四国八十八ヶ所の弘法大師に詣すを云ふ。京坂往々これあり、江戸にこれなし。もつとも病人等多し。扮定まりなし。また僧者これなし」［喜田川 1996（1837以降）：333］と記述し、西国巡礼、六十六部、宿の者、非人、乞丐、穢多等と同じカテゴリーに分類していることも、その一端とみても差し支えないであろう。また、こうした議論の発展系としては、徳島出身のキリスト者・賀川豊彦の『貧民心理の研究』の次のような記述がある。

　　宗教も人為的に貧民を造る傾向を持つものがある……四国が乞食の島であ

ることは誰もが知つて居るが，私は春になれば，あそこに一萬以上の乞食が居るのを見た。今日関西でも関東でも外見は托鉢僧で実は無職の乞食が沢山居る。之も宗教が造つた乞食である［賀川 1998（1915）：37］

　これらの視点は，遍路を賤民・乞食に引きつけて理解するものであるが，その媒介となったのが民俗語彙としての「ヘンド」であった。しかしこの語は，（B）の系譜によって，文字化され，地方性を表す「辺土」という語彙に回収されてしまったのである。こうして，「遍路」と「乞食」を緩やかにつないでいたリンクは断ち切られ，場合によっては，賀川のように，「遍路」すらも消し去られた完全なる「乞食」として理解されていくのである。

2-3. 戦後の四国遍路研究

(1) 全体的な動向

　戦後の四国遍路研究として，早い時期に発表されたものに小池長之のものがある。小池は，1950年の第9回日本宗教学会学術大会で巡礼に関する研究報告を行い，そこで四国遍路も取り上げられた［小池 1950］。小池は翌年，「四国遍路をめぐる信仰」と題する報告を行うが，これが同学会では「四国遍路」を初めてタイトルに明記した学術報告となっている［小池 1951］。

　その後，1970年前後になると，四国遍路研究は本格化し，1980年にかけて，さまざまな分野からの業績が積み上げられるようになる。

　社会学では前田卓が『巡礼の社会学』を著した。巡礼者を対象としたアンケートによる社会調査，過去帳や納札を使った歴史研究，接待に関する民俗学的調査からなる同書は，「社会学」を越えた総合的な研究業績であり，その後の四国遍路研究に大きな影響を与えた［前田 1971］。

　民俗学では真野俊和や武田明が活躍した。このうち真野は遍路者を宗教者や芸能者を含めた「遊行」のカテゴリーで捉え，四国遍路の網羅的な民俗誌を描くとともに，伝説や霊験譚の分析を行い，その構造を明らかにしている［真野 1980］。

　宗教学では星野英紀が，V. ターナーやA.R. ラドクリフ＝ブラウンら人類学者

の理論を巡礼研究に持ち込み，多くの業績を残した。なかでも，接待者の聖俗のトポロジーに関する儀礼論的分析や，コミュニタス論を用いた巡礼体験の内面化プロセスについての論考が注目される［星野 1974, 1981］。

歴史学では新城常三が巡礼・参詣に関する大著を著した。新城の研究の特色は，伊予小松藩「会所日記」のような地元の資料に加え，広く全国の資料を提示することによって，巡礼者を送り出す側と受け入れる側の双方の視点が確保されていることである。この点は交通史を専門とし，長年，全国の図書館・資料館を精力的にわたり歩いた著者ならではのものといえよう［新城 1982］。

いずれも現在でも参照されるべき業績であるが，とくに既存の学問体系との接合と理論化をめざした星野と真野の著書がともに1980年前後に刊行されていることから，この時期を四国遍路研究のひとつの到達点とみなすことができるだろう。

そして1990年代以降，とくに2000年代には，四国遍路研究は新しい展開をみせている。ニューエイジ思想などを導入し，巡礼体験解釈の新たな領域を開拓した星野［星野 2001］や，前田の社会調査を継承した佐藤久光［佐藤 2004］といった1970, 1980年代の流れをくむ研究者に加えて，「道の社会学」の視点を切り口として，現代社会と巡礼構造の関係や，巡礼を存在せしめる社会的メカニズムの解明をめざす，長田攻一・坂田正顕らの早稲田大学道空間研究会［長田・坂田・関 2003］，納札・石造物の調査や歴史文書の読解を精力的に進める喜代吉榮德［喜代吉 1993 ほか］などの諸研究は，いずれもこの時期に展開されたものである。

また，宗教実践や死生観などを通して，現代宗教の文脈で比較宗教研究を行うイアン・リーダー［Reader 1993, 2005a］や，近世期の一次資料を基に，地域行政の対遍路者政策や，いわゆる村接待の社会的・経済的背景などに焦点を当てたナタリ・クワメ［Kouamé 2001］ら外国人研究者も参入し，いっそう多様化した。そして2000年以降は，文化人類学の著者や文化地理学の森 正人［森 2005］のような1970年代生まれの研究者が加わったことで，四国遍路研究は世代的にも一巡し，厚みが増したといえるだろう。

(2) 近年の動向――四国発のプロジェクト研究の隆盛

　一方，近年では地元四国において，四国遍路のプロジェクト研究という新たな動きがみられるようになった。これは，大学や研究者が中心になって行われるものと，行政機関や経済組織が企画するものとがある。こうした動きは，少子化や国公立大学の独立行政法人化といった大学経営の問題，観光等による活性化や過疎化・高齢化社会における活力ある生活環境の実現といった地域振興の問題と無関係ではない。こうした新しい大学づくりや地域づくりに，四国遍路は格好のテーマを提供している[30]。

　これらのプロジェクトは，戦前の郷土史研究の流れを継承・発展させてきた地域史研究・民俗研究を取り込みつつ，企画・運営されている。前者のうち，とくに大規模なものとして，歴史学の内田九州男を代表とする愛媛大学や，鳴門教育大学，四国大学などの例がある。戦前の郷土史研究の流れを継承・発展させてきた地域史研究・民俗研究を取り込みつつ，既に他の研究分野で実績のある研究者がそれぞれのテーマや関心を，四国遍路という研究対象に接合させるものが多い。精神衛生学や経営学といった従来はみられなかった分野からの開拓[31]もなされるなど，多彩なスタッフによる学内あるいは学部内的な学際研究によって，より広い視野からの新たな知見の提示がなされているが，全体的には地理学と歴史学の分野を主体とし，方法論的に実証研究のアプローチをとるものが多いという傾向がある。

　後者については，愛媛県生涯学習センターによる「遍路文化」の調査や，徳島県の「歴史の道調査」などが，充実した報告書をまとめている [愛媛県生涯学習センター編 2001,2002,2003, 徳島県教育委員会 2001]。これらも多くの基礎的資料の収集・発掘がなされており，意義深い成果となっている。

2-4. 四国遍路研究の成果と課題

　四国遍路については，西国などに比して資料が少ないという言明がしばしばなされてきた。しかし，これまでみてきたように，少なくともそろそろ100年にわたる研究史の中で，それなりに蓄積されてきた。四国遍路研究史のまとめとして，

第2節　四国遍路研究の展開と課題　55

これまでの成果と課題を明らかにしておきたい。

（1）戦前期の成果と課題――「考古学」的問題系と課題としての「ヘンド」

　戦前の四国遍路研究は，主として基本的な問題提起と当時の民俗についての事例報告を行っている。

　前者については，四国遍路の起源，八十八という限定数の意味，霊場・札所寺院と歴史的人物としての空海の関係，および四国八十八ヶ所の原型と考えられる中世の「四国辺地」の内容などがあげられよう。しかしこれらの問題については，いくつかの仮説が提示されるにとどまっており，これ以上の展開は新たな画期的資料の発見に依存するという状況である。実はこれらの問題系については，17世紀末に真言密教の学僧であった寂本という人物が『四国徧礼霊場記』『四国徧礼功徳記』という2冊の書籍を出版したときから問われてきたことであり，21世紀に入った現代でも解決していないことから，すでにある意味で四国遍路研究における「考古学」的な問題系ともいえよう[32]。

　逆に近年，新しい資料が発掘され，それによって飛躍的な発展を遂げているのが，近代の四国遍路の様相である。これまで，四国遍路研究は郷土史系を含めて歴史学系に研究者層の厚みがあり，そのため近世期が最も盛んに言及されてきた。加えて，前田　卓や近年の早稲田大学道空間研究会といった社会学系の研究者が現代を集中的に研究してきたが，その間の明治・大正・戦前昭和期については，先の2者に比して，詳しく論じられることは少なかった。しかしながら2000年以降，戦前の東京に「遍路同好会」という組織があり，そこで発行されていた機関誌『遍路』が学問的に発掘され，また昭和初期に南海電鉄と四国霊場が合同で行った出開帳に関する資料が復刻されるなど，近代日本の都市の文化現象としての四国遍路の側面が，星野英紀，森　正人らによって急速に明らかにされてきている［星野　2001,2003］［森　2005］。

　後者，すなわち戦前の四国遍路研究が行った当時の民俗についての事例報告は，それ自体，今日貴重な資料として活用されることが期待されよう。なかでも著者が注目するのが，ほかならぬ「ヘンド」というフォークタームである。すでに述べたように，この言葉は喜田貞吉によって研究対象として取り上げられたのだが，直後に喜田自身と郷土史系の研究者によって，巡礼地としての「四国遍路」やそ

の「巡礼者」を指し示す名称として「遍路」と「辺土」のどちらが正統なのかという真偽論に転換され，また賤民・貧民研究の方では「乞食」に回収されることで一般化され，この言葉がもっていた民俗語彙としての微妙な心性等はまったくみえなくなってしまった。

しかし，西園寺が確認したように，フォークタームとしての「ヘンド」は四国全域で使われていたし，著者の調査によれば，昭和30年代までの四国で生活した経験のあるほとんどの人々に記憶されているタームであることが確認されている。この点については，第5章で詳細に述べるが，「ヘンド」とは「巡礼」と「乞食」を緩やかに包摂するような，四国遍路の境界性に関する重要な概念であり，非常に興味深い未解決のテーマである。

(2) 戦後期の成果と課題——比較研究・一般理論への関心と課題としての接待

(A) 一般理論の構築と比較研究

巡礼は広汎な現象であるため，早くから巡礼の一般理論の構築に向けた研究や，実証的な比較研究が試みられてきた。もちろんその萌芽は V. ターナーにある。日本では星野英紀が1970〜80年代にかけて巡礼の類型論を中心に理論的な比較巡礼論を展開し，地理学の小田匡保らが批判的に検討した［星野 1977a,1977b,1981 ほか］［小田 1989］。また真野俊和は民俗学の立場から，巡礼者や遍路者を遊行宗教者というカテゴリーに昇華させていった［真野 1980,1991］。

四国遍路と他の巡礼を比較する実証的研究としては，社会学，歴史学系の研究者によって，いくつかなされている。

国内の他の巡礼との比較という枠組みでは，とくに西国巡礼をはじめとする秩父・坂東などの観音系巡礼との比較研究が多い。歴史研究では前田 卓の西国の納札調査と四国の過去帳調査の実証的比較研究が有名である［前田 1971］。現代の事例では，前田および彼の調査を継承した佐藤久光の調査により，昭和・平成期の四国・西国・秩父等の各巡礼の実証的研究がなされている［前田 1971,1993 および佐藤 2004］。他に早稲田大学道空間研究所の長田攻一，坂田正顕もそれぞれ秩父霊場，坂東霊場の調査を報告書にまとめており，今後の展開が待たれる［長田編 1998,2003 および坂田 2000］。

一方，狭義の巡礼にとどまらず，広く社寺参詣全般を網羅的に扱ったものに新

城常三，そして地理学者の田中智彦の研究がある［新城 1982］［田中 2004］。新城は古代から近世，田中は近世を中心に扱っている。

　海外との比較研究では，ともに現代社会の文脈のなかで「復興」する伝統的巡礼として，とくにサンティアゴ・デ・コンポステーラとの比較研究が，心理学者の藤原武弘や星野英紀，早稲田大学道空間研究所の代表的メンバーである社会学者の坂田正顕らによって行われている［藤原 1999-2003］［星野 2004b］［坂田 2005］。また，世界の巡礼との接続という意味では，比較宗教学者のイアン・リーダー（Reader, Ian）が近年，英文による四国遍路の著書と日本語による世界の諸巡礼を紹介する論考を発表しており，注目される［Reader 2005a，リーダー 2005b］。ほかにも四国遍路を中心に，アジア・ヨーロッパの事例を交えた学際的研究の報告書が愛媛大学の研究プロジェクトから刊行されている［内田編 2005］。

(B) ローカリティへの着目──復活する徒歩巡礼と接待

　また逆に，四国遍路のローカリティに着目し，他の巡礼や参詣と差異化することで，その独自性や特徴を掘り下げていくという方向性もある。とくに1990年代以降，四国遍路では戦後のマス・ツーリズム化およびモータリゼーションによって激減していた，徒歩巡礼者が復活・増加するという現象が起こっている。これは日本の諸巡礼の中でも，現在のところほとんどユニークなものといえる[33]。またそれに伴って，巡礼の道中プロセスが回復され，沿道住民との交流の機会が増えたことで，再び注目されるようになったのが接待である[34]。これら「復活する徒歩巡礼」と「接待」は，学術研究のみならず，一般的な言説のレベルにおいても，四国遍路の独自性を表象するものとして，地域づくり政策や世界遺産登録運動などに影響を与えている。

　だが，やや視野を広げてみるならば，徒歩巡礼の復活という現象は，決して四国遍路に固有のものではないことがすでに明らかになっている。例えば，スペインのサンティアゴ・デ・コンポステーラにおいても，徒歩巡礼が活性化していることは，人類学者のナンシー・フレイ（Frey, Nancy）がすでに詳細に論じている［Frey 1998］。これらは，「新霊性運動」［島薗 1996］のようなグローバルな宗教性・精神性に関する潮流の一部として捉えられており，先述したように，藤原，星野，坂田あるいはイアン・リーダーらによって比較研究の方向に進められつつある。

しかしながら，一方の接待については，学術研究のレベルにおいても，ある意味で近世以降，一貫して四国遍路の特徴であり続けたという言明が，しばしばなされてきた。

(C) 新城常三の接待観

　そのひとりが，歴史学者の新城常三である。彼は中世の交通史をおもな専門とし，社寺参詣史と，荘園の年貢物輸送を中心とする水運史研究の2つの大きな業績を残した。社寺参詣史研究については，民衆の社寺参詣の本流はむしろ近世にあるという気づきから，古代・中世から時間軸を広げ，1964年に1,000ページを越える大著『社寺参詣の社会経済史的研究』を出版する。しかし，その後，昭和40年代に地方史の刊行が相次ぐなかで，近世・近代の新資料が多く発見されたことから，主として近世関連部分を約2倍と，大幅に修正・加筆して，1982年に新稿版を出版した。とくに近世四国遍路に関する部分では，旧版の16ページから新稿版では84ページと5倍以上に増大されている[35]。その新資料に基づいて改稿された，新城の近世四国研究は，次のような印象深い記述で結ばれている。

　　　一般参詣界では，参詣者が一方的に参詣社寺・地元及び沿道住民を経済的に利したが，遍路においては，全く逆で，遍路が四国路に経済的に裨益することは極めて寡く，一方的に，四国住民が遍路に与うるのみであった。これこそは日本の参詣界に例を見ぬほとんど唯一の現象であった……広域にわる多数民衆の善意と愛とが，遍路の永い歴史を支えていたのである［新城1982：1097-1,098］。

　新城は近世の巡礼・参詣を「量的発展」と「質的低下」という2つのキーワードで捉える。新城の考える近世の社寺参詣の一般的状況をごく大雑把にまとめると，次のようになるであろう。
　まず，近世期は社会情勢が比較的安定し，それに伴って民衆の地位が上昇し，交通・旅行関連の組織やインフラが整備されることで，社寺参詣は簡便になり，(熊野などの例外もあるが）参加者が爆発的に増えていった。これが「量的発展」である。しかしながら，社寺参詣へのアクセスがたやすくなったことは，同時に信

第2節　四国遍路研究の展開と課題　59

仰心や求道心が比較的高くなくても気軽に参加可能になることを意味する。もちろん，封建領主が領民の移動を制限するなかで，例外的に許されたのが社寺参詣であり，庶民に許された数少ないレクリエーションの旅として受け止められたこともあり，社寺参詣は次第に遊楽化していった。「質的低下」とはこのようなことを意味する［新城　1982：699-851］。

　加えて，彼が目を向けるのが「乞食」「職業」「偽」などの枕詞がつけられる「巡礼者」たちである。新城は江戸時代の参詣者を，1.「中世的な多分に敬虔な信者」，2.「遊楽を兼ね，またはそれを主眼とするもの」，3.「参詣を生活手段とする乞食の類」の3種類に分類する。そして，「かかる乞食の類は，四国遍路において最も顕著であり……これは遍路特有の接待の慣行と深い関連を有するものでなければならない」と述べている［新城　1982：754-755］。すなわち新城は，近世期四国遍路の資料にみえる「接待」と「乞食」を結びつけ，前者が後者に生活の糧を提供したと理解しているのである。

　そして，その背景として彼が読み取るのが，次のような人々の弘法大師信仰を介して遍路者に同情・共感し，その感覚を「乞食遍路」等にも援用しているという，人々の「心性」である。

　　四国民衆の不良遍路に対する同情・庇護は，一時的なものでなく，社会的習俗として，民衆の間に根強く，定着していたことが知られる。大師信仰の強い四国民衆の，同じく大師信仰の求道者＝一般善男善女の遍路への同情・共感が，さらに広く乞食遍路・不良遍路の上にまでも拡大され，封建領主の追求から彼等をかばった。ここに社会的脱落者が，乞食遍路・不良遍路として，生きつづけ得た最大の理由がある［新城　1982：1,065］。

　新城の見方にはいくつかの疑問や問題点が考えられる。例えば，「社会経済史的研究」である本書において，この問題に関しては，「確かに，遍路の中に乞食・病人，その外諸々の社会的敗残者が多い。これは，如何なる訳であろうか。彼等は遍路の物乞いによって，その露命をつなぎ得るからであり，いわば，世人の同情が他に比して敦いからであろう」［新城　1964：793］のように，「善意」「愛」「同情」といった精神性での説明に集約していく点や，なぜ四国遍路だけに接待が残っ

たのかという問いに対して，四国地域のある種の辺境性や，「遍路の大半」が「依然篤い求道者である」というやや一面的な説明を持ち出す点などがあげられる[36]。しかしながら，新城は，歴史資料に偏っているとしても，おそらく日本で最も多くの事例に触れた巡礼研究者のひとりであることは間違いないだろう。その新城が，「接待」を四国遍路にほとんど唯一みられる特徴としてあげるのである。もちろん安易な独自性への回収は，本質論的なパラドクスを内包し，かえって四国遍路の特徴や多様性を隠蔽してしまう危険性があるが，それでもなお，なぜ新城をして，このような結論に至らしめたのかという問いは残されるであろう[37]。

彼はすでに旧版でも，西国巡礼と比較しながら，十返舎一九の『金草鞋』において，四国遍路のみに接待が主たるテーマとなっていることや，「私の観た他の西国巡礼日記にも，接待の記載はなく，現在，関係寺院の調査，照会の結果によっても，接待の記憶は完全に失われている」［新城 1964：794］などを根拠として示しながら，「篤信者による個人的な饗応・支援などは，往々存在するものの，広汎な社会的慣行としての接待＝積極的援助は，ひとり遍路のみに存在するといえよう」［新城 1964：794］と述べており，こうした見方は新資料による大幅な改稿を経ても基本的には変わっていない。むしろ新稿版では，接待と巡礼者の階層と身分という項目を立てることで，より精緻に確信した言い方に変わっているのである。

(3) 2つの課題の接合——接待の認識論的課題による脱構築

彼の接待論は，歴史学の立場からなされたわけであるが，ほかにも近代の同時代的風俗としての巡礼現象を記述したものにも，同様に接待を四国遍路独自のものとするものがある。一例をあげると，雑誌『旅と伝説』に「巡礼」を寄稿した田村栄太郎は，荒井とみ三の『遍路図会』［荒井 1942］を参照しながら，次のように四国遍路の特色として接待をあげている。「四國八十八所の特色は接待であらう。善根宿という無料宿泊所の外にも，米，銭，紙，手拭をはじめとして，ぼた餅，甘酒，漬物，ごもく寿司，豆めし，赤飯，荷物や小児を負ふ者　按摩，人力車の接待もあるといふ」［田村 1942b：72］。

もちろん，この「接待」にしても，例えば，フランスのルルドで傷病者のケア

を担当するボランティア・グループや，サンティアゴの巡礼宿など，視野を広げていけば類似のものが他の巡礼の中にもみつかる。だが，ここで重要なことは，現代の四国遍路において，しばしば寺院での参拝行為よりも接待等で出会った人々との交流のほうが，巡礼で獲得した体験・意味としては大きいという言明がなされることである。

  八十八カ所巡りをしてうれしかったのは，地元の人たちに本当に優しくしてもらえたことですね。（中略）正直言って，お寺に参拝したことより，そういうことのほうが印象に残ってますね[38]。

聖蹟巡礼としての四国遍路という意味からは，接待は巡礼行為そのものではなく，いわば周辺的な実践である。そして中心的実践として考えられてきたのはほかならぬ，弘法大師への礼拝だったはずである。にもかかわらず，接待のほうが巡礼体験として重要な意味をもったとはどういうことなのであろうか。当事者のこうした意味づけを考えるならば，接待が果たして四国遍路の独自性をもつ特徴であるのか否かという議論よりも，なぜそのような言説が登場し，またそのように理解されるのかという視点をとるほうが建設的であろう。ここに，もう一度，新城が覗きみたような「心性」の問題が浮上する。

  地方信者の志あるものからオセツタイ（御接待）と云ふことをヨクするのである。それは手拭や草鞋や塵紙や或は赤の御飯や少し許りの銅銭を，一人一人その遍路衆に進上するのである。之をゼンゴン（善根？^{ママ}）とも云つた様だ。独り真言宗の信者のみではない，他宗のものすら盛に之を行ふのである［原 1909：12］。

原 秀四郎のこの記述以降，実は四国遍路のおもな研究者のほとんどが，巡礼行為のみならず接待にも，関心を寄せてきた。その関心の核心はおそらく，「接待について部外者が抱く最初の疑問は，なぜ見ず知らずの遍路者に金品を無料で提供するのであろうか，という点である」［星野 1974：81］という言葉が吐露しているものであろう。

新城は「接待は経済力に裏打ちされた大師信仰の具体的表白」［新城 1982：1,086］というように，その中核に「大師信仰」をおき，そこから派生する同情や共感などの心の動きが接待を駆動していると理解していた。星野も「四国遍路を支えているのは素朴ではあるが強固な弘法大師信仰で，接待も本稿で分析してきたように，その一アスペクトであることは明らかである」［星野 1974：94］と述べていることから，「大師信仰」が接待を成立させる重要な要素と考えていたことがわかる。前田 卓は接待の動機に着目し，それを4つに分類したが，そのひとつに，「第二には四国に広くみられる大師信仰のためである」と，やはり「大師信仰」をあげる［前田 1971：222］。

だが，ここでの「大師信仰」とは，単なる信仰（belief）なのではない。前田が続けて，「遍路に接待するということは，取りも直さず弘法大師に対して接待することなのである。遍路に施しをすることは，お大師さまへ供養することなのであり，人々はそうすることによって善根を積もうとする」と説明するように，ここには星野が「遍路者即弘法大師の考え」［星野 1974：82］と呼んだ，遍路者を弘法大師に「見立てる」という思考法，すなわち認識に関する民俗知識が含まれている。

つまり，新城が同情・共感として理解した接待の「心性」の問題は，四国遍路において巡礼者がどのように認識され，解釈され，知識化されているのかという観点から問い直されねばならないのである。そこには当然のことながら，認識の境界性の問題として，課題としての「ヘンド」が射程化される。そしてこうした認識が，接待という実践にどのように結びつくのかという問題は，実践と民俗知識の関係性という文化人類学的な課題にも接合されるものとなる。

本研究は，以下，これらの問題系に対し，とくにフィールドから立ち上がってくる境界的事例に戦略的に焦点をあて，それらの具体的な検討を通して解明を試みるものである。

〔注〕
1) 同様の試みを星野英紀は「歴史学的アプローチ」と，「構造論的アプローチ」という整理を行い，前者には歴史学，民俗学を，後者には人類学，社会学，地理学，宗教社

第 2 節　四国遍路研究の展開と課題　63

会学などを含めるとする [星野　2001：8-12].
2) ひとつの学会の研究発表・論文を網羅的に調査することで研究動向を掴むというここでの試みの背景には，（ある意味でその学際性ゆえに）特定の学問的ディシプリンの中心的領域を占めることはなかった巡礼研究に関しては，論文化されない（あるいは紀要等の他誌に掲載される）細かな研究発表も対象とすることでみえてくるものがあのではないか，という着想があった．こうした試みは，日本宗教学会が研究発表要旨を機関誌に掲載するというシステムをとっているために，宗教学については可能だった．著者は，日本文化人類学会（旧・日本民族学会）や日本民俗学会についても同様の調査を行い，比較することによって，より広い視野での巡礼研究史を描くことを構想しているが，現在のところ両学会については，各回の学術大会プログラムを個別に参照する必要があるため，今回は残念ながら断念した．
3) 戦前の 1926 年に宇野円空による「ヅスン部落に雨乞の儀を見る―南洋民俗巡礼の一日」（第 29 号）と題する論文があるが，内容は巡礼と無関係なので，ここでは除外する．
4) 「参詣 (sankei)」と「巡礼 (junrei)」という用語・用法の相違や，英語でいう"pilgrimage"との関連は，日本の巡礼研究者を大いに悩ませてきた問題である．ここでは，それぞれの筆者の意図を尊重しつつ，巡礼の対象となる聖地が単数のものを参詣，複数のものを巡礼とし，双方とも pilgrimage と対比することができる語であるとする．そして，その意味で両者の上位概念―つまり聖地の数にかかわらず聖地に参拝すること―を「巡礼（"pilgrimage"）」と称することとする．
5) この「巡詣」という語は高橋の造語である [高橋　1978：6]．彼は「巡礼」という語がとくに観音巡礼に対して用いられるとし，観音霊場や四国遍路などさまざまな「巡礼」を総称する語としてこの語を用いるのだが，その発想は，彼の巡礼研究が「おみろく参り」という単一聖地型の「参詣」から出発していることと無関係ではないだろう．
6) 『宗教研究』に掲載された初の巡礼関係論文は新城常三の「近世参詣の国民化―抜参りと御陰詣で―」である．しかしながら，彼はもともと中世史学者であり，いわゆる宗教学を専門とする研究者によるものとしては，その 11 年後の星野の論文を待たなければならない．こういうところにも，巡礼研究が宗教学でマイナーな領域であったという事情が裏づけられる．
7) 彼女の専攻はおもに文化人類学であるが，内容的に宗教社会学，とくに新宗教研究に顕著な宗教教団の成立過程論にきわめて近い視座を有していると思われるため，ここで取り扱うことにした．
8) こうした宗教学的巡礼研究の「聖地中心主義」に対し，巡礼路に着目したのが，田中智彦，小嶋博巳らの一連の研究である．これについては，第 3 章で議論したい．

9) これらのシンポジウム等の成果をまとめたものとして，次のような書物が刊行されている．Eade, J. and Sallow, M.（ed）1991 "Contesting the Sacred : The Anthropology of Christian Pilgrimage". Jha, M.（ed.）1985 "Dimensions of Pilgrimage", 1991 "Social Anthropology of Pilgrimage". Morinis, A.（ed）1992 "Sacred Journeys : the Anthropology of Pilgrimage".
10) 彼の名前の読み方としては，フランス語読みの「ヴァン＝ジュネップ」も日本で一般的であるが，本稿は，参照した邦訳書の訳者に従い，「ファン＝ヘネップ」の表記で統一する．
11) このような論法によるターナー批判への違和感は，藤原久仁子も表明している．藤原は著書の脚注の中で，批判者が，均質性・平等性によって特徴づけられる「実存的ないしは自然発生的コミュニタス」に批判を集中させるが，ターナーにおいては，ほかに「規範的コミュニタス」と「イデオロギー的コミュニタス」という2つのタイプを用意し，コミュニタスと構造の弁証法的モデルとして構想していたことの意味が等閑視されているという問題を，「妥当性にやや欠けているように思われる」と控えめな表現で指摘する［藤原 2004：331］．
12) これらは日本語の「巡礼」概念と，外国語からテクニカル・タームとして受容した"pilgrimage"概念のズレや，日本語が遠隔地の寺社参詣を「巡礼（順礼）」「巡拝（順拝）」「遍路（辺路）」「参詣」「参拝」「参宮」「廻国（回国）」「参り（詣り）」「詣で」等々と，時に漢字をダブらせながら，微妙にそれぞれのニュアンスを付与して呼び分けてきたというある意味での日本語の豊饒さに由来する問題である．具体的には地理学者や民俗学者を中心に巡礼類型論の形をとって議論された［星野 1977a, 1977b］［青木 1985a］［小嶋 1987］［小田 1989］［田中 2004］等．また最近では中山和久がこうした用語の問題についての細やかな議論を行っている［中山 2003：5-12］．
13) 換言すれば，彼のここでの主張は，次の一文に要約されている．「登拝巡礼儀礼は，日常から脱け出る行為に間違いなく，分離と境界と再統合の儀礼プロセスに則ってはいるが，それをいうだけではその構造は明らかにならない．いま一つの儀礼理論のいう「厳粛から乱痴気へ」とその逆の二局面を，全体枠組の中で前進と逆行をくり返す形で構成されるのである」［青木 1985a（1982）：162］．つまり，彼は2つの儀礼論を巧妙に駆使して，御嶽登拝巡礼の儀礼プロセスを，詳細に分析するという方法をとったのである．
14) この問いに対する黒田の結論は，「巡礼は所定の場で所定の儀礼を行う．シンボルの場と装置が巡礼の行為をコントロールしているのであって，巡礼の側からのコントロールはない．客観的には，巡礼は計算されたシンボル装置を通過しているにすぎな

第 2 節　四国遍路研究の展開と課題　65

いが，巡礼者自体は意識として熱狂に陥っているという事実があり，その点が巡礼のコミュニタス性の特徴であり限界であると思われる．旅の魅力，フェリア（市）と芸能，宗教シンボルの吸引力が巡礼のコミュニタス魅力を支えていると言えよう」というものであった［黒田 1988：246-247］．彼女の巡礼研究には，政治・社会体制と巡礼の関係や，巡礼のネットワーク，階層性といった興味深い視点が含まれている．しかし，ターナーのコミュニタス概念の受容に際して，あまりにも無批判的であるという点や，そもそも人類学者が「文化相対主義」を掲げて，フィールドでの事象について功罪を審判することが可能なのかという問題点を内包していると思われる．

15) 星野は宗教学が主たる専攻であるが，1980 年代においては盛んに人類学の理論を研究に取り込み，宗教人類学者を名乗っていた．当時の業績に文化人類学的な儀礼論をベースにした接待講に関する研究がある．そこで彼は，「近来の儀礼構造論ないし儀礼象徴論をおもにそのよりどころとしてゆくが，しかし筆者の目的は儀礼構造論・象徴論そのものの批判的検討にあるのではない．逆に，従来の研究成果をふまえつつ，四国遍路における接待の意味をさぐるという範囲に限定されるものである」［星野 1974：76］と，まさにここで著者が指摘したような研究の意図について言及している．そうした意味では，星野もまた儀礼論的巡礼研究の系譜に属するが，本稿では宗教学のほうで紹介済みであるので，ここでは注で触れるにとどめる．

16) 川村邦光は「行動・実践として現される，身体・心身に培われた観念と作法の複合態」を"民俗の知"と呼ぶ．そして，民俗の知は「プラクティス＝慣習的行動」を生み出すが，それは社会とは状況的に対応するものであるという［川村 2000：160,174］．

17) 同誌は 1906 年（明治 39）7 月に真言宗系の修養団によって刊行された．国立情報学研究所（NII）が提供する総合目録データベース，NACSIS Webcat（http：//webcat.nii.ac.jp/）の書誌情報によると，現在の種智院大学研究紀要である『密教學』につながるものという．

18) なお，原は同論考の後半部において，四国遍路をとくに歴史研究の対象とすることで，八十八ヶ所と弘法大師との伝説的なつながりが断ち切られることを懸念する向きがあるとする．それに対して，「歴史考証の結果，少し位誤つて居る伝説の真相が明にされたからとて，それが為に大師の高徳及び八十八ヶ所の霊跡等が現に有し又過去数百年間有して居つた偉大なる感化力を，寸分も毀損することは出来ぬのである」と述べ，むしろさまざまな議論が可能になるということを強調している［原 1909：13-15］．掲載誌の性格ももちろん勘案されなければならないが，それを割り引いたとしても，そうした語り口が当時，四国遍路を学術研究の素材とすることが，いかに斬新であったかを逆に物語っている．

19) この筆者は，四国遍路における巡礼者が経験するであろうことを，「人情の辛いこと喜ばしいこと，苦しいこと楽しいこと，慈悲，善根，勇気，節制などの道徳的観念も此の地に於いて訓練を重ねるであろう．森厳，敬虔，荘厳，雄大，宏潤などの趣味も識らず知らずの間に誉めることが能きやう．而して社会的の知識も存分豊饒になつて帰つてくるのである」として，「四国遍路は宗教と社会を搗き合わせる臼である」と比喩的に述べる［無記名（『有聲』時事漫語）1909：39］．言葉づかいは若干教学的であるものの，こうした視点は，近年話題となっている「自分探し」的な巡礼と共通点が見受けられ，大変興味深い．
20) 『有声』第1号（1906年）40ページの「青龍寺詣で」という記事．
21) 櫛渕は19番立江寺から20番鶴林寺への遍路道沿線の集落である．標高100m程度の山をひとつ越えることになるが，番外の取星寺も近い．
22) なお喜田自身が作成した年譜によると，彼は帝大教員や文部省関連の職を得る以前に，新義真言宗系の学校教員や機関誌の編集を嘱託されている［喜田 1982（1933）：12-13］．先の教学系の四国遍路研究もまた新義真言宗系のものであった点や，『歴史地理』に遍路記を寄稿した小林雨峯が同じく豊山派の高僧であった点などを考えると，喜田の四国遍路への着眼は，自身が四国の出身であることはもちろん，こうしたつながりに何らかの関係を有するものではないかとも思える．
23) 同記事に喜田の名前は明記されていないが，後に紹介する景浦の論文に「遍路なる名称に就ては，喜田博士は説をなして辺土の転じたるものなるべしとなし，其証として沢庵和尚の鎌倉記を引きて……」［景浦 1914：88］とあり，また後年編纂された『喜田貞吉著作集』の著作目録にも，この記事が掲載されていることから，筆者が喜田であることがわかる［喜田著・伊東編 1982：549］．
24) なお『歴史地理』にはこれより以前の1911年から1912年にかけて，真言宗豊山派の高僧であった小林雨峯が「四国順拝遍路紀行」を「紀行」欄に発表している．これは，1907年（明治40）に行われた彼の遍路体験に基づくものであり，1932年（昭和7）に単行本『四国順礼』（中央仏教社）として刊行されるものの原形と考えられる．ただし，『歴史地理』の1巻から60巻までを対象とした索引には，17巻4,5,6号，18巻1,2,5,6号，19巻3号，20巻1号の9回分しか掲載がなく，『歴史地理』誌上では未完のままになっている可能性もある．
25) 景浦直孝（稚桃）については，松山市総務部秘書課のホームページ内の「名誉市民」の項目（http://www.city.matsuyama.ehime.jp/hishoka3/meiyoshimin/meiyo/kageura/index.html：2005年12月閲覧）を参照した．
26) ほぼ同様の文章が，著書『伊予史精義』にも，空海と伊予に関するものと並んで収

められている［景浦 1972（1923）：130-146］．また景浦と次に紹介する西園寺は伊予史談会の設立にかかわった中心的存在であった．

27) 西園寺源透については，愛媛県生涯学習センターのホームページ「愛媛人物博物館（県民メモリアルホール）」の項目（http：//joho.ehime-iinet.or.jp/syogai/jinbutu/html/098.htm：2005年12月閲覧）を参照した．

28) なかでも目を引くのが，20を越える文献・資料を紹介し，それらに基づいて，四国遍路の起源論および「史実」としての空海の八十八ヵ所への足跡に言及していることである．ここでは，後者については，「遺憾」としながらも少なくとも伊予への巡遊の確証は得られなかったとし［西園寺 1937：14］，また前者については，近世の30番札所であった土佐一宮の壁板や，49番浄土寺の本尊厨子に残された「落書き」等に注目し，「鎌倉末期を溯らず，室町初季を下らざるもの」と仮定するとされている［西園寺 1937：25］．

29) とくに，西国巡礼と四国遍路の宿事情を比較して，四国には遍路向けの宿が多いのに対し，西国には手頃な宿がなく，「ヅブの乞食として，所謂大阪辺にて云う「なぐれや宿」にとまる覚悟でもない以上は，中々路銀を要する事となつてゐる」とし，「要するに四国遍路は，此頃の流行語を以てすれば，プロレタリアの巡礼で，西国巡礼はブルジョア気分の漂ふピルグリムである」［宮武 1922：52-53］と述べられているのが目を引く．また，続けて彼は「されば信者は別として，西国には物見遊山式に出かける手輩の多く見うけられて，自然例の負笈を見ると，滑稽吹き出されずには居られないものがある」と述べ，西国巡礼は笈を両親が存命か否かで色分けするという風習があるのだが，「片脚棺桶に入りかかった爺や媼が，両親存命を表象する笈を着用してゐる者あるを，偶に見るは噴飯の至である」などと述べ，西国巡礼が比較的形骸化していることを指摘している［宮武 1922：53］．

30) 現在のところ，これらの動きは地元でも好意的に受け止められているようである．一般向けに行われるシンポジウム等では，主催者側の予想を超えて盛況であることを，著者もよく耳にする．地域文化研究の発展という点においても，積極的に歓迎され，評価されるべきことであろう．

31) 一例として四国大学の川内ツルキらのグループ研究をあげる［川内ほか 1995,2004］．

32) ところで，これについて著者は最近かなり楽観的な期待を抱いている．確かにこれらの「考古学」的問題の解明には，中世から近世初期にかけての新資料が不可欠である．そして，そうした画期的発見はここしばらくなされていない．だが，本節3項で述べたように，近年，地元四国で盛んに行われている新しい研究プロジェクトによって，新資料が発掘されることが期待できる．事実，後述するように新城常三が，主著

の新稿版を執筆するきっかけを得ることができたのは，昭和40年代に相次いだ市町村史の作成・刊行と，それに伴う近世・近代資料の蓄積によるものであった［新城 1982：2］．また仮にそれが叶わなくとも，新たな学問分野と従来の四国遍路研究が結びつけられることで，これまでにない分析や解釈が加えられ，それによって何かしらの「発見」がなされる可能性は十分にあると考えている．

33) もちろん，個々人のレベルでは，西国や熊野などを徒歩巡礼する試みも皆無というわけではない．だが，それらは社会現象・文化現象として一定の存在感を有しているとは，現在のところ言い難い．

34) これら現代四国遍路の特徴については，著者も小論にまとめたことがある．そこでは，歩き，若者，接待という3つのキーワードが三位一体となって巡礼の現代的な意味性や語りが構築され，それらがメディアを通じて社会に広められ，またそれが新たな巡礼者や接待者を呼び込むという再生産の構造が成立していることを指摘した［浅川 2005b］．

35) 追加部分全体の2割弱を占める分量にあたる．

36) 他にも接待する人々を（1）沿道民と（2）沿道民以外に分け，（1）のみを常時的なものと理解する見方［新城 1982：1,090］は，「遍路道をはずれた遍路」を見出す著者の立場からは，簡単には受け入れられない．

37) 誤解を恐れずにあえていえば，四国遍路の接待に関する記述に関しては，むしろ数多くの資料を読み込んだ彼故の，ある種，感極まったようなニュアンスをしばしば感じるともいえる．

38) 「「四国八十八カ所巡り」に出かける若者が急増中」『週刊プレイボーイ』1999年2月16日号．

【資料A:『宗教研究』(第1号～第354号)にみる巡礼関連研究一覧】

刊号	年		タイトル	著者
123	1950		民間信仰の一形態としての巡礼	小池長之
127	1951		四国遍路をめぐる信仰	小池長之
137	1953		神幸と聖地	小池長之
176	1963	☆	近世参詣の国民化―抜参りと御蔭詣で―	新城常三
186	1965		幕末期の大和の寺社詣で	金子圭助
190	1967		秩父巡礼	小池長之
214	1973		〈おみろく参り〉について―宮城県弥勒寺調査中間報告―	高橋 渉
214	1973		接待講における大師信仰の実態	星野英紀
217	1974	☆	四国遍路における接待の意味―有田接待講の場合―	星野英紀
218	1974		「おみろく参り」について 2)―弥勒寺とイタコ信仰―	高橋 渉
218	1974		ヨーロッパにおける巡礼について	植田重雄
222	1975		信仰の地域的形態とその性格―〈おみろく参り〉について 3)―	高橋 渉
222	1975		使徒聖ヤコブ巡礼の原像の考察―中世聖者伝承について―	植田重雄
222	1975		昭和10年代の四国遍路	星野英紀
226	1976		四国「弥谷」信仰について	高橋 渉
230	1976		「札所」巡詣の宗教的性格について	高橋 渉
234	1977		庶民信仰における〈行〉の形態と性格	高橋 渉
238	1979		高群逸枝の巡礼体験について	星野英紀
241	1979	☆	「参詣」の形態と構造	高橋 渉
242	1980		「庶民信仰」の組織化について	高橋 渉
246	1981		「六道参り」の信仰形態	高橋 渉
259	1984		高野詣―特に院政期から鎌倉時代にかけて―	日野西眞定
259	1984		ルルドの洞窟にみる祭祀空間の発生過程	関 一敏
263	1985		巡礼―知多四国の場合―	中谷弘光
271	1987		西国巡礼行者集団の伝承をめぐって	小嶋博巳
271	1987		熊野参詣における聖俗認識について	石倉孝祐
275	1988		聖地のトポロジー―神国と浄土について―	鎌田東二
275	1988		円光大師二十五霊場巡拝記の一問題	山本博子
275	1988		物詣と巡礼―その宗教意識の相違―	中村生雄
283	1990		メッカ巡礼行事の現状―マレーシアタブンハッジ制度に関連して―	磯崎定基
287	1991		那智参詣曼荼羅にみえる補陀落渡海僧	根井 浄
287	1991		都市生活者の参拝行動について―都市ターミナル空間における小祠祭祀―	村上興匡
291	1992		スロヴェニア(ユーゴ北部)におけるフランシスコ・ザヴィエル巡礼地とその現状	河野 眞
295	1993		熊野那智参詣曼荼羅の制作者	根井 浄
295	1993		法然上人霊跡巡拝記に関する一考察	山本博子
295	1993		ポーランドにおける聖地巡礼―ヤスナ・グーラとカルバリア・ゼブジドフスカの事例から―	杉井純一
299	1994		聖地と共同体	平良 直
299	1994		法然上人霊跡巡拝記に見られる諸問題	山本博子
299	1994		聖地ルルドの構成原理―泉・聖体・聖女の拮抗―	寺戸淳子

刊号	年		タイトル	著者
303	1995		巡礼行動としての修学旅行	石倉孝祐
306	1995	☆	聖地のスペクタクル－ルルドにおける奇蹟・聖体・傷病者－	寺戸淳子
307	1996		「首里十二カ所巡り」にみる宗教の重層構造	稲福みき子
307	1996		ルルド巡礼の現在－「ルルド癌患者希望の会」同行調査を中心に－	寺戸淳子
311	1997		ルルドにおける「奇蹟」と「治癒」	寺戸淳子
315	1998		祭儀としての奉仕活動－ルルドの〈ホスピタリティー〉をめぐって－	寺戸淳子
319	1999		熊野詣の精進と還向の儀から－護法のことなど－	鳥羽重宏
319	1999		原初的巡礼としての隔夜修行	根井 浄
319	1999		苦しみの公共空間としてのルルド	寺戸淳子
319	1999		巡礼と癒し	中山和久
322	2000		熊野古道の習い	根井 浄
327	2001		知的障害児巡礼の挑戦－ルルドにおける共同体イメージの多様性－	寺戸淳子
331	2002		公共空間における「からだ」の主題化－ルルド巡礼分析－	寺戸淳子
331	2002		伊勢参宮習俗の現在	濱千代早由美
333	2002	☆	四国遍路八十八札所の成立	松尾剛次
335	2003		遍路者接待における宗教性の位相	浅川泰宏
335	2003		巡礼の諸相	藤原久仁子
337	2003	☆	キリストに依る世界	寺戸淳子
339	2004		歓心十界曼荼羅と熊野比丘尼	根井 浄
339	2004		ルルド巡礼における「公共性」の展開	寺戸淳子
339	2004		巡礼札から見る近世の西国巡礼	幡鎌一弘
341	2004	☆	12イマーム・シーア派廟参詣の理論的側面	吉田京子
344	2005	☆	ゾロアスター教における聖地の概念	青木 健

☆印は論文，無印は学術大会の発表要旨を示す．

第2章

四国遍路の歴史的変容 — 民衆参加型巡礼システムの確立と変遷 —

　四国遍路はこれまでいくつかの大きな転換を経験してきた。本章ではとくに，中世的な四国辺地修行から近世的な四国八十八ヵ所巡礼の成立，および近代における乗物の導入など交通手段の変化による影響，さらに戦後のマス・ツーリズム化と近年の徒歩巡礼の復権といったトピックに焦点を当てる。

　第1節では，巡礼の功徳・霊験にまつわる伝説に着目する。これは巡礼の意味世界を表象し，人々を巡礼へと駆りたてる動機づけの機能を有するものとして理解できるが，そのためにはその功徳譚がリアリティをもつことが不可欠である。ここでは，まず近世の四国遍路関連メディアの成立状況を整理し，これによって近世中期に四国遍路が情報として，当時の都市部に伝達され，受容され，意味化されていたという言説世界の成立を確認する。そのうえで，民間伝承などの蓄積を巡礼研究に導入する一つの試みとして「巡礼功徳譚」という枠組みを設定する。これは，類型化などの静的な分析が主であった従来の霊験譚や伝説を巡る諸研究に対して，再帰性・拡散性などの動的な視点からのアプローチの可能性を探るものでもある。そして，事例として取り上げる『四国徧礼功徳記』（1690）に収録されている「阿州小野の尻なし貝」という巡礼功徳譚の著しい変化から，近世から近代にかけて四国遍路が経験した大きな変化である巡礼手段をめぐる変化とそれに伴う意味性の変化を読み取るものである。

　第2節では，遍路宿に焦点をあてる。遍路宿は巡礼空間を構成する重要な要素であり，巡礼者の行程を規定する要因にもなっている。ここでは，21番太龍寺と22番平等寺の2つの門前宿の変遷を，関係者への聞き取り調査から明らかにする。そしてその変化が実は，四国遍路のマクロな状況の変化や，地域の社会経済と密接に関連しているものであることを確認しながら，戦後の四国遍路が経験した重要な変化，巡礼のマス・ツーリズム化と徒歩巡礼の復活を振り返る。

これらの2つの試みは四国遍路の歴史についての有機的な記述の試みでもある。合わせて通読することで，本研究が対象とする，17世紀後半以降に確立した民衆参加型四国遍路の構造の変遷を確認することを目標としている。

第1節　浮遊する聖性－巡礼功徳譚が語る四国遍路世界の変容－

1-1.「巡礼功徳譚」——巡礼研究と口頭伝承研究との接合

（1）口頭伝承と巡礼功徳譚

　高僧や神仏，あるいはそれらに関連する宗教的行為などにまつわる功徳譚・霊験譚などを含む，口頭伝承の研究は，日本民俗学，文化人類学，国文学などの諸領域において重要な位置を占めてきた。このうち日本民俗学では柳田國男や関敬吾をはじめとする，多くの研究者がこれらの物語の収集・分析を手がけており，その成果は『日本伝説大系』（1982～90）や『日本昔話大成』（1978～80）などの膨大な資料群に結実している。

　通常，民俗学においては，口頭伝承には神話，伝説，昔話，世間話などの下位分類がある。功徳譚・霊験譚はこの枠組みでは，主題が「聖なるコト・モノの由来」であり，伝承意識として「信ずべきコト（信仰行為）」をもつ［福田ほか編 2000：5,7］「伝説」に最も近い。一般に伝説は「土地に根ざした形で伝承され」「集団の一員としての社会性，アイデンティティの獲得を第一義とする」機能を有するという『日本民俗大辞典』における花部英雄の説明が示すように，おもに定住の共同体を念頭において説明される［花部 2000：167］。しかし，霊験譚・功徳譚が語られる現場には，このような定住を前提としない場合もある。例えば巡礼がその典型である。巡礼は宗教性を帯びた移動の形態である。数ある旅の形のなかでも，程度の差はあれ神仏の霊験功徳を求めるものを大枠で「巡礼」と定義しても，そう違和感はあるまい。ならば，巡礼に関する伝説は移動性と不可分に考える必要があるのではないか。

　著者が今，最も関心を寄せている巡礼である四国遍路に関連する伝説を取り

第1節　浮遊する聖性－巡礼功徳譚が語る四国遍路世界の変容－　73

上げた論考として、武田 明の四国における大師信仰の研究［武田　1969：28-71］，真野俊和による『四国徧礼功徳記』の分析［真野　1991：118-144］，あるいは宮田 登の大師信仰一般に関する研究［宮田　1975：97-137］などがあるが、それらは構造分析や類型化などが主であり、このようなダイナミズムは明確に意識されてきたとは言い難い[1]。さらにこれらの諸研究には、それぞれ重要な成果であったと考えるが、少なくとも20年以上前のものであり、新しい方向性が企画されてもよいのではないだろうか。

　そこで本稿では、移動性に基づくダイナミズムを考慮した「巡礼功徳譚」という枠組みを設定し、その可能性について考えてみたい。ここでいう巡礼功徳譚とは、"伝説"の一特殊形態である。字義通り「巡礼に関する功徳を説く物語」であり、それも巡礼一般というよりも、ある特定の巡礼とその功徳という具体的な関係性をもつものをとりあえず想定しておく。この時、巡礼功徳譚は、当該巡礼の意味世界を表象し、同時に受容者をその巡礼に赴かせる動機づけになるような機能を有する（あるいは期待される）といえよう。この意味で、巡礼功徳譚は寺社や巡礼路といったハードウェアと同様、一種のソフトウェアとして巡礼のシステムの要素をなすものである。

(2) 巡礼功徳譚の性質と可能性

　巡礼功徳譚にはいくつかの動的な性質が考えられる。具体的な検討は本論で行うとして、ここでは理論的に考え得る基本的な性格を確認しておきたい。
　第1には「再帰性（reflectivity）」があげられる。何らかのきっかけで生まれた功徳譚が、ある巡礼と関連づけられることで、当該巡礼の功徳を具体的に伝達する巡礼功徳譚として成立する。その物語の受容者の一部が、新たな巡礼者となってその巡礼地に赴く。そしてそのうちのいく人かがその功徳をより確かなものとして、再び巡礼体系に差し戻し、また新たな巡礼者獲得のために再利用される。このように繰り返し語り継がれることで、巡礼功徳譚は生命を保つ。もし何らかの事情によってその功徳が成立しなくなったとき、物語は消滅の危機に瀕する可能性もある。また、伝承過程においてなんらかの変容が起こりうる可能性もあるだろう。
　第2には「拡散性（diffusion）」があげられる。巡礼者は移動する。この時、

彼らは共同体から共同体を渡り歩く文化伝搬者でもある。その伝搬されるもののなかに情報がある。巡礼功徳譚もそのような情報にほかならない。こうして，巡礼功徳譚は巡礼者の移動とともに拡散していく。つまり，巡礼功徳譚は時間と空間をダイナミックに動くソフトウェアとして理解できる。

これらの基本的性質から，その研究には次のような可能性が考えられる。ある巡礼功徳譚の表象に着目することで，その巡礼全体の意味性の抽出が可能になるだろう。また，伝説の変容や消滅からは，同じようにその巡礼全体の意味性の変容・消滅が探り出されるかもしれない。さらに拡散性の分析からは，その功徳譚の伝播経路や仕組み，担い手がみえてくる可能性もある。そして，もしこれらの分析が有効であるならば，蓄積の深い民間の口頭伝承研究の成果を，その他の移動にかかわる諸領域に応用できるような道があるのではないか。本稿は巡礼研究の立場からの口頭伝承研究の方向性・可能性を探るひとつの試みでもある。

1-2. 民衆型四国遍路の確立－とくにメディア空間の成立に関して－

(1) 四国「八十八ヵ所」の成立と『四国徧礼功徳記』

巡礼功徳譚についてのこのような観点から四国遍路とそれにまつわる物語を振り返ったとき，着目すべき文献がある。『四国徧礼功徳記』(1690) という書物で，おもに17世紀後半に活躍した宥弁真念という僧が，ガイドブック『四国辺路道指南』(1687)，霊場由来記『四国徧礼霊場記』(1689)，と合わせた「真念シリーズ」[2] とでもいうべき書物群のひとつとして刊行したものである（以下，本書を通じて，それぞれ『功徳記』『道指南』『霊場記』と略記する）。この物語集の成立当時，四国遍路は「我等が修行せしやうは，忍辱袈裟をば肩に掛け，又笈を負ひ，衣はいつとなくしほたれて，四国の辺地をぞ常に踏む」［佐々木校訂（梁塵秘抄）[3] 1941（1933）: 57］と謳われた中世的な四国辺地修行の世界から，近世的な民衆巡礼の世界へと移行する最終段階にあった。

　　大師御辺路の道法は四百八十八里といひつたふ。往古ハ横堂のこりなくおがミめぐり給ひ，峻険をしのぎ，谷ふかきくづ屋まで（中略）今ハ劣根僅に八十八ケの札所計巡拝し，往還の大道に手を拱御代なれバ，三百有余里

第1節　浮遊する聖性－巡礼功徳譚が語る四国遍路世界の変容－　75

の道のりとなりぬ［伊予史談会編（道指南）1997：115］

　ここで『道指南』が示すのは，(1)巡る対象を札所寺院に限定したことによる道のりの縮減，(2)これに交通事情の改善なども手伝って，苦行性が薄められた「四国八十八カ所順拝」とでもいうべき大衆型の巡礼体系の成立である。一般に17世紀頃は巡礼が大衆化した時期である[4]が，四国遍路も『道指南』のいう「うゐ参の翁，にしひがししらぬ女わらべ」［伊予史談会編（道指南）1997：115］でも巡拝可能な霊場へと変貌を遂げつつあった。この四国遍路の民衆化に尽力したのがほかならぬ真念その人である。彼は協力者を募り，道標石や宿泊施設を設置したり，書物を出版したりと精力的な活動を行った。そのような諸活動の中でほぼ最後の仕事にあたるのが『功徳記』の編纂事業であった。

　『功徳記』は遍路をする功徳，遍路に施す功徳（または遍路を邪険にする罰）などについて書かれた「巡礼功徳譚」集である。真念が各地で聞き書きしたものと思われる24編の物語からなり，庶民的な視点と具体的な記述を特徴とする。庶民性については，同書の監修者ともいうべき寂本が序文によせた「予，この巻を見るに庸俗の物がたりにて法教の義談にあらず，却て人のあざけりをまねくものならし，さハいえど，人に賢愚あり，（中略）ひききものにハあさき教をしめす事になんありける。いまの物がたりも庸人の耳にはやくかなひ，信を発し仏にちかずかば，深教に勝れかんかし」［伊予史談会編（功徳記）1997：212］というコメントが端的に物語っている[5]。また記述の具体性に関しては，例えば第1話[6]「土州高岡郡仁井田の庄窪川村といふ所に，弥助といふ人あり。貞享年中の事なるに……」［伊予史談会編（功徳記）1997：214］のように，いつ，どこで，だれが，という状況が具体的に説明されているものが目につく。さらに登場人物には出版時の同時代人が多く，このリアルさが巡礼体系への参加の動機づけとしての機能をより説得力のあるものにしているといえよう。

(2) 近世マスメディアにみる四国遍路情報の社会化——言説空間の成立

①『道指南』の流通

　ところで，これらの書物群はそれ以前の決して多いとはいえない関連書物とは

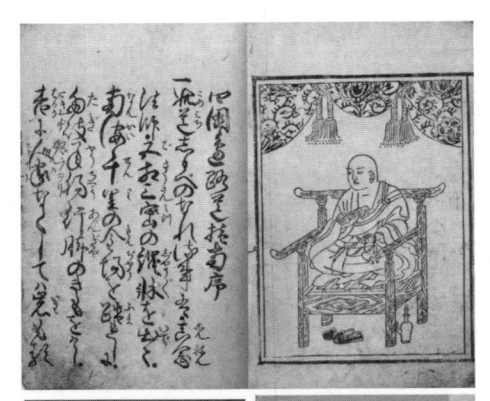

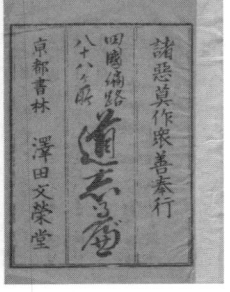

76　第2章　四国遍路の歴史的変容－民衆参加型巡礼システムの確立と変遷－

図 2-1　『道指南』とその後継本
(上) 貞享4年本『四国辺路道指南』(近藤喜博編, 1974:『四国霊場記集別冊』勉誠社, 6-7頁).（左下）明和4年本『四国偏礼道指南』(香川県立図書館蔵）.（右下）明治30年本『四国偏路八十八ヶ処道しるべ』(著者蔵).

異なり，不特定多数の読者を想定して書かれた「マスメディア」であった。このことを，真野俊和は四国遍路信仰史上，「画期的な"事件"」と評している［真野 1991：118］。ここで巡礼功徳譚の分析に入る前に，そのような情報が十分に社会的に共有されることを可能にする場，すなわち四国遍路に関する言説空間の確立を，これらの諸メディアの流通や隆盛から確認しておきたい。

　真念シリーズの版元は大坂であるが，流通場所はそこにとどまらない。例えば『道指南』は，大坂心斎橋北久太郎町の本屋平兵衛，同所江戸堀の阿波屋勘左衛門，阿波徳島新町信濃屋理右衛門，讃岐丸亀塩飽町鍋屋伊兵衛，伊予宇和島満願寺で配布していたと文中にある。この阿波屋勘左右衛門は大坂から徳島にわたる遍路の窓口である。つまり，大坂を経由して四国に入る遍路たちは，ここで事前に『道指南』を入手できたということになる。さらに『功徳記』では高野山と土佐種崎町が頒布所に加わり，その流通場所は広く，阿土予讃の四州と大坂，高野山と遍路にゆかりの地域を網羅している。

　なかでも『道指南』は1687年（貞享4）の出版後，1年間で3回の版を重ねるほどの人気であった。同書の影印・翻刻を収めた『四国霊場記集別冊』の編集にあたった近藤喜博はこの増刷に関して「驚異的な需要」と述べ，さらに「版木の減り具合から考えると，改訂三版のままにて相当多量に刷った結果と思われ

る」と指摘，さらに後年の改刻版に「貞享の板磨滅して，文字不分明により，今復梓をあらたむるもの也」と追記されているのを紹介して，このガイドブックの好調な売れ行きと，当時の四国遍路の盛況ぶりを論証している［近藤編 1974：517-518, 524］。さらに，刊行年がわかっているだけで，1697年（元禄10），1767年（明和4），1807年（文化4），1814年（文化11），1815年（文化12），1836年（天保7）と改訂・増刷を繰り返し，この流れは実に明治期までつながっていく。

このほか『霊場記』も，1752年（宝暦2）版や刊行不明の増刷本がある［近藤編 1973：解説26］。『功徳記』に関してはこれらの増刷，改版の情報はないが，収録された個々の功徳譚については，後に示すように，案内本や体験記などに取り入れられる形で語り継がれてきたものも少なくはなかった。

②甲把瑞繹『仁井田之社鎮座伝記』
さらに，近世期を通じて増刷を繰り返した『道指南』が，どの程度遍路者たちに行きわたっていたかを知ることができる興味深い資料として筆者が注目するのが，高知県高岡郡窪川町に伝わる甲把瑞繹（1737-1803）の「仁井田之社鎮座伝記」[7]の次の一説である。

　　貞享年中摂江に心念といへる金銀
　　飽く迄満て智恵不足せる無道心が，
　　辺路に成りて道知便（ミチシルベ）と云双紙を梓行
　　してより，蠢々の愚俗は是に妄説に
　　惑ハされて，挙国（コゾツ）て是を語伝へ遠国
　　より波涛淩き廻国四国順礼を志し千
　　里を遠しとせず来る信心の徒か彼草
　　紙を懐中にし来り……

文中の「心念」は明らかに「真念」であり，

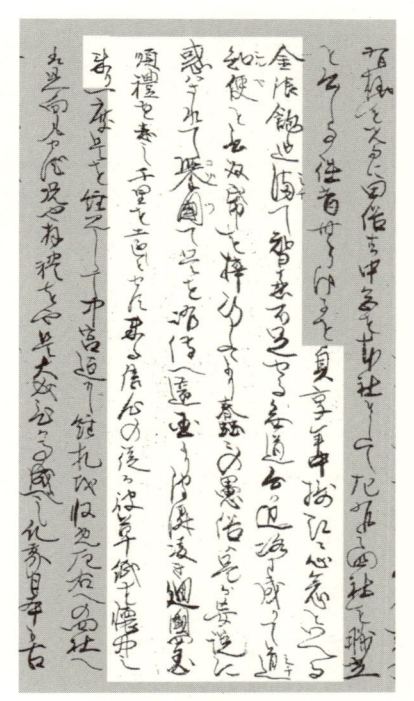

図 2-2『仁井田之社鎮座伝記』（窪川町立図書館蔵・複写本）
『道指南』の普及が記述されている．

78　第2章　四国遍路の歴史的変容－民衆参加型巡礼システムの確立と変遷－

図 2-3　旧 37 番札所「仁井田五社」
　右から大宮，今大神，中宮，今宮，森宮と5つの社が並ぶ様子がわかる．1800年頃とされる『四国遍礼名所図会』(久保武雄氏複製・発行)より引用．

　「道知便」はフリガナからもわかるように『道指南』である。
　著者瑞繹は窪川の医師で，実験を重んじ，科学的な医学研究の道を開いた吉益東洞の門弟であった［高知県人名辞典刊行委員会編 1999：210］。仁井田五社(現・高岡神社)は，当時の四国霊場37番札所であるが，一方で瑞繹にとっては地元の由緒ある神社そのものである。そのため，遍路たちが向かって右から大宮，今大神宮，中宮，今宮，聖宮（森ノ宮）とある5社のうち「中宮にのみ納札を収め左右の四社へは見向きもせず，況や拝礼をや」という状況を，「大いなるひが事」と，彼は憤慨している。要するにここでは，仁井田五社という場所性をめぐる認識の対立が，四国遍路というコンテクストの外側から述べられているのである。引用箇所はその直前の部分であるが，瑞繹はそのような状況の責を，たぶんに誤解と偏見に満ちた物言いで，遍路たちが携えている『道指南』とその著者真念に押し

第1節　浮遊する聖性－巡礼功徳譚が語る四国遍路世界の変容－　79

つける。だが，この叙述は瑞繹の意図とはまったく別に，『道指南』とその改訂本が，17世紀末の初版から50～100年を経た18世紀後半頃において，いかに多くの，そして遠国の遍路たちに流布していたかということを，地元の視点からそして四国遍路の外部の文脈から言及したきわめて重要な資料である。

③『四国徧礼絵図』

　また，書物以外の関連メディアとしては絵図がある。案内記に遅れて1763年（宝暦13），細田周英の手による『四国徧礼絵図』が刊行される。周英は絵図作成の動機として「延享四年の春，真念の道しるべを手鏡として大師の遺跡を拝礼せしに，西国三十三所順礼には絵図あれども四国徧礼にはなきことを惜しんで畧図となし（中略）普く徧礼の手引にもなれかしと願ふものぞかし」と図中に記している。彼もまた『道指南』を手に遍路に赴いた一人であったのである。

　絵図と案内書は，それぞれに相補的なメディアとして関連づけられていた。『道指南』の後継本である1767年（明和4）版『四国徧礼道指南増補大成』（以下『増補大成』と略記する）にも「四国徧礼再見図」の記載があり，「四国徧礼細見図　折本壱冊　御城下国境名所旧跡くさぐさ，具絵図にあらはし候。御求可被下候」と合わせての購入を勧めている[8]。また絵図の側でも，大坂心斎橋の大坂書林，佐々井治郎右衛門が出した1807年（文化4）の版には，『道指南』の紹介がある[9]。岩村武勇によると，この大坂書林は案内書の版元でもあり，文化年間に「増補大成」やその類書を少なくとも4回刊行している［岩村 1973：解説］。

　これらの絵図も好評を博したらしく，いくつかのタイプに分かれながら，案内記ともども大坂を中心に増刷された[10]。また周英の絵図は大坂で出版されたものだが，その系譜を引く版木は各所に伝播し，近世後期には愛媛の笹山権現遙拝所や40番観自在寺でも販売されていた[11]ほか，43番明石寺茶道，宇和島，讃岐金比羅などが版元のものもあった[12]。

　また，絵図の用途は実用面だけではなかった。田中智彦は絵図の弘法大師像に着目し，その向きによって周英系のA様式と，派生系のB様式に分けた。A様式は「くさぐさ具」とあったように，実用に耐える道中の詳細な情報が盛り込まれているが，B様式ではA様式を踏襲しながらも，これらの諸情報が極端に減り，

また紙面も約半分と簡略化している[13]。しかしながら，絵図の中心に弘法大師像が描かれ続けた点に着目し，これらの絵図が，実用面よりもむしろ宗教的意味性を象徴するものとして捉えられる視点を提示した［田中 1989］。つまり，このような絵図の流布は，遍路行に必要でかつ実用的な情報の流布であると同時に，四国遍路世界の象徴性の流布でもあったのである。そして「四国順拝御土産絵図」［岩村 1973：第 14 図］と題するものがあるように，時にはこれらの絵図が土産物として利用され，四国遍路の宗教性とその意味は遍路者の出身各地へ持ち帰られる形で伝播していった。

以上，四国遍路の関連メディアの流通に着目し，その隆盛について述べてきた。これらのことが示すのは，近世期に四国遍路に関する諸情報を発信・伝達・受容する言説空間が確立していたということである。そして，それによってこれらの諸情報は，限定つきながらも，広く人々に共有されていたのである。

（3）文芸作品にみる四国遍路の表象

ところで，四国遍路について言及しているのは案内書や絵図といったいわば専門メディアにとどまらない。当時の一般社会において四国遍路がどのようなものとして受け取られていたかを示すものとして，次に近世の文芸作品に注目してみたい。

 A. 狂言『けいせいゐんぐわ物語 四国遍路』（1691）
  扨(さて)おことわりを申しまする。四国へんろの義はきどくおほきことでござります。私存じましたもの此夏より四国をめぐり初秋のじぶんに下向仕ましたが，四国へんろのじゅんれいが，げんに利生をうけきどくのござりましたをみて参り……［野間監 1973：85］

 B. 近松門左衛門『嵯峨天皇甘露雨』（1714 頃）
  四国へんろ(遍路)と思ひ立大炊がつま(妻)は。我子のぼだい(菩提)。かつふぢ(勝藤)がつまは父のため。それよりもなを一すぢにおつと(夫)の此世のねがひ。めぐる利生は。をのづから身のとく(得・徳)島に。舟よせて。おがみはじむる(始)れうせんじ(霊山寺)（中略）ことに

第1節　浮遊する聖性－巡礼功徳譚が語る四国遍路世界の変容－　81

図 2-4　十返舎一九（著）・喜多川月麿（画）『方言修行　金草鞋第 14 編　四国遍路』
（今井金吾監，1999：『方言修行　金草鞋』第 4 巻，大空社）

は二人の女四国遍路八十八ヶ所を順礼し。我親のため我子のためとかつごう^{渇仰}功養^{功徳}のくどく力（中略）皆一すぢのゑかう^{筋回向}と成て弥勒をまたず只今即身成仏すと。[近松全集刊行会編　1988：72,102][14]

C. 十返舎一九『方言修行 金草鞋第 14 編 四国遍路』（1822）
其外四国に御建立の霊場数ヶ所，また御作仏所々に霊応著明，自らこれを巡行し給ふを，今に伝えて先祖亡霊の跡を弔ひ，我現世未来の洪福を祈るの構なり，故に一たび遍礼の輩，悉く大師の利益を蒙ること疑なし [高野編 1979：501]。

狂言は，『功徳記』出版直後の 1691 年（元禄 4）に京都で上演されたもので，内容は仇討ちものであるが，冒頭部で四国遍路が功徳の多い巡礼であるということを観客に語り，そこから話が始められる。この狂言は評判をとり，1695 年（元禄 8）の『役者大鑑』市河直右衛門および山下又四郎の条，1700 年（元禄 13）『役者談合衢』の杉山勘左衛門の条に「近年みた事もない大できなり」「さまざまのあてこと。今に思ひ出す」などと評価され，後々まで繰り返し人々の話題になったという [野間　1973：解題 8-9]。

このような四国遍路の功徳をモチーフとする文芸作品は，その後，近松門左衛門『嵯峨天皇甘露雨』(1714頃)，十返舎一九『方言修行 金草鞋』(1822) といった人気作家のベストセラー作品にも引き継がれていく。とくに近松は親と子の菩提を弔い，その功徳によって弥勒下生の時を待たずに即身成仏を遂げるという，教義の側面も取り込んでおり，民衆の間に四国遍路の意味世界を説得力ある言説によって提示した。

また十返舎一九になると，四国遍路の利益を保証する根拠が弘法大師と直接的に結びつけられており，四国遍路の独自性をより強調する形となっている。つまり，これらの人気文芸作品は「四国遍路が御利益のあるもの」として人々に広く受容されていったことを示すものといえよう。

このことは，まず四国遍路に関する言説空間の成立があり，そこでの情報の蓄積と洗練を経て，それらの知識が一般社会にも利用されるようになったことを表すものである。そしてまた，それらの言説が再帰性を獲得し，これにより連続して人々を四国遍路へと動機づけるようなサイクルの成立を示す。つまり，近世期の四国遍路の民衆化は，ハード面では札所重視で，行程を短縮・簡略化し，インフラも整った「八十八カ所」巡礼の確立，そしてソフト面では巡礼に関する情報の蓄積と巡礼体系への参加を促す物語群の定着といった「四国遍路に関する言説空間」の登場，この二面展開で行われたのである。

1-3．巡礼功徳譚の解読――事例としての尻なし貝物語

(1)「阿州小野の尻なし貝」

さて，このように四国遍路の言説空間が成立していくなかで，民衆を巡礼へ誘う動機付けを第一義として刊行されたのが『功徳記』であった。具体的に事例を選ぶにあたって，著者が着目したのが第9話，「阿州小野といふ所のさかせ川に蜷貝あり」という話である。

阿州小野といふ所の，さかせ川に蜷貝あり。此貝，椎の実のごとくにして，とがりありて，わたる人の足にたちてなやミけり。一人の遍礼僧とて，加

第1節　浮遊する聖性－巡礼功徳譚が語る四国遍路世界の変容－　83

図 2-5　『功徳記』「阿州小野の尻なし貝」［近藤編 1973:469-470］

　持しけれハ，貝のとがりたる所まるく，なつめのやうになりて，それよりわ
　たる人，なやむ事なし。川の上下ハさなく，わたる瀬の貝ばかり，かくある
　こそふしぎなれ。彼遍礼僧といふは，大師にて，遍礼人をなやまさじとの，
　御めぐみにてといひ伝ふ［伊予史談会編（功徳記）1997：221］。

　「巻貝の先が，川を渡るたびに足に刺さって困っていたのを，弘法大師が遍路
への慈悲の心から奇蹟を起こし，その苦痛の源である貝の先を丸めてしまった」
という内容をもつこの話型は，宮田登のダイシ伝説の類型によれば，奇蹟強調
型の一種になるだろうか［宮田 1975：107-111］。また真野俊和による『功徳記』
のモチーフ類型では「C.大師のいわば文化英雄型としての側面を説いたもの」で，
とくに巡礼者に対する態度とは切り離されて「大師の驗力の強大さのみを強調す
るモチーフだけが独立したもの」となっている［真野 1991：139］。功徳譚では
あるが，具体的直接的に遍路行の功徳を説くというものではなく，広く四国遍路
を見守る大師の慈悲を示す物語群のひとつであるといえよう。

　この伝説の類話は多くない。後述するように，『日本伝説大系』などによると

同様の話は秋田県、山梨県、島根県などに散見されるが、「弘法清水」、「杖杉」、「跡隠しの雪」のように有名なものとは異なり、分析や整理は進んでいない。また、先の宮田、真野らの類型でも、その典型例とはいえず、そういった意味であまり注目されてこなかった話でもある。

しかしこの伝説は、その後、まったく語られなかったものもある『功徳記』の物語の中でも、本節末の資料Bにあげたように、近世期を通じて繰り返し語り継がれた伝説である。さらには「阿州小野といふ所のさかせ川」と特定の場所に関するものであり、その土地の状況や文脈に即して再考することで、何か新しい発見があるかもしれない。そこで本稿では、ひとつの功徳譚として切り取られたこの伝説を、いったん地域の文脈に差し戻す。そのうえで伝承のされ方や成立環境などを調査し、まずこの伝説の背景を明らかにする。次にその変容の分析、類似のものとの比較などの作業を通じて、この巡礼功徳譚から四国遍路本体の変容などを読み取っていきたい。

(2) 尻なし貝の正体

このような問題意識から、著者は1999年春にフィールドワークを実施した。調査は、文献の情報を参考に調査地を設定し、聞き取りで得られた情報を基に、実際に川に入って貝を採取し、それらを有識者に確認してもらうという方法で、この巻き貝（以下、現地での主たる呼称に従い「尻なし貝」と呼ぶ）を特定した。さらにそれを生物学図鑑などで、生物学的な種を同定した。以下はその概要である[15]。

①伝説の現場（福井町鉦打）

『功徳記』では「阿州小野のさかせ川」となっている尻なし貝の生息地であるが、さらに絞り込むために近世後期の旅行家、松浦武四郎の『四国遍路道中雑誌』をみてみよう。

　　少し行て茶屋壱軒有。是より鉦うち坂。越て少し行、さかせ川。歩行渡り也。この川に蜷多し。此貝昔は尖多くして歩行の足のひ[う]らをいためしかば、大師加持し給ひしニより、今の渡り場上下二丁斗の間ニ住る蜷には尖

第1節　浮遊する聖性－巡礼功徳譚が語る四国遍路世界の変容－　85

なり［し］。其の上下は皆尖有りて歩行渡りがたしと云伝ふ。越て少し行て小野村……［松浦 1975（1844）：217］

　これによると,「さかせ川」の場所は,正確には22番と23番の間の遍路道沿いにある「鉦打（現・徳島県阿南市福井町鉦打）」と推定される。この鉦打という地名はかつて,柳田國男の「毛坊主考」に関連して『郷土研究』でも紹介されたことがある。柳田への応答として長尾覚が寄せたもので,「阿波の南方にも那賀郡下福井村から海部郡西由岐村に通ふ県道に鉦打坂と云ふがある。是も木立繁く険しい山路であったが,近い頃は梢開けて歩行し易くなった。此坂は昔念仏者が小さい庵を設け,人の通行する度に鉦を打つて物を貰うたより名けたと云ふ」と,この地名も,かつて「聖」が住んでいたことに由来すると報告している［長尾 1915：27］。近辺には番外札所・弥谷観音[16]があるほか,戦前には遍路宿もあったという。南四国でも有数の多雨地域であり,1952年（昭和27）には167㎜/hの集中豪雨で死者6名,被害家屋360戸,浸水農地111haという甚大な被害を出した[17]。そのようなこともあって防災・灌漑用のダムが計画・着工され（1995年完成）,集落の一部が水底に沈むなど,近年自然・人工ともに環境面で大きく変化した所でもある。

②伝説の現在
　まず,この伝説の地元における伝承であるが,比較的よく保存されており,福井町内で話を聞いた老若男女10数名のうち,これを知らなかったのは小学生くらいの男の子と,40代の女性2人だけであった。この貝と弘法大師の関連性についてもよく言及され,『功徳記』のいう大師の加持の内容を,「杖で突いた」と具体的に語る人も多かった。また別の名称として"ゴウナ"という呼称や,外見的特徴として「貝のお尻が欠けている」という説明から,「ひらべったい」あるいは「台形に近い」とより詳しいものもあった。また生息場所についても,ほとんどの人が「さかせ（逆瀬）川」および「弥谷観音にわたる橋の下」と特定の場所を示した。
　この逆瀬川とは,福井町を貫流する福井川の一部を指す。福井川は鉦打ではS字状に蛇行しており,その真ん中部分が,ちょうど逆流しているように見えるこ

とから「逆瀬」という（図 2-6 参照。右から左への矢印で示した部分が「逆瀬」）。旧道には逆瀬橋という橋が残り，またダム工事に伴ってより高所に掛け替えられた国道 55 号の新逆瀬橋にその名をとどめている。逆瀬川そのものは，現在ではダムの直ぐ上流になりその影響もあってか，付近の古老によると，かつては「べったり［たくさん］おった」というものの，今回の採集調査ではこれを発見することはできなかった。また，後者の弥谷観音にわたる橋の下はすでにダムの底で，現在では確認が不可能である。

今回，生息を確認したのはこれらよりやや下流の場所になる。旧遍路道にあたるダム直下の橋の下で，その上手には鉦打庵跡があり他国者の墓が数基散見される。付近の農家の女性によると，昔はここにもいたということであったので，川辺までおりたところ，至る所に尻なし貝が発見できた。これを採取し，古老に確認したところ，確かに尻なし貝だということであった。

図 2-6 「逆瀬川」の概略図

また，ダム工事に際して絶滅を危惧した地元有志が尻なし貝を捕獲し，籠に入れて山水の溜につけていたのを引き上げたところ，なかにはすでに貝殻だけになった 10 数個の尻なし貝が保存されていた。捕獲した尻なし貝はこれらと酷似しており，その点からも，今回捕獲した貝が尻なし貝であることが確認できたのである。

③「尻なし貝」の正体

尻なし貝の生物学的な分類はイシマキガイ（*Clithon retropictus* 原始腹足目アマオブネ科）という。生物図鑑によると，本州以南のおもに汽水域に生息する貝ということである［吉良 1959：24］。またインターネットには，小学生の野外実

第1節　浮遊する聖性－巡礼功徳譚が語る四国遍路世界の変容－　87

習で捕獲したという話もあるし、著者もデパート屋上のペットショップで水槽に入ったイシマキガイが売られているのを見かけたことがある[18]。つまり、生物学的にはイシマキガイはとくに珍種というわけではない。

ただ、この貝は同じ種であってもその大きさにずいぶんとばらつきがある。同じ川でも河口付近では1～1.5cm級の小さいのしかみつからず、これは尻なし貝ではないという人もいた。逆に鉦打では3cmほどの大きさがあり、特徴的な先端の欠損も大きく、素人目にはとても同じものだとは思えないほどである。また貝殻だけになっていた地元有志が保存した尻なし貝も、同じく3cm級のイシマキガイであった。したがって、地元で尻なし貝と呼んでいたのは、正確には大型のイシマキガイということになる[19]。

④「尻なし貝」の象徴論的解釈

この貝を象徴論的に解釈すると、次のようになるだろう。タニシやカワニナなど似たような巻き貝もたくさんいるなかで、なぜか遍路道の渡河ポイントにちょうど（金剛）杖の先ほどに先端が欠けている貝が生息している。この不思議な自然の摂理の原因を、「オダイッサン（弘法大師）が杖でついてお尻がまるうなった」と地元で語られているように、遍路空間

図 2-7　尻なし貝探し
上から順に (1) ダム工事に際して「保存」されていた尻なし貝, (2) 鉦打庵跡付近, (3) 今回の尻なし貝の捕獲場所, (4) 捕獲した尻なし貝を確認してもらう.

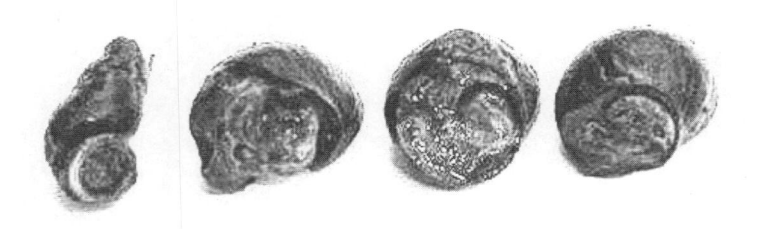

図 2-8　カワニナ（左端）とイシマキガイ
カワニナは奥，イシマキガイは手前が先端になる．

を流れる民俗宗教的コンテクストに即して説明した姿，それが「尻なし貝」である。つまり，尻なし貝は，生物学的な種としてのイシマキガイに，四国遍路の宗教的文化的な記号性が被さって解釈されたものなのである[20]。

1-4. 巡礼功徳譚のダイナミズム

(1) 弘法大師遍路信仰と巡礼功徳譚の拡散性

①その他の尻なし貝伝説

「尻なし貝」伝説には，先述の通りいくつかの類話が紹介されている。これらのうち，秋田県平鹿郡里見村高畑，同由利郡鳥海町百宅のものは弘法大師伝説であり，モチーフも鉦打のものに近い［寺田 1976（1934）: 490 および荒木博之ほか編（日本伝説大系 2 巻）1982〜90 : 68］。しかし，山梨県身延町は日蓮上人，島根県温泉津町は素戔嗚尊(すさのおのみこと)と主人公が大師ではない。素戔嗚尊の場合は衣にまとわりつく蛭や螺を怒ってうち捨てた結果，蛭は口なしに，螺は尻切れになったとし，日蓮上人の場合は献上された汁に入っていた螺を大慈大悲の秘法で復活させ，生き返ったものが本国寺境内の池にいる尻なし螺だとする[21]など，その動機や行為も微妙に異なっている［荒木博之ほか編（日本伝説大系 11 巻）1982〜90 : 246-247］。また，貝が足に刺さる苦痛を法力で和らげたとするモチーフを共有するものとして，神奈川県横須賀市の「角なしのサザエ」がある［荒木博之ほか編（日

第1節　浮遊する聖性－巡礼功徳譚が語る四国遍路世界の変容－　89

本伝説大系5巻）1982～90：242-243]。さらに，錦　仁によると小野小町に関連した「尻切れ田螺」の伝説が福島県白河市小田川にあり［錦　2001：4]，長野県佐久市のホームページでは，同市内の安養寺に開祖法燈国師に基づいた「尻なしタニシ」の伝説が写真つきで紹介されている[22]。これらのほか，四国には次の2つの類話がある。

　　尻なし貝－伊与木川をお大師さまが歩いて渡ったときのこと，お尻がとがった川蜷貝がお大師さまの足をさした。そこでお大師さまは，貝のとがったところを除かれたので，それからは，人の足をささなくなった（高知県窪川町）[23]。

　　……小さな子供が泣きながらシジミを採っています（中略）貝の尻先がとがっていて，足裏に突き刺さって痛いのです」と答えました。そこで大師が念仏を唱えると，ゴウナの尻がすり減って丸くなり，いくら踏みつけても痛くありません。親孝行な子供のために，大師がゴウナの尻を取ってくれたのです（高知県東洋町）[24]。

　窪川の話は，37番岩本寺の七不思議のひとつとして語られているものである。また東洋町のものは，管見の範囲では遍路関係の書物に取り上げられたことはない。いずれも物語の型は鉦打のものと酷似している。

②弘法大師遍路信仰（土地の主人公と普遍的主人公）
　素戔嗚尊や日蓮上人にみられるように，同型の伝説がその土地に縁の深い人を主人公として選択されることは多々ある。一方で，弘法大師は普遍的な性格をもって登場する主人公であり，この理由として神の大子につながる「タイシ信仰」を持ち出す柳田の説［柳田　1998（1929）：359]，あるいは「超宗派的な大師の入定・ミロク下生による不滅・復活の信仰」とする宮田 登の説などがある［宮田　1975：134]。秋田の話などはこのタイプといえよう。しかしながら，四国遍路空間では，柳田，宮田が述べるような弘法大師信仰の論理をベースにしつつ，さらにそのうえに，四国遍路ならではの論理が追加されている。

大師の御記文とて伝ふるに，身を高野の樹下にとどめ，魂を都率の雲上にあそばしめ，所々の遺跡を検知して，日々影向をかがずとあり．此文世の人信じあへる事にて，人々の耳にとどまる事となんぬ．御遺跡へは大師日々御影向あるにより，八十八ヶ所の内いづれにてぞは大師に直にあひ奉るといひなせる……四國遍礼すれば，大師にかならずあい奉ると聞しにより，われ遍礼せし時，日々心をかけて，けふはけふはと待しに，廿一日にてありしに，あんのことく大師にあひ奉りしこそ，有がたけれ［伊予史談会編（功徳記）1997：213］

　『功徳記』の冒頭に登場するこの話は，巡礼者が大師の影向を信じて歩き，縁日の 21 日に巡り会ったという，いわゆる入定信仰の派生形である．そして，その影向する先を具体的に八十八カ所に限定することで，「弘法大師は今なお生きて四国を遍路している」というぐあいに四国遍路的に特化した形になっている．この思想が当時，四国遍路世界に根づいていたことは『功徳記』以外に，津村庵涼の『譚海』[25]（1795），喜多村信節（1783-1856）の『筠庭雑録』[26]（19 世紀中頃）といった当時の随筆からもうかがい知ることができる［宮田 1975：121］．これを本書では入定信仰と明確に区別するために「弘法大師遍路信仰」と呼ぶものとする．

③巡礼功徳譚の拡散性

　ここで，序に述べた巡礼功徳譚の「拡散性」を思い出していただきたい．遍路空間では功徳譚の主役である大師も巡る，また伝達者である遍路者も巡る，そしてこのような情報も巡っている．四国遍路の始祖と伝えられる衛門三郎の物語が，愛媛県松山市の 51 番石手寺と文殊院，そして徳島県神山町の杖杉庵を結ぶストーリーになっていることなども，このような情報の移動を裏づけるものといえよう．
　浮遊する巡礼功徳譚が，機会を得て，別の場所に定着する可能性もある．例えば尻なし貝の場合，比較的浅い川と遍路道が交わるような場所であり，特徴のある貝がいれば，そこに外からやってきた物語がなじんでしまう可能性もある．とくに四国遍路の場合，「札所八十八ヶ所，道四百八十八里，河四百八十八瀬，坂

四百八十八坂」と表現されるほどに,河川が多いと感じられていた[27]。加えて,主人公の弘法大師が,今なおお遍路空間のいずれにおいても出没するのであるから,あとは伝説を定着させるような要素,景観や記念物,特徴のあるモノがあればよいのだ。それで新しい話が違和感なく成立してしまう。つまり,この拡散性は,弘法大師遍路信仰に基づく,弘法大師の遍在性を現すものであり,なおかつそれが常に現在進行形であることを物語るのである。

(2) 巡礼功徳譚の生成──「岩本寺七不思議」
①二つの尻なし貝──イシマキガイとカワニナ

ところで高知県窪川町と東洋町の尻なし貝伝説だが,興味深いのは,これらの尻なし貝はイシマキガイではなくカワニナであるということである。

高知県窪川町の岩本寺でわたされた資料には「尻なし貝は,河川の黒蜂で(蛍)の餌になる貝ですが伊与木川の貝はお尻が擦り切れている」[28]とあり,これは明らかにカワニナのことを指している。また,窪川町ホームページの「窪川たんね歩き」[29]にある挿絵もカワニナであり,さらに町史編纂委員の林氏もカワニナのことを尻なし貝と述べ,イシマキガイの写真を見せると「これは見たことがない」といわれた。東洋町のほうは地元の史家である原田氏が「実物」を示されたが,それはカワニナであった。

カワニナとイシマキガイの相違は写真を見比べると一目瞭然である(図2-8参照)。先端の欠損はイシマキガイのほうが断然大きく,とくに大型のイシマキガイは,カワニナ,タニシ,小型のイシマキガイなど他の淡水産巻貝とは一目にして区別できる。現に鉦打ではカワニナを見せると,これは尻なし貝ではないと明確に否定された。『功徳記』でもカワニナを「椎の実」,尻なし貝＝イシマキガイを「なつめ」と表現し,さらに挿絵でも両者を明確に描き分けている(図2-10)。

さらに窪川町では尻なし貝の知名度が著しく低い。著者も20数名に尋ねてみたが,多くの人が伝説自体を知らないうえ,実物を見たことがあるのは窪川町内ではほぼ皆無であった。鉦打の場合と比べ,その知名度には格段の差があるといえよう[30]。

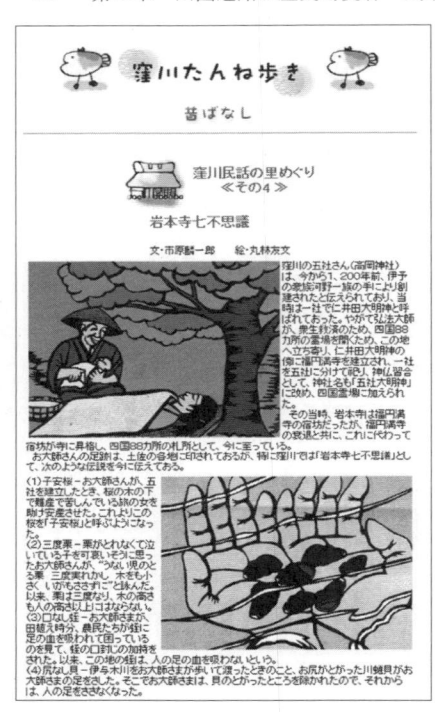

図 2-9　窪川町 HP の「岩本寺七不思議」
挿絵には「尻なし貝」としてカワニナが描かれる．

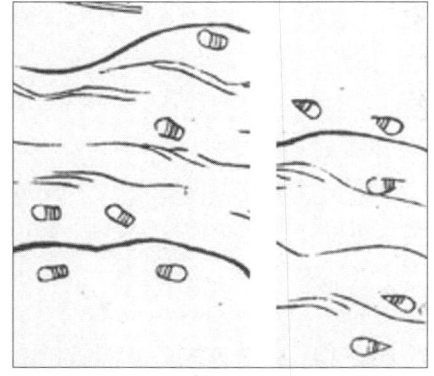

図 2-10　『功徳記』挿絵の拡大図
棗に例える尻なし貝（左）と椎の実に例える蜷貝（右）を描き分けている．

　もっとも，この話は窪川町（高岡郡）の伝説とされているが，その舞台となっている伊与木川は山ひとつ越えた隣町の佐賀町（幡多郡）を流れる川である。そして，「現地」佐賀町の伊与木川沿いでは，5名中1人であるが，弘法大師伝説と絡めた尻の欠けた貝の存在を知る婦人に会うことができた。「尻なし貝」ではなく，「ゴニナ」と呼んだそうであるが，写真を見せたところ，彼女はイシマキガイのほうをそれと明言し，伊与木川に生息しており，かつてはこれを食したこともあると証言した[31]。

　つまり，鉦打の尻なし貝伝説が，弘法大師の巡る空間，川，特徴的なイシマキガイの3要素のうえに成立しているとするならば，現場の伊与木川の場合，鉦打の話と構成要素は同じであるが，伝説の所属地である窪川では，イシマキガイはカワニナにすり替わっているのである。

③「岩本寺の七不思議」

　東洋町の伝説はいつの時代のものか不明であるが，窪川町の話は明らかに新しい伝説である。著者が調査した範囲では，近世にはまったくみられず，初見は1934年（昭和9）の安達忠一『同行二人四國遍路たより』である。これ

第1節　浮遊する聖性－巡礼功徳譚が語る四国遍路世界の変容－　93

は戦前唯一の記録であり，かつ鉦打と窪川を同時収録した唯一の記録でもある（本節末の資料Bを参照）。さらに語られかたも，尻なし貝単独で語られるのではなく，「岩本寺の七不思議」のひとつとして紹介されている。

　岩本寺の七不思議とは尻なし貝のほか，三度栗，筆草，桜貝，口無し蛭，子安桜，戸立てずの庄屋をいう。このうち三度栗は岩本寺，子安桜は仁井田五社にあるが，他の5つについては，窪川町高野（口なしの蛭），窪川町興津（筆草と桜貝），佐賀町伊与喜（戸立てずの庄屋）が現場であり，岩本寺から概

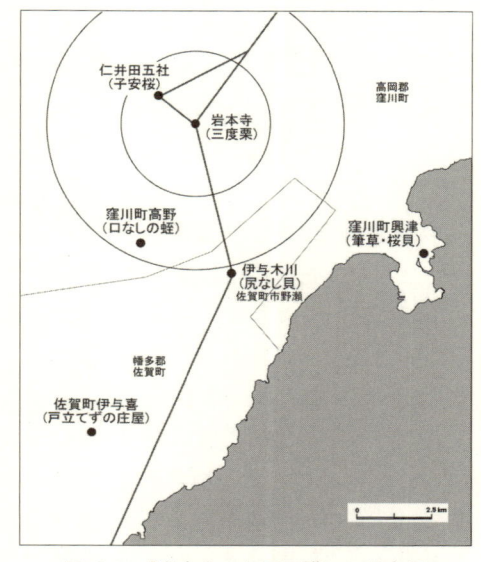

図 2-11 「岩本寺の七不思議」の分布図
図中の小円は半径2.5km，大円は半径5kmを示す．

算の直線距離でそれぞれ，4km，8km，12kmほど離れた場所にある。尻なし貝の伊与木川の場合，上流と下流で異なるが，最も近い佐賀町市野瀬地区でも5kmほど，今回出会った識者が示す場所は，さらに2,3km下流のポイントである。

　これらの話には近世期に類話が存在する。戸たてずの庄屋は，「まさき村，この村の庄屋代々とざさぬなり。ありがたきいわれ有り，たづねらるべし」［伊予史談会編（道指南）1997 : 95］，「雨戸無シの庄屋　大庄屋也。篠山権現の御利生ニ依り盗賊此家へ得不入，雨戸なしの障子」［伊予史談会編（四国遍路図会）1997 : 257］[32)]と紹介され，番外札所篠山神社ふもとの愛媛県一本松町正木の伝説となっている[33)]。これは絵図にも名所として記載されるほど，有名な話であった[34)]。また，三度栗は『功徳記』によると予州宇和郡三間村の物語とされている[35)]が，三度栗の本場は現土佐清水市市野瀬の真念庵とする書物もある［安達1934 : 82］。この三度栗はほかにも，愛媛県北宇和郡津島町神田，高知県幡多郡佐賀町，高岡郡窪川町，土佐市芝，安芸郡東洋町生見，徳島県三好郡池田町と，

四国全域に類話があり，いずれも遍路又は大師に関する話となっている［荒木博之ほか編（日本伝説大系 12 巻）1982 〜 90：264-266］。いずれにせよ，近世期には窪川の七不思議という話はなく，むしろ尻なし貝，戸立てずの庄屋，三度栗は他所の話となっているのである。

④ 37 番札所の歴史的経緯

　ところで，先に述べたように近世期の 37 番札所は現在の岩本寺ではなく，仁井田五社という岩本寺から直線距離で 1.7km ほど隔てた神社であった。岩本寺はその別当寺で，納経所であったが，37 番札所は仁井田五社であり，岩本寺は沿線の一要所という扱いにすぎない。

　岩本寺は，明治期の廃仏毀釈で 1871 年（明治 4）に一時廃寺になり，その後 1889 年（明治 22）に再興されるも無住職状態で，1913 年（大正 2）に第 28 世住職（2001 年時の住職の先々代にあたる）が入山するまで，31 番竹林寺の僧が春の巡拝者が多い季節にのみ住職として岩本寺に留まるという時期が続いていた［佐々木 1980：106，および「岩本寺略歴」[36]］。つまり，岩本寺は遍路とのゆかりは浅からぬものがあるものの，札所として安定的に運営され機能するようになるのは比較的新しい寺院である。

　では，いつ頃から 37 番札所として認知されてくるのだろうか。1897 年（明治 30）の澤田友五郎『四国徧路八十八カ所道志るべ』までのガイドブックには 37 番は仁井田五社と記載されている。1918 年（大正 7）に遍路した高群逸枝によると，彼女自身は「三十七番は高知県の窪川にある藤井山岩本寺……いかにも此れが大師の旧蹟には違ひない」としながらも，八幡浜に上陸後直ちに参拝した大黒山吉蔵寺が四国 37 番札所を名乗っている事情を紹介し，「でも古来の本尊や御納経の版は吉蔵寺に伝はつてゐる」と述べる。そしてその由来を，当地の素封家大黒屋吉蔵が 30 数年前に霊験により，見る影もなく衰微している岩本寺から 3,500 円で本尊と納経の版を買い取り，新たに寺を建立したと紹介している［高群 1979：84］。もっとも彼女が後に再執筆したものでは，37 番は窪川の岩本寺となっており，大黒山吉蔵寺に関しては「然し，普通には此寺は八十八カ所の中には入ってゐない」と記し，37 番が並立していることに同行の一徹なおぢいさんが解しかねてぶつぶついつていたという具合に，記述量も削減され否定的なニュアンスと

なっている［高群 1938：31-32］。

　これらから推測すると，1913年（大正2）に住職が入山後もしばらくは混乱期が続き，札所寺院としての地位が盤石になるには今少しの時間を要し，だいたい大正後期から昭和にかけてと考えられる。

⑤「生成」された伝説

　札所寺院はいうまでもなく四国遍路の主たる参拝の場である。とくに四国「八十八ヵ所」という観念[37]の成立後は，四国遍路空間で最も聖性の濃密な場所として，その他の構成要素，例えば遍路道や番外札所などとはその聖性の期待の度合いが格段に異なってくる。

　しかし，岩本寺の場合，新しく札所寺院となったため，本尊などは五社から引き継いだが，遍路者たちによって生産され，伝承されていた霊験譚や功徳譚といった情報要素が札所寺院の聖性に相応しいほど多くはなかった。そこで，近辺の弘法大師にまつわる功徳譚，あるいは遍路とともに巡ってくる物語を収集し，岩本寺の七不思議という形で調えていったのではないか[38]。そして，このときの伝説の現場と所属地との乖離によって，尻なし貝がイシマキガイから手近にいるカワニナに変わってしまったとも考えられる。窪川の尻なし貝物語（さらには七不思議）の起源などは残念ながら不明だが，少なくとも四国遍路の巡礼功徳譚として四国遍路の言説空間に姿を現してくるのは戦前，多くは戦後である。つまり，窪川の七不思議は，神仏分離によって新しく札所寺院となった岩本寺の聖性を高めるために「生成」された新しい物語と考えられるのである。

(3) 巡礼功徳譚の消滅

①消えた鉦打の尻なし貝

　窪川の尻なし貝が，近代以降新しく登場したのに対し，逆に鉦打の尻なし貝はその後，地元では伝承され続けるにもかかわらず，四国遍路の言説空間からは消えていく。鉦打の尻なし貝の存在を確認した現代と，『功徳記』が編纂された近世元禄期との間には400年以上の時間が流れている。その間に，鉦打の伝説がどのような推移を辿ったのかということは，本節末の資料Bで瞬時に把握できよう。鉦打の尻なし貝は，近世期を通じて多くの書物に紹介された。しかしながら，近

代にはいると,徐々に尻なし貝の記述は少なくなり,現代では四国遍路の関連メディアが多数書店に並ぶにもかかわらず,尻なし貝の記述は皆無である。つまり,鉦打の「尻なし貝」伝説は,近世から近代にかけて四国遍路の言説空間から消滅していったのである。

②交通の近代化と巡り方の変容

その理由は,管見では鉦打の尻なし貝を取り上げた最後の文献になる宮尾しげおの記述よりうかがい知ることができる。

> 次の札所までお婆さん達と買切りの自動車で飛ばす。相乗りだ。「<u>巡禮の人は,いづれも歩きたがるものですが</u>,皆さん方は,さうではないのですネ」「歩きたい者は歩きなはれ,あほらしい,あんさん,ここに居る者は,五十から七十婆や,なに歩きたい事おまんか」(中略)峠の近くには倒れ杉,尻なし貝,ゆるぎ石,笠地蔵などの七不思議があるが,お連れさん方はその方には興味がないので素通りされてしまふ[宮尾 1943：38]。

22番平等寺のある新野から,月夜坂を越え,尻なし貝のいる鉦打,小野を経て,23番薬王寺のある日和佐に至る遍路道は20kmを越える長丁場である。このルートは高知につながる幹線街道に部分的に重なるため,明治期以降,近代化の潮流を大きく受けた区間である。月夜坂では拡張工事が行われ,1926年(大正15)に車道化,その3年後,1928年(昭和3)には阿南自動車協会によるバス路線が設置される[39][沖野 1960：228-229, 235-236]。さらに1939年(昭和14)には国鉄牟岐線が日和佐まで延長され,新野から日和佐まで汽車で直接行くことができるようになった[『阿波の交通』編纂委員会編 1991：188]。

こうして,距離がある22番から23番は,汽車やバスで直行することが可能になった。とくにこの区間では,両札所とも駅から徒歩圏にあり,「遍路さんもほとんどの人は汽車利用でゆく」[西端 1964：127-128]というように鉄道利用が便利なのである。だが一方で,宮尾の「巡禮の人は,いづれも歩きたがるものですが」という言葉に表れているように,巡礼や遍路では,歩くことに特別の意味やこだわりをもつ向きも少なくない。星野英紀は昭和初期の雑誌を引用しつつ,

第1節　浮遊する聖性－巡礼功徳譚が語る四国遍路世界の変容－　97

当時の四国遍路に関心をもつ仏教者が，「乗物禁止」「矢張，徒歩で致さなければ，本当の四国遍路の味い，云いかえれば，四国を遍路なされた，その時の大師様の気持と云うものが，全然解らないのです」と繰り返し訴えていたことを述べている [星野 2001：203-205]。

　しかしながら，多くの遍路たちにとっては，遍路行の第一義的な目的は88の札所寺院の順拝を完成させることである。よって乗物利用は目的合理的な移動手段であった。このような巡り方の変容によって，宮尾のように尻なし貝についての知識[40]と興味があっても，乗物で鉦打を通過してしまうために，尻なし貝が彼らの巡礼体験の中に入ってこなくなる。ここで尻なし貝を語り継ぐ巡礼功徳譚の再帰的なサイクルが断絶し，近世にあれほど登場した鉦打の「尻なし貝」伝説は，宮尾の記述を最後として体験記から姿を消して行ったのである。

③渡河体験の消滅に伴う霊験のリアリティの喪失

　第二次世界大戦後，1951年（昭和26）に道路運送法が改正され（昭和26年法律183号），その2年後に登場した順拝バスツアーの登場によって，乗物利用の遍路行はますます加速し，歩き遍路は激減した [早稲田大学道空間研究会 1994：76]。しかし，近年は歩き遍路が増えており，鉦打の尻なし貝の生息場所を遍路たちが再び通過するようになった。だが，彼らはもはや尻なし貝を振り返ることはない。星野英紀が「現代遍路体験記の代表的なもの」[星野 2001：324]と評する小林淳宏のテクストでも，尻なし貝はまったく触れられていない。

　これについては功徳が成立する構造から読み解ける。功徳譚が人々に受け入れられるためには，なによりもその「ありがたみ」のリアリティが必要である。人々にとって苦難であることが，奇跡的に解消されるからありがたいのである。靴屋の小人の話が意味をもつのは，靴づくりが手作業だからである。もし24時間稼働のオートメーションになれば，もはや小人は出番を失ってしまう。尻なし貝の話がリアリティをもつためには，人々が川を歩いてわたる必要がある。

　しかし，現在ではその渡河点には橋が架かっており，遍路たちはその橋の上を歩いてわたっている。それ故，貝が足に刺さることもなく，弘法大師の奇蹟，すなわち功徳の前提となる苦難が成立しない。近世期の遍路路には橋は少なく，とくに小さい川になるとほとんどが徒渡であった。これに対して現在の遍路行の

中では，河川を歩いてわたる体験は皆無に近い。つまり，現在では交通インフラの近代化に伴う巡礼体験の変容により，「尻なし貝」伝説のリアリティは完全に喪失し，その結果，尻なし貝は現代の歩き遍路の体験に，もはや入り込む場所を失ってしまったのである。

④札所寺院の求心力――札所に偏重する巡礼者意識

こうした巡り方の変容と裏返しの関係にあるのが，遍路者自身の内面的・心理的な変化である。

> 平等寺に四十分いてここを九時四十五分に出発した。国道五五号線の登り坂を黙々と歩く。星越トンネル，久望トンネル，一の坂トンネルと三つの峠を越えなければならない。午後一時二十分に雨が降り出し，まる一時間，ざあざあ降り続けた。長い登り坂から下り坂になり，二十三番薬王寺を打ち終えて納経所で朱印を押していただいたのは午後四時だった。［小林 1990：66］

現代の歩き遍路である小林は，平等寺から薬王寺へ「黙々と歩く」と述べているが，そこには，巡礼者の意識が札所に偏重し，遍路道沿線の細々とした過程に注意をはらわなくなったことが読み取れる。これは巡礼体験における線（遍路道）から点（札所寺院）への重点の移行といってよい。

最初に述べたように，民衆型四国遍路で重要なのは八十八ヵ所の札所寺院である。極端な話，どのような手段を用いても88の札所をすべて巡拝し終えないと，論理的に四国遍路という巡礼は完成しない[41]。交通体系の近代化に伴う巡り方の変容により，遍路道の重要性は著しく低下し，逆に札所寺院の担う役割は相対的に重要性を増した。結果，四国遍路における，非日常性，宗教性，聖性などは札所寺院が一手に担う状況になり，功徳譚も札所付随のものが重視されるようになってくる。小林ら現代の歩き遍路の受容する情報は，沿線から札所へという再構成を経た後のものであり，自ずと沿線の情報が不可視化され，彼らの体験の中に入ってこないのである。これによって「尻なし貝」も，巡礼路の伝説であった鉦打の尻なし貝が，四国遍路の言説空間からは消滅していったのに対し，むしろ近世には語られなかった伊与木川の「尻なし貝」が，新しい札所である岩本寺の

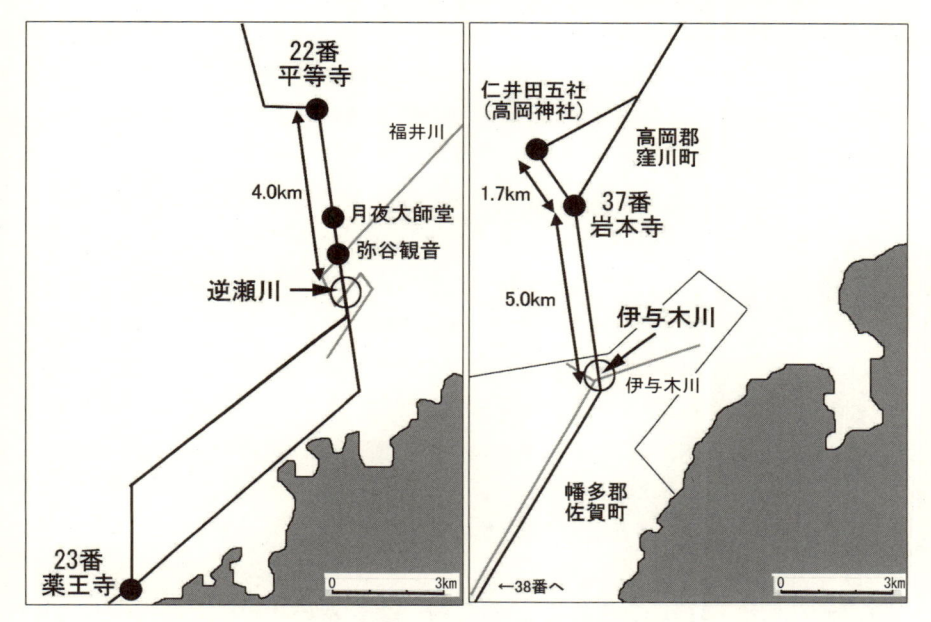

第1節　浮遊する聖性－巡礼功徳譚が語る四国遍路世界の変容－　99

図 2-12　鉦打（左：徳島県阿南市福井町）と窪川（右：高知県高岡郡窪川町）の位置関係

物語に組み込まれることで，言説空間に登場するようになったのである。

　つまり，これは巡り方の変容に伴う遍路空間の意味的再構成の結果として理解できる。22番平等寺と鉦打の距離は4km超であり，岩本寺と伊与木川が少なくとも5kmであったので，両者の位置関係はそう変わらない。しかし，その盛衰はある時期－戦前と戦後－を境として，くっきりと明暗を分けている。鉦打近辺の札所寺院とそれに類するものとしては，22番平等寺，番外月夜お水庵，番外弥谷観音がある。しかし平等寺には山号にもなっている白水の井戸の伝説，月夜お水庵には，逆杉，御加持水，闇夜が月夜になる話，弥谷観音には七不思議（不二地蔵，笠地蔵，四寸通し，硯石，日天月天，揺るぎ石，胎内くぐり）と称する物語群といずれも自前の霊験譚・功徳譚をもつ。そのため，鉦打の場合は窪川のように近辺の札所寺院等に吸収される必要もなく，沿線の伝説であり続けた。

　鉦打が単なる沿線の物語であったがために，次第に忘れられていったのに対し，

伊与木川のほうは現地を離れ，37番札所の物語として語られたために存続していった。線上にあるものは消え，点に引き寄せられたものが残るのである。この両者の運命のちがいにこそ，四国遍路の意味性が，札所中心にシフトしてきた証拠であろう[42]。

藤山正二郎は「物語が生成された状況から遠くなると，物語がおかれたコンテクストは忘れ去られ，物語は浮遊し，新たな意味が付与されやすい」というメカニズムを指摘している［藤山 1991:181］。これによるならば，尻なし貝伝説も，「渡渉」の苦痛というコンテクストを失い，四国遍路空間を浮遊しているうちに，新しい札所寺院の聖性強化という新たな需要の下に定着したという言い方もできるだろう。鉦打の尻なし貝伝説の消滅と窪川の尻なし貝伝説の生成というダイナミズムの背景には，このような四国遍路における構造変化が読み取れるのである。

1-5. おわりに——「巡礼功徳譚」の可能性

本節では巡礼研究の立場から口頭伝承研究の蓄積を利用する試みとして，移動性などのダイナミズムを考慮した巡礼功徳譚というフレームワークを設定し，その可能性について，四国遍路の尻なし貝伝説を事例として検討してきた。そして，この伝説の成立と盛衰の背景をまず示し，次に徒渡りから架橋へ，あるいは徒歩順拝から乗物利用へという交通体系の変容と，それに伴い遍路者の意識が遍路道沿線から札所寺院に偏重してきたことを明らかにした[43]。

以上の分析から，最後に四国遍路における尻なし貝伝説を事例とした，巡礼功徳譚のダイナミズムを検証しておきたい。

まず，近世期の四国遍路において，当時の人々の間に，四国遍路に関する情報を発信，伝達，受容していく言説空間が成立していたということを示して，このような巡礼功徳譚研究の有意性を示した。そのうえで，尻なし貝の伝説が繰り返し語られていたということを紹介し，この伝説を再帰的に語り継ぐサイクルを確認した。さらに，このサイクルの発生と消滅は鉦打と窪川の2つの事例にみることができる。そして，それに関連して，交通革命による巡り方とそれに伴う巡礼者の意識変化という四国遍路世界の変容を指摘した。

また，鉦打の伝説の消滅と窪川のそれの発生は，ほぼ同時期に時を同じくして起こっており，あたかも鉦打から窪川へ水平移動したようにみえる。巡礼功徳譚のダイナミズムの観点からは，このシフトが巡礼功徳譚の拡散性によって準備されたものであることを指摘できよう。加えて，遍路たちに伴って四国遍路空間を浮遊している伝説が，その要素を共有するような

図2-13　「尻なし貝」をモチーフとした鉦打の遍路小屋のベンチ（2002年8月，著者撮影）

他所に定着することを可能にする四国遍路独自の思想として弘法大師遍路信仰があることを，本稿では指摘した。
　このように，巡礼功徳譚はそれが関連する巡礼体系全体と密接にリンクしており，絶えず体系の変容をダイナミックに表象していく。だからこそ，逆にこれらの巡礼功徳譚のダイナミズムを分析することで，巡礼体系全体の変容を論じることができる。巡礼功徳譚というフレームワークとそれに基づく研究には，そのような可能性が期待できるのである[44]。

［付記］

　四国遍路の構造変化に伴い，その言説空間から「消滅」した鉦打の尻なし貝であるが，近年思わぬ形で遍路空間に再登場することになった。建築家の歌一洋氏が提唱する「四国八十八ヶ所ヘンロ小屋プロジェクト」による遍路小屋が，2002年に鉦打地区に建てられたが，そのベンチのデザインに尻なし貝がモチーフとして使用されたのである。歌氏によれば，このデザインは，著者の拙論からインスピレーションを得たということである。徒渡り体験の消滅によって，功徳のリアリティを喪失した尻なし貝であるが，建築デザインのモチーフという，より高度に抽象化された形で，再び弘法大師の功徳を遍路に対して伝達するメディアとして復活したことは，徒歩巡礼が十分に定着してきた現代のさらなる興味深い変化を表象しているよう思われる。

【資料B：四国遍路関連書籍にみる「尻なし貝」の記述の推移】

年代	鉦打	窪川	著　者	書　名
1638	○	×	賢明	『空性法親王四国霊場御巡行記』
1653	×	×	澄禅	『四国遍路日記』
1687	○	×	真念	『四国遍路道指南』
1690	○	×	真念	『四国徧礼功徳記』
1767	○	×	洪卓	『四国徧礼道指南増補大成』
1800頃	○	×		『四国徧礼名所図会』
1819	×	×		『四国順拝日記（仮称）』
1822	×	×	十返舎一九	『金草鞋』
1844	○	×	松浦武四郎	『四国遍路道中雑誌』（遍路行は1836）
1880	×	×	松本善助	『四国徧礼道案内』
1882	○	×	中務茂兵衛	『四国霊場道中記大成』
1884	×	×	中越善平	『四国中并ニ高野道中記』
1897	×	×	澤田友五郎	『四国徧路八十八カ所道志るべ』
1918	×	×	高群逸枝	『娘巡礼記』
1931	×	×	安田寛明	『四国遍路のすすめ』
1931	×	×	和田性海	『聖蹟を慕ふて』
1934	○	○	安達忠一	『同行二人四國遍路たより』
1938	×	×	高群逸枝	『お遍路』
1942	×	×	荒井とみ三	『遍路図会』
1943	○	×	宮尾しげお	『画と文四国遍路』
1950	×	△	橋本徹馬	『四国遍路記』（ただし遍路行は1942）
1961	×	×	荒木戒空	『巡拝案内遍路の杖』
1962	×	×	鎌田忠三郎	『遍路日記』
1964	×	○	西端さかえ	『四国八十八札所遍路記』
1969	×	○	平幡良雄	『四国八十八カ所』
1972	×	○	土佐文雄	『同行二人』
1974	×	○	霊場会	『四国八十八カ所霊場記』
1978	×	○	首藤　一	『四国遍路八十八カ所』
1986	×	×	村上　護	『遍路まんだら』
1987	×	×	宮崎忍勝	『四國八十八カ所遍路（徳島・高知編）』
1990	×	×	小林淳宏	『定年からは同行二人』
1997	×	×	宮崎建樹	『四国遍路ひとり歩き同行二人（第5版）』
1999	×	×	NHK	『四国八十八カ所1, 2』
2000	×	×	加賀山耕一	『さあ, 巡礼だ－転機としての四国八十八カ所－』

※○…記載あり，×…記載なし，△…「七不思議」とだけあるもの．

第2節　遍路宿の民俗史・誌
－マス・ツーリズムの拡大から歩き遍路の復活まで－

2-1．地域文化研究としての四国遍路

（1）巡られる島「四国」

　四国は遍路が巡る島である。4県に点在する88の札所寺院を順拝する彼ら遍路者たちは，年間約10万人とも15万人ともいわれており，近年ますます増加傾向にあるとされている。徳島県は「発心の道場」と意味づけられる打ち始めの場所であり，1番から23番と66番の24ヵ寺の札所を擁する。すでに10年前に四国霊場を目的地にあげる観光客が全体の1割を越えるなど［徳島県観光振興課 1993］，多数の遍路がやってくる徳島は遍路を迎える社会と位置づけられるだろう[45]。著者はこのような状況を巡る遍路者に対して「巡られる」という言葉で表現している[46]［浅川 2001：39および本書序論］。いわゆる「接待」などは，こうした経験が折り重なる過程で磨き上げられた，巡る者への対処の知識や技法であるといえよう。これは巡られる地域性が生んだ生活様式，すなわち文化であり民俗なのである。

（2）四国遍路と地域社会

　一方で，いうまでもなく四国は遍路だけの島ではない。四国遍路の巡礼空間を構成するものとして，遍路道，札所寺院，そして宿泊施設などがあげられる[47]が，これらはすべて遍路以外も対象とする。例えば，22番から23番を越えて室戸岬に至る遍路道のメイン・ルート[48]である国道55号線は，徳島県南部地域の産業や生活を支える幹線道である。また，県北の札所密集地帯によくみられる町中の小道の遍路道はその地域の生活道でもある。また巡礼向けと広報され，認知されている宿泊施設であっても，ビジネス客など遍路以外の宿泊客が多数を占める宿も少なくない。四国遍路において意味的・象徴的に中心存在である札所寺院も，四国遍路の専有物ではない。例えば23番薬王寺は札所寺院であると同時に初詣の厄除け寺として有名であり，2003年の正月三が日には徳島県内2位とな

る約 14 万人の参拝者を集めている[49]。これは四国遍路の推定年間参拝者に匹敵する数値であり，単純に数のうえでは，むしろ初詣・厄除けを第一義とする寺院いえるだろう。また 19 番立江寺は本尊・地蔵菩薩を信仰する「立江講」という四国遍路とは別の組織にも支えられている。これに関して真野俊和は，(1) 宿泊施設が比較的近年のものであること，(2) 札所寺院には遍路を対象とした行事がきわめて少ないこと，(3) 札所寺院の積極的な遍路誘致策がなかったことの 3 点をあげ，札所寺院と四国遍路のかかわり合いがむしろ稀薄だったことを指摘している［真野 1980：56-58］。

また，一般の地域住民の場合も同様である。巡られる立場にあっても，遍路とかかわりあいをもたない住民も少なくないだろう。また，接待などで積極的に遍路を迎える人々にしても，多くの場合，それは彼らの生活の一部でありすべてではない。ここから四国遍路を捉える方法として，四国遍路がそれをとりまく地域社会とどのような関係性をもちながら存在しているのかを考えるという地域文化的な課題が浮かび上がってくる。本節では，それに応える一つの試みとして，遍路宿を中心とする宿泊施設を取り上げる[50]。

2-2．遍路宿——巡礼空間と地域社会の結節点

(1) 現代の「遍路宿」

四国遍路は全行程で約 1,300km を越える長い道のりである。日帰りの区切り打ち[51]の場合を除き，車であれ徒歩であれ，一日の終わりにはどこかしらの宿泊施設に泊まることになる。遍路空間に存在する宿泊施設を有料・無料で分けると，前者には宿坊や民宿・旅館・ホテル，後者には通夜堂や善根宿などがある。このうち通常「遍路宿」と呼ばれるのは，遍路行に便利な立地条件にあり，遍路の受け入れに実績がある民宿や旅館である。料金は 1 泊 2 食つきで 5,000 〜 6,000 円ぐらい。ホテルのシングルルームのような個室はまず皆無で，混雑時には相部屋を基本とし，バス・トイレは共用であることが多い。

こうした遍路宿の情報は，案内書や体験記を掲載したウェブサイトなどに豊富に掲載されている。とくに現代の歩き遍路がこぞって携帯しているガイドブック『四国遍路ひとり歩き同行二人』［宮崎建編 1997］（以下『同行二人』と略記）に

第2節　遍路宿の民俗史・誌－マス・ツーリズムの拡大から歩き遍路の復活まで－　105

は詳細なリストが付いており，行程の進み具合から次の日の到達目標地点を算出し，リストを参考にその近辺の宿に電話等で予約を入れるという使い方が一般的となっている。

（2）遍路宿に関する先行研究

　遍路宿に着目したおもな先行研究には，星野英紀の宿帳調査と喜代吉榮徳の資料分析がある。星野の論考は，愛媛県の遍路宿「大黒屋」に残る昭和10年代の宿帳を用いた統計的分析である。これにより当時，「（地元である）愛媛県中予地方郡部からの春の十ヶ寺詣の遍路」と，「大阪を中心とする都市部からの遍路」との2つの主力層があり，後者を含む一般的な遍路は激減したのに対し，前者は戦時中という社会体制の影響をほとんど受けずに維持された習俗であったことが明らかになった［星野　2001：258-310］。

　また喜代吉は近世文書を中心に当時の宿に関する資料を多数紹介する。まず全体的なものとして，近世の遍路者たちがどのような場所に宿泊したのかを当時の遍路記から抜粋したものと，1883年（明治16）と1913年（大正2）の遍路宿リストの2つをあげ，次いで宿屋や茶屋の集落であっ

図 2-14　現代の遍路宿の様子
（上）客室内，（中）夕食，（下）朝食．2001～02年著者撮影．

た「関の戸」（2003年現在の愛媛県新居浜市と宇摩郡土居町の境界部）に関する文書を整理し，ある宿屋が盗賊を長期間逗留させたことから免許停止となり，それが解除・落着するまでの興味深い過程を追いかけている［喜代吉 1998］[52]。

(3) 本節の目的

　これらは遍路宿を手がかりに，主として遍路側の世界に焦点を当てた研究であった。しかし，遍路宿を通してみえてくるのは遍路世界だけではない。遍路宿は俗世間からみて遍路空間の覗き窓的な意味合いをもつ。このことは，遍路宿が他者たる遍路者と出会う場であり，また普段接することのない異界としての遍路世界を垣間見る舞台装置として描かれている，田宮虎彦の『足摺岬』[53]や井伏鱒二の『へんろう宿』[54]といった文学作品に象徴的にみてとれる。井伏作品には，幼い頃に捨て子にされ，地元に住みついた元・遍路が，どのように地域社会の中に位置づけられているかという描写もある。また営利を目的とするとはいえ，遍路宿産業従事者も遍路を迎える地域社会の住民である。このように考えると，遍路宿は遍路空間と地域社会をつなぐ結節点のひとつといえよう。

　著者はこれまで同様の構造をもつものとして接待に着目してきた。この接待（とくに日常的に行われ，遍路者側の要請に応える形で行われるもの）が即応的・偶発的であり，場所的に固定しにくいのに対し，遍路宿は所在が明瞭であり，定点観測に適している。そこで本節では，遍路宿をこのような遍路空間と地域社会の関係性をみるための基準点に設定する。まず，遍路宿の分布と遍路の巡り方から徳島県内の主要な遍路宿の現状を紹介する。次に，本節で焦点を当てる事例として，徳島県阿南市の西部地域に所在する21番太龍寺と22番平等寺の門前宿を取り上げる。このうち，太龍寺は太龍寺山（標高619m）の山頂付近に位置する山岳霊場であるが，近年ロープウェイが架設され，メイン・ゲートがそれまでの東山麓から西山麓に移ったという事情をもつ。一方，平等寺は昭和50年代から2002年（平成14）まで約20年間にわたって「宿がない」という状況下にあった四国遍路の門前町のなかでも，めずらしい場所である。本節ではこれら2つの事例に関して，札所寺院と遍路宿経営者にインタビュー調査を行い，そこから遍路宿の盛衰が，四国遍路全体の動向や地域社会の状況とどのように結びついていたのかを考察していきたい。

2-3. 遍路宿の分布と遍路の巡り方―阿波南方の事例より―

(1) 徳島県下における遍路宿の分布

　まず手がかりとして遍路宿の現在の分布を考えてみよう。先に紹介した『同行二人』のリストを眺めると遍路宿は札所寺院の門前に多く存在することがわかる。実際の遍路行においても札所寺院が区切りとされやすいため、多くの札所寺院には門前宿群が形成されている。表2-1は『同行二人』のリストから徳島県下（ここでは行程を合わせて考えるため、66番雲辺寺は除く）の札所寺院ごとの遍路宿をまとめたものである。これをみるとほとんどの寺院が1km以内に遍路宿をもっていることがわかる。さらに12,20,21番は山岳霊場であり、その麓にある宿は事実上門前宿といえるだろう。そうすると、独自の門前宿をもたないのは、4,9,14,15,22番の5カ寺となる。

　このうち4,9,14,15番は、十里十カ寺といわれる1～10番と、徳島市内の13～17番の札所密集地帯にある。いずれも近隣札所の門前宿が徒歩30分以内で利用できるため遍路行への影響は少ない。しかし22番平等寺の場合は事情が異なる。次の札所まで20km以上離れている上に、21番麓の宿からも大根の坂という峠道を含む約8kmの道のりがあり、簡単に近隣の門前宿が利用できるわけではない。おまけに、この沿線には他に宿泊施設がなく、もし平等寺付近で行き暮れた場合、泊まる場所がないということになりかねない。こうした事情が実際の遍路行にどのような影響を与えているのであろうか。

(2) 体験記にみる阿波南方の行程

　表2-2は20番付近から23番まで（すなわち勝浦町生名から阿南市西部を経て日和佐に至る地域）をどこに宿泊しながら通過したかを、体験記等から抜粋したものである。比較的近年である上段の20件をみてみると、第1日目は19番門前か20番付近に宿泊し、2日目に21番太龍寺麓、そして3日目に日和佐という大枠のフォーマットがあることがわかる。ほとんどの遍路が23番薬王寺のある日和佐で投宿しているが、これには次のような理由が考えられる。まず、薬王寺は阿波「発心の道場」最後の札所であり、宗教的意味づけにおいてひとつの区切

表 2-1 徳島県下の札所寺院とその門前宿

No.	所在地	名称	門前宿
1	鳴門市大麻町	霊山寺	5
2	鳴門市大麻町	極楽寺	1
3	板野郡板野町	金泉寺	2
4	板野郡板野町	大日寺	0
5	板野郡板野町	地蔵寺	1
6	板野郡上板町	安楽寺	1
7	板野郡土成町	十楽寺	1
8	板野郡土成町	熊谷寺	1
9	板野郡土成町	法輪寺	0
10	阿波郡市場町	切幡寺	1
11	麻植郡鴨島町	藤井寺	1
12	名西郡神山町	焼山寺	1(1)
13	徳島市一宮町	大日寺	3
14	徳島市国府町	常楽寺	0
15	徳島市国府町	国分寺	0
16	徳島市国府町	観音寺	1
17	徳島市国府町	井戸寺	1
18	小松島市田野町	恩山寺	1
19	小松島市立江町	立江寺	2
20	勝浦郡勝浦町	鶴林寺	2
21	阿南市加茂町	太龍寺	3
22	阿南市新野町	平等寺	0
23	海部郡日和佐町	薬王寺	13

( ) 内は休業中を示す（宮崎建，1997：『同行二人』の巻末リストより作成）．

りとなる。また 19 番以降，人家の少ない山間部に入る遍路道を通ってきた遍路たちにとって，日和佐はやっと到達した賑わいの感じられる「街」である。コンビニエンス・ストアをはじめ，商店も多く，食料品や携行品，旅費等の補充には好都合である。なにより表 2-1 でみたように日和佐には宿が多くあふれる心配がない。宿の少ない阿波南方で寝場所の確保に苦労してきた遍路達にはなにより心強い事である。また休息スポットとして多くの遍路が魅力を感じている千羽温泉の存在も大きい。阿波一国の区切り打ちでその日の内に帰路についた I,J,P,S を除くと，日和佐を通過したのは C,K,N の 3 名であるが，このうち K は，当初日和佐での宿泊を予定していたが，諸々の理由で温泉にだけ浸かって次を目指した。また N は自転車である。こうしてみると，意味的にも機能的にも日和佐は殆どの遍路にとって一つの区切りの地点であり，宿泊地として選択されやすい町であるといえよう。

歩き遍路の 1 日の歩行距離は 25～30km 程度が理想とされている。日和佐に宿をとるのであれば，その前日は 28km 離れた太龍寺麓の 2 軒の民宿が適当であろう。表 2-2 からも，ほとんどの遍路が 23 番を打つ前日は 21 番麓で宿をとっていることがわかる。22 番近辺で宿泊したのは，宿の有無に左右されない「野宿」を行った H,K と，善根宿に泊った A のわずか 3 例に過ぎない。太龍寺麓の前泊地が，勝浦町（20 番鶴林寺），小松島市（19 番立江寺，18 番恩山寺）と二分されているのとは対照的である。このように，21 から 23 番の沿線に宿がないことによって，この区間の行程が規定されているのである。

第2節　遍路宿の民俗史・誌－マス・ツーリズムの拡大から歩き遍路の復活まで－　109

しかし，遍路の巡り方はさまざまである。完全に徒歩のみなのかあるいは一部交通機関を使用するかという方法のちがいや，体調，歩く速度，天候などの諸要因が重なってとくに歩き遍路の行程は乱れやすい。ここで，太龍寺麓から日和佐までを丸1日かけて歩き通すというフォーマットからはずれた遍路者たちの苦労がクローズアップされる。M,Rは夕方近くに平等寺に到着し，門前宿がないことを知らされた2人である。Mはマメが悪化し一歩ごとに激痛が走る状態であったにもかかわらず，納経所で紹介された宿まで足の傷みに耐えながら2時間かけて歩いた。またRの場合は22番で宿泊を頼んだが断られた。「とにかく日和佐町まで行かないこ

表2-2　体験記にみる20番～23番の行程表

	遍路年	方法	～19	20	21	22	23
A	2001	徒歩		●	→	→	●	→	●
B	2000	徒歩		●	→	●	→	●
C	1999	徒歩	19	→	→	→	●	→
D	1999	徒歩		●	→	→	→	?
E	1998	不明		●	→	→	→	●
F	1998	徒歩		●	→	→	→	●
G	1998以前	タクシー	19					●
H	1997	徒歩	19					●
I	1996	徒歩		●	→	→	→	止
J	1995	徒歩		●	→	→	→	止
K	1995	徒歩	18					●
L	1995	徒歩	17					●
M	1995	徒歩		●	→	→	●	→
N	1994	自転車		●				
O	1993	鉄道	?					
P	1993	徒歩	18					止
Q	1993	徒歩	19					→
R	1990	徒歩		●	→	→	※	←
S	1990	徒歩	19					止
T	1988	徒歩	徳島	→	→	→	→	●
	遍路年	方法	～19	20	21	22	23
あ	1974		18	→	→	→	→	→
い	1971	車接待		●	→	→	→	●
う	1958	鉄道				●		●
え	1955	徒歩	19	●	→	→	→	●
お	1943以前	買切車	19					●
か	1941	鉄道						●
き	1918	徒歩		●	●	←	→	←
く	1906	徒歩		●				

●宿泊地，→：順打ちで通過，←：逆打ちで通過，止：打ち止め．遍路年の斜字体は推定年．方法は22番から23番の区間の打ち方．また※については本文を参照のこと．なお，出典は本節末にまとめた．

とには，どこにも宿はありません」と説き伏せられ，鉄道で日和佐に行って宿泊し，翌日「完歩へのこだわり」[53]から日和佐から平等寺まで徒歩で逆打ちした（表2-2の※）。またCは21番付近の宿が満室で予約がとれず，45kmを一気に歩き通すという「強行軍」を行って大回りのサブ・ルートである由岐町に泊まっている[56]。もし平等寺門前に宿があれば，彼らはスムーズにそこに泊まったであろう。

(3) 宿の消えた町「新野」

かつては平等寺にも門前宿があった。表2-2下段はその頃のものである。多くが日和佐に泊まるのは同じであるが，それ以上にほとんどの遍路者が平等寺のある新野に宿泊しているという，現在とはまったく逆の傾向が注目される。確かに鶴林寺（金子や）～薬王寺間を1泊2日で通過する場合，平等寺を区切りとするとほぼ半分ずつになり，太龍寺麓の坂口屋や龍山荘を区切りとした場合の1：2に比べて都合がよい。また，太龍寺付近とちがって新野は鉄道の駅や高等学校がある。中心部である馬場地区は古くから商店街を形成しており，それなりにまとまった町である。遍路以外にもビジネス客などの需要も見込めそうなものであるが，こうした町に1件の宿屋もないのはいささか奇異に感じられる。四国遍路という一定の需要を基盤としながら，なぜ新野から宿が消えてしまったのであろうか。

2-4. 調査地概要

太龍寺と平等寺はともに徳島県阿南市に所在している。阿南市は四国の東端に位置しており，北側は那賀川町，羽ノ浦町などベッドタウン化が進む住宅地域，南側は農林・水産業の比率が高い海部郡に隣接する。また西側には高知県境までつながる那賀川流域の山間部，那賀奥（丹生谷）地方を控え，東側は紀伊水道を挟んで和歌山を望む。

約5万7000人（2002年〈平成14〉現在）の人口が集中するのは

図2-15　調査地の風景
（上）太龍寺山麓付近，（下）平等寺への遍路道沿線に広がる竹林．

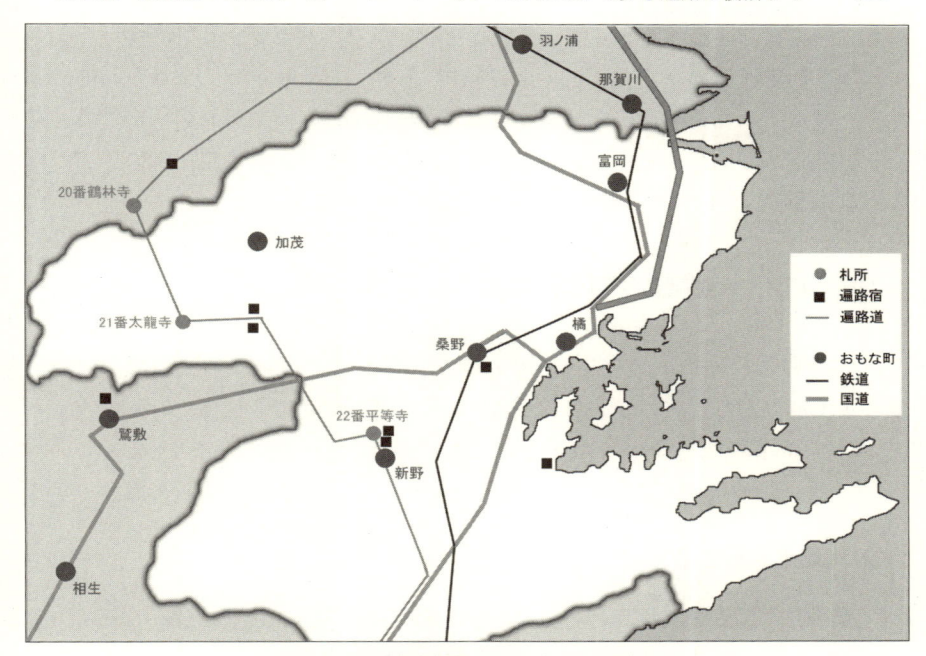

第 2 節　遍路宿の民俗史・誌―マス・ツーリズムの拡大から歩き遍路の復活まで―　111

図 2-16　阿南市概要（2002 年 8 月現在）

　阿波南方の中心都市富岡や天然の良港として古くから有名だった港町橘を中心とする海岸部である。遍路道は海岸部を迂回するように西側の山間部を通過している。太龍寺のある加茂谷一帯は石灰岩の産地で，山麓にはいくつかの石灰工場がある。平等寺のある新野は筍の栽培・加工が盛んであり，20 番鶴林寺のある勝浦町から阿南市にかけてはみかん畑が広く分布している。したがって，この区間を歩き遍路たちは，お鶴（鶴林寺）・太龍という南方の遍路路の二大難所を，前半はみかん畑を目にしながら，後半は太龍寺杉と石灰の匂いを嗅ぎつつ乗り越え，そして阿瀬比からは細くなだらかな山道を風にそよぐ竹林の音を聞きながら平等寺に至るというランドスケープを通過する。

　阿南市域の宿泊施設も，人口同様に海岸部に集中している。富岡方面はビジネスホテル，橘湾岸は船宿・釣宿が多い。いわゆる遍路宿はごく最近まで，太龍寺東山麓の登山口にある，「坂口屋」「龍山荘」の 2 軒のみであった。本調査ではこれに加え，両札所のほか，西山麓の「わしの里」（那賀郡鷲敷町）と平等寺の準

門前宿的存在である「清水旅館」（阿南市桑野町）「みゆき荘」（同福井町），かつて平等寺門前で遍路宿を営んでいた「岡川」，そして最近新しく平等寺門前で遍路宿を開業した「山茶花」を対象とし，同地域の遍路宿の変遷を追いかける。なお調査実施時期は，太龍寺，平等寺，坂口屋，龍山荘，わしの里，清水旅館，みゆき荘が2002年1月，岡川が7月，山茶花が8月である。

2-5．事例1：太龍寺周辺の遍路宿

21番太龍寺の近辺には現在3軒の宿泊施設がある。1990年代までは，阿南市側の東山麓にある2軒のみであったが，近年，鷲敷町側の西山麓にロープウェイとホテルが開業し，状況が一変した。また，かつては太龍寺も宿坊を営んでいた。以下は，太龍寺周辺の遍路宿の現状と変遷についての聞き取り調査の概要である。

（1）太龍寺（副住職S氏）

札所寺院の宿泊施設は，大別して有料の宿坊と無料の通夜堂に分けられる。太龍寺でもかつては宿坊と通夜堂を所有していた。宿坊は現在の納経所がある建物で営業していた。昭和40年代前半頃は，遍路者達が食べる米を持参していたことを，副住職S氏（1963年生まれ）は記憶している。宿坊をやめた理由は，水と労働力の確保が難しくなったからである。宿坊経営には風呂・炊事などに大量の水が必要であるが，太龍寺は山岳霊場のために水には苦労してきた。さらに，宿坊経営を手伝ってくれるスタッフが高齢化など諸事情のために十分に集まらなくなったという事情も重なった。廃止の時期は明瞭ではないが，ガイドブックを通読すると，1975年（昭和50）頃と推定される。

通夜堂は内部にいろりがあり，多くの遍路者が泊まっていた。しかし，昭和30年代に台風で倒壊し，以後は再建されていない。また現在では夕刻に全山を閉鎖するため，境内にとどまることはできない。そのため野宿する遍路者は，鷲敷町側の道の駅周辺や東山麓の「坂口屋」近くにあるプレハブ小屋が使われるようである[57]。

第2節　遍路宿の民俗史・誌―マス・ツーリズムの拡大から歩き遍路の復活まで―　113

(2) 民宿「坂口屋」（女将S氏）

①歴史と現況

「坂口屋」の創業は古く大正年代にさかのぼる。もともとは太龍寺へ反物などの行商を行っていたという。現在の女将(1953年生まれ)は3代目であり，1979年(昭和54)に26歳で後を継いだ。25年程前は林業（太龍寺杉の伐採）関係者も泊めていたが，彼らは長期滞在のため，食事のメニューを毎日変えなくてはいけないので，次第に断るようになった。現在では利用者のほとんどが遍路者という，いわゆる「遍路宿」の代表的存在といえる。

そのため，坂口屋の繁盛・閑散期は遍路者の動向そのものである。忙しいのは春遍路の時期である3月から5月であり，1年の65％ぐらいをここで稼ぐ。この時期はしばしば満室となり予約が難しい。なかでも3月25日から4月10日頃が最盛期である。また，近年の春遍路は拡散化・長期化傾向にあり，6月頃にもツアーが組まれていてちょくちょく予約があるという。これに次ぐのが9月から11月の秋遍路であり，年間利用の30％強ぐらいを占める[58]。旅行・宿泊業界の一般的な繁盛期である夏休みには，遍路客が少ないかわりに，地元の高校生の合宿が数件ある。したがって12月から2月20日頃までが「ほんまのオフ」となり，この時期には予約が1件もなく休業状態の時も多い。また，先年反対側の山麓に開通した太龍寺ロープウェイの影響は，今のところあまりないという。

基本的に夫婦二人での経営であり，おもに女将が経営面，主人が調理を受け持っている。他にパートの従業員もおり，多いときで1日のべ13人ぐらいで運営している。パート登録者は18～19人おり，地元の農家のサイドビジネスになっているが，近年その高齢化が問題となっている。太龍寺副住職曰く「（美味しいと）遍路者たちの間では評判」の料理に関しては，「特別なことはしていない」が，例えば「みそ汁は席に着いてから入れる」など「熱いものは熱く，冷たい新鮮なものは冷たく」という配慮はしているという。

②遍路客の印象

遍路客の中で最近目につくのが，日帰り遍路，夫婦連れ，それに「リストラっぽい人」である。歩きの人が増えているのはやはりNHK（『四国八十八ヵ所

1998年4月～2001年3月放映）の影響があると感じている。「コジキヘンロ」[59]は10年ぐらい前にいなくなったが，歩き遍路の中には十分に金をもってない人もいる。その場合，例えば2,000円しかもってないなら，その金額で泊める。このような場合，不公平なので同日に泊まった他の歩き遍路も2,000円にする。

以前は参拝講の団体客が多かったのだが，講員が高齢化し，遍路行をやめたり他界したりで，講自体が細分化・縮小化傾向にある。こうした事情や旅行会社からの（ゆとりをもった部屋割りにという）要望もあって，収容人数は最大140～150人だが，現実には120～130人くらいとなっている。

③問題点・懸案事項

「歩き遍路の当日キャンセル（とくに無断のもの）が問題」という話は遍路宿でよく聞くものである。しかし，女将にいわせると「そんなんは当たり前（普通にまかり通っている）です！」ということらしい。とにかく歩きの人には問題がある人が多い。坂口屋は大規模な民宿であり，かつ設計のミスで小さい風呂がつくれなかったため，閑散期の飛び入り客は断ることがある。だがその場合，10人中5人は怒り出すそうである。主人のアドヴァイスもあり，はっきり事情を説明するが，それでも高齢者が多いためか「足が弱いから予定がたたない（したがって飛び入りあるいはドタキャンになるのも当たり前）」と開き直られる。

さらに営業上，最も困るのは団体ツアーのキャンセルである。ツアーは予約が早く（最盛期である春の予約は前年の6月頃から）しかも規模が大きい。ところがいざ蓋を開けてみたら参加人数が少なく，旅行会社のほうで日程を縮小したり，あるいはキャンセルとしたりすることがあり，これが一番困るという。原則として予約は先着順のため，昔からのなじみのお客でもツアーの予約が入っていて満室だから，断って他の宿に振り分けを頼むこともあるのに，そのような理由で結果的に坂口屋に空室ができてしまう。遍路宿は宿同士の「横のスクラム」がまったくなく，旅行会社に対しての立場が弱いため，宿側が割を食ってしまうのである。

これに関して，女将は「"遍路宿のネットワーク"的な組織があればいいのに」と常々考えている。旅行会社に対する立場の強化にもなるし，そこで料金なども話し合える。かつて，先々代の頃は，遍路者の口伝えで伊予の長珍屋[60]とつき合いがあり，こちらが「風呂を新しくした」といえば，わざわざ伊予から見に来

てくれたりもした。そんなことも発想の背景にあるようである。主人も「全体でなくても隣近所でも融通しあえばいいのに」というが，現実には（ライバル意識や流儀のちがいがあり）難しい。霊場会が絡むと別の意味でまた難しくなるので，なんとか宿同士でやりたいが，音頭を取る人がいないため当分実現しそうにはない。

④将来・展望

 とくにないが，強いていえば設備の更新の問題がある。坂口屋は建物が古く修繕費がかさんでいる。10年後ぐらいに大規模な立て替えの時期がくるだろうが，その時に拡大あるいは縮小などなんらかの決断をしなくてはならないだろう。後継者はいるが，喜んでやりたいなら話は別だが，不安定な仕事を積極的に継いでほしいとは思っていない。「遍路宿は，商売としてのうまみに乏しい。かといって潰れるほどでもないという境界線上で生き残っている商売だから，大手（資本）が入ることもなく，うまく生き残っているのではないか」。女将は遍路宿としての坂口屋の現状をこのように分析するのである。

(3) 民宿「龍山荘」（主人 M 氏）

①歴史と現況

 主人 M 氏は，太龍寺山北山麓のみかん農家の生まれである。「昔はみかんでようけ儲けよったけん，わしも儲けたろ思てここへ来たんよ」ということで，1964年（昭和39）に現在地へ移り，みかんの栽培（みかん1町6反・米5反）を始めた。ところがこの地では，日照時間が不足してみかんが酸っぱい。集荷場へもっていっても，そこの家のものというだけで，2等級の値しかつかなかった。その後しばらくして，太龍寺の駐車場（東山麓側にある。ロープウェイ架設までは，ここがメインの駐車場であった）で，みかんとジュースを売る店を出すようになった。みかんは市場へ出す以外に道ばた（遍路道）でも売っていたのだが，「それなら駐車場で売ればいい」と仲良くなった太龍寺の先代に勧められたのである。

 遍路者相手の商売を始めて半年ほどたった頃，今度は「民宿でもしてみよか」という気になった。太龍寺に挨拶に行くと先代は「客が来ても知らんぞ，それでもええならできることはなんでも手助けしてやる」といってくれたので，屋号「龍山荘」をもらった。さらにお金も貸してくれるというが，そこまではと固辞し，

資金は農協から借りて，ふとん 5 組で開業した。開業時はちょうど弘法大師生誕 1200 周年（1973 年〈昭和 48〉）の頃で遍路の出も多く，時期はよかった。初期の頃はふとんが間に合わず，慌てて富岡のふとん屋に電話して，「シーツからまくらから（一式）揃えといてよ」と注文し，お客を洋間に通しておいて，その隙にふとんを運び込んだ。だが，この件はすぐにお客にばれてしまい「ふとん，今日買うただろう」といい当てられてしまった。商売が軌道に乗ったという手ごたえを語るエピソードである。

その後は何度か改築・拡張を繰り返し，現在は 12 部屋 30 人程度[61]の規模を，おもに夫婦二人で経営している。主人は米作（土地を売ったので 1 反減って 4 反）も継続しており，他に学校給食の配送サーヴィスも兼業している。調理は奥さんが担当し，忙しい時には主人の出身地の農家から女手を 2,3 人手伝いに呼ぶ。

部屋が満室になるのは 5 月の連休と 3 月。とくに予約がなくても，ここはいっぱいになるとわかっている。秋は去年（2001 年）の実績では，11 月が比較的忙しい時期であった。一方で冬はやはり少ない。今日（2002 年 1 月 29 日）は 3 人，明日は予約がゼロである。風呂代や電気代がかさむので，冬は赤字経営である。儲けを考えたら閉めるのが一番いいのだが，やっぱりそうはいかない。「折角来てくれて，しかもこっから先には宿もないし。野宿たって寒いし……」そういうことを考えると冬でも明けておく。

宿泊客はほとんど遍路客である。個人客が主で自家用車と歩きが多い。旅行会社と契約などはしておらず，団体バスはたまにある程度である。最近の動向としては，不況のせいか「タクシーが本当に減った」という感想をもっている。遍路客以外にも，林業，鉱業（石灰），各種工事関係者などから宿泊の問い合わせはあるのだが，毎回ちがった食事をつくるのは大変なので，坂口屋と同様，基本的に断っている。

②遍路宿として気をつけていること

食事に関してはとくに遍路宿として気をつけている。以前，お客がきだして 1 週間ぐらいした頃，"肉"を出したことに対してお客からクレームがついた。「遍路宿なのに肉など出していると，誰も泊まらなくなる」といわれ，以来，肉（四つ足）は決して出さない。タクシーや団体バスの運転手からは再々リクエストが

くるのだが，絶対に出さない。「こんな山奥やし，肉なら冷凍しといたら1カ月でももつけん，しよい［やりやすい］んやけど」といいつつ，日持ちのしない魚を供している[62]。

③問題点・懸案事項

部屋割りには苦労している。龍山荘は民宿の経験がないまま試行錯誤でやってきたところがあり，部屋の規模も「だいたい」で決めてしまったため，実際の需要とかなりのズレが生じている。最も大きな部屋はおよそ30畳あるが，団体用と考えていたこの部屋を，最近は一人の歩き遍路に相部屋で使ってもらっている。当初，相部屋は「気の毒」なのでやっていなかったが，4,5年くらい前に，お客さんのほうから「相部屋で結構ですので泊めてください」といわれるようになり，そこで相部屋という方法があるということを知ったのである。その他の部屋の多くは6,7人向けであるが，これも（6,7人というグループがきわめて少ないという）実態からするとアテがはずれてしまった。それでも一人なら相部屋にしてくれるが，2,3人の小グループとなるとそうはいかない（そして実際には夫婦連れなど，このぐらいの規模が多い）ので，結果的にこれが一番効率の悪いものになっている。

④将来・展望

息子が徳島市内のビジネスホテルで中華料理のコックをやっている。後を継ぐのに便利ということで調理師専門学校を出て，阿南市内のホテルや病院の調理担当を経て，同ホテルの徳島開業にあたり，そちらに移籍した。だが，ロープウェイの発着場が鷲敷側になってしまった今となっては，積極的に後継を勧められない。また，息子も後を継ぐ気配はないみたいで，当面は現夫妻の手による運営となりそうである。

（4）観光ホテル「わしの里」（代表者M氏）

①歴史と現況

観光ホテル「わしの里」は太龍寺ロープウェイ架設に伴い，1992年，西山麓の鷲敷町に開業した。M氏（太龍寺副住職とは同級生という）はホテルが立地する那賀川中流域の中州の地権者であり，同所にあった旧宅を潰して客室数16,

収容人数約80名のホテルを建設した。隣接する道の駅とその関連施設は第三セクターであるが、当ホテルはM氏の個人事業となっている。遍路者をおもに対象としているが、宿泊のほかに（団体バス客向けを主とする）飲食業、さらに地元客相手の宴会などをトータルに含めて経営や採算を考えているなど、単なる「遍路宿」とは言い切れない側面をもっている。

従業員は調理担当が通常2,3名で繁盛期にはパートで人員を増やす。パート従業員はとくに決まってはおらず、知り合いに電話して集める。不景気で地元の縫製工場なども潰れて労働力が余っているので人集めに苦労はない。

図2-17 太龍寺山麓の遍路宿
（上）龍山荘、（下）わしの里．2002年、著者撮影．

宿泊客は遍路客が8～9割を占める。広島の業者と契約しており、そこからまとまった需要がある。ほかにも徒歩巡礼向けの遍路道とは逆側ではあるが、ロープウェイで降りてくる歩き遍路が時々いる。また、彼らの中には正式にホテルに泊まるのではなく、道の駅の建物で野宿する遍路者もみられる。遍路客のほかには工事関係（おもに送電線工事）がある。また鷲敷町内を流れる那賀川中流は「鷲敷ライン」と呼ばれる景勝地で、夏期はカヌーや鮎釣りの宿泊客もある（ただし鮎釣りのほうは減ってきていて、現在ではあまりない）。

繁盛期は3月から5月である。かつては2月末から6月頭だったのが、3,4年前からは3月3日頃から5月末頃へと短縮傾向にある[63]。これに関してM氏は「低金利で郵貯やJAなどの積み立て旅行ができなくなった」ことが原因にあると考えている。また、仮に予約は満室になっても、「6,000円だったのを5,000円にし

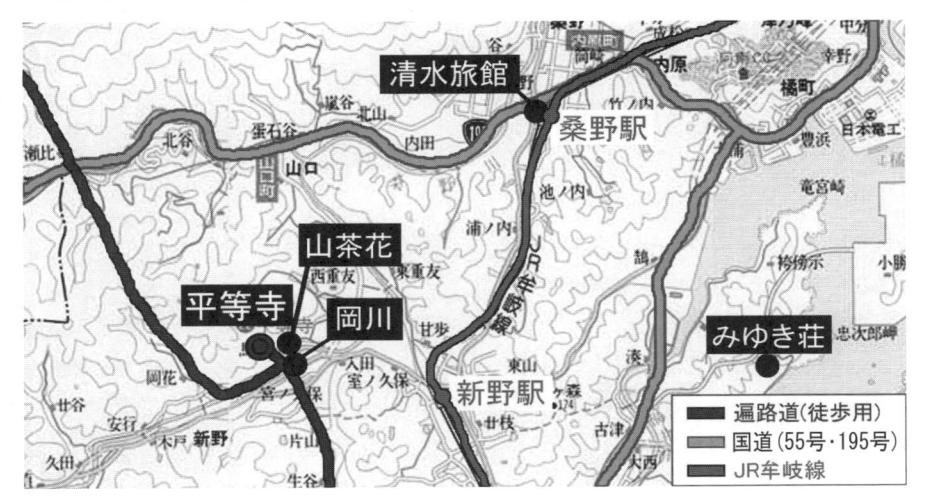

第 2 節　遍路宿の民俗史・誌―マス・ツーリズムの拡大から歩き遍路の復活まで―　119

図 2-18　平等寺周辺の宿（昭文社『徳島県都市地図』1999 をベースに著者作成）

てくれ」という要請がくるなど，客単価も減少傾向にある．さらに今（1 月）なら収容人数 80 名中，5 〜 10 名ぐらいしか埋まらないなど，オフシーズンの落ち込みも大きくなっている．加えて京阪神の旅行者が最近開発した，1 日 5,000 円と格安な日帰りバスツアーが多くなり，代わりにタクシーや車の遍路客が少なくなった．これらのことから，数年前に比べて経営をとりまく環境は，やはり明るいものではないということである．

2-6．事例 2：平等寺周辺の遍路宿

　平等寺近辺から宿泊施設が消えたのは昭和 50 年代と推定される．昭和 40 年代のガイドブックには，付近の宿泊所として平等寺宿坊と「岡川」「白水」の 2 軒の遍路宿が紹介されている［平端 1969］．その後はおよそ 20 年にわたり平等寺門前には宿がなかったが，その間，新野の北隣である桑野町の「清水旅館」と「えもと」，南隣である福井町の「みゆき荘」などが送迎サーヴィスを行い，門前宿の代替機能を果たしてきた．また，この宿無し状態に終止符を打ったのが，2002 年夏に新しく遍路宿を開業した「山茶花」である．以下はこれらのうち，平等寺，

岡川, 清水旅館, みゆき荘, 山茶花に対して行った聞き取り調査の概要である。

(1) 平等寺 (住職T氏)

　平等寺の宿坊は, 1962年頃から1977年頃まで営業していた[64]。それ以前も信者さんや歩きの遍路を泊めることはあったが, 正式に宿坊という形をとっていたのはこの期間である。収容人数は50人ぐらいで, 本坊の広間を宿泊所とし, 夜にはお勤めもしていた。中には, 掃除の手伝いをするなど「寺男」みたいな形で何年も住みついていた人もいた。宿坊を止めたのはスタッフが確保できなくなったからである。宿坊の担当者であった現住職の母が高齢のためにできなくなり, 近所でも手伝いを頼める人がいなくなった。ちょうどそのころ, 巡礼ツアーの大型化が進んでおり対応を迫られていたが, 反面, 他の札所で整備された宿坊が増えてきたので,（平等寺が止めても）差し支えないと考えたことも一因である。

　通夜堂は, 以前から近所の人に住宅として貸しており, 遍路者の泊まる場所としては使ってなかった。その通夜堂は1990年に立て直し, 現在は納経所となっている。また境内での野宿に関しては, 申し出があれば（火の元には気をつけたうえで）自由としている。

　平等寺が宿坊をやっていた頃, 門前には白水と岡川という2軒の遍路宿があった。白水は平等橋の向こう側で風呂屋を兼業し, 高校に通う高校生の下宿もやっていた。宿坊が満室の時に宿泊客を振り分けるなど, 互いに協力していた。現在では宿泊の問い合わせがあった場合には, 清水旅館やみゆき荘を紹介する。駐車場には「一番近い宿」の謳い文句でみゆき荘の看板が出ているが, これは5, 6年前にみゆき荘のほうから「こういうん（遍路向けの送迎サーヴィス）始めたけんよろしく」と挨拶があったものである。

(2) 元遍路宿「岡川」(O夫妻)

①往時の話

　「岡川」は平等寺門前で最後まで営業していた宿である。第二次世界大戦後, 徳島にいたO家は空襲にあって新野に戻ってきた。その時に竹細工業と遍路宿の営業を始める。男手が竹細工, 女手が遍路宿（後に食堂も）と分業体制を敷いていた[65]が, 竹細工のかすで風呂を焚くのは男も手伝う。遍路宿は1975年ぐらい

第2節　遍路宿の民俗史・誌―マス・ツーリズムの拡大から歩き遍路の復活まで―　121

まで営業していた。宿泊人数は25人から30人程度で、宿代は最終的には3,500円だった。

昔は平等寺の門前通りも賑やかで、周辺には多くの宿があった。白水、山西、仁木、河野……。しかし、奥さんが嫁入りした1957年には3軒になっていた。ひとつ前の太龍寺が難所であるため、足を痛めた遍路がたくさんやってきた。実家から仕送りをもらって半年も滞在する人もあり、そんな遍路客が多くいたときは「まるで病院みたい」だった。彼らとは食事も一緒にとるなど、わが家族のような感じだった。宿泊客はやはり遍路客が多かった。昔は歩く人ばかりだったが、廃業直前になってマイクロバスやタクシーもくるようになった。ほかに電話局の人や農地改革の人も長期滞在していた。（遍路客を含めて）ほとんどは馴染みの客である。また、高校生の下宿は（要望はあったが）断っていた。

②廃業の理由とその後の話

先代が亡くなり（宿経営者の）名義を書き換えるために保健所にいったところ、天井の高さが（基準値より）2cm足りないことが判明した。「ホンの2cm、畳を外したらいけるんやけど、畳をはずすわけにもいかんでぇな」ということで、改造の必要があったが、自分一代ならそれ

図2-19　元・遍路宿「岡川」
(1) 遍路宿跡, (2) 元・食堂, (3) 竹細工の作業場, (4) 仕事中の元「岡川」主人.

も（投資対効果的に）ばからしい。長男に後継の意志を聞いたところ，「（遍路宿は）嫁がこんけん，やらん」というので，やめてしまった。その後，彼は独立し，竹炭製造業を営んでいる。奥さんは「（遍路宿は苦労なく）食べていけるのに」と残念がる。代替わりを契機に30人分のふとん，寝間着，食器をすべて取り替えたところだった。その後，食堂もやめ[66]，現在は竹細工業に専念している。

閉業後の現在でも，時々歩き遍路をお接待として泊めている。偶然出会った人と話をしているうちに泊めてあげようかという気になり，「ほなうちにでも来るで」ということになる。（商売ではないので）もちろん無料である。また，かつての常連さんの中に，現在でもときどき尋ねてきてくれる人がいる。宿をやっていてよかったと思うのは，そういう「人間関係の深まり」である。

(3) 清水旅館（女将 T.S. 氏）

①歴史と現況

桑野駅前にある清水旅館は，戦後すぐの50年程前に現女将の母が創業した。現在は2代目になる T.S. 氏夫婦が中心に，忙しいときには手伝いのおばさんを2名ほど加えたスタッフで営業している。ここしばらく電源開発の工事客[67]が主だった。宿泊客全体に占める遍路客の割合は4分の1ほど，数的には2002年1月の実績で10人程度であり，そのほとんどが歩き遍路である。

②送迎サーヴィス

10年ほど前から（多くは平等寺まで）迎えにいくというサーヴィスを始める。初代はこの送迎に関して「オダイッサン（お大師さん）をお迎えするという気持ちで」とよく語っていた。T.S. 氏は「母はとくに信仰心の強いほうではないが，4人娘を抱えて苦労した人だから，お遍路さんへの同情があったのではないか」という。送迎を始める以前から，たびたび泊まる遍路客もあった。看板などは出していないが，ありがたいことに鶴林寺や平等寺などで清水旅館を口コミで紹介してくれている。ここを定宿としている遍路客もおり，25回の遍路中19回を清水旅館に宿泊した東京の遍路もいる。また，清水旅館はJR駅前なので，ここでリタイアし，鉄道で帰ってしまう人もいる。こういう人は前半飛ばしすぎた人に多いという。

③遍路客との語り

　T.S.氏は自らを「話好き」と語る。お遍路さんを泊めるといろいろと話を聞く。彼らは悩みを抱えている人が多いように見受けられる。また、泊まった遍路客からもらう手紙もまた嬉しい。（こうしたやりとりがあるので）自分のところは（遍路宿ではなく）普通の旅館だが、「遍路客を泊めると楽しい」とのことである。全体的に遍路客は行儀がよいし、夜は早く眠るし、よいお客である。

④将　　来

　3代目はいるが、不安定な商売なので、勧める気持ちにはなれない。また、子が親の後を継ぐという時代でもないので、（宿泊業に関しては自分の代で）そろそろ終わりかなと考えている。

(4) 民宿「みゆき荘」(主人M氏)

①歴史と現況

　昭和30年代、東京オリンピック頃にみゆき荘は営業を開始した。池田勇人の所得倍増論や、橘湾周辺が室戸阿南国定公園に指定される（1964年）など、新生阿南市（1958年5月に市制施行）では観光面に起業の機運が持ち上がっていた。当時、主人M氏は橘町にある農協の販売促進事務所に勤務していた。しかし同事務所が廃止され、職場が徳島に変わってしまうことで退職。国定公園の一角である裏弁天島を望む風光明媚なロ

図2-20　平等寺の準遍路宿的存在
（上）平等寺駐車場のみゆき荘の広告，（中）みゆき荘，（下）清水旅館。

ケーションである自宅付近の地主でもあり，その資産を利用して民宿を開くことを，地元の若者の寄り合いなどを通じて決意。市役所にいろいろ教えてもらいながら開業する。初期は母屋の広間を宿泊所として利用していたが，子どもが大きくなるにつれ，宴会芸などが教育上よくないと感じ，1969年に別棟を建てて民宿を独立させる。さらに1987年から1989年にかけて，団体バス客の休憩場所であったところに，土産物販売や大広間を要する新棟を立てる。この間1984年には阿波七福神巡りが開設され，自らも弁財天を祀る庵（金林寺）を再興し，事務局として参加している。

宿泊客には電源開発の長期滞在客が多かった。客層を多い準にあげると，(1)電源開発，(2)遍路と七福神巡り，(3)釣り客となる。5,6年前に平等寺門前駐車場に「平等寺から最も近い宿」を謳い文句に看板を出し，その頃から送迎サーヴィスを開始した。遍路客のうち，歩きと車の割合は半々で，団体客はあまりこない。「うちはちょっと（遍路道や国道55号線から）ひっこんどるけん」「（他の遍路宿で）あぶれたときに使ってくれる」という認識をもっている。

②多角化経営

みゆき荘では，社寺整備（金林寺・天神社など），霊場開発（阿波七福神），カラオケ，宴会場，土産物店など，多角化による利用客の掘り起こしを積極的に進めている。阿南室戸国定公園自体の低迷もあって開業時に考えていた「観光」が奮わず，公共交通も利用しにくい場所なので一般客も呼び込みにくいことが背景にあるのだろう。平等寺駐車場や国道55号線沿線への広告看板の設置や，遍路の送迎サーヴィスも「（民宿を）つくってしもうたけん，あとはお遍路さんでもなんでも客をよんでこな」という営業努力の一環である。

(5)「山茶花」（女将）

①開業にあたって

平等寺のすぐ門前で食堂を営んでいた山茶花が「お四国さんの宿」の看板を掲げたのは，2002年夏のことである。これは実に20年ぶりの平等寺門前宿の復活であった。開業の理由を，山茶花をひとりで切り盛りしている女将は次のように語る。

第2節　遍路宿の民俗史・誌―マス・ツーリズムの拡大から歩き遍路の復活まで―　　125

図2-21　新規開業した「山茶花」

　電話がね，時々かかってくるんですよ。『泊めてください』というて。『（宿泊は）しよらんのですよ』いうて断んりょったんやけどね。どしても泊まりたいという人がおってね。ほの人を泊めてあげたんですよ。ほんならね，（その遍路者が）『（遍路宿を）是非ともしてください』ということで，ほんで保健所の許可とか取って始めたんです。

　それまでも春遍路の時期に，ときどき宿泊のリクエストがあり，無料で泊めることもあった。屋内で泊める場合には店の座敷を使い，また「店の前でテント張ってよいか」というリクエストにも応じていた。また，単なる宿泊場所の問い合わせには「清水旅館」や「えもと」を紹介していた。しかし，次第に「ほのまま（非公式な状態）では，やっぱりいかんな」と思うようになり，開業を思い立った。宿泊施設については，宴会用の40畳の大部屋を2つに区切るなど，ある程度既存の設備を転用した。また，風呂も大きめに設計していたのが幸いし，そのまま使っている。もちろん，部屋を分けたことで冷房装置を追加したし，床の張り替え，畳の交換，洗濯機の設置[68]などいくつか改造も必要だった。ふとんの購入費用なども合わせると結構な投資である。保健所の許可が出たのが5月頃で，6月頃から開業した。現在はまだ遍路たちの間に浸透しておらず，実績については「ほんなに来いへん」「夏休みは10人ぐらい」という具合に少数にとどまっている。

②試行錯誤の現状と今後の見通し
　山茶花はまだ試行錯誤の段階にある。それが最も現れているのが料金設定である。現在は食事付きで一人6,000円。真夏など一晩中エアコンを入れるような時には別に300円が加算される。最初は一律5,800円としていたが，冷房や乾燥機が予想外に電気代を食うことが判明し，このように改めた。逆に「人数がどどーっ

ときてくれたら安うなるんよ」という具合に値引きもあり，かなり柔軟な料金体系となっている。

　まだ宿泊客が少ないこともあって，「今は投資ばっかりやけどね」というように全体的に採算は合っていない。ただ，遍路者からのリクエストもあったし，知り合いも賛成してくれているなど，需要はあるという思いがあるので，将来的な見通しは抱いている。

　収容人数は12,3人と考えているので，団体の受け入れは無理で今後も予定はない[69]。「ほんなにごっついしようと思ってないけんな」というように，大々的な運営は考えていないのである。あまり知られてないという事情を理解はしているが，とくに宣伝も行わず，遍路者の口コミで徐々に浸透していけばよいと思っている。もともと食堂という本業があるので，宿泊のほうはほぼ同時期に目の前にできた無料宿泊所や，これまで門前宿の変わりをしてきた「みゆき荘」，「清水旅館」，「えもと」などとも棲み分けつつ，徐々に成長していけばいいと考えているそうである。

2-7．道の覇権をめぐる争い

　以上の事例について，まず「道の覇権」という観点から分析してみたい。ここでいう「道の覇権」とは，グラムシの「ヘゲモニー（hegemony）」概念の国際関係論的応用を参考にしたもので，ここでは「ヒトやモノの流れを支配する道の力およびそれによって構築された流通構造」を指す概念として使用する。

　宿は「道」上に位置し，そこを通る旅行者を客としている。ある場所で宿泊産業が成立するか否かは，その宿が立脚する道が担うヒトやモノの流通量に大きく影響を受ける。こうした流通を支配するのが道の覇権であるが，この影響を受けるのはもちろん宿だけではなく，一般商店やその他の産業など，広く地域社会全体がかかわってくる問題となる。こうしたとき，しばしば，町や特定の業者の間で，覇権をめぐる争いが勃発する。以下では，遍路宿の変遷を道の覇権争いという図式を用いて考察する。

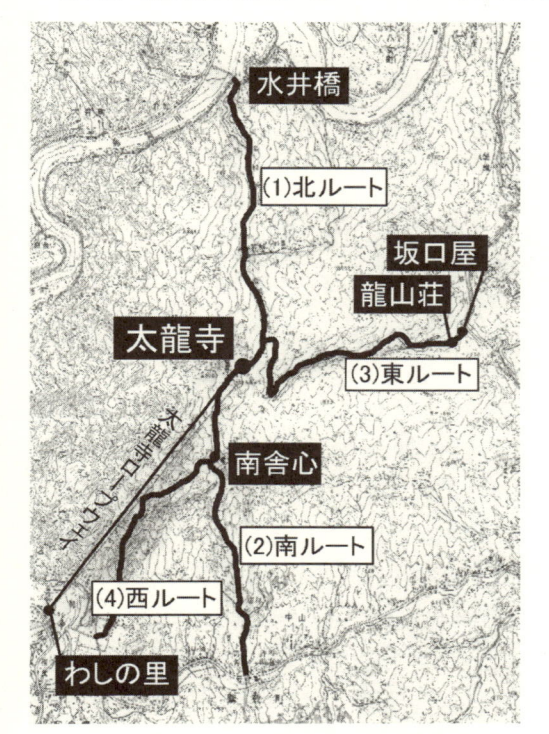

第 2 節　遍路宿の民俗史・誌―マス・ツーリズムの拡大から歩き遍路の復活まで―　127

図 2-22　太龍寺への登山ルートと周辺の遍路宿
国土地理院 2 万 5000 分の 1 地形図「馬場」に加筆.

(1) 太龍寺登山口をめぐって
――阿南 VS 鷲敷

　太龍寺の登山道には 4 つの異なるルートがある。(1) 鶴林寺から水井橋を経て太龍寺へ至る北ルート, (2) 南舎心とかつての奥の院龍の岩屋を通る南ルート, (3) 山門から東山麓の駐車場を経て坂口屋前に至る東ルート, (4) 鷲敷側から登り南舎心で (2) と合流する西ルートである。このうち遍路道としておもに使われるのは, 徒歩の順打ちの場合, 登山道が (1) であり, 下山道は龍の岩屋が石灰岩採掘のために閉鎖されて以降は (3) であった。また, 車遍路の場合は往復とも (3) を利用した[70]。すなわち, 東山麓側は太龍寺へのメイン・ゲートであり, 坂口屋や龍山荘はその門前宿という立地条件が経営基盤にあったのである。

　この状況を一変させたのが太龍寺ロープウェイの開通である。この事業は, 西山麓の鷲敷側から当時日本最大規模のロープウェイを建設, 麓の乗場に大規模な駐車場をもつ道の駅「わしの里」を中心とする門前街を整備するものであり, 1989 年 4 月に太龍寺, 鷲敷町, 民間業者の三者間で調印され, 3 年後の 1992 年に完成した。だが, 実は東山麓の阿南側にも同様の計画があった。新聞報道によると, 別の業者によるホテルの建設およびロープウェイ架設計画が 1987 年から進められていたのだが, こちらは関係者の足並みが揃わず, 鷲敷側の計画が実施されたことを受けて撤回されたという (『徳島新聞』1989 年 4 月 5 日)。このロー

プウェイによって人々の流れは大きく変わった。ロープウェイを運行する四国ケーブル発表の2001年の利用者実績はのべ28.5万人であり[71]，太龍寺副住職によると東西の比率は1：9と圧倒的に鷲敷側が多いという。すなわちロープウェイ架設という開発計画の誘致合戦は鷲敷側に軍配があがり，太龍寺へのメイン・ゲートの地位は阿南から鷲敷側に移ったのである。

これにより，鷲敷側のホテル「わしの里」が潤い，阿南側の坂口屋，龍山荘は大打撃を受けたと考えるのが自然であろう。ところが意外なことに，坂口屋では営業上，ロープウェイの影響はほとんどないという。この理由として2つのことが考えられる。ひとつは，21番門前宿をとりまく経営環境がかなり変則的な需給バランスのもとにあるということである。すでにみたように，遍路宿への需要は季節により大きく変動する。春・秋のオン・シーズンなら，この先23番札所まで遍路道沿線に宿がないこともあって，21番門前宿は需要超過でどこも満室になるし，逆にオフは実質閉鎖に近い状態になる。さらに移動メディアの特性を考慮に入れる必要がある。利用者数としては鷲敷側が圧倒的多数にはなったが，その多くは乗物利用の遍路者である。彼らにとっては西側でロープウェイを利用しつつ，東側に宿泊してもすることはさほど問題ではない[72]。逆に立地が宿選択の重要な要素となるのが歩き遍路であるが，彼らは大回りとなる西側を避け（あるいはロープウェイという乗物に乗ることを拒み）依然，東山麓の道を利用しているため，坂口屋や龍山荘が選択される。このような事情が，太龍寺登山口の覇権の行方が，遍路宿の営業にそれほど大きく反映していない要因といえるだろう[73]。

（2）街道拠点をめぐって――桑野 VS 新野

①宿の消えた新野

一方，道の覇権が宿の盛衰に大きく影響したと考えられるのが，事例2のケースである。平等寺がある阿南市新野町では，元遍路宿の「岡川」夫妻が語るように，かつて門前を中心に多くの宿が軒を連ねていた。ところがそれらは次第に廃業し，長らく町内に宿がない状況が続いていたことは，すでにに述べたとおりである。一方，宿のなくなった新野に対し，その代替機能を果たしたのが，隣町桑野町の「清水旅館」や「えもと」であった。なぜ新野からは宿が消え，桑野では存続し得たのであろうか。

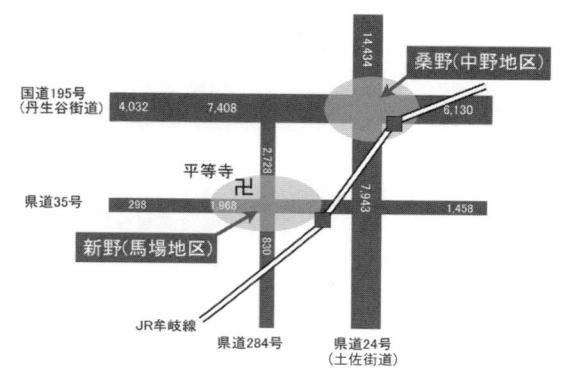

図 2-23 桑野・新野における道の東西・南北軸の概略図
道中の数値は平日 12 時間の交通量を示す（平成 9 年度道路交通センサスのデータより著者作成）．

②桑野と新野

阿南市域をきわめて大雑把に捉えると，富岡を中心とする北東商業・工業地区，橘湾周辺の南東漁業・工業地区，そして内陸部は那賀川流域の北西部と，桑野川流域の南西部という 2 つの農村地区の 4 地域に分類できる．桑野と新野はともに南西部に属し，人口規模，産業構成などが比較的よく似た町である．中心地（桑野が中野地区，新野が馬場地区）には商店街があり，周辺に住宅地や農業地，そして山林が広がっている．また平等寺がある新野に対して桑野には駅路寺梅国寺[74]があり，歴史的に外部に開かれた寺院を有している点も共通点といえよう．そして，立地的にも両町はちょうど徳島から海部に至る南北軸と，橘湾と丹生谷をつなぐ東西軸の交点にあたる．両町は交通の拠点をめぐるライバルであった．

③街道拠点をめぐる覇権争い

このジャンクションの地位をめぐる覇権争いが激化したのが明治・大正期である．近世期には交通拠点の地位は土佐街道（南北軸）[75]と丹生谷街道（東西軸）の交点として栄えた桑野が優位にあった．これに対し，近代化の一環として実施された街道の車道化において，新野は馬場を通るルートを主張し，桑野に対し"道の覇権争い"を挑んだのである．沖野舜二がまとめた新野の道路史をみると，幹線道や鉄道の誘致をめぐって，両者が熾烈な競争を展開したことがわかる［沖野

1960：220-232]。

　しかし，長い闘いの結末は新野の完敗に終わった。南北軸では，従来の土佐街道の筋がそのまま県道24号として整備され，海部から徳島への近道[76]として大いに利用されているのに対し，新野が主張し，時には町費を投じて独力で整備してきた県道284号ルートは，北隣の山口町から新野南部の月夜地区までが実際的な利用区間となっている。また東西軸に関しても，やはり丹生谷街道筋が国道195号として整備され，那賀奥から高知県への主要道として利用されているのに対し，新野を通る県道35号は，町内道としては主要な位置を占めるものの，対外的には橘町と新野を結ぶ役割にとどまっている。また，インフラ的にも桑野側は全線2車線（片側1車線），最高速度40～50kmで運用されているのに対し，新野側はごく一部を残してすべて1車線である。なおかつ284号では月夜大師堂の裏側にある狭い坂道の鋭角カーブの難所から鉦打までの間は対抗車をかわすのが難しい狭路となっている。さらに県道35号の新野町喜来～相生町雄間にいたっては，新野側が要望した改修工事が進まず，辛うじて車が通れるほどの悪路がそのまま残されている。このルートに熟練したドライバー以外は通過するのが非常に困難という状況である[77]。

図2-24　狭路が続く県道35号の新野町喜来－相生町雄間

図2-25　片側1車線（2車線）で運用されている国道195号

ところで，当初新野側が想定していた南北軸は，阿瀬比から新野（馬場，月夜）を経て鉦打に至る遍路道である。また東西軸の馬場から相生町雄へ抜ける大戸越えは，平等寺から薬王寺へ近道であったという［阿南市史編纂委員会編 1995：701］。奇しくも歩き遍路に好都合だったルートが車道化に際して後れをとったことは興味深い。

また，鉄道に関しても中心地中野に駅がおかれた桑野に対し，新野の場合は馬場から東に2kmほど離れた廿枝(はたえだ)地区におかれた。「鉄道桑野駅が大駅となり，貨物の集散多く，新野駅がひっそり閑としていることは，新野町のおくれを物語る」［沖野 1960：221］というように，優等列車の停車駅は常に桑野であり，新野は普通列車のみのローカル駅にとどまるなど，ここでも両者の格差は広がっていたのである。

④新野馬場の衰退

明治期新野は現在の阿南市域の中でも独自の発達を遂げた町であった。沖野はその発展を交通上の要素と，平等寺・轟神社の門前町的要素に求めている。当時の新野の馬場は，東西南北の交通路を軸に，山間部と海岸部の交換市場として，また徳島の工業製品や平野部の穀物を那賀奥に送るための中継点として繁栄した。沖野は盛んなヒトやモノの往来を背景に，1910年（明治43）の時点で新野町内に（遍路宿を含む）10軒の旅館と9軒の料理屋があったことを「農山村新野というには余りにも多く……商工業地として富岡に次ぐにふさわしい」と評している［沖野 1960：305-306,309］。ところが，すでに記したように，桑野側の道路が整備され，1923年（昭和12）に鉄道が敷設されると，馬場の交通上の利点は消失し，新野の商圏は現在の那賀・海部・阿南に跨るリージョナルなものから，徐々に町内に閉じられたローカルなものへと縮小化していった。こうなると新野ではビジネスにおける宿泊需要はなくなり，もはや宿を求めるのは遍路者のみという状況になる。そして遍路宿がそれぞれの理由で廃業した後，新野は宿のない町となったのである。

⑤覇権争いの結末

以上のことから，このケースでは，宿泊施設に関する両町の明暗を分けたのは，

このようなヒトやモノの流れを司る「道の覇権」であるといってよいだろう。しかし、今日ではその拠点価値自体が消滅し、そのヘゲモニー自体が無意味化しつつある。後背地である丹生谷地方の深刻な過疎化や、加速する徳島への一極集中、鉄道貨物取扱の廃止（1970年）などによって、桑野における拠点価値は凋落し、ビジネス上の意義はほとんど失われたといえよう。昭和50年代の商店街に関する報告書には、桑野の商圏は富岡や橘に比べて小さく、近隣地域にとどまり、丹生谷方面の鷲敷町では、桑野よりもむしろ富岡や徳島へでかける傾向がすでに指摘されている［桑野町商店街診断報告書 1979：38-39］。かつての沖野の記述とは逆に、現在では鉄道利用者数は特急停車駅である桑野よりも、普通駅だが高等学校がある新野の方が多いという事情が、そのいったんを物語っている[78]。清水旅館が2代目での廃業をほのめかす背景もここにあるのではないだろうか。

2-8. 四国遍路の動向と地域社会経済のうねりの中で

　前項では、道の覇権という観点から遍路宿の変遷を分析した。とくに平等寺門前宿についての語りは、札所寺院・平等寺を取りまく宿泊ネットワークの戦後史といえるものであり、そこには、街道のジャンクションという局所的な問題にとどまらず、四国遍路世界や地域の社会経済情勢における変化のうねりともいえる部分が見え隠れしている。そこで以下では、前項とやや視点を変え、この平等寺門前宿の消滅と復活をめぐる語りを、四国遍路や阿南市のマクロ的な状況を重ねあわせながら、より大きな変化の波を複眼的に描いてみたい。

(1) 四国遍路の第2次近代化と新生阿南市（1960〜70年代）

①四国遍路のマス・ツーリズム化

　四国遍路が戦後経験した最も大きな転換は、大型貸切バスによる順拝ツアーの登場であろう。伊予鉄が順拝バスを走らせたのが1958年であるが、その3年後には少なくとも4つの業者が参入しており、順拝バスは急速に定着していった。これは参拝規模の大型化や遍路行のスピード化、日程の短縮化をもたらした。霊場会の発足や先達制度の施行により、四国遍路の組織化規格化が進んだのもほぼ同時期である［早稲田大学道空間研究会編 1994］。四国遍路で乗物が利用される

第2節　遍路宿の民俗史・誌―マス・ツーリズムの拡大から歩き遍路の復活まで―

図2-26　昭和30年代のバスツアー各社の広告（荒木戒空，1961：『遍路の杖』明王寺より）

ようになるなど，近代化が進んだ時期は戦前にもあった［星野　2001：187-207］。第1節で述べた鉦打の「尻なし貝」の消滅という形に結実していった戦前の乗物の導入による変化を第1次近代化とするならば，戦後のこうしたマス・ツーリズム化とそれに伴う構造の変化はそれに次ぐ「四国遍路の第2次近代化」といえるであろう。このような流れの中，増加する遍路者に対応するために平等寺は宿坊を開設し，22番門前で約100人の宿泊能力となったのである。

②新生阿南市の胎動

この頃，日本は高度経済成長期に入ろうとしていた。同時に全国で市町村合併が進み，地方の個性が失われつつあった時代でもあった。新野町も合併により，1955年に橘町の一部となり，政治的独自性を喪失していた。その後1958年には北部の富岡町と南部の橘町の合併により現在の阿南市が誕生する。阿南市は1964年に橘湾を中心に新産業都市と阿南室戸国定公園の指定を受ける。新生阿南市は産業化と観光化との2つの潮流を受けての船出となったのである。このような中，新野町は戦前からの特産品であった筍産業を発達させていく。徳島県は1979年に青果・加工を合わせた総販売額で30億円を達成するピークを迎える[79]が，これに大きく寄与したのが新野を含む阿南市であった。

③門前宿の消滅

ところが，平等寺門前宿の消滅はこの2つのうねりの結果でもあった。平等寺が宿坊廃止の理由にあげたのは，労働力不足と他所での宿泊施設の整備である。このうち労働力に関しては，日亜化学工業が設立される（1956年）など，地域社会の産業化に伴う第2種兼業農家の増加の影響が容易にみてとれる[80]。また女性も，増産に伴い需要が増えた町内の筍缶詰工場にパート勤めに出るなどして，宿坊の手伝いに回らなくなった。遍路宿廃業後の岡川家が営む竹細工業や竹炭製造業も筍の関連産業である。すなわち，平等寺門前から遍路宿が消えた背景には，地元・新野の筍産業の発展があるという分析も，ひとつの見方として可能なのではないか。

こうして宿のなくなった平等寺門前であるが，それがさほど問題にならなかったのは，四国遍路の近代化の成果である。小規模の宿が点在するよりも，団体客が収容可能な大規模な宿が要所にあるほうが重要であったし，むしろ札所寺院を含めて，団体客への対応は大前提となった。このような流れの中で，平等寺は近隣の札所の対応や地元社会の状況から，宿坊の閉鎖を選択したのである。

④四国遍路の近代化の完成

とはいえ，歩き遍路や少人数の遍路者ももちろん存在していた。こうした遍路者の間で，平等寺門前に宿がないことへの不満が出始めた頃に，清水旅館やみゆき荘が送迎サーヴィスを行うことで準門前宿的地位を得る。これにより，マニュアル化・規格化から，漏れ出てきた遍路者へのフォローアップも確保された。ここに平等寺付近の四国遍路の第2次近代化への対応が完了したのである。平等寺が宿坊を開始する頃には100台（1965年）であった伊予鉄の順拝バスは，総勢995台（1985年）になっていた［早稲田大学道空間研究会編 1994：86］。

（2）歩き遍路の復活と阿南市の建設特需（1980〜90年代）

①歩き遍路の復活と隆盛

ところが，四国遍路の近代的体制の確立が完了しようとしていた頃，四国遍路世界では次なる潮流が起こりつつあった。歩き遍路の復活である。まさにこれは，近代化された四国遍路世界に対する対抗文化的な動きであった。

第2節 遍路宿の民俗史・誌―マス・ツーリズムの拡大から歩き遍路の復活まで― 135

　その先駆的なものが，1978年より建設省と環境庁とが建設を進めた「四国のみち」計画である[81]。四国のみちは遍路道として必ずしも適当ではない等の理由で遍路たちに評価されているとは言い難いが，徒歩遍路のインフラ整備としては重要な意味があった。
　この四国のみちの環境庁ルートが計画を完了した翌年の1990年には，メルクマールとなる2つの書物が出版される。ひとつは歩き遍路の「バイブル」といわれている『同行二人』の初版本であり，もうひとつは星野英紀が「後発遍路記記述者のモデル的役割を果たしている」と指摘する小林淳宏の体験記『定年からは同行二人』である［星野2001：324］。これにより，今日隆盛する徒歩による遍路行とその体験の情報発信という二大特徴の源が登場したのである。
　『同行二人』の編者，へんろみち保存協力会の宮崎建樹は翌年より，「へんろみち一緒に歩こう会」を組織し，歩き遍路普及のための実践活動を開始する。1996年には，四国遍路の代表的サイト「掬水へんろ館」の前身となるホームページがくしまひろしによって設置される。これは情報発信のボーダーレス化の先駆けであった。そして1998年のNHK『四国八十八ヵ所』放映以降，四国では歩き遍路の姿が目に見えて多くなったという声が頻繁に聞かれるようになったのである。

②阿南市の迷走と建設特需

　一方，産業化と観光化に向けて船出した阿南市のその後は，必ずしも順調ではなかった。辰巳工業団地などへの企業誘致は進まず，津乃峰山や橘湾の観光資源も低迷した。阿南市は産業面でも観光面でも個性や存在感を打ち出せず，迷走していたといってよいだろう。
　この状況を一気に打破したのが，1990年代の「建設特需」ともいうべき追い風である。阿南市は産業に大きく舵を切った。東四国国体（1993年）の関連工事や，明石海峡大橋（1998年開通）に向けた周辺道路整備の一環として，国道55号阿南道路（阿南バイパス）の建設が次々と進められた（2000年に津乃峰町長浜まで完成）。なかでも橘を中心とする阿南市南部に大きな影響を与えたのが，国内最大級といわれる橘湾石炭火力発電所の建設である。1990年の計画承認後，1996年頃から工事が本格化し，他所から多数流入してきた建設作業員のおかげで，宿泊業や飲食業は活況を呈した。

しかしながら，2000年にはこれらのビッグ・プロジェクトのほとんどが完了し，折からの日本経済低迷もあって，地元経済は冷え込んでいる。歩き遍路ブームは「宴の後」の虚脱感の中にあった阿南市にとって，ふともたらされた一筋の光のように感じられたのではないだろうか。

(3) 新しい時代へ（2000年以降）

　NHK『四国八十八ヵ所』が最終回を迎えた2000年春。四国遍路では急増した歩き遍路のためにピーク時の宿不足が問題化するようになった。へんろみち保存協力会はこの年相部屋の励行を呼びかけている[82]。そのような状況を経て，2002年6月，ついに平等寺門前の宿無し状態に終止符が打たれることになった。この新しい宿「山茶花」のことは，早速インターネット上の体験記に掲載されている。

　　　民宿金子やから次の民宿は（20）鶴林寺，（21）太龍寺をお詣りして民宿龍山荘・民宿坂口屋等が妥当なところ。しかし，時間的に早く着くので（22）平等寺まで行ってしまう。ところが，この近くには遍路宿がないので困る人が多い。前回は，民宿みゆき荘にお願いして車で迎えに来てもらい，翌朝国道55号線まで送ってもらった。私もそれを「良し。」としたが，（22）平等寺から国道55号線までの数kmを歩かないことが心に引っかかった。

　この男性はできれば平等寺で区切るのが都合よいと考えているが，宿がないために困っていた。前回はみゆき荘を利用したのであるが，送りが国道55号までであるので，途中「歩いていない」区間ができるのが気になるという。だが，今回はたまたま平等寺で出会った他の女性遍路から「山茶花」のことを聞く。そして，首尾よくそこに泊まれることになったのである。「この喫茶山茶花に関わる一連の巡り合せは，すべて弘法大師のお陰だと思う」。供された食事やマッサージへの満足感も手伝って，彼はこの日の日記を上のように結んでいる[83]。
　このエピソードには現代四国遍路のエッセンスがつまっている。徒歩巡礼の増加に対し，既存の宿泊施設の有り様がマッチしなくなってきたことや，歩行区間を連続させることへのこだわり，そしてインターネットを使った最新情報のいち

早い発信などである。平等寺門前宿の復活は，こうした新しい時代に対する地域社会の呼応の象徴するものなのである。

2-9. おわりに——地域産業としての遍路宿からみる複眼的な歴史

　戦後の阿南市域における遍路宿にはいくつかの変遷があった。廃業した岡川や，新規開業した龍山荘，わしの里，山茶花，そして，いわゆる「遍路宿」ではない普通の旅館・民宿であるが，送迎サーヴィスを実施して準遍路宿化した清水旅館やみゆき荘などの動きからは，遍路宿がひとつの地域産業であるという事実が読みとれる。龍山荘主人はみかん農家からの転身であり，遍路宿廃業後のO家は竹細工・竹炭製造と筍関連産業に専従した。これらは，まさにこの区間の遍路道におけるランドスケープに見られたように，遍路宿がみかんや筍産業と同じ地域の産業として併置されていることを示す。また，みゆき荘や清水旅館らの異業種参入からは，国定公園や新産業都市指定から出発した阿南市の観光と産業の，その後の迷走がみてとれるだろう。すなわち，遍路宿は四国遍路世界と地域の社会経済との結節点にある「産業」なのである。

　また，現代の新たな展開としては，桑野・新野地区が東西・南北の交通拠点としての価値を失ったのとは逆に，遍路道がヒトを呼び込むようになっている。みゆき荘や清水旅館の準遍路宿化や，あるいは平等寺門前宿の復活はこれを裏づけている。しかし，道がヒトを運んできても，日帰りツアーのように宿泊に結びつかないという新しい動きもある。そして，多くの遍路宿が，（とりあえず当面は）経営が十分成り立っているにもかかわらず，後継の問題で廃業したり，今後の閉鎖の可能性を懸念したりしていることからは，遍路宿が個人にとって選択可能なひとつの「職業」であるという側面が浮かび上がる。

　すなわち，遍路宿は地域社会をとりまく環境と当事者の職業意識との間で，巡りくる遍路たちと向かい合い地域住民の生きる糧のひとつとして選択あるいは棄却され，盛衰を繰り返してきたのである。

　本節では，札所門前の宿泊施設の変遷というローカルな現象から，四国遍路全体の動向や地域社会の状況を浮かび上がらせることを試みてきた。遍路宿は，マ

ス・ツーリズム化や徒歩巡礼の復活といった時々における四国遍路全体の構造変化と密接に関係しながら，盛衰してきた．そして，遍路宿の盛衰もまた，遍路たちの巡礼の仕方に影響を与えていることはいうまでもない．太龍寺周辺では，ロープウェイ架設ためのために，人の流れが大きく変わりながらも，歩くことにこだわる徒歩巡礼者たちによって東西の遍路宿が並立している．そして平等寺周辺では，巡礼のマス・ツーリズム化と地元・阿南市の社会経済的状況の影響を受け，門前宿が消滅したが，復活した徒歩巡礼者からの要望によって，新しい門前宿が開業した．そしてその空白期間は，地元の社会経済的背景に根ざした一般の宿が，準門前宿的存在としての役割を担っていた．

以上のように，これら2つの札所の遍路宿の変遷には，このような戦後の四国遍路が経験した大きな2つの構造的変化－マス・ツーリズム化とその対抗文化的動きとしての徒歩巡礼の復活－が克明に確認できるのである．それはミクロなレベルでは巡礼者と遍路宿経営者の，マクロなレベルでは四国遍路世界と地域社会経済との，相互のやりとりによって織り成された複眼的な歴史なのであった．

〔注〕

1) そんななか，真野俊和には伝説の伝搬者に着目した興味深い論考「弘法大師の母」[真野 1991：91-117]がある．
2) 『霊場記』の著者は寂本という高野山の学僧であるが，これらの書物群は真念の企画によるものであり，その意味でここでは「真念シリーズ」と称している．なお，これらは，近藤喜博が影印と翻刻を，伊予史談会が翻刻を収めた資料集として刊行している[近藤編 1973,1974][伊予史談会編 1997]．引用文については，本書を通じて，より参照しやすい伊予史談会版を使用することを原則とするが，必要に応じて近藤版の翻刻や，影印を参照した．
3) 『梁塵秘抄』は後白河法王（1127-1192）の撰といわれる今様集で，仏教的題材を多く含むのが特徴とされる．
4) 近世における社寺参詣の全体的な傾向については，歴史学者・新城常三が詳しい[新城 1982]．
5) これらの物語は『霊場記』作成時に，寂本の「浮説妖妄にわたる事はいまのとらざる所なり」[伊予史談会編（霊場記）1997：120]という編集方針の結果，切り捨てられたものである．それらが，真念のたっての意向により，「功徳記」で日の目をみる

第 2 節　遍路宿の民俗史・誌―マス・ツーリズムの拡大から歩き遍路の復活まで―　139

ことになったのである.

6)「功徳記」にはこのような番号はないが, 便宜上, 近藤喜博による翻刻を参考に第何話と称する.

7) 窪川町立図書館所蔵の複写本を, 同館所蔵の戸田貞徳氏の翻刻ノートと合わせて参照した. また, 原文では筆者の名前が「瑞益」となっているが, ここでは『高知県人物事典』の記載に準じた. なお本資料は, これまでの四国遍路研究でほとんど取り上げられたことがない. おそらく著者がかつて小論にて参照したのが最初である［浅川 2002］. しかしながら, 本文でも述べたように, 近世期の四国遍路が以下にメディア化されていたかを示す, きわめて重要な資料といえよう.

8) 近藤本の影印を参照［近藤編 1974：449］.

9)『四国徧礼絵図』1807（文化 4）刊. 人文社発行の複製品（復刻古地図 9-25）を参照.

10) このうち派生系のものを含めた 22 枚の絵図を［岩村編 1973］で確認することができる.

11) 愛媛県立歴史文化博物館の企画展示「四国遍路の出版物」(2000 年 11 月～2001 年 2 月) による. なお, この閲覧に関して同館学芸員大本敬久氏よりさまざまなご教示をいただいた. ここに記して感謝の意を表したい.

12)［岩村編 1973］収録の 3 図, 15 図, 16 図, 20 図, 21 図, 23 図.

13) ただし絵画表現は A 様式に比べ多少充実している［田中 1989：249-251］.

14) 付された漢字は, 読みの便宜を図るために, 編者によって付記されたもの.

15) 本稿ではごく概説だけを記す. フィールドワークの具体的な内容等は一般向けの読み物の体裁をとっているが, 別稿にまとめた［浅川 2001b］.

16) ただし, 弥谷観音は近世期の案内書には登場しない比較的新しい番外札所である. また現在の弥谷観音は, ダム建設時に移転されたものである.

17) ダム併設の福井ダム資料館に掲載の資料による.

18) イシマキガイは苔を食べるため, 水槽が浄化される. そのため, 熱帯魚などの普及に伴って, ペットショップで売られるようになったのだという.

19) 専門家によると, この貝は最初, 川の河口付近などの淡水と海水が入り交じった汽水域に生息するが, 成長するにしたがって川を上っていき, 淡水の場所で生息するようになる傾向があるのだという.

20) なお分類に関しては,『日本伝説大系』のいう自然説明型にあたると思われるが, 福田 晃が指摘するように弘法大師の文化叙事伝説と分類することも可能である［福田 2000：33,35］. 福田は「伝説はそのような複合的意義を有して伝承される」と述べるが［福田 2000：35］, ならばこれらの分類項目は要素名としては有効だが, 分類

作業自体は意味をなさないのではないだろうか．
21) 悪性の熱病を「たにし」に封じ込めたとするヴァージョンもある［荒木博之ほか編（日本伝説大系 11 巻）1982 〜 90：243］．また，殺生と慈悲をテーマとするこの身延の伝説は，蜷貝を放つ宇佐八幡宮の放生会を想起させる興味深い事例である．
22) 佐久商工会議所 HP http：//www.sakucci.or.jp/saku_city/hakken/hakken01.htm（2002 年 11 月閲覧・2006 年 1 月 URL 修正）
23) 窪川町 HP「窪川たんね歩き」http：//www.kubokawa.gr.jp/mukashi4.html（2002 年 11 月閲覧・2006 年 1 月 URL 修正）
24) 原田英祐氏のご教示による．
25) 原田伴彦ほか編，1969：『日本庶民生活史料集成 8』三一書房に収録．該当部は 108 ページ．
26) 喜多村信節, 1994:『日本随筆大成』第 2 期 7 吉川弘文館に収録．成立年は未詳であるが，『日本古典大辞典』の朝倉治彦の説明によれば, 1832 年以降とされる．該当部は 87 ページ．
27) 澄禅：『四国遍路日記』（1653）の巻末に「世間流布ノ日記」として，以上の文章が記されている［伊予史談会編（四国遍路日記）1997：66-67］．澄禅は 1653 年に遍路をした僧侶である．彼の紹介するこの「世間流布ノ日記」は，『道指南』に先立つガイドブックの可能性があるものと推定されるが，詳しくはわかっていない．澄禅によると，四国内で販売されており，彼もこれを購入したようである．
28) 引用中の括弧は原文にあるもの．
29) http：//www.kubokawa.gr.jp/mukashi4.html（2002 年 11 月閲覧・2006 年 1 月 URL 修正）．
30) ただし，鉦打は郷土資料としてほとんどテクスト化されていないが，窪川は資料化が進んでいる．
31) ただし 2001 年に行った著者の調査では，台風による増水の影響もあってか，カワニナは採取したが，イシマキガイをみつけることはできなかった．
32) 1800（寛政 12）年頃．久保武雄氏による復刻本と［伊予史談会編（四国遍路図会）1997］収録の翻刻文を参照した．以下『図会』と略記．なお，典拠は伊予史談会版のページ番号を記した．
33) なお，この旧家は現在まで存続しており，その蕨岡家には遍路の納札を詰めた俵が保存されていたことが喜代吉榮徳によって報告されている［喜代吉 1995：1-14］．
34) 例えば［岩村編 1973：第 1,3,9,10 図］など．
35) ただし，『道指南』『図会』では「七度栗」と記述されている．

第2節　遍路宿の民俗史・誌－マス・ツーリズムの拡大から歩き遍路の復活まで－　141

36) 岩本寺でわたされた配布資料．
37) これについては，第3章でも議論する．
38) 大正年間に「七不思議」が注目されたことがあった．1915年（大正4）に『郷土研究』第3巻7号で丸山瓦全が「足利の七不思議」を紹介した際，柳田國男が「此報告を初にして出来るだけ多く各地の七不思議を集めたし．助勢を求む」と呼びかけたことを受けて，その後約1年間，甲斐，鹿島神宮，土佐蹉跎山金剛寺，越後，諏訪神社，会津御山村，松山，豊後姫島，信州鹿塩（3-9），豊後宇目郷，遠州（3-10），信州松原湖，信州横吹（3-11），信州松原湖，東京（3-12），野州大中寺，上州双村寺，安芸宮島，阿波，豊後（4-2），薩州阿久根，静岡（4-6），羽後永楽寺（4-7）など各地から報告が相次いだ（括弧内の数字は巻-号を示す）．しかし，その中に窪川の七不思議はなく，尻なし貝系の話も含まれていない．近いところでは，38番札所のものがあるが，あるいは岩本寺の七不思議の成立にこれらのことが影響を与えた可能性も考えられる．
39) なお現在では，路線バスの月夜－鉦打間は廃止され，終点を月夜として運行されている．
40) ただし，尻なし貝と弥谷観音の七不思議を混同するなど多少誤解がみうけられる．
41) もちろん，七ヶ所参りや一国参りなど，一部の札所に限定して参拝する形式の場合は別である．
42) なお，同様の傾向を示すものに，功徳記第1話と10番切幡寺の話がある．いわゆる「弘法機」の伝説であるが，『功徳記』に「土州高岡郡仁井田の庄窪川村」の話として紹介されているものは消えていくのに対し，『霊場記』などには記載のない切幡寺縁起のほうは現在まで語り継がれている．
43) ただし，窪川の尻なし貝については，1980年代後半以降，体験記上で確認できなくなりつつある．現代は歩き遍路が隆盛であるが，ちょうどその萌芽が1990年頃であったことを考えると，窪川の尻なし貝物語を再検討することで，（札所付随の巡礼功徳譚をも必要としないような）この時期の四国遍路の構造変化が記述できる可能性もある．これは付記に記した建築物のモチーフとして復活した鉦打の尻なし貝とも関連するテーマであり，今後の課題としたい．
44) なお鉦打での調査は1999年4月，窪川町での調査は2001年3月および2001年10月に行った．
45) 本節は，『徳島地域文化研究』に発表した小考が基になっている。話題が徳島県のことを扱っているのはそのためである．
46) この用語は，観光人類学での一般的な用語である「ホスト」に対し，当事者の非選択性を強調した概念を表している．すなわち，徳島の地域住民は，自分たちの生活圏

に四国遍路というものがあるが故に，好むと好まざるとにかかわらず，遍路者と接しなくてはならない状況に置かれており，四国遍路はそのような日常をつくりだす装置なのである．

47) 坂田正顕は現代の遍路道空間を，狭義の「遍路道（空間）」，「札所（空間）」，「休息所（空間）」という3つの下位空間から構成されていると分析している［坂田 2003：98］．

48) とくに断りなき場合，「遍路道」は最も普通に使われる徒歩巡礼向けのメイン・ルートを指す．

49) 『徳島新聞』2003年1月5日号による．

50) 以下，宿を示す語句を次のように使い分ける．「宿泊施設」＝宿泊のために使われる施設．営利を目的としない善根宿や通夜堂も含む．「宿（宿屋）」＝有料の宿泊施設．いわゆる民宿・旅館・ホテルなど．「遍路宿」＝宿の内，遍路たちによく利用されているもの．本稿では宿坊も含めることとする．「門前宿」＝遍路宿のうち，とくに札所の近辺にあるもの．その札所寺院と密接な関係をもつ場合が多い．

51) 巡礼を行うこと，とくに札所に参拝することを「打つ」という．これは，かつて納札を実際に参拝した建築物に「打ちつけた」ことからきているとされている．そして，全行程を一気に巡礼することを「通し打ち」，何回かに分割して行うことを「区切り打ち」と呼ぶ．また，札所には右回りに番号が付けられているが，これを順番通りに廻ることを「順打ち」，逆に廻ることを「逆打ち」という．

52) さらに近年，遍路宿を詳細に調査した報告書が，早稲田大学道空間研究所と愛媛県生涯学習センターから相次いで刊行された［早稲田大学道空間研究会 2003］および［愛媛県生涯学習センター編 2003：41-123］．なお，本節の一部は，道空間研究所の報告書に寄稿した論考「地域社会の状況と遍路宿泊施設──「道の覇権」の視点から」［早稲田大学道空間研究会 2003：103-118］を初出とする．

53) 講談社文芸文庫『足摺岬─田宮虎彦作品集』（1999年）に収録．なお解説によると，初出は1949年となっている．

54) 筑摩書房『井伏鱒二全集』第9巻（1997年）に収録．初出は1940年．なお，同全集第20巻（1998年）には本小説について触れた同タイトルのエッセイ（初出1959年）が収録されている．

55) こうしたこだわりは現代の歩き遍路の大きな特徴のひとつであり，彼らの間では車で目的地まで送る「接待」を受けるか否かが，しばしば議論される．

56) 多客期にはこうした事態がしばしば起こる．2001年春に著者が徒歩巡礼を行ったときにも，20番麓の「金子や」に宿泊していた同宿者のほとんどが，21番麓の宿で明日の予約が取れず，夕食の席で他の選択肢の情報交換が行われていた．

57）このプレハブ小屋は以前タクシー運転手の詰所として使われていたものが，ロープウェイ架設によって人の流れが西山麓に移ったため，歩き遍路の通夜用に転用したものだという［加賀山 2000：67］．
58）春のほうが圧倒的に多いのは，「発心の道場」と意味づけされる徳島県から始める区切り打ちが多いという現代的特質が現れていると考えられる．
59）詳しくは第4,5章で議論するが，遍路者のようでありながら乞食に近いと認識されたものを，このように「コジキヘンロ（乞食遍路）」あるいは「ヘンド」等と呼ぶ．
60）愛媛県松山市にある46番浄瑠璃寺の門前宿であり，遍路宿の代表的存在として有名である．
61）「収容人数100人」と書いてあるガイドブックもあるが，いずれにせよ容積的な収容可能人数と，宿泊客のニーズも考慮した実際的な収容人数は自ずと異なる．
62）このエピソードの背景には，「遍路は修行であり，したがって肉食を禁ずる"精進"を遵守せねばならない」とする思想がある．しかし，いわゆる「精進」の考え方からは「魚ならよい」という論理は成り立たないはずだが（図2-14の遍路宿でも夕食に刺身が出されるなど），宿坊も含めて遍路宿の精進への対応はまちまちであり，個々の解釈に委ねられた微妙な領域が残されている．
63）この点は坂口屋の「拡散傾向にある」という認識と逆である．
64）1987年の時点でも平等寺に宿坊ありと表記するガイドブックもある［四国八十八ヵ所霊場会（監）1987］．
65）ただし，宿の名義には主人の父の名前を使っていた．
66）『同行二人』（改訂5版,1997年刊）には「岡川食堂」と出ているが，すでに営業していない．
67）ここで「電源開発」といわれているのは，四国電力と電源開発が共同開発した，橘湾石炭火力発電所のことである．1990年の計画承認後，1996年頃から工事が本格化し，2000年に営業運転を開始した．この間，多数の工事関係者が阿南市に流入し，地域経済の短期的な起爆剤になった．
68）この洗濯機は「乾燥機付き」である．このあたりに山茶花が想定する宿泊客が，おもに現代の歩き遍路であることがみてとれる．
69）客室面積は50畳分のスペースがあるので，もう少し収容できそうではある．しかし，実質ひとりで経営しているという人的資源や，相部屋を嫌う遍路の気質を考えて，このへんに設定をしているのであろう．
70）ただし車で行けるのは中腹の駐車場までで，残り約1.2kmは半時間かけて徒歩で上り下りした．

71) 四国ケーブル会社案内（http://www.shikoku-cable.co.jp/4_annai.htm：2003年1月閲覧）より．
72) 片道，わずか 2.5km の寄り道に過ぎず，車なら 5 分余分にかかるだけである．
73) 龍山荘では，ロープウェイが鷲敷側になった影響で歩き遍路の利用は変わらないものの，車の遍路の宿泊が減ったという．この両者の認識のちがいには，阿南側での事業誘致にどちらかといえば積極的であった龍山荘と，消極的であった坂口屋の立場のちがいを反映していると考えられる．
74) 駅路寺は阿波藩初代の蜂須賀家政が 1598 年に制定したもので，広く旅人を泊めることを目的とした阿波藩独自の制度といわれている［阿南市史編纂委員会編 1995：718］．
75) 阿波五街道のひとつ．徳島城から藩内を南北に縦貫し，土佐国境に至る幹線道である．
76) 徳島と県南を結ぶ大動脈としての位置づけは，今日では阿南市海岸部を通る国道 55 号に移っている．しかし，海部郡―徳島間においては国道 55 号ルートが遠回りとなるため，県道 24 号が短絡ルートとして利用されている．
77) 徳島の道の情報を扱ったある個人サイトにはこの道に関して「超険道．薄暗く，狭く，路面砂利があり，ミラー少なし，ガードレールなし……新野から鷲敷・相生に抜けるのは「無理」と考えてください．危険です」と画像つきで紹介されている（「徳島の道のぺーじ」http://f1.aaacafe.ne.jp/~ishikawa/k035.html：2003年1月閲覧）．
78) 『JR全線全駅』2001 年度版（弘済出版社，2000）504 ページ．
79) 徳島県立農業試験場『筍栽培 Q&A』徳島県立農林水産総合技術センター農業研究所オンラインブックス http://www.green.pref.tokushima.jp/nogyo/onlbook/takenokoqa.pdf：2003年1月閲覧．
80) この農業の兼業化によりスタッフの確保が困難になったという悩みは，現在の坂口屋でも，高齢化・過疎化と相まって今なお深刻な問題として語られている．
81) 「四国のみち」に関しては，早稲田大学道空間研究会（現・研究所）の報告書に詳細な記述があるので参照されたい［早稲田大学道空間研究会 1994：41-72］．
82) http://www.kushima.com/henro/news/000318.htm（『掬水へんろ館』：2003年1月閲覧）．
83) http://www.miyazaki-catv.ne.jp/~toritoh/（鳥当浩三『歩き遍路へようこそ』：2003年1月閲覧）．

第 2 節　遍路宿の民俗史・誌―マス・ツーリズムの拡大から歩き遍路の復活まで―　145

【表 2-2 の出典】

	著者名	刊行 (閲覧年)	書籍・HP 名等	出版社・URL
A	筆者	2001	フィールドワーク時の記録	
B	月岡祐紀子	2002	『平成娘巡礼記』	文藝春秋
C	高田伸夫	1999	『還暦のにわかおへんろ』	新風書房
D	辰濃和男	2001	『四国遍路』	岩波書店
E	渡辺安広	1999	『四国八十八ヶ所霊場巡り』	文芸社
F	財津定行	2000	『お遍路は大師さまと三人旅』	リヨン社
G	石綿美代子	1998	『法を越えてゆく』	日本図書刊行会
H	潮見英幸	1999	『サンダル遍路旅日記』	文芸社
I	くしまひろし	(2003)	「四国遍路ひとり歩き」	http://www.kushima.com/henro/diary/
J	白神忠志	1997	『お遍路』	洋々社
K	マクラクラン・G	2000	『ガイジン夏遍路』	小学館
L	武藤暢夫	1996	『四国歩き遍路の旅』	MBC21
M	佐藤孝子	1996	『情け嬉しやお遍路ワールド』	近代文芸社
N	北勲	2000	『空海の風にのって』	求龍堂
O	高田京子	2000	『ある日突然、お遍路さん』	JTB
P	松坂義晃	1997	『空海の残した道』	新風舎
Q	加賀山耕市	2000	『さあ巡礼だ』	三五館
R	堀之内芳郎	2002	『喜寿の遍路日記』	朱鳥社
S	喜久本朝正	1994	『四国歩き遍路の記』	新風書房
T	小林淳宏	1990	『定年からは同行二人』	PHP 研究所
あ	喜代吉榮徳	(2003)	「辺路独行」	http://www2.ocn.ne.jp/~e-kiyo/henroki.html
い	土佐文雄	1972	『同行 2 人』	高知新聞社
う	西端さかえ	1964	『四国八十八札所遍路記』	大法輪閣
え	鍵田忠三郎	1962	『遍路日記』	協同出版
お	宮尾しげを	1943	『画と文四国遍路』	鶴書房
か	橋本徹馬	1950	『四国遍路記』	紫雲荘
き	高群逸枝	1979	『娘巡礼記』	朝日新聞社
く	和田性海	1951	『聖蹟を慕ふて』	高野山出版部

第3章

巡礼空間の認識論的再考―四国遍路の歴史人類学的考察から―

　本章では，四国遍路の巡られる視点からの再考という課題に向けての，巡礼空間モデルの認識論的再考を，歴史人類学的考察による具体的な巡礼実践の検証を踏まえて行うことを目的とする。

　第1節では，まず「八十八ヵ所」概念を起源論的に再考し，これが近世期頃に確立した比較的新しい概念であるという説を提示する。「八十八ヵ所」は札所と遍路道を焦点化して行く概念であり，「弘法大師の聖蹟巡礼としての四国遍路」という意味づけと関係づけられることで，ある種の理念型として一般認識や巡礼研究の認識論的前提となっていることを指摘する。こうした巡礼空間モデルを本稿では「聖地＝巡礼路モデル」と呼ぶが，次にこうした認識論的モデルの限界を指摘し，これを巡礼者の実践から立ち上げることの必要性について述べる。

　第2節および第3節では，このような問題意識に対するひとつの試みとして実施した「広域過去帳調査」について述べる。これは，徳島県南部の20数カ寺の寺院の過去帳を調査するものである。これにより，18世紀から19世紀にかけての四国遍路では，巡礼路をはずれた地域にも多数の巡礼者の足跡が残されていることを証明し，先の「聖地＝巡礼路モデル」の限界を実証する。

　第4節では，「広域過去帳調査」で明らかになった巡礼という行動様式に矛盾する「巡礼路をはずれる」という行動が，どのような行動様式によるものなのかという問題を検討する。調査地域の地誌学的考察に，仮定しうる巡礼者の行動の可能性を絡めながら，巡礼者の托鉢（乞食）行為と地域社会の「接待」に着目する。この托鉢＝接待が宗教的な側面に加えて経済的な側面をもつ両面的実践であることを明らかにし，ここから托鉢＝接待で提供される財物によって生存を可能ならしめる人々，いわば「遍路として生きる」人々の存在を取り上げる。そして，彼らが置かれた当時の社会経済的状況の考察から，巡礼路からの逸脱は，彼らが

接待を希求した結果であると捉える説を提示する。

　第5節では，こうした巡礼者の両面的実践をサポートし，それによって拡大する巡礼空間や巡礼者と地域社会の接点を取り込むために，接待論の理論的な再整理を行う。さらにそれを踏まえつつ，新しい認識論的巡礼空間モデルとして，札所（聖地），巡礼路（遍路道），に加えて「乞食圏（こつじき）」を導入した第3世代型の巡礼空間モデルを提案する。

第1節　巡礼空間モデルの認識論的再考に向けて

1-1．認識論的前提としての「四国八十八ヵ所」

(1)「四国遍路」と「四国八十八ヵ所」

　われわれは四国遍路をどのようなものとして捉えているのであろうか。現象学的な視点を踏まえるならば，こうした問いに対してはまず言葉の分析がなされねばならない。著者は，いわゆる四国霊場への巡礼を全体的に表現するものとして「四国遍路」という言葉を使っている。だが，一般的にこれは「四国八十八カ所」巡礼とも表現されていることは，改めて明言する必要もないだろう。西暦2000年前後の四国遍路のブーム的状況に影響を与えたとされるテレビ番組のタイトルも『四国八十八カ所』であったし，四国遍路関係の書籍のタイトルにも，これら2つの表現が混在している。つまり，一般的には両者は同意語であり，互いに換言可能と理解されているのである。

　だが厳密にいえば，「四国遍路」と「四国八十八ヵ所」との間には明らかな差異がある。歴史的には「四国遍路（あるいは辺路）」という言葉は，少なくとも中世の13世紀末頃から15世紀初頭にはみられる[1)]のに対し，「(四国)八十八ヵ所」は確実な資料としては，1631年（寛永8）刊の『せつきやうかるかや』（しやうるりや喜衛門板）の「高野の巻」[2)]と呼ばれる部分に「四国遍路（へんど(ママ)）は，八十八ヵ所とは申すなり」［荒木・山本編 1973：84］とあるのを初見とし，1687年（貞享4）の『道指南』によってその全容が明らかになる比較的新しい言葉である[3)]。

第 1 節　巡礼空間モデルの認識論的再考に向けて　149

（2）札所と遍路道

「八十八ヵ所」とは，四国遍路の主たる巡礼対象である 88 の札所群を示す言葉である。そしてこれら 88 の札所群は，それぞれがユニークに決定されるという意味で固有性をもつ。四国遍路の札所の成立については諸説あり，確かな起源は解明されていない。しかし少なくとも 17 世紀頃には，ほぼ「八十八ヵ所」として確立していたといえる。例えば，1653 年（承応 2）の京都智積院の僧侶・澄禅による遍路記『四国遍路日記』には，札所が 88 カ所あり，それぞれ阿波 23 カ所，土佐 16 カ所，伊予 26 カ所，讃岐 23 カ所と国ごとに札所数が記されており，かつこうした知識が，現地で販売されている「世間流布ノ日記」[4]によって社会的に知られていることが紹介されている。そして，さらに興味深いのは，現在の 79 番札所を巡る次のような記述である。

　　崇徳天皇，世間流布ノ日記ニハ如此ナレドモ，大師御定ノ札所ハ彼金山ノ薬師也……此寺繁昌シテ金山薬師ハ在テ無ガ如ニ成シ時，子細由緒ヲモ不知辺路修行ノ者ドモガ此寺ヲ札所ト思ヒ巡礼シタルガ初ト成，今アヤマリテ来ト也」[伊予史談会編（四国遍路日記）1997：57-58]

　文中の崇徳天皇は，現 79 番札所高照院の前身である。「世間流布ノ日記」は，ここを札所とするが，それは遍路たちの間違いによるものであり，「金山ノ薬師」が弘法大師の定めた札所なのだと澄禅はいう。つまり，79 番札所に相当する寺社を「崇徳天皇」とする「世間流布ノ日記」と，「金山ノ薬師」とする澄禅の知識との間には相違があるのだが，ここで澄禅があえてそれを正そうとしていることが重要である。すなわち，これはひとつの札所が，特定の場所として一意的に決定されるべきだという彼の意識の表れと理解できよう。

　このように，『せつきやうかるかや』や澄禅の日記などの記述から，17 世紀中盤には，個別・具体的な 88 個の札所集合体としての「八十八ヵ所」が成立していたことは，ほぼ確実である。澄禅も今日の八十八ヵ所に相当する札所はすべて参拝している。だが澄禅の私的な記録である『四国遍路日記』には，それらの寺社が「札所」と明記されているわけではない。したがって，現在明らかになって

いる資料の範囲では，不特定多数の読者を想定したマスメディア的出版物である『道指南』において，1から88までの固有の番号とともに，すべての札所が明示的に紹介されることによって，その全容が明らかになるのである[5]。

また「八十八ヵ所」とは，巡礼対象の札所が複数個に分散している「複数聖地型」［星野 2001:46-51］であり，各札所が「不可分の全体性をそなえたひとつの「場」」［真野 1980：61］として認識されていることを示す。とすれば，それらをつなぐ「道」，すなわち「遍路道」の存在が直ちに想起されよう。『道指南』の著者の真念（生年不詳-1692）は，17世紀頃，20回以上の遍路行で蓄積された経験と知識を元に四国遍路の普及に尽力した僧侶であった。そのひとつが「巡礼の道すぢに迷途おほきゆへに」行われた道標の建立で，四国中に200基余りを建立したと伝えられている［伊予史談会編（道指南）1997，および伊予史談会編（功徳記）1997：203］。そうした遍路道の整備に関する活動の集大成として刊行されたのが『道指南』である。一例として，17番井戸寺から18番恩山寺に至るルートを抜粋してみよう。

　　　十七番井土寺　明照寺ともいふ。平地，ミなミ向。名東郡。
　　　　　本尊薬師　坐五尺，御作。
　　　　　詠歌　おもかげのうつして見れバいどの水むすべバむねのあかやをちなん
　　　是よりおんざんじへ五里。○あくい川，徳しままでハ家つゞき。○とく島○セミがはな○二けんや村，茶屋有。此間につめた川，橋有。○ほつけ川，はしあり。是より壱丁ほど行標石有。○にしつか村○枝村○しば村○たの村，しるし石有
　　　十八番恩山寺　南むき　壱町余山上。かつら郡。［伊予史談会編（道指南）1997：78］※文中の○は，同書で使われている村々の境を示す記号。

2年後に刊行される『霊場記』とは異なり，札所に関しては基本的な情報にとどめ，巡礼の道中における実践的な情報がコンパクトにまとめられている。そして，文中に「標石有」「しるし石有」とあるように，このガイドブックは現地情報としての道標と有機的に関連づけられ，札所から札所へと巡礼者を導くようにできていることが理解できよう。

第 1 節　巡礼空間モデルの認識論的再考に向けて　151

　この『道指南』は，近世期の遍路たちに大きな影響力を与えた案内記である。『道指南』が近世期を通じてかなり流通していたことは書誌学的に明らかにされている。著者も高知県窪川町の資料に，遍路たちがこぞってこの案内記を持っているという記述を確認したことは，第 2 章で述べた。さらに 1763 年（宝暦 13）には絵図ができ，遍路道が鳥瞰的にイメージできるようになったほか，道標の建立も，時として真念の後継者を自負する人々たちによって，引き続き進められた[6]。道自体のフィジカルな整備もさることながら，こうした道の情報を蓄積・伝達するメディアの充実は，ある道が「遍路道」であり，それは「巡礼の道」という特別な意味性を付与されたものであることを確立していく。また，これらによって進むべき道筋が具体的に示された巡礼者たちも，どの道が次の札所につながる「遍路道」なのかを，明確に意識していったと考えられる[7]。

　以上のことから，この 2 つの言葉の差異は次のように理解できるだろう。すなわち，「八十八ヵ所」は，巡礼対象としての「札所」を焦点化していく言葉であり，四国遍路をそれらの集合体として捉える言葉である。また，それらを具体的につなぎ合わせるものとして，巡礼路である「遍路道」も視野に入れられる。そして「辺路」「遍路」が中世の四国辺地修行の系譜を引く言葉であるのに対し，「八十八ヵ所」は札所の確立を前提とする，より近世的な言葉なのである。したがって，「八十八ヵ所」は四国遍路のある特定の側面を抽出する下位概念と考えるほうが適当であろう。しかしながら，冒頭に述べたように，通常はこの 2 つは換言可能な同義語として理解されている。それはいったいどのような意味をもつのであろうか。

(3) 理念型としての「八十八ヵ所」――「聖地＝巡礼路モデル」

　巡礼者が通過する領域を「巡礼空間」[8]と呼ぶならば，『道指南』で示され，また後々に至るまで継承されてきたような巡礼空間は，おそらく図 3-1 のようになるはずである。これは，巡礼空間が点（札所）と線（遍路道）との 2 つの要素からなるものとして，人々に認識されているということを示す。このような空間モデルを本稿では「聖地＝巡礼路モデル」と呼ぶ。「四国遍路」と「四国八十八ヵ所」とを換言可能な同義語としてみなすことは，すなわち四国遍路を聖地＝巡礼路モデルで捉えるということにほかならない。そして，この認識は，「弘

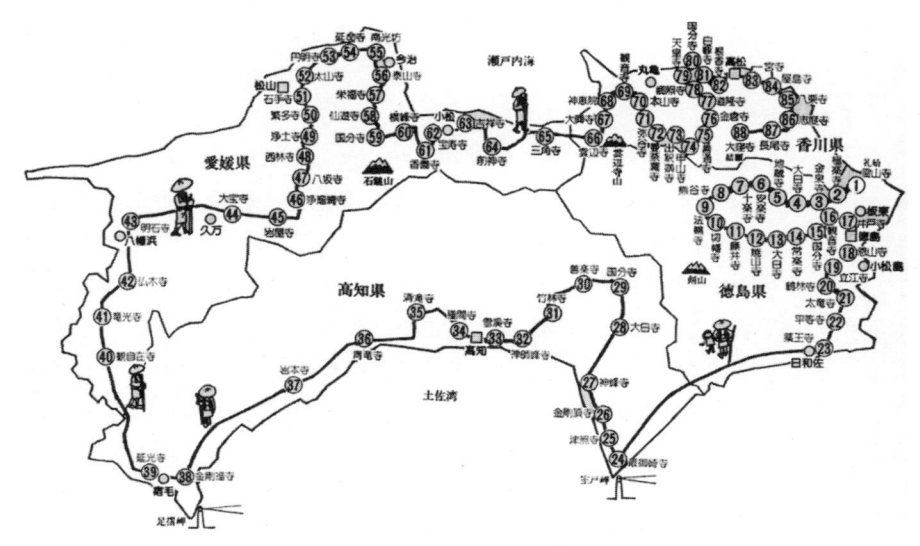

第 3 章　巡礼空間の認識論的再考－四国遍路の歴史人類学的考察から－

図 3-1　札所と遍路道からなる四国遍路地図（出典：『大法輪』〈67-2〉, 2000 年：100）

法大師の聖蹟巡礼としての四国遍路」というひとつの支配的な意味づけから演繹的に導き出される，宗教的な理念的モデルといえるだろう。

このような四国遍路を聖地＝巡礼路モデルで把握するという見方は，一般言説のレベルのみならず，これまで学術研究の分野においても同様になされてきた。

> 四国八十八ヵ所巡礼，すなわち四国遍路または単に遍路（中略）遍路は弘法大師信仰に基づく，大師所縁の四国霊場の巡歴を目的とする一種の聖地巡礼であり……［新城 1982：480］　※傍点は引用者による

新城常三は，上のように四国遍路と四国八十八ヵ所巡礼とを換言可能な概念として扱い，弘法大師の聖蹟巡礼と説明している。こうした発想からか，現地調査においても多くの場合，札所や遍路道沿線がその対象となってきた。例えば，近世四国遍路の大規模な実態調査を行った社会学者の前田 卓が求めた資料は，札所寺院の過去帳であった［前田 1971：101］。民俗学者の広川勝美も，「遍路道に面した寺々の過去帳には遍路の死が記載されている」と書いていることから，同

第1節　巡礼空間モデルの認識論的再考に向けて　153

様の発想をもっていたことがいかがい知れる［広川 1978：21］。彼らは，遍路者の足跡を調査するというテーマから，その対象を札所寺院や遍路道に求めたのであるが，両者を結びつけたのは，認識論的前提としての「四国八十八ヵ所」であったことは想像に難くない。そこでは，遍路たちは，弘法大師の聖蹟巡礼という目的に乗っ取り，88の札所に参拝・納経するために遍路道を整然と進んでいくような人々として描かれていたであろう[9]。

(4)「聖地＝巡礼路モデル」の限界——遍路道をはずれた遍路たち

だが果たして，遍路者はそのように巡礼路を行儀よく通過する者ばかりであったのだろうか。こうした巡礼者イメージに疑問を投げかける興味深い資料が，「この村は遍路道からはずれていたこともあって遍路死亡者の数はやや少ないようにおもわれる」［真野 1980：39］という，愛媛県宇和島市三浦地区での調査に基づく真野俊和の記述である。これは，「遍路道からはずれる」遍路，すなわち聖地＝巡礼路モデルでは捕捉できない遍路たちがいたことを示唆するものであるが，しかし真野は，ここから「どうして，遍路道からはずれた村にも遍路の足跡があるのか」という問いは立てず，これらを聖地＝巡礼路モデルのいわば例外的事項として認識している感がある。

しかし，こうした事例が決して例外ではないことは資料的にも裏づけられる。一例として，近世土佐藩の重要な法制史料とされる『憲章簿』に収録されている次のような文書を紹介しよう。

(1)『憲章簿』遍路之部13「回国并四国辺路共脇道ニテ止宿不相成，若シ迷来候時者順路筋へ追返シ其余改方取扱之事」宝暦9年卯3月5日

　　回国并四国辺路共，御国通行順路之外，脇道并順路を離れ一宿為致候儀共不相成段は，従古来被仰付候通以今相違無之候処，道ニ踏迷候辺路順路を離罷越，宿願出候時ニ一宿為致候儀有之趣ニ相聞候ニ付，右改方猶又厳重ニ為致候様ニ被仰付［高知県立図書館編 1985：460］

(2)『憲章簿』遍路之部17「他国辺路脇道へ入リ切手ヲ以踏迷来候得者，順路へ追返等御示之事」天明5年巳7月5日

他国辺路御国江入来候者共，往還順路を通可申，全脇道江入候儀重き御法度之趣，兼々御示被仰付置候処，近頃ニ至リ候而は，山分川筋辺往来いたし候辺路過分有之，不而已為致滞留候村々も有之様粗相聞，甚以不埒之至ニ候 [高知県立図書館編 1985：462]。

1759年（宝暦9）の覚では「回国や辺路が，定められた道を外れ，脇道に入って宿をとることは，従来通り禁止であり，厳重に取締するべし」という内容が述べられている。また，1785年（天明5）の文書でも同様に，「順路を外れ，脇道へ入り込むことは重罪であるにも関わらず，近頃そのような遍路達が多く見られる」という記述がなされている。さらに「従古来被仰付候通」あるいは「兼々御示被仰付置候処」という表現からは，こうした遍路道をはずれることに対する禁令は，一過性のものではなく，それ以前からもたびたび通達されていたものであることが理解できよう。

実は「脇道禁止」は，近世土佐藩の四国遍路行政における政策的な柱ともいうべき，一貫した方針であった。この点については第4章で改めて論じるとして，少なくとも18世紀後半の土佐では，遍路道をはずれる遍路が相当数存在し，それらは藩の規制対象であったにもかかわらず，こうした禁令が繰り返し通達されねばならないほど，社会的に定着した現象であったということを確認しておきたい。

1-2. 巡礼者の多面性と巡礼空間モデルの再考

(1) 田中智彦の「発展的経路」モデル

こうした理念的な巡礼空間モデルを認識論的前提とすることを，批判的に検討したのが，地理学者田中智彦による西国（三十三所）巡礼の巡礼路「復元」に関する一連の研究である。田中は彼自身の巡礼理解について次のように述べる。

巡礼にはまず巡礼の対象となる聖地（霊場や巡礼地）が必要である。そして聖地に向かって巡礼行為を行うのが巡礼者であり，巡礼者が通行する経路が巡礼路（巡礼道）である。これら3つが巡礼の主要素であり，それぞれが

密接に関連して巡礼は成立する。逆に、これら要素のどの1つが欠如しても、巡礼は成立しない［田中 2004：7］。

巡礼空間の理念的モデルである聖地＝巡礼路モデルは、第1章でまとめたように、主として聖地にまなざしを注いでいくような宗教学的な巡礼解釈と親和性が高い。これに対して田中は、巡礼者という視点を組み込むことで、当事者の実践から立ち上がる実際的な経路に着目する[10]。このような視点から彼は、ガイドブックや道中記、町石（mile stone）などについての実証的な調査を重ね、その結果、札所間を直接的に最短距離でつなぐ理念的経路に対して、巡礼者が実際に通行していた迂回ルートを発見し、それぞれ、「基本的経路（original or authorized route）」と「発展的経路（expanded or extraordinary route, newly developed route）」という分析概念に昇華させた[11]［田中 2004：41-130］。

西国巡礼において田中が「復元」した「発展的経路」の中でも、最も興味深いのは、4番槇尾寺（施福寺）から5番葛井寺に至る「大坂廻り」と呼ばれたルートである（図3-2）。これは「順礼街道」と呼ばれた4番から5番に直行する7里の「基本的経路」よりも、13里32町とはるかに遠回りでありながらも、近世を通じて選択され、また案内記でも基本的経路より詳しく紹介されたルートである。この「大坂廻り」は西国巡礼という観点からは非合理的にみえるが、実は当事者にとってきわめて合理的な選択理由があった。田中は案内記に加え、主として東国出身の巡礼者の道中記から彼らの経路をトレースすることで、途中に住吉大社や四天王寺といった有名社寺や大都市の堺・大坂を含む「大坂廻り」が、芝居見物や遊女小屋なども含めた大坂見物を目的とした「物見遊山的要素を達成するための経路」［田中 2004：98］であり、また堺で特産品であった刃物等を土産品として購入するためのルートであったことを明らかにする［田中 2004：92-100］。

この「大坂廻り」の発見は、西国巡礼の巡礼者たちが、時には札所以外の社寺にも参詣し、市中見物をし、国元への土産物を買い求めるような存在であり、「観音信仰に基づき33個所の札所寺院を順に参拝する」という理念的な巡礼者像で把握しきれない多面的なイメージを、われわれに改めて確認させる。田中自身がまとめるように、彼らは「西国巡礼を核としながらも、ただ札所を巡るだけでは

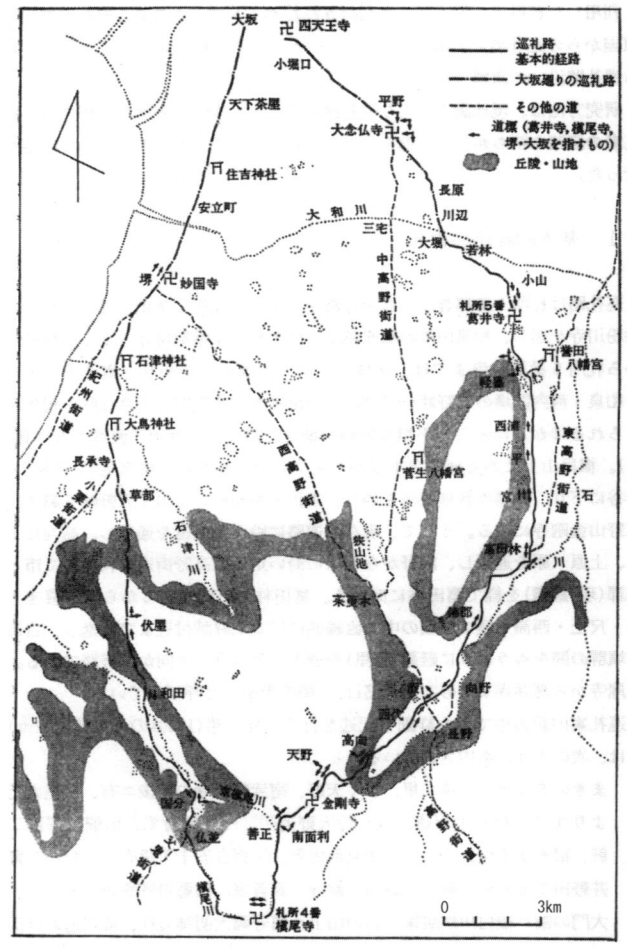

156　第3章　巡礼空間の認識論的再考－四国遍路の歴史人類学的考察から－

図 3-2　4番から5番に至る基本的経路と「大坂廻り」（[田中 2004:88]より抜粋）

なく，多数の社寺参詣などを取り込んだ，壮大な旅の体系を形成していっている」
[田中 2004：101]のであり，「観光」や広義の「流通」といった信仰・宗教以外
の領域にまたがる存在でもあったのである[12]。

　こうした巡礼者の多面性を踏まえるならば，では，聖地＝巡礼路モデルにはそ

ぐわない「遍路道をはずれた遍路」はいったいどのような側面をもった巡礼者であったのか，という問いが浮上する。そして，この問いに応えるためには，どのような巡礼空間モデルを構築すればよいのであろうか。

(2) 多面的実践体としての四国遍路

　四国遍路はもとより，多様な実践や意味解釈が織り成す多面的複合体である。それは弘法大師の聖蹟巡礼であるともいえるし，ある意味では四国の主要な観光資源でもある。車道化が進んだ現代社会においては，快適に歩くことが可能なウォーキング・コースという側面もある。時には探検や冒険の対象でもあり，そして文芸や絵画あるいは音楽といった芸術の題材を提供する場でもある[13]。こうした多様性については，現代の四国遍路においては事欠かないが，近世でも，大淀三千風の俳諧行脚や，後に探検家となる松浦武四郎の例をあげることができよう。

　複雑な構造体である四国遍路の全容を一括して把握することはそう簡単ではない。重要なのは四国遍路のどういった側面に光をあてるのかということである。そして本研究の着眼点は，従来のおもな研究とは異なり，巡礼者よりもむしろ四国の地域社会の側に視点をおくものである。

(3) 巡られる人々——遍路と相対する日常をつくりだす基盤としての四国遍路

　遍路は四国を巡る。その巡る先には，遍路ではない一般の人々，すなわち地域社会の住民の生活空間がある。そこでは四国遍路は単なる弘法大師の聖跡巡礼という説明だけでは収まらない。彼らにとっての四国遍路は，他者たる遍路を送り込んでくる装置であり，遍路と相対する日常をつくりだす基盤であるという一面をもつ。彼らはそこに巡礼があるために，好むと好まざるとにかかわらず，遍路と接しなくてはならない。つまり，遍路が巡る人々であるならば，彼らは巡られる人々なのである。

　こうした遍路との接触が日常化すると，それを受容し，自らの生活に組み込むような動きが起こってくる。いわゆる「接待」などは，それらの者への対処の知識や技法である。これは，巡られる経験の積み重ねによって形成される生活様式，すなわち文化・民俗であるといえよう。遍路が道をはずれるということは，その

ような巡られる空間の拡大を意味する。そして，それは四国遍路によってつくりあげられた文化・民俗の規模，言い換えると四国遍路の「文化的プレゼンス (presence)」[14] の問題となる。

つまり，四国遍路は「遍路という他者を送り込む装置」であるという認識論的前提に立つとき，必要なのは巡礼空間を点・線で捉えていくモデルではなく，巡られる領域を広域に射程に収めうるモデル，いわば巡礼空間を面として捉えていくような発想なのである。

(4) 二つのパースペクティブの接合の必要性

これまで，「遍路道をはずれる遍路」というような考え方は，メディアや研究者たちからは等閑視されてきた。それらは，ある意味で外在的なまなざしからの死角であったといえないだろうか。しかし，四国には遍路道以外の地域にも遍路たちの足跡が明らかに存在する。だとするならば，この着目度の差異を埋めるには，遍路が道をはずれるという現象を内在的なまなざしから捉えなくてはならない。

従来，四国遍路を議論するときには，方法論的に2つのパースペクティブがあった。広く巡礼全体を扱うマクロな立場と，特定の地域における習俗などを取り上げるミクロな立場である。前者はおもに巡礼者サイドに焦点を当てるものともいえる。逆に，地域社会の側を対象とする研究は，おもに後者の視点からなされてきた。そこでは，巡礼空間と地域社会とが，地域社会の側からみたウチとソトの関係で描かれることが多い。

今必要なのは，この2つのパースペクティブを接合するモデルである。遍路道をはずれた遍路は，訪問先の地域の視点から捕捉が可能であろう。しかし，地域の視点からのみでは，彼らの行動をマクロな巡礼世界と関連づけて記述することはできない。地域の視点から明らかになった成果を，なんらかの形でマクロな巡礼世界に還元する操作が必要である。つまり，「四国八十八ヵ所」的な概念からは想定しえない遍路がやってくる地域が，巡礼空間全体のどのような部分的要素として記述できるのかという論理的整合性をもつモデルが求められるのである。

こうした地域社会と巡礼世界の関係性については，民俗学者の小嶋博巳が，「巡

礼の地域社会と関わる局面」が「比較的等閑視されてきた」[小嶋 1987：167]と指摘してから20年近くが立とうとしているが，現在でもそれほど進んだとはいいがたい領域である。

　また，宗教学と地理学の接合領域である宗教地理学の最新の研究動向をまとめた松井圭介は，巡礼を宗教地理学の重要な研究分野として取り上げ，「宗教が作り出すネットワークを通して，聖地と周辺地域との結合関係を明らかにするという意味で有益」であると言及している[松井 2003]。すなわち，巡礼空間と日常世界を切り分けた宗教学的まなざしに対し，地理学的なまなざしは，その両者がどのようにして関係するのかという問いを投げかけるのである。田中の「発展的経路」は，日常空間に巡礼者の実践によって立ち上がった新たな経路を見出し，また巡礼者の多様性を取り込むことに成功したが，しかし，資料が道中記や道標といった巡礼者側のものであったために，聖地と日常世界との関係を正面から見据えるには自ずと限界があった。

　そこで本研究では，巡礼と日常世界の境界領域を，より意図的に取り上げる概念構築を考えたい。そのために，ここで研究対象としての「巡礼空間」を，巡礼者の軌跡の集合体と，ひとまず設定しておこう。ここでいう「軌跡」には，巡礼者とかかわり合う地域社会の人々に残る「記憶」を射程に収めるという意味を込めている。つまり，巡りの実践のみならず，その巡礼者が日常世界側からどのように認識され，解釈され，記憶されたかという点を見据えた分析概念設定である[15]。すなわち，これは巡礼の実践に着目した田中の視点を踏まえたうえで，さらに巡礼者と外部の地域社会との接点を取り込むことで，巡礼空間と日常世界の境界や関係性をより意識的に明確に捉えるモデルの構築をめざすものなのである。

第2節　広域過去帳調査——企画と方法について

　以上のような問題意識から四国遍路を捉え直す試みとして，著者は徳島県南部地域において広域過去帳調査を実施した。これは，札所や遍路道沿線といった場所的な限定を設けず，当該地域に所在する寺院の過去帳を広く調査し，そこに記載されている他所からやってきた遍路たち，すなわち客死遍路（行き倒れ遍路）

の記録を抽出する作業である。

本節では，この広域過去帳調査の企画と方法，分析と結果について述べる。まず諸資料の検討から本調査において過去帳を選択した理由を明らかにし，次いで過去帳を資料としてどのように読むかという方法について検討する。さらに，調査地域の概要について簡単に紹介し，そしてデータと分析結果について順に述べていきたい。

2-1. 先行研究と本調査の位置づけ

(1) 歴史人口学 (Historical Demography) とその資料

遍路と地域社会の関係性を歴史的に考察するというテーマにおいて，参考になるのが過去の人口状態を考察することを専門とする歴史学の一分野である歴史人口学である。これは1960年代に欧州で盛んになった学問で，教会による信徒の誕生・結婚・死亡の記録「教区簿冊 (Parish Register)」という資料を基に，家族復元 (family reconstitution) という作業を通じて展開された。日本では速水融が「宗門人別改帳」（宗門改帳）を基に，信州諏訪地方をフィールドにした『近世農村の歴史人口学的研究』や，濃尾地方を事例とした『江戸の農民生活史』など体系的な調査を行ってきた[速水 1973および1988 等]。

宗門改帳は，反キリシタン政策のために1670年頃から全国で作成されるようになった行政資料で，寺請制度という近世幕藩体制の根幹にかかわる文書である。領民ひとりひとりについて檀那寺の檀家であることを確認し，キリシタンではないことを証明するほか，民衆の移動や誕生・死亡，年齢，資産などが記されており，当時の社会状況を復元する資料としては，欧州の教区簿冊を上回る好資料であるという。

また，宗門改帳と並んで有効な資料に「過去帳」がある。これは寺院が檀家の死者情報（俗名・戒名・死亡年月日・喪おもなど）を記録したものであり，宗門改帳と同じく，近世寺請制度を支える重要な文書であった。これを用いた研究では，飛騨の某寺院の過去帳を使用した民族衛生学的研究［須田 1973］や，岐阜県全域251カ寺の過去帳から当時の人々の寿命を調査した論考などがある［平田 1963］。

第2節　広域過去帳調査——企画と方法について　161

いずれにせよ,歴史人口学はある共同体の人口を復元し,そのダイナミズムを追いかける学問であり,本調査の目的に近い部分を含んでいると思われる。厳密な意味での歴史人口学的手法を四国遍路に適用した研究は,現在のところ為されていない。

(2) 前田 卓の過去帳調査

上記のような歴史人口学的研究に近い試みが,社会学者・前田 卓による,札所寺院の過去帳を資料とした近世四国遍路の実証的研究である[16]。彼の研究は近世四国遍路の様相について述べる時に頻繁に引用されるものであり,その成果は,彼の巡礼研究における主著『巡礼の社会学』に詳細にまとめられている [前田 1971]。それによると,前田は札所寺院の過去帳（何カ寺かは不明）から計1,345の行き倒れ遍路を抽出し,その歴史的推移や個々の出身地,男女比などについての統計的分析を行っている [前田 1971 : 99-175]。そして,この調査が札所寺院を対象としたものであり,そこには四国遍路を八十八ヵ所に焦点化していくような認識論的前提があったであろうことは,すでに述べたとおりである[17]。

(3) 過去帳調査の可能性と本調査の主眼

著者はさきに,田中の「発展的経路」モデルの限界として資料上の制約を指摘した。その批判を踏まえて,聖地＝巡礼路型の巡礼空間認識を問い直すための資料として,著者が着目するのもこの過去帳である。

宗門改帳は基本的に地域の定住者を対象とする。したがって,そこを通過するだけの遍路等は原則として記載されない。過去帳も,原則として当該寺院の檀家の死者を記録するものである。しかし,近世幕藩体制における寺檀制度の下では,寺院が死者の管理を担っていたため,時折,当該地区で死

図3-3　過　去　帳
右のように「四国遍路」という添え書きが散見される.

亡したヨソ者，すなわち「客死者」が記録されることがあり，巡礼者もそれに該当する。つまり，過去帳は巡礼ではなく日常世界の資料であるが，巡礼とは無関係ではないという点で，巡礼世界と日常世界の境界領域を扱うのに適した資料と考えられる。

こうした客死者を扱うのが過去帳のいわば「備考」記事である。これは一般に「添え書き」と呼ばれており，他国者が当地で死亡した時や，逆に檀家の者が他所で亡くなった例，あるいは溺死や災害死など，通常とは異なる死の処理に際して付記される。その中に時折「遍路」[18]という言葉が出てくる。「○○国○○村××兵衛　四国辺路　当地ニテ死ス」という具合である。

しかしながら，これまでの過去帳を使った研究は，主として巡礼者の属性の調査を目的として行われきた。これに対し，本稿の広域過去帳調査は，過去帳を巡礼空間モデルの批判的検証のための資料として読み替え，巡礼とは無関係にみえる寺院の過去帳をも対象とし，調査地域における客死遍路の分布を調査する。したがって，前田の過去帳調査をマクロな視点に立つものとするなら，本調査はローカルな視点からのものといえよう。その意味で，近世遍路の実態を理解するという目的に当たっては，双方は補完関係にあると考える。

2-2. 他資料の検討

近世期の四国遍路における巡礼者の軌跡を把握するための資料には，過去帳以外にもいくつか考えられる。次に，これらのうち納札と遍路墓等についても検討し，遍路たちの活動領域を「面」として捉えるという本調査の目的に最も適当な資料としては，過去帳が最も適当であることを確認しておきたい。

(1) 納　　札

納札（おさめふだ）とは巡礼者が札所に納める札である。氏名・出身地・参拝期日・祈願内容などを書き添えるのが一般的であり，巡礼者の属性を量的に調査するのに適した資料となる。近世四国遍路の実態調査を行った社会学者の前田卓も，最初は西国巡礼で成果をあげた納札を利用することを考えていたが，四国の札所には古い納札が十分な数が現存していないため，次善の策として過去帳に注目したという

第2節　広域過去帳調査——企画と方法について　163

[前田 1971：99]。

　もっとも近年では，四国遍路の納札も多数発見されている。札所ではなく民家に「俵札」（図3-4 上）という形で大量に残されていたのである。納札には呪術的な価値が付与されており，砕いて飲んで病気治癒に使ったり，戸口に貼って魔除けにしたりされる（図3-4 下）。こうした目的に使用される納札の多くは，それを獲得するために接待を行って，その返礼としてもらい受けたものである。「俵札」とはこのような納札を俵につめたもので，火事除け・魔除けなどの効能があるとされる。この俵札の収集・分析を精力的に行っているのが喜代吉榮徳で，彼はこれまでに5万に及ぶ納札を収集し，出身地等について分析している［喜代吉 1999：口絵, 193-200］。

　しかしながら，納札はその発見場所と遍路の活動範囲が必ずしも一致しないため，本調査には適さない。納札を求める人は，札所や遍路道などに出向いて接待をしたり，あるいは納札入れから札を持ち帰ったりすることがあるからである[19)]。

　加えて「代参」の問題がある。

図3-4（上）俵札と納札（前山おへんろ交流サロン〈香川県さぬき市〉に展示），（下）戸口に貼られた納札（巡拝回数が多い遍路が用いる金札や錦札はとくに珍重される）（調査地内の民家で著者写す）.

代参とは巡礼を志した人が，代理人を立て代わりに巡拝してもらうことであるが，この場合，納札に書き込まれる属性は実際に巡礼する代理人ではなく，施主のものになる。そのため，納札の属性情報には自ら一定の限界があるということになる。しかし，この点を誤差の範囲として認めるならば，納札調査は，当時どのような遍路が巡礼していたかということに関する量的な調査には，最適な資料のひとつといえよう。しかし，巡礼空間を再考する目的には不向きなため，本調査ではこれを採用しなかった。

(2) 遍路墓

遍路墓とは文字通り行き倒れた遍路の墓で，四国遍路の風景に独特の悲哀を付与するものとして，しばしば体験記などにも登場する。「道のべに阿波の遍路の墓あはれ」という高浜虚子の有名な句[20]はその代表格といえよう。

遍路墓には大別して2つのタイプがある。まず，戒名等を彫り込んだ一般的な墓であり，調査地域では鉦打庵跡周辺に散見された。四国遍路関係の書物では，88番大窪寺周辺などにあるものがよく紹介されている。ほかに土饅頭に自然石をおいた簡素な遍路墓がある。調査地域では山河内の打越寺周辺で10数基ほど確認できた。しかし，このタイプの墓は出身地・没年などの情報が記されておらず，資料としては使えない[21]。

また，一般に遍路墓といわれているものでも，実際に目にしてみると，これがどうして「遍路」の墓とわかるのか判断に苦しむ場合がままある。墓に戒名や俗名・出身地などが彫り込まれていても，必ずしも「遍路」とは明記されないからである。したがって，その根拠は伝承か，札所・遍路道といった場所性に依存することになる。しかしながら，遍路道はそれ単独で存在するとは限らず，一般の街道と重なる場所も少なくはない。そのような場合，客死者の墓が直ちに「遍路」とは即断できない。行商人や普通の旅人，あるいは六十六部などの遍路以外の宗教的旅人であった可能性も十分に考えられるからである。したがって，本調査の場合，「遍路」と明記されている墓ならば資料になりうるであろうが，そのような墓はほとんど見かけることができなかった。

第2節　広域過去帳調査——企画と方法について　165

図 3-5　遍　路　墓

左は一般的なタイプ（阿南市福井町鐘打庵跡），右は自然石のタイプ（海部郡日和佐町）．なお右は，伝承によって「客死遍路の墓」として祀られている「伝・遍路墓」である．田圃の中にあり，持ち主は区画整理で移動したかったのだが，「お遍路さんのお墓」なので「いらわれん［触ったり動かしたりしないように］」と親にいわれ，そのままにしてあるという．

（3）宗門改帳と過去帳

　上述のように，宗門改帳（宗門人別改帳）には通過者としての遍路は原則として記載されない．この資料は，例えば他国から遍路として来訪し，縁あって庵や堂の管理者として定着した者を調査するといったテーマには最適となるであろう．今回の過去帳調査でも「庵住」と添え書きされた他国出身の者がしばしばみられた．これらは上記のような事例とも考えられる[22]．だが，このような人は地域社会にとって「庵住」であって，もはや「遍路」ではない．本調査でも「遍路」と「庵住」が併記される例はなかった．

　一方，過去帳には調査対象が不幸にして巡礼中に亡くなった遍路たちに限られるという限界がある．しかしながら，「添え書き」にある付帯情報の詳細さに加え，遍路墓などに多い「伝・遍路」ではなく，「遍路」と明記されているという点でも，資料的な信頼性が高い．さらに調査地には近世からの歴史をもつ寺院も少なくなく，網羅的な調査が期待できることから，遍路の活動範囲を探るという本調査においては，資料として過去帳が最適と判断したのである．

2-3. 調査地の概要

　調査地には，現在の徳島県阿南市を中心に，那賀郡，海部郡の一部を含む地域を選定した。旧阿波国は吉野川流域の北方(きたかた)と勝浦川・那賀川流域の南方(みなみかた)に大別されるが，その後者にあたる。同地域には21番太龍寺，22番平等寺，23番薬王寺の3つの札所があり，遍路道は南北に縦貫している。

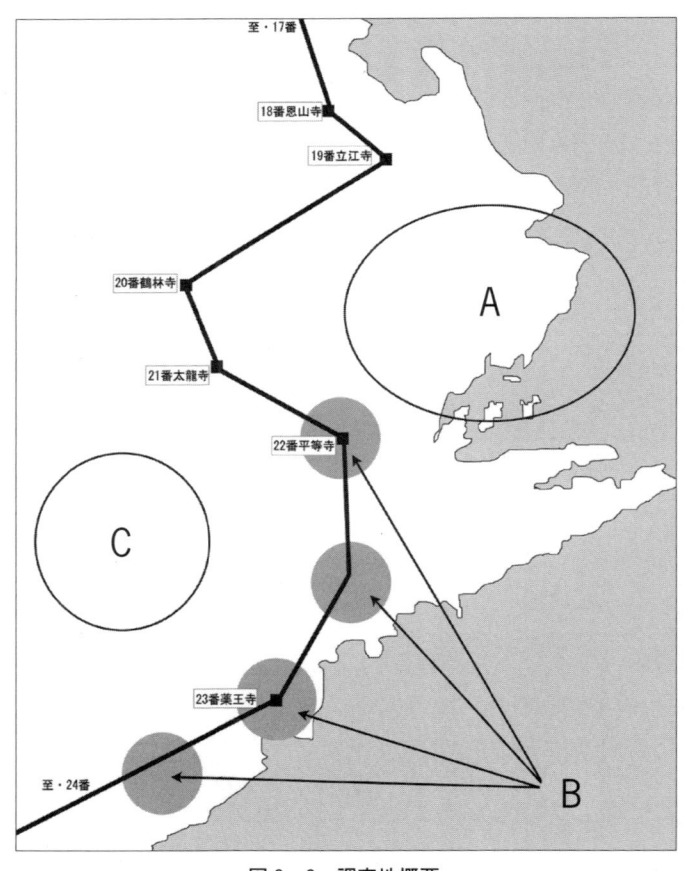

図3-6　調査地概要

第2節　広域過去帳調査——企画と方法について　167

　これら1市2郡は概ね次のような地形的な特徴を有する。まず，北部の阿南市域には平野が広がっており，南方の中心都市であった富岡を中心にまとまった市街地が形成されている。遍路道はこの市街地を迂回するように，西側の山岳地帯を通っている。次に，南部の海部郡域は東南方向に開けた海に山地が迫っており，わずかな平地に町が点在する。遍路道はこれらの町を通りつつ，海岸線と平行に北東から南西に抜ける。西部の那賀郡域は四国山地の中央部に近く，四国全体で環状をなす遍路道の中空部にあたる。また阿波藩の五街道のひとつである土佐街道が，一部遍路道と重なる形で阿南市域と海部郡域を，土佐街道から派生する土佐中街道（丹生谷街道）が阿南市域と那賀郡域を，それぞれ接続している[23]。

　調査の手順は次のとおりである。まず，これら地域のおもな寺院35カ寺をリストアップし，研究の趣旨説明と過去帳閲覧を依頼した。次にこのうち賛同を得られた22カ寺を訪問して，住職や近隣の住民から遍路にまつわる話を採取しつつ，過去帳から同所で客死した遍路を抽出する作業を行った。これに文書による解答があった2カ寺を加え，調査寺院は24カ寺になった。

　これらの24カ寺の調査寺院を遍路道との関係から整理すると，次のようにA,B,Cの3地区にグルーピングできる。

　まずグループAは，阿南市東側の平野部に所在する16カ寺である。先述したように，阿南市域では遍路道が西側の山岳部を通過するため，同所は遍路道が迂回する地域，すなわち遍路道からはずれた地域となる。事実，『道指南』以降，多くの案内記や体験記に同地域に関する記述はほとんど登場しない[24]。

　次にグループBとして，遍路道沿線の寺院がある。これは阿南市西側の山岳部から海部郡の6カ寺が該当する。『道指南』以降のほとんどの案内記等でも紹介され，現代の歩き遍路たちにもなじみ深い地域である。

　最後にグループCとして，那賀郡相生町と海部郡日和佐町赤松地区の2カ寺がある。ここも一般的な遍路道からは西側にはずれており，A地区同様に四国遍路の案内記や体験記には登場しない。しかしながら，阿南市史によると，22番から23番へ至るメイン・ルート（22番－月夜－鉦打－23番）に対し，距離的に短い徒歩用バイパス・ルート（22番－相生－赤松－23番）があったといわれている［阿南市史編纂委員会編　1995：701］。

　以上のように，調査地は案内記にも登場する遍路道沿線，案内記には登場しな

いが，地元の資料ではバイパス・ルートとされる地域，そして遍路道とは無関係の地域と，遍路道との関連についてそれぞれの様相を呈している。そのため，興味深い比較研究が期待できると考え，同地を選定したのである。

2-4. 資料としての過去帳

　以上，調査の企画について述べてきたが，最後に，実際に過去帳を調査する際の留意事項や過去帳の資料的な限界など，確認を要する事柄についていくつか触れておきたい。

(1)「遍路」の認定基準について

　過去帳調査の実際の作業にあたって最も重要なのは，どれを「遍路」とするかという問題，いわば調査対象としての「遍路」の認定基準である。これは過去帳をテクストとしていかに読むかという問題でもある。前田の場合，明確な基準は記述されていないが，『巡礼の社会学』の101ページに抽出対象の認定について述べた箇所がある。

　　　各霊場に残されている過去帖は，その霊場の檀家の人々の戒名が記載されているのであるが，その中には数年に1回ほど他国の遍路が記載されている。(中略) 勿論過去帖に記載されている他国出身者の大半は遍路であると解されるが，中には遍路でない場合もある。たとえば，薬王寺の過去帖には志摩の国から来た男が破船で死亡したことが記載されてあり，また道後に近い寺では，温泉に来て死亡した者はその旨のことが記入されている。(中略) また戒名で遍路であることがわかる場合もある。(中略) 道善信士[25]とあり，阿波の牢人で折坂で死亡したことが記載されてある。これが遍路であったか否かは不明であるが，戒名などから見るとやはり遍路と解すべきであろう [前田 1971：101]。

　これから推測すると，前田の認定基準は次のようになるだろう。

(1)「遍路」と明記されている場合は，遍路と認める。
(2) そもそも札所寺院の過去帳に記載された他国者は，ほとんど遍路であると考えるが，遍路でない旨が書かれている場合はこれを除外する。
(3) 遍路と明記されていない場合でも，戒名から「遍路」と判断する場合がある。

(1) に問題はない。添え書きに「遍路」と書かれているのだから，実際はどうであれ，少なくとも地元社会はその死者を「遍路」と認識していたと理解してよい。また，「四国順拝」「四国ニ来」という語もこれに準ずると思われる。本調査でも，まず過去帳にこれらの語句が明記されているものを「遍路」とみなすことにした。

ところが，(2) と (3) に関しては著者の見解は異なる。(2) の場合，前田の調査は札所寺院が対象であったので，「他国者＝遍路」と捉えたのであろう。しかし，本調査では調査寺院は必ずしも遍路道沿線ではない。仮に沿線であっても23番薬王寺周辺などグループBの4カ寺は，一般の幹線道「土佐街道」とルートを同じくするし，グループAには港町や郷町が含まれており，往来の活発な地域である。故にこれらの地域では，客死者の中に一般の行商人や旅行者も相当数含まれ，ほとんどの客死者を「遍路」とみなすことは難しいと考えた。

さらに (3) である。この「戒名から判断」する基準も明確にされていないが，おそらく戒名の意味をとったか，あるいは「道」という文字から「遍路」を連想したと思われる。そのような推定の根拠は (2) と同様，「札所寺院の所在地を訪れた他国者の多くは遍路であったにちがいない。つけられた戒名がそれらしいのでなおさらである」という暗黙の了解でしかない。確かに，札所寺院で明記された事例は非札所寺院より少ないが，客死者全体では格段に多くなるケースがあり，前田の推定もあながちはずれているとは言い難い。しかし，本調査の主眼は，「客死遍路が確認できる範囲」を調べることであり，そのためにはより厳密な判断基準を採用するべきだと考え，(2) や (3) のような基準はこれを却下した。このほか，「行者」「廻国」「諸国巡拝」という記述を若干例確認したが，これらも除外した。

つまり，本調査における「客死遍路」の認定基準は，調査目的との適合性を考えたうえで，次のように設定した。それは，「『遍路』あるいはそれに準ずる『四国』が明記されていること」という1点のみである。

(2) 過去帳の資料的限界について

　次に過去帳の「体裁」と「再編」の問題について言及したい。調査で目にした過去帳の体裁は，大別して3種類に分けられる。事例が時系列上にならんだ「編年式」，命日の日ごと・月ごとにまとめた「日牌・月牌」，檀家ごとに書き分けられた「檀家別」である。

　現存する過去帳には再編集されたものがかなりある。災害や荒廃などの諸事情により，過去帳が損失する可能性は以外と高い。また何らかのイベントを契機に，新しくつくり替えるということもある。その際，往々にしてホトケを檀家ごとに整理して書き分ける「檀家別」の体裁をとる。記録を再生する際に頼りになるのが，墓石や位牌あるいは家人からの申告なので，再編版は自ずとそのようになるのだろう。

　ここで問題なのが，その再編纂の際に情報が失われる可能性があることである。とくに檀家別になると，客死者のようなヨソ者は漏れてしまう可能性が非常に高い。あるいは付帯情報が失われ，単なる無縁仏として祀り直される可能性も考えられる。今回，閲覧した22カ寺のうち7カ寺が「檀家別」であったが，こうした事情からか，客死者の記録はごく稀であり，遍路に関しては皆無であった。しかしながら，先に述べた理由により，「記録がない」ことが「客死遍路がいなかった」ことにはつながらない。したがって，この7カ寺分の檀家別過去帳については，これを分析不能（N.A.）とした。

　さらに，調査のポイントになる「添え書き」であるが，実はこれ自体，不確実性を含んでいる。添え書きは基本的に住職の裁量に委ねられる。同じ事例を処理したとしても，添え書きの有無や情報量は，記述者によって異なってくる。したがって，同一の過去帳でも「右江戸小石川陸尺町四国辺路〇〇。当村にて相果。御願申上当寺引導」のように詳しい記述もあれば，単に戒名の脇に「辺路」とだけ書いた例も存在する。添え書きそのものが何年も出てこないものもある。元来，過去帳は「ヨソ者」と馴染まない性格をもつ。遍路墓でも正式な墓ではなく，土饅頭に自然石を乗せただけの簡素なものがあるように，とくに過去帳に記録されなかった客死者も相当数存在したとみるべきであろう。

　過去帳はすべての客死者を記録したとは限らないし，客死遍路を「遍路」と明

（3）本調査における過去帳データの取り扱い

以上のような留意点を踏まえ，本調査では過去帳データを次のように取り扱う。すなわち，「過去帳に『遍路』と明記された行き倒れの記録がある」ならば，「過去において，その地に遍路がやってきた」と判断する。しかし一方，「過去帳に『遍路』と明記された行き倒れの記録がない」からといって，「過去においてこの地に遍路がきていなかった」ということは確定できない。あくまで，ここで明らかにできることは，「遍路がやってきた範囲を確認する」ことのみである。また，前田の調査で中心となった，歴史的推移・出身地・男女比などについても，参考データとして集計した。

（4）その他・備考

また，いうまでもなく過去帳に記載されている情報はすべて個人情報である。今回，研究目的に賛同された各住職方のご協力により，幸いにもいくつかの過去帳を閲覧することができたが，本来みだりに公にされることはない。このような事情を踏まえ，「俗名」および「施主」といった，プライバシーにかかわる情報については本稿でも公開しない。

なお，本調査では調査寺院の宗派にとくに限定を設けたわけではないが，真言宗系以外の寺院では，「宗派がちがうから，（過去帳に）遍路の記述はない」[26]という説明がなされることが少なくなかった。このため，結果的に調査寺院はすべて真言宗系の寺院となったことを付記しておく。

第3節　遍路道をはずれた遍路たち――調査結果

以上のような各種制約の検討の結果，分析可能な過去帳をもつ寺院は全部で17ヵ寺になった。なおC地区では，有効な過去帳がなく，残念ながら今回は分析不能となった。

3-1. 総数と分布

17カ寺中15カ寺の過去帳から全部で156例の客死遍路が確認された。これらの分布を地図上に示したのが（図3-7）である。

札所寺院1カ寺を含む遍路道沿線のB地区では，5カ寺すべての過去帳から，44例の客死遍路が確認された。

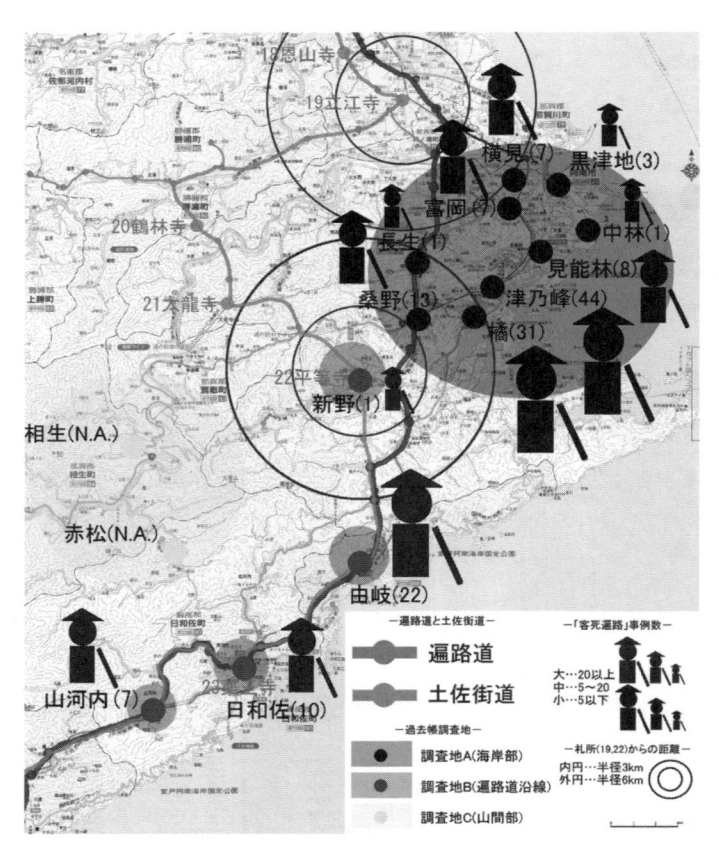

図3-7 広域過去帳調査にみる156例の客死遍路の分布
（昭文社，1999：『徳島県都市地図』108-109，120-121を基に著者作成）

遍路道からはずれたA地区では，12カ寺中10カ寺の過去帳から，112例の客死遍路が確認された。なお，客死遍路の記載がなかったのは，富岡K寺と長生Y寺だが，それぞれ同じ町内の他の寺院では確認されているので，地域としては「分析可能な過去帳をもつ調査地は，すべての場所で客死遍路が確認された」ということになる。すなわち，21番から23番まで，札所を合理的に巡拝するなら通過する必要はないA地区でも，その全域で客死遍路の事例が確認されたのである。

以下では，この遍路道からはずれたA地区の112例について詳しく検討してみよう。

3-2. 年代別分布

年代別分布はグラフに示した（図3-8）。最古の記録は，1767年，見能林でのものである。添え書きには「北方遍路」とあり，阿波の北部地域「北方（きたかた）」出身の遍路と思われる。次いで1776年富岡で因幡出身の遍路，翌年には丹後の女性遍路が記録されている。事例が増えるのは1810年代から1860年代にかけてであり，

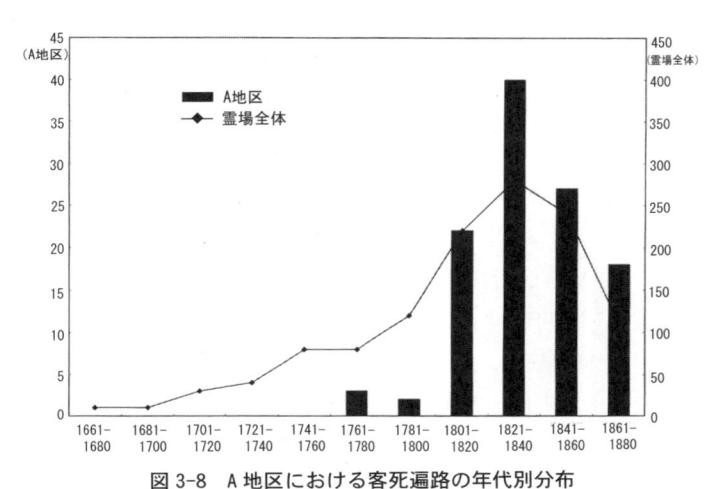

図3-8　A地区における客死遍路の年代別分布
比較のために前田の調査を霊場全体の傾向として10分の1に縮小し，折線グラフで併記した［前田 1971:110-111］.

1820年代にひとつのピークを迎える。しかしその後は，1870年（明治3）に3例，1871年（明治4）に1例と激減し，最後の事例は1879年（明治12）8月の但馬出身の男性遍路であった。

ここで，A地区での全体的な動向を把握するため，仮に1771年から1870年までの100年間の枠をかけるならば，1番目最初と最後から2つを除く109例がここに収まる。すなわち，本調査の結果，近世後期から明治初期にかけての1世紀について，年間約1人の割合で遍路道をはずれた客死遍路が確認されたことになるのである。

3-3. 出身地

A地区で確認された客死遍路の出身地を旧国名で整理すると，表3-1[27]のようになる。ほとんどが近畿以西の出身であり，中部地方より東は13例であった。また前田の調査では皆無とされた「薩摩」が2名，伊賀（伊州）が1名発見された。しかし，同様に皆無とされた「大隅」「隠岐」「飛騨」「志摩」「駿河」「上総」「安房」「佐渡」の遍路は，本調査でも（B地区を含めて）発見されなかった。

なお，かつては札所番号によらず巡拝に手近な場所から始めるのが一般的であった［中務1979（1883）：5など］。A地区対岸の紀州などからは，同地区を上陸点とした可能性もあり，これは「遍路道をはずれた」とは言い難い。しかしA地区で四国・中国・九州地区の出身者は4割強を占めており，彼らが同地区を訪れたのはそのような理由だけでないことは明白である。

表3-1 客死遍路の出身地

	A地区	B地区	合計
紀伊	12	4	16
摂津	10	3	13
播磨	7	1	8
丹州	6	1	7
伊予	5	4	9
讃岐	5	3	8
備後	5	2	7
山城	4	3	7
和泉	4	2	6
備中	4	1	5
阿波	3	3	6
肥後	3	0	3
長門	3	0	3
尾張	3	0	3
周防	2	2	4
江戸	2	0	2
薩摩	2	0	2
備前	2	0	2
但馬	1	1	2
因幡	1	1	2
安芸	1	1	2
信濃	1	1	2
加賀	1	1	2
常陸	1	0	1
下総	1	0	1
上野	1	0	1
日向	1	0	1
九州	1	0	1
近江	1	0	1
土佐	1	0	1
伊賀	1	0	1
美濃	1	0	1
越後	1	0	1
豊後	0	3	3
若狭	0	2	2
伊勢	0	2	2
淡路	0	1	1
不明	15	2	17
合計	112	44	156

3-4. 身分・戒名等

戒名は，「信士・信女」「童子・童女」を中心とし，ほかに「法師・禅門・禅定門」が若干あった。身分の高い人に用いるといわれている「院・居士」号,「大姉」号や，俗名に名字を有している例は皆無であった。その他，俗名に屋号が記されているのが5例，「○○寺弟子」「庵主」「法師」等，出家者と思われるのが5例，「無切手者」が2例，生国不明は14例である。ただし，生国不明のうち9名は俗名も記されておらず，手形がなかった可能性も考えられる。

一方，B地区では名字を有するものが1例あったほか，屋号が3例，出家者と無切手者は0例であった。加えて2例の生国不明者があったが，ともに俗名が記載されていた。総じてA地区では，B地区に比べて不明瞭な記述が目立つ傾向がある。

3-5. 男女比

A地区客死遍路の性別を，戒名をおもな判断材料とし，それに俗名や施主との関係などを参考にしながら分類すると，男女比は次のように推測される。

まず戒名では信士号が6割強を占め，これに童子号を加えると男性が68％となる。対して女性（信女・童女号）は22％，残り10％は性別不明となる。すなわち，男女比は概ね3:1となる。この比率はB地区でもさほど変わらず，また前田の調査結果［前田 1971：188］にも近い水準である。

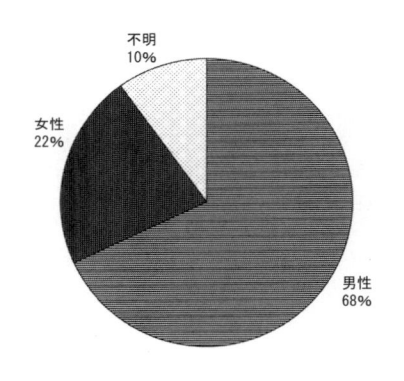

図3-9　A地区客死遍路の男女比

3-6. 広域過去帳調査の結果

以上のことから，本調査の結果，全部で112例（1771〜1870年の100年間で

は109名）の遍路が遍路道をはずれたA地域で客死したことが明らかになった。なお，この数値は現在確認できる最少のものであることに注意されたい。過去帳調査の制約・資料的限界によって捕捉できなかった客死遍路が少なからず存在する可能性はすでに指摘した。そして最も重要なことは，客死者はむしろ特殊な事例であるということである。つまり，A地区を訪れ，そして生きたままどこかへ去っていった遍路は，おそらくその何倍もいるにちがいない。

　前田は，調査した寺院数は明らかにしていないが，客死遍路に出会う頻度については，「数年に一回ほど」と記している［前田1971：101］。今回の調査でも，頻度的にはこの表現とそれほど大差はなかった。さらに既述のごとく，今回の遍路認定基準は前田のそれより数段厳しい。仮に前田が，本稿の規準で調査していれば，データ数はいくらか目減りしたはずである。これらのことを考えるならば，A地区で年に一度前後という今回のデータ数は無視できるほど少ないというものでは決してない。むしろ，札所寺院の過去帳に比べても，相当に多い数とみるのが妥当ではないだろうか。

　以上のような分析から，次の事項を本調査の成果として確認したい。すなわち，「遍路は八十八ヵ所や遍路道から離れた場所にも多数やってきていた」ということである。これは，既存の遍路に対する認識の再考を促す成果である。つまり本調査は，聖地＝巡礼路モデルの限界を浮き彫りにする「遍路道をはずれる遍路」の存在を統計的に裏づけたのである。

第4節　四国遍路の歴史人類学的考察と「乞食圏」

　前節では過去帳調査から「遍路道をはずれる遍路」が相当数存在したことを実証した。つまり巡礼空間には札所寺院と遍路道の外側に，ほかならぬ遍路たち自身によって押し広げられた領域が存在するのである（図3-10）。

　その新たな領域はどのような巡礼空間なのであろうか。その際，手がかりになるのが，「なぜ彼らは遍路道をはずれたのか」という問いである。聖地＝巡礼路モデルから導かれる遍路像は，札所を合理的に巡る巡礼者であった。つまり，こ

第4節　四国遍路の歴史人類学的考察と「乞食圏」　177

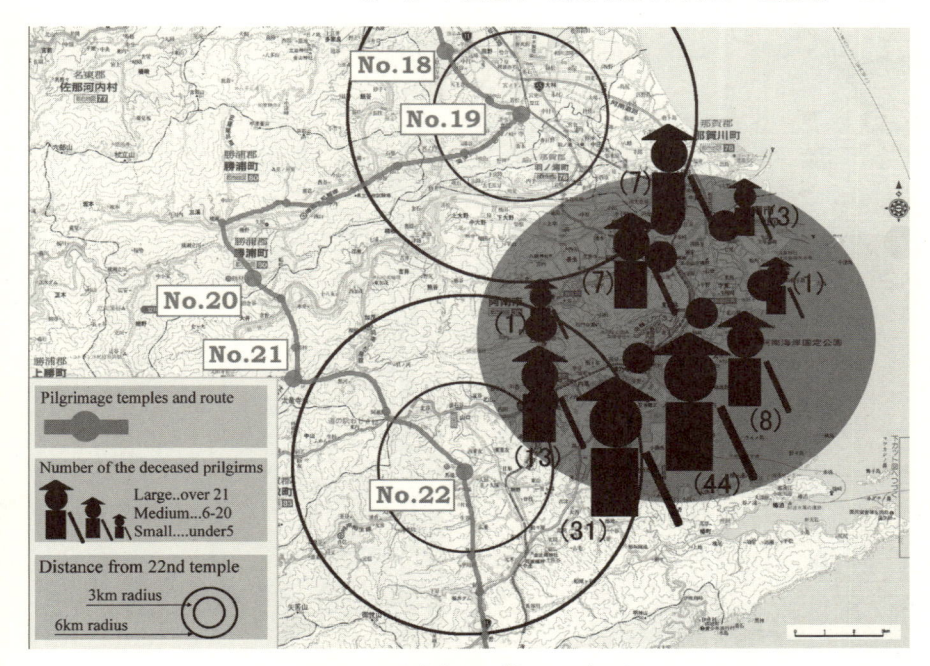

図3-10　遍路道をはずれた遍路たち
（昭文社，1999：『徳島県都市地図』108-109，120-121を基に著者作成）

の問いに答えることは，彼らが札所順拝以外の目的をもつ移動者としての側面を浮かび上がらせることにほかならない。この問題について，まず彼らの訪問先であるA地区とは，どのような地域なのかということから検討してみよう。

4-1．調査地域の地誌学的考察

(1)「北方(きたかた)」と「南方(みなみかた)」

　阿波は吉野川流域の北方(きたかた)，那賀川・勝浦川流域の南方(みなみかた)と大別される。北方は城下町徳島が中心都市であり，南方は郷町[28]富岡が代表的な中心都市である。産業的には藍・塩・砂糖などの商品作物の栽培が盛んで，貨幣経済の浸透が早かった北方に対し，南方は農業（米）・漁業・林業が中心で現物経済が中心とされてきた。そのような経済力を反映して，政治・文化的にも北方が強く，四国遍路に

178　第 3 章　巡礼空間の認識論的再考－四国遍路の歴史人類学的考察から－

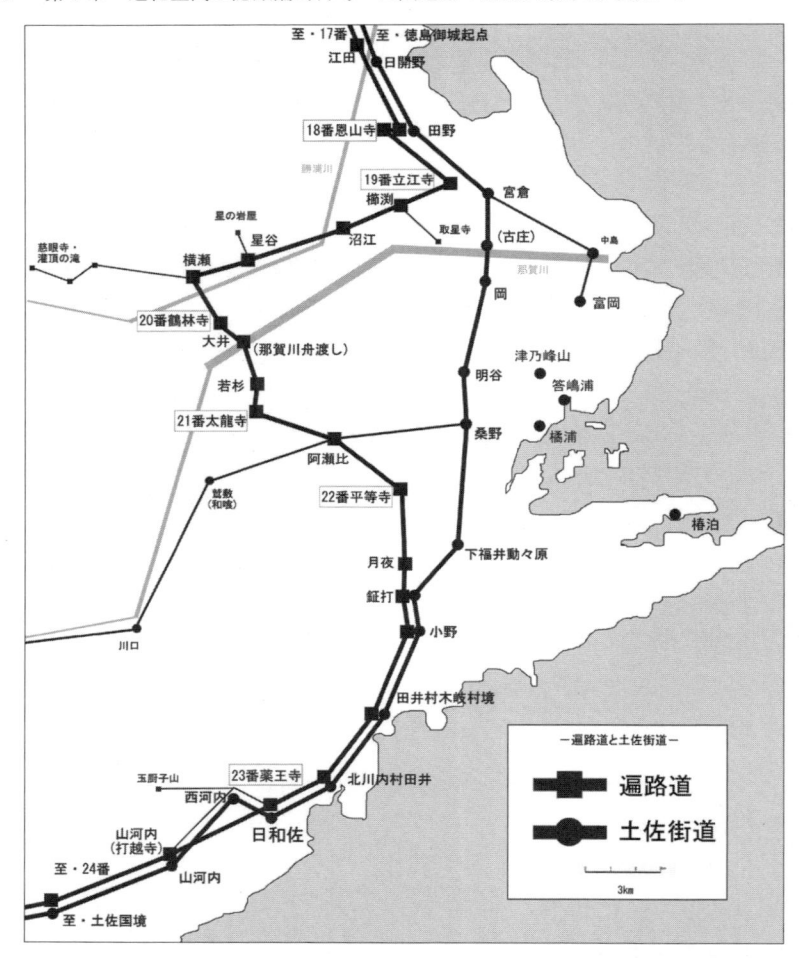

図 3-11　阿波南方の街道・遍路道・主要都市の位置関係
　遍路道は『道指南』（貞享 4 年版および明和 4 年再版），土佐街道は『阿南市史』の記述を参考にした．

おいても，国内に 23 カ所ある札所の内 17 カ寺が北方に属し，南方は 6 カ寺とその半数以下である．

　A 地区は南方に属するが，富岡やいくつかの港町を抱えており，南方の中では比較的繁栄していた地域であった．

(2) 一般幹線道「土佐街道」と陸上交通の要所「桑野」

　かつて阿波藩には5つの幹線街道があった。淡路街道（撫養街道）・伊予街道・川北街道・土佐街道・讃岐街道である。このうち南方を縦貫するのが土佐街道であり，徳島城下から土佐国境まで20の一里松と3つの「駅路寺」（後述）が設置され，軍事的あるいは通商の幹線ルートとして賑わっていた［阿南市史編纂委員会編 1995：677-693］。この沿線にあるのが長生と桑野である。とくに桑野は，四国山地の奥に入っていく準幹線道「土佐中街道（丹生谷街道）」が分岐するポイントであり，駅路寺もここに置かれていた。

(3) 郷町「富岡」と富岡道

　一方，土佐街道よりもさらに東側，桑野から津乃峰山をはさんで東北部には富岡があった。ここは阿波南方全体の政治・経済の中心都市であり，商業的特権を付与された「郷町」として栄えていた［阿南市史編纂委員会編 1995：284-321］。この富岡には，土佐街道の支道（宮倉－西原－大京原－横見村－富岡町渡し上り口）が通じていた［阿南市史編纂委員会編 1995：678］。

(4) 港町「橘浦・答嶋」

　また橘湾の沿岸部，橘浦・津乃峰（答嶋）は良港として栄えていた。橘浦には番所が置かれ，江戸・大坂への回船が就航していたという［阿南市史編纂委員会編 1995：725-729］。また，答嶋では江戸後期に塩田が開かれた［阿南市史編纂委員会編 1995：591-594］。この津乃峰・橘浦には富岡道を延長する形で枝道がつながっていた［阿南市史編纂委員会編 1995：683］。

(5) 遍　路　道

　一方，阿波南方の遍路道は，徳島から19番立江寺までは土佐街道にほぼ併走している。ところが，立江寺を過ぎると両者は分岐する。土佐街道はそのまま南下，岩脇－南島間で那賀川を渡河し，長生－桑野－動々原－小野と続くのに対し，遍路道は90度西に向きを変えて20番鶴林寺をめざす。そして，大井で那賀川をわたり，若杉谷を越えて21番太龍寺に至る。さらに，阿瀬比村－大根の坂

―22番平等寺―月夜(番外・月夜庵)ときて,鉦打(番外・弥谷観音)で再び土佐街道に合流し,その後は土佐国境まで両者は併走する[阿南市史編纂委員会編 1995:701]。

この基本ルート以外にも,22番から23番に至る道として,(a)鉦打から星越を越えるルート(現在のメインルートである。著者が目にした1909年(明治42)の巡拝日記ではこのルートがとられていた),(b)月夜から福井・真光寺前を抜けて阿部(番外・お水大師がある)から由岐へ至るルート[29],(c)月夜・鉦打を経ず,平等寺から西の山道を越えて土佐中街道に出て,川口で赤松方向へ折れ,そこから南下して土佐(浜)街道へ接続する「バイパス・ルート」があった[阿南市史編纂委員会編 1995:701]。

いずれにしても,土佐街道は現在の阿南市域の真ん中を縦貫するのに対し,遍路道は大きく西側にそれ,同地域を丸ごと迂回しているのである。すなわちA地区は一般には栄えていたが,遍路である限り訪れる必要のない地域なのである。では,いったいどのような理由で遍路たちは,この「遍路道からはずれたA地区」を訪れることになったのだろうか。

4-2. 遍路道をはずれるいくつかの仮説

上の疑問に対して,考え得る理由として以下のようなものがある。順に検討してみよう。

(1) 駅路寺の利用

駅路寺は広く旅人を泊めることを目的に,阿波藩初代の蜂須賀家政が1598年(慶長3)に制定した制度である。土佐街道には3カ所の駅路寺があった。A地区には桑野・梅谷寺が含まれている(他にはグループCの山河内・打越寺と宍喰・円頓寺[30])。駅路寺制度を定めた条例文には「辺路」の文字があり,泊めるべき旅人に遍路が含まれていたことを証明している[阿南市史編纂委員会編 1995:718]。ただし,すでに1653年(承応2)京都智積院の澄禅が,その遍路旅の途中で円頓寺から追い出されたエピソード[31]があるように,制定から2世紀を経た19世紀の時点でどの程度,遍路の宿泊宿として機能したかは不明である。と

もあれ，桑野の駅路寺に記録された客死遍路は12例であった。この桑野と土佐街道沿いの長生の2例を除く，その他の98例は，さらにひと山隔てた東側で発見されている。すなわち大多数の事例は駅路寺の利用では説明がつかない。

(2) 道に迷った可能性

遍路行の途中で道に迷うことはままあると聞く。そのために，真念をはじめとする多くの奉仕者が道標を建立してきた。現代の遍路においても，迷ったときは大師の化身たる「お杖」を倒して進むべき方向を占うという習俗があるという［真野 1980：46］。

しかし，道に迷ったまま2里，3里と歩き続けるだろうか。遍路姿をしていれば付近の人から声がかかるはずだ。杖をつき，菅笠を被った「遍路」は異形である。地元でも「遍路」を知っているのだから，道をはずれた遍路に声がかかることは考えにくいことではない。何より，彼らはその地で行き倒れたのである。遍路が道に迷うことは頻繁に起こりうることであろうが，客死遍路の説明としてはいささか弱い気がする。

(3) 知人宅の訪問

むしろ考えられるのは，彼らがA地区在住の知人を訪ねたという可能性であろう。事実，先の澄禅は先々で昔の学友宅を訪れているし，また1675年（貞享2）『四国遍路海道記』を著した俳人の大淀三千風も，同様に先々で友人の家に滞在している。

だが，過去帳の性格を考えると，このような場合には添え書きにも当然その旨が記されるのではないだろうか。檀家の知り合いを単に「摂州〇兵衛　右之者辺路也」で済ませるだろうか。「右，〇左右衛門の知人也」等の書き方が自然であろう。事実，遍路以外での客死者にはそのような記述を見ることができた[32]。「友人・知人宅に立ち寄る為にA地区を訪れた」というのは，動機として自然であるが，本調査ではそれを裏づける資料は得られず，むしろ資料的には間接的に否定されると思われる。

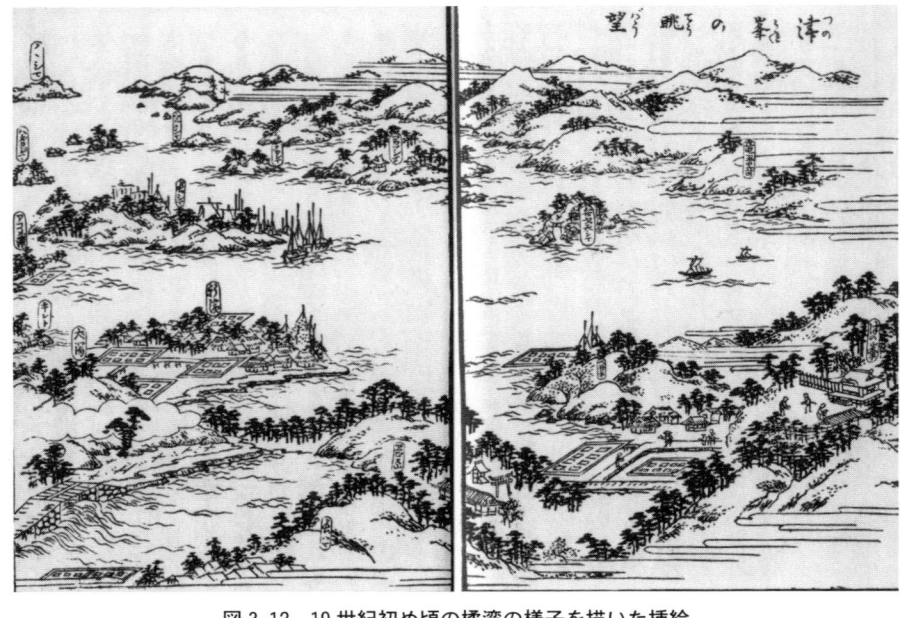

図 3-12 19世紀初め頃の橘湾の様子を描いた挿絵
探古堂墨海:『阿波名所図会』巻之下「津峰の眺望」, 1811年 (文化8) より.

(4) 名所見物・他の社寺参詣

　近世期の社寺参詣は民衆の最もポピュラーなレクリエーションであったといわれている。四国遍路にも遊楽・観光の要素が加わり，なかには遍路をしつつ各地の観光地に立ち寄っていた者もいた。例えば，『四国遍礼名所図会』[33]を著した遍路は，途中，53番円明寺から3日かけて厳島と大三島に立ち寄っている。

　A地区にある名所旧跡は，阿波の松嶋といわれた橘湾とその山頂にある津乃峰権現社[34]があげられよう。1811年 (文化8) 発刊の『阿波名所図会』[35]には「津峰の眺望」と題して，橘湾の風景が記載されている。

　　那賀郡答嶋浦にあり，此峰に津乃峰権現の神社あり。此ところの眺望は蛭子山，長浜をはじめ，長嶋の湊には入船泊船をほく，此湊に弁才天嶋，長嶋，裸嶋，のの嶋，鯔(うるめ)嶋，高嶋，こかつじま等の嶋々，海原につらなり。竜王崎より海路橘浦につづき部崎なる桜が嶽は春にしられぬ。雪をつみ浜のをち

こちに立なびく塩竈の烟は吹となき春風のすがたをや見すらん。大潟切戸の釣舟，柏浦の漁など，なにかは筆にをよぶべき。ただ松嶋をここに見るここちす［探古堂墨海 1979（1811）：翻刻本 22］。

　筆者は湾内に連なる島々や，停泊・航行している多数の船舶，そして製塩の様子などを，日本三景の「松島」を引き合いに出して，風情豊かに描写している。この名勝を見ようと，足を伸ばしてやってきた遍路もあるいはいたのかもしれない。しかしながら，そのことを裏づける語りや記録は得られなかった。
　なお，四国遍路の案内本に書かれているような，いわゆる番外札所に類するものはA地区には皆無である。

(5) 港町橘・答嶋の港湾機能の利用

①風待ちの港「橘湾」の繁栄

　橘と津乃峰（答嶋）や富岡周辺部は，海岸あるいは川沿いにある。とくにリアス式海岸でほら貝の港といわれた橘湾は，名勝のみならず，風待ちの港として栄えていたという。番所があった橘浦や中世に活躍した森水軍の拠点であったAの椿泊は湾内の主要な港町であった。一方，富岡付近の那賀川・桑野川河口も，上流から運んでくる木材などの集積地として繁盛していた。年貢米や塩など南方の産品はこれらの港から，徳島をはじめ大坂・江戸などに回船で運ばれていたという。
　1834年（天保5）5月に富岡の北側の中島から出航したものの，伊島沖で強い東風に会い，船の修理のために橘湾内の長島に立ち寄った国香軒蘭秀の『温泉の日記』には，当時の橘湾の繁栄の様子が次のように記されている。

　　此島てふはほら貝の湊とて，音に聞こえて東都（江戸）に行こう船の出入もしげく，港の内間に橘浦・答嶋・長浜・夷山・大潟・新浜・小池など名を算へて，廻船持，浜人（塩田の人），漁夫，商人の家居千軒に余り繁盛の地也［阿南市史編纂委員会編 1995：726］

　また，橘浦の過去帳には，対馬出身の船頭や土佐の水主など海運関係者や，江

戸浅草の材木屋あるいは大坂の商人などの客死者が記録されている。また，橘浦の檀家が他所で果てた事例においても，江戸や大坂をはじめとする東海沿岸が多い。これらは橘浦と他の港町との間で活発な交流があったことを過去帳的にも裏づけているといえよう。

②遍路の上陸地点

このようにみてくると，往来盛んな海上交通路を利用し，橘湾に上陸して21番太龍寺や22番平等寺から巡礼を開始した遍路もいたのではないかと考えたくなる。

札所には通し番号が振られているものの，当時は手近な場所から参拝を開始するのが一般的であった。四国の外からやってくる遍路も同様で，京・大坂方面からは徳島，撫養（現・鳴門市）または丸亀，岡山方面からは丸亀，九州方面なら松山の三津浜あるいは宇和島付近に上陸し，手形を受けて近くの札所から参拝を開始したのである[36]。

同様に橘湾に渡海してくるのが適当な地域としては，まず対岸の南紀，次いで東国から海路でくる場合が考えられる。しかし，その多くは徳島や撫養に上陸しても大差ない。撫養は徳島一の港町として栄えていたし，徳島は城下である。さらに大坂には阿波藩から手形関係の業務を委託されていた「阿波屋」「繊屋」があり，入国も大坂－撫養ルートのほうがスムーズであった。撫養・徳島付近は札所も固まっており，体慣らしにはもってこいといわれているし，遍路宿なども多く何かと都合がよい。

そうなると，遍路があえて南方の橘湾を選択する適当な理由は乏しくなってくる。もっとも，A地区で行き倒れた四国外出身の遍路のうち，備前以西の者が3割ほど，四国内の者を加えると4割強を占めることが，これでは説明できない。

③退却の遍路道

では，反対に出ていく方はどうであろうか。つまり21,22番あたりで遍路行を断念し，橘湾から帰国する場合である。『道指南』に「今ハ劣根」と嘆かれているように大衆化で多少苦行性が薄れたとはいえ，遍路は誰もが満願できるわけではない。

ことに22番以降は、室戸岬の24番東寺（最御崎寺）まで、『道指南』によれば28里の長い道のりとなる。途中、八坂八浜（坂道が連続する難所）や飛び石（道がなく、岩と岩の間を跳んで行く難所）を含むうえ、大きな港は少なくなる。山岳霊場である20番、21番で体力を使い果たした遍路や急な病に倒れた遍路にとって、いわば橘浦・答嶋が、海路で四国を離れる絶好かつ最後の場所と考えられた可能性も十分に考えられる。すなわち、橘湾は21番、22番付近からの「退却路」に当たる可能性があるのである。

富岡方面の説明はつきにくいが、本調査では津乃峰と橘の事例が最も多かったことは、このことで説明できなくもない。しかし、そうであるならば、それなりの記録や言い伝えがこの2港に残っていてもよさそうであるが、そのような資料は得ることができなかった。また『旧・橘浦村史』等にもそのような話はみあたらなかった。

したがって、この地形的・交通路的な要因は次のようにまとめられる。橘・答嶋両港が、遍路の出入り口になった可能性はないわけではない。とくに「退却の遍路道」としての可能性にはそれなりの合理性がある。しかし、少なくとも本調査で得られた情報を解釈するには資料不足であり、よって本稿ではこれを一応保留としておく。

(6) 郷町富岡の都市機能の利用

現在でも県南の中心である富岡町は、近世期においても周辺の郷村とは異なり、商業的な特権を付与された商業都市「郷町」であった。また先に述べたように、橘浦・答嶋は港町として賑わいをみせていた。A地区は阿波南方でも比較的経済的に繁栄していた地域である。

とくに中世に牛岐城があった富岡は、藩の家老・賀島氏の邸宅がある行政の要所でもあった。同所の古刹S寺の過去帳には、賀島氏をはじめとして「院・居士」号をもった戒名が散見されるし、下町に当たるJ寺の過去帳にも「屋号」が目立った。

こうした富岡等の都市機能を利用するために、彼らが立ち寄った可能性も考えられる。金銭にゆとりのある遍路ならば、以後室戸付近まで難所が連続する今後の旅路に備えて、装備を調え、英気を養ったかもしれない。しかし、通説では、

四国遍路は華やぎのある西国や伊勢参りと異なり、貧しい民衆が主体といわれている。四国遍路を一面的に貧困で捉える見方についてはさておくとしても、少なくとも、前田の調査では確認された「院居士」号をもつ遍路［前田 1971：101］が、本調査では皆無であった。

こうした都市機能の利用については、田中智彦が紹介した西国巡礼の「大坂廻り」のような発展的経路の可能性を感じさせる。しかし、大坂廻りの場合は、西国巡礼の案内記等に基本的経路よりも詳細に紹介されていたのに対し、四国遍路の案内記においてA地区に関する記述はほとんどみられない。

以上のことから考えると、富岡に上のような目的で立ち寄った遍路というのはごくわずかであろうということになる。

ところで、旅支度を調える方法には、上述のように都市で貨幣を利用して携行品を整備したり、体力・気力を養ったりするというやり方以外にも、もうひとつの方法がある。そしてそれは、巡礼という実践と密接に関係するとされているものであることを気づかれたであろうか。

4-3．両面的実践としての乞食と接待

（1）「乞食」と遍路行

ここで『道指南』の次のような記述に着目してみたい。

> 大師御辺路の道法は四百八十八里といひつたふ。往古横堂のこりなくおがミめぐり給ひ、峻険をしのぎ、谷ふかきくづ屋まて乞食せさせたまひしがゆへなりと云々。今は劣根僅に八十八ヶの札所計巡拝し、往還の大道に手を拱 御代なれバ、三百有余里の道のりとなりぬ［近藤編 1974：320-321］。

文中の乞食に「こつじき」とふりがながあることが注目される[37]。「乞食」とは、「托鉢」「行乞」「門付け」などと同義語で、仏道修行の一環として「食や金銭を乞う」ことを指す[38]。

真念は、「かつての弘法大師の遍路行は、横堂[39]をくまなく巡拝し、乞食した」

第4節　四国遍路の歴史人類学的考察と「乞食圏」　187

のに対し，自らが案内する17世紀の遍路行は「88個の札所だけを巡拝する」ために，行程が言い伝えの488里から300里余りと短縮されたと述べているのであるが，大師への敬語や，「劣根僅に」「往還の大道に手を拱」という表現などから，弘法大師が行ったという乞食しながらの遍路行を，八十八ヵ所巡礼としての遍路行に対し，価値的に優位で正統なものとして理想化されていることが理解できよう。
『道指南』のこの記述は，1767年（明和4）に刊行された『道指南』の再版本である『四国徧礼道指南増補大成』[40]には掲載されていない。しかし，乞食しながらの遍路行を優位なものとみなす志向性があることについては，19世紀の遍路記でも言及されている。

　　扨四国遍路の輩は……御遍路様とて至極尊崇すること也。また此地ニ而は日々人の門口ニ立而，一手一銭の功徳をうけて廻るものを上遍路と云ひ，左もせで廻るものを中遍路と号，合力を連是ニ荷物を負ハセて歩行を下遍路と云る也。其故信心之輩は皆首ニ頭陀を懸，札挟に笠杖を装ひ，一手一銭の合力を受て廻るが故に，四百里ニ不満道なれども三十日，五十日かかりて廻るものわなく，皆三五ヶ月も懸ること也［松浦　1975（1844）：152-153］。

後に探検家としても名を残す松浦武四郎は，1836年（天保7）に遍路した体験を，1844年（弘化元）に『四国遍路道中雑誌』にまとめている。ここでは，四国では日々，家の門に立って乞食をする遍路を「上遍路」と呼んでいることや，したがって「信心」のある遍路たちは，頭陀袋を持って乞食して廻るため，通常よりも日数を要することが紹介されている。
　こうした乞食は現代でも継承されている。『同行二人』でも，次のように乞食しながらの遍路行を，本来のものと説明する。

　　托鉢は遍路にとって最後の修行だと云われている。昔から，遍路は，「ご修行」といって道中の托鉢（行乞ともいう）が義務であった。遍路は一日に三戸あるいは七戸の家の門口に立って物乞いをしなければならないとされた［宮崎建　1997：34］。

ここでいわれている乞食(托鉢)は文字通り仏道修行の意味合いが強い。しかしながら，次に述べるように，乞食は，宗教的実践のみならず，旅費獲得という経済的な側面としても大きな意味があった。

- A.【『阿淡御条目』第100条「他国辺路」1687年（貞享4）】辺路之内,於所々乞食仕四国廻り候様に相見へ候へば，待合候得とも路銀丈夫に不持候へば至其時難儀可仕候［徳島県史編纂委員会編 1967：495］
- B.「俺は金はもたん，そいで修行していくのぢや。アンタも其のつもりで辛抱なされ」［高群 1979：39-40］
- C.真っ暗な村の中をとぼとぼと辿つてゐると向ふから白装束の遍路がやつて来た。（中略）旅費が四五十円では足りなかつたので，修行して来たのだと―［高群 1979：36］

『阿淡御条目』が記すのは，「遍路の中には旅費を十分にもたないものがおり，彼等は乞食で稼ぎながら巡礼を続けている」ということである。さらに時代は下るが，1918年（大正7）に遍路した，高群逸枝と同行の老人も，最初から旅費を十分に持たないまま四国にわたる道を選んでおり，また彼女らが出会った遍路の言葉から，当時そのように乞食しながらの遍路行が一般的だったことがわかる。つまり，四国遍路において，乞食で資金をつくりながら旅を続けるのは特別なことではなかったのである。

(2) 四国遍路の接待

一方，四国遍路には「接待」という習俗がある。接待とは一般に客をもてなすことを意味するが，とくに仏教的な布施行の意味合いで，往来人に湯茶や食事を振る舞う習俗をそのように呼んでいる。四国遍路における接待は，しばしば「オセッタイ」と丁寧語で呼ばれ，

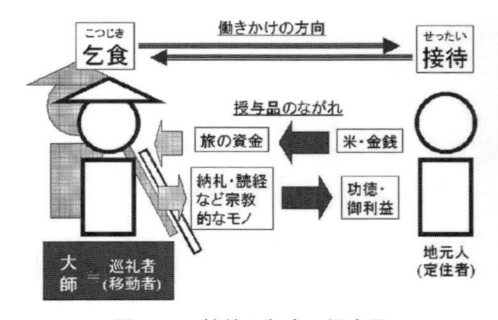

図 3-13　接待と乞食の概念図

第4節　四国遍路の歴史人類学的考察と「乞食圏」　189

図3-14　十返舎一九『金草鞋』（第14巻四国遍路）にみる接待の挿絵［今井監1999］

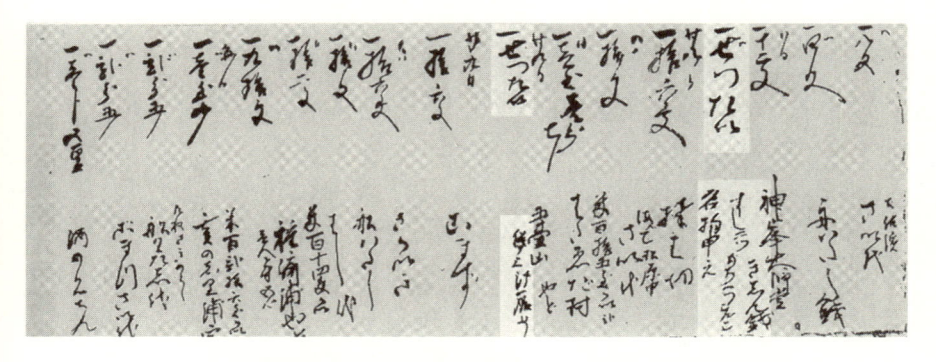

図3-15　阿州那賀郡七見村亀八『四国遍路入用萬日記扣帳』1852年（嘉永5）
　　　　［阿南市史編纂委員会編　1995:1256］

巡礼者に対する施行を意味する。これによって接待者は功徳を得られると考えられており，その意味では，接待も宗教的実践のひとつといえよう。
　接待を通じて遍路者に授与されるものは，飲物・食物，米や金銭などの財ばかりではなく，あんまや散髪，宿などのサーヴィスも含まれる。『道指南』に宿を

施す人の記述が随所にみえるほか,『功徳記』では遍路行をすることによって得られる功徳のみならず,接待の功徳譚についても紹介し,「近年,分別して善を修する人おほし。接待をし,宿をかしなどこころざしあさからず見えける。(中略)遍礼人を崇敬供養ある事,其功徳いひがたし」[伊予史談会編(功徳記)1997：229]とまとめており,接待を功徳が得られる行為として,より積極的に奨励している。このように接待は,本稿が対象とする17世紀に確立した民衆参加型四国遍路システムのひとつの柱にもなっているものである。

　乞食が遍路からの働きかけであるのに対して,接待は遍路への行為である。働きかけの方向性は異なるが,両者とも地域社会の財・サーヴィスと巡礼者の納札や読経等が交換されており,交換論的には同一といえよう。ということは,接待にも経済的な側面があることは容易に推測がつく。金銭・米は勿論,物品やサーヴィスの場合であっても,それらの施与が旅費の助けになることはいうまでもない。というより,ある意味では,接待は経済活動そのものに直結している。

　例えば,十返舎一九の『金草鞋』(第14巻四国遍路)には,「さが浦泊り,爰にて,是迄貰ひ溜し麦麨を,一升五十に売り遣わす。今宵木賃宿,米を買ざれば泊めず。米代一升九十六文なり」[高野編　1979：527]と,その夜の宿代を調達するために,接待でもらい貯めた麦焦がし売って米を得るという話が挿入されている。これは,接待で提供された物品を販売して,貨幣(近世においては米もその範疇に入ることはいうまでもない)を獲得するという経済活動にほかならない。

　さらに,図3-15にあげた『四国遍路入用萬日記扣帳』という遍路行の会計記録をみてみたい。これは,幕末期に富岡近郊の村から四国遍路に出立した亀八によるものであるが,毎日の食事代や宿代に並んで,「すし」「寄進銭」「餅」「こんこ［たくあん］」など,接待で施与された物品が記録されている。この文書は1件につき,右側に「日付」,左上に「金額」,左下に「用途」という書式をとっているが,「せったい」の文字が,「金額」欄に書かれていることに注目したい。ここでは巡礼者自身が,接待を経済的行為であり,いわば代金無料の購入・消費行動と位置づけているといっても差し支えないだろう。

　したがって,乞食・接待はともに,宗教的実践でありながらも,同時に経済活動としての側面ももつ,両面的な実践なのである。

（3）地域社会の経済的サポート力

　接待を両面的な実践と考え，なおかつその経済的側面に言及するとき，次に浮かんでくるのは，地域社会の経済的なサポート力，すなわち接待を通じてなされる巡礼者への経済的援助はどれくらいの規模であったのかという問いであろう。

　これについては，新城常三の研究に興味深い記述がある。彼は「極貧」ながら，道中「報謝仕」ることで一家4人の遍路行を完遂した伯耆日野郡長山村百姓惣兵衛一家の1839年（天保10）の事例を通して，「四国民衆から受くる恩恵が，いかに莫大なものかが推察される」と述べている［新城　1982：1084］。

　また，宮本常一は若い頃遍路に出た老婆の話として，次のようなものを記録している。

　　どこにも気安うにとめてくれる善根宿があって，それに春であったから方々からお接待が出て，食うものも十分にありました。（中略）食うものがなくなれば，和讃や詠歌をあげてもらいものをして，家を出るときには二円じゃったか持って出たのが，戻るときには五円にふえておりましたで［宮本　1984（1960）：112］

　つまりこの女性は，接待と托鉢だけで道中食べることに困らなかったばかりか，3円の貯金ができたという。接待の規模がうかがいしれると同時に，やはり食料等がなくなれば，托鉢で賄うという発想があったことがわかる。

　さらに真野は，1939年（昭和14）秋に，2度目の四国遍路をしていた種田山頭火のケースでは，1日当たりの生活費と行乞収入がほぼ同程度であったことを明らかにし，「まったく無一文のまま四国遍路に出たとしても，四国にいれば何とか宿泊費を工面し，順拝を続けることが可能であったことが知れるのである」と指摘している［真野　1980：147］。

　もちろん，新城，宮本，真野が紹介しているのは個別の事例であり，四国全体からの接待供給量が，遍路たちの総需要を常に上回ることを意味しているわけではない。しかし，こうしたミクロ経済学的な観点に立てば，少なくとも巡礼に必要な最低限の費用以上を獲得できる可能性がある接待の経済的規模は相当に大き

いうということになる。

(4) 遍路として生きる人々

　接待が巡礼者への経済的援助の側面をもち，なおかつそれが規模として小さくなく，場合によっては接待のみで巡礼を続けられるのであれば，遍路を生きるための生業とすることが可能になる。従来，接待の経済的側面は，下にあげるように遍路として生きる人々を登場させたと理解されてきた。

　　遍路に対する積極的な経済的援助を行なう"お接待"は，女性などの経済力の弱い人々や，また貧しい水呑み百姓のような農民たちにも，比較的容易に遍路に出る機会を与えたのであった。そして，この遍路に対する沿道の人々の積極的な援助は，やがては故郷を追われ，物乞いをすることによってのみ露命をつなぎ得る乞食遍路や，更に，遍路を仮装する偽遍路，職業遍路，ヨタテをも生む結果になり，ここに，四国遍路の質的低下という現象を生むことになってしまったのである［前田　1971：251　※傍点は前田自身による］。

　　接待をこめた四国民衆の篤い同情が，遍路の特殊な身分構成を形づくっている。すなわち遍路には，平均的市民のほか，女性・貧しい人々等，経済的非独立者のほか社会的脱落者や，はては乞食や不良の徒が多く，これが一般参詣界の中で遍路を特徴づけているが，それが接待に象徴される四国民衆の遍路に対する篤い同情に，その大半を負うことは否定できない［新城　1982：1,097］。

　ここで言及されている，順拝よりもむしろ接待で物品を得ることを専らとすることや接待の心理的な基盤に対する価値的判断はさておき，こうした自らの生活を接待に依存していた人々がいたということは確認しておきたい。彼らにとって，接待は正に生命線であり，その獲得は文字通り死活問題となる。しかしながら，接待がある程度の規模をもっていたとしても，彼らにとってその獲得はあくまで「可能性」であり，全員がいつでも十分な食料や米・金銭を集められるとは限らない。
　そこで，こうした接待によって生きる人々が継続して存在しえた論理を明らか

にするためには,視点をマクロに移し,接待の需給バランスという観点から分析する必要があろう。

4-4. 地域社会のマクロ経済からみる接待の需給バランス

接待は決して無限に行われるのではなく,その限界はその時々の経済的な余力によって自ずと決まってくる。そこで,接待の経済的基盤となる当時のA地区がおかれていた社会・経済的状況をみてみよう。

(1) 文化文政期の社会経済的状況

①活況する四国遍路

広域過去帳調査で,A地区の客死遍路が最も多かったのは,1820年(文政2)から1840年(天保11)である。その前後をも考慮すると,この時期は文化・文政期と天保期にあたる。

文化・文政期は四国遍路のひとつのピークとされており,ある意味で最も華やかな時代であった。十返舎一九の『金草鞋』四国遍路編が出版されたのは1822年(文政4)である。鼻毛延高と千久坊の滑稽な遍路旅からも,当時の四国遍路の盛況ぶりがうかがいしれる。前田 卓も過去帳データの他に地方霊場の展開,接待講の開始,関連書物の出版などから,文化文政期を江戸時代の四国遍路の最盛期としている［前田 1971：113］。つまりこの時期は,巡拝者が大幅に増加し,接待に対する潜在的な「需要」が増えたことを示唆している。

②地元産業の低成長

一方,地元の徳島藩では,藩経常収支の悪化に伴い,より高い貨幣収入が期待できる商品作物の栽培に傾倒していた時期である。とくに吉野川流域の北方(きたかた)を中心に藍作が主力産業として奨励された。1808年(文化5)の徳島藩の移入出金額をみると,総出銀額の12.8%を他国米購入代金が占めており,食料の自給はできていなかった反面,藍作は総入銀額3万8450貫の7割を越える約3万貫(第2位の塩は約5,000貫)を占める巨大産業に成長していた［阿南市史編纂委員会編 1995：471-472］。しかし同時に,藍は肥料を大量に必要とする作物であり(そ

の肥料代にも総出銀額の12.8％の銀が費やされた），生産物である藍玉の市場価格のみならず，肥料の市場価格にも大きく左右されるという投機的側面をもっていた。すでに文化文政以前に，このような藍作の矛盾が社会問題に発展しており，寛政7年の郡代報告書には農村の藍作への依存度の高まりと，農地の荒廃が具体的に指摘されている[三好・高橋編 1994：145]。

　他方，南方(みなみかた)は米どころといわれており，とくにA地区では主力産業は米作と製塩であった。しかし，千歯こきや金肥に代表される上質肥料などの技術改革は享保期に既に登場していたし，1757年（宝暦7）に完成した豊増新田が災害等で経営が難航するなど，新田開発も成果を上げていなかった[阿南市史編纂委員会編 1995：474-476, 448-449]。これらのことから，19世紀初期の農業は著しい成長を遂げたとはいえない。

　また，塩田も生産過剰から1811年（文政4）休浜法が導入される[41]など，産業そのものは停滞期もしくは低成長期に入っていた[阿南市史編纂委員会編 1995：612-618]。

　つまり，文化文政期は，接待の供給量を支える経済の伸びよりも，巡礼者の伸びのほうが大きく，接待に対する「需要」が増えたために，接待の需給バランスが崩れた可能性が指摘できよう。

(2) 天保期の社会経済的状況

①水害と地域社会の困窮

　天保年間は全国的な大飢饉の時代として知られている。阿波も例外ではなく，不作に悩み多くの餓死者を出した。

　そのような生活不安は一揆という具体的な形をとって表れ，農村の荒廃を加速した。三好昭一郎によると，江戸時代に起こった百姓一揆49件のうち，実に半数の25件が19世紀前半に起こっており，その形態も，打ち壊し9件，逃散6件，騒動6件，強訴4件と大規模な逃散と村方騒動というきわめて不穏なものであった[三好編 1970：18-20]。

　1842年（天保13）には，徳島藩最大の一揆といわれた上郡一揆が起こっている。阿波藩の百姓一揆は藍・砂糖などの栽培作物が中心で，市場に左右されやすい北方中心であったが，多くの遍路は北からやってくるので，北で十分な接待を受け

表 3-2　19 世紀前半の阿波国の損失石高

西暦	元号	損失石高	原因
1801 年	享和 1		
1802 年	享和 2		
1803 年	享和 3		
1804 年	文化 1	145,000	風雨出水
1805 年	文化 2		
1806 年	文化 3		
1807 年	文化 4	87,000	風雨虫害
1808 年	文化 5	134,000	大風雨
1809 年	文化 6		
1810 年	文化 7		
1811 年	文化 8	損亡大	長雨
1812 年	文化 9	137,000	風雨出水
1813 年	文化 10		
1814 年	文化 11		
1815 年	文化 12	55,000	風雨出水等
1816 年	文化 13	160,000	風雨出水
1817 年	文化 14	損亡大	風雨出水
1818 年	文政 1		
1819 年	文政 2		
1820 年	文政 3		
1821 年	文政 4	68,000	風雨出水
1822 年	文政 5	24,000	旱害虫害風雨出水
1823 年	文政 6		
1824 年	文政 7		
1825 年	文政 8	63,000	風雨出水
1826 年	文政 9	67,000	風雨出水
1827 年	文政 10	27,000	風雨出水
1828 年	文政 11	90,000	風雨出水
1829 年	文政 12	87,000	風雨出水
1830 年	天保 1	46,000	風雨出水
1831 年	天保 2		
1832 年	天保 3	117,000	干害虫害風雨出水
1833 年	天保 4	38,000	長雨虫害
1834 年	天保 5	70,000	風雨出水
1835 年	天保 6	170,000	風雨出水
1836 年	天保 7	53,000	洪水
1837 年	天保 8	82,000	風雨出水
1838 年	天保 9	37,000	大雨洪水
1839 年	天保 10	39,000	風雨出水
1840 年	天保 11	100,000	風雨出水

『阿南市史』（第 2 巻 近世編）378, 1,232-1,240, 1,290-1,299 ページより作成。

第 4 節　四国遍路の歴史人類学的考察と「乞食圏」　195

られないままに，この地にやってくれば状況は同じである。

　また，一揆こそ起こっていないが，1825 年からほぼ毎年のよう起こった水害で南方も窮乏していた。とくに 1832 年（天保 3）から 9 年連続で起こった長期の災害による総損失石高は 70 万 6000 石に上る。これは，1835 年（天保 5）の阿波・淡路両国の総石高 36 万 6000 石の約 2 倍に相当する。すでにその直前の 6 年間（1825〜1830 年）で約 38 万石が収穫できていないだけに，大きな社会的打撃となったことは想像に難くない。

　また米価も全国的に高騰し，1832 年（天保 3）に 68〜76 匁であった肥後米の価格が，1837 年（天保 8）最高値で 238 匁余と 3 倍以上になった。北方では商業作物農家，南方では漁村を中心に打撃を受け，ツワブキなどの雑草を食べ，餓死者や大水の折りに入水自殺するものが続出したという［阿南市史編纂委員会編 1995：393-397］。すなわち今度は「供給」が激減したのである。

②四国へわたる困窮者たち——『小梅日記』にみる対岸の事情

　こうした事情は四国の外でも同様であったことはいうまでもない。す

でにこの時期には，第2章で述べたようなさまざまなメディアによって，周辺諸国にも四国遍路の様相，とくに「接待」に関する情報が届いていたと考えられる。さらには，実際に遍路を経験した人々がそれぞれの出身地に土産話として伝えたものがあっただろう。

その結果，生活に困った民衆が接待を生きる道を求めて四国にわたるという現象が起こった。前田の調査では天保年間は最も事例の多い時期である［前田 1971：120-121］。著者の調査でも1830年代は最も多かった1820年代に次ぐ。前田は諸国が大飢饉であった1834年（天保5）について，西国巡礼では一乗寺，穴太寺，粉河寺のいずれでも納札が一枚も発見されなかったのに対し，四国の過去帳の記録は急増していると報告し，「これらは止むにやまれぬ信仰心から遍路に出た者と，生活をかけたいわゆる口減らしを目的とした乞食遍路が多かったのではないかと思われる」と述べている［前田 1971：122］。彼自身が自覚しているように，資料の異なる両者を単純に比較することはできないが，少なくとも四国遍路においては，理由はともあれ，天保期にこそ四国をめざした人々がいたことは確認できる。

こうした流れの一例として，ここでは，A地区と紀伊水道を隔てた対岸である紀州和歌山の下級武士の妻であった川合小梅（1804-1889）が書き記した日記[42]の1837年（天保8）の記述を紹介したい。小梅は，藩校「学習館」の教師を勤める川合家の娘として生まれ，当時，儒学者・川合豹蔵を婿に迎えていた。彼女は，日々の暮らしぶりを控え目にみても約半世紀にわたって日記に書き続けたと推測され，それは当時のものとしては稀なる主婦の日記であったという［藤田 1975：29］。

日記には，小梅自身や家人のことのみならず，社会情勢に関する記述も時折みられる。例えば，この年の2月から3月にかけての日記には，大坂で起こった大塩平八郎の乱の様子がいく度も登場しており，彼女がこの事件について大いに関心をもっていたことがうかがいしれる。

こうした社会的関心のひとつが，その大塩の乱を発生させる背景ともなった，天保の飢饉で困窮する社会状況である。3月15日の頃の話として，難渋者へお上からの施粥が為されていることや，にもかかわらず，「乞食日ニ八九ツツう

へ死ヌ」「袖乞おひただし」と，飢饉に苦しむ城下の様子が記されている［川合 1980（1837）：822］。そんな中，3月から4月にかけて，森屋庄助なる人物が川合家を訪れる。

　　（三月八日）……森屋庄助大坂へ奉公ニ行由ニ而金壱歩無心ニ来ル。夫より母君右調達ノ為小さよ方へ行昼時分帰。庄助へ昼飯出ス。のそミノ通金百疋江のし付て遣ス。……［川合 1980（1837）：821］。
　　（四月朔日）……庄助来リ大坂奉公も思ハ敷は無之故願も有四国へ参るニ依而道中宛くれト云ヒより二百文遣ス。しかる処舟ニ而食ニ致度故米壱升かせト言。しらけたる米無之故黒米壱升遣ス。茶つけ振廻。……［川合 1980（1837）：824］。
　　（四月五日）……かろき者ハ病或ハこじき又ハ四国へ出る見聞も哀至極之事共也……［川合 1980（1837）：824］。

　庄助は，最初大坂での奉公を希望していたが叶わず，祈願事もあるため，かわりに四国に参る，つまり四国遍路に出るのだという[43]。彼がどのような人物であったかは不明[44]であるが，経済的に困窮していたことは間違いない。大坂に行く際にも旅費を無心しているし，四国へわたる際には，餞別に加えて，借米も頼んでいる。庄助は4月4日に川合家を後にするのであるが，その翌日に書かれたのが，4月5日の記述である。これは，単に「かろき者」が四国にわたるという社会状況の描写にとどまらず，小梅自身の身近な人物が，実際に遍路に出るということを経験したうえでの実感として，「哀至極」と述べているのが理解できよう。
　その後も，和歌山城下の混乱は収まらず，日記には凄惨な社会の見聞と，困窮する人々への彼女の同情がいく度か書きつづられた。

　　（五月三日）「此日乞食小屋ヨリ死人五人出スよし，道ニ行たおれ者毎々有，小共迄も杖ニすがりて歩行，誠に哀れなど言うもおろか也」［川合 1980（1837）：827］
　　（五月晦日）「弥々世上疫病流行也，其上うへ死夥敷非人など取形付ル者もなく，女の死がいに犬付いたるを見受たる者有よし，寄合はしの上より飛込,

橋のあちらよりこちら迄来ル内ニ死たるよし，非人ハ皆竹杖ニすかりてあるく，京都ニ而もうへ死多く，中々上よりも形付行届かぬゆへ，四角成大穴ヲほり死人ヲなけ込，千人ニミつれハ大とう婆ヲ立，僧集リてゐかうす，其穴六所ニ出来たるよし也，先五月中比迄六千人，身なげ七十余人とききしが哀といふもおろか也，言語ニたへたり……［川合 1980（1837）：830］

（八月九日）大ニ雨降，やミなし，（中略）水壱丈五尺程出ル，死人弐百人余流レ来ルよし也，誠ニ珍事聞もいぶセし［川合 1980（1837）：836］

結局，小梅が「此年者大凶年也，人多死」［川合 1980（1837）：850］と総括した天保8年の日記の最後まで，庄助が再び登場することはなかった。彼が4月4日に川合家を辞して，間もなく四国に旅立ったのだとすると，通常の遍路行であれば，遅くとも年内には帰ってこられるはずである。小梅が書き残した当時の社会的状況，庄助の立場と四国行きの経緯などを考え合わせるならば，彼は「祈願」のためのみならず，そこで生き延びることを目的として遍路となった可能性は決して小さいとはいえないであろう。

(3) 需要超過する接待

こうしてみると，19世紀前半は一貫して「接待」が不足気味であったことがうかがえる。前半の文化文政期は巡礼者の増加による相対的な供給不足，後半の天保期は大飢饉による絶対的な供給不足と，質的なちがいはあるが $S < D$ という状況に変わりはなかった。もはや遍路道沿線の地域だけでは，十分な接待を獲得することが困難だったのである。

しかしながら，遍路たちの中には接待の欠乏が自らの生活危機に直結する人々もいた。そのとき，彼らはどのような行動をとったのであろうか。ここに彼らが，遍路道を離れる合理的な理由が登場する。すなわち，過去帳調査で確認された遍路道をはずれた遍路たちは，接待を求めて遍路道を離脱し，A地区にやってきたのではなかっただろうか。

4-5. 乞食圏――四国遍路研究の新たな射程

（1）高群逸枝の手記にみる「修行」

　過去帳調査の考察の最後として，ここではA地区を訪れた遍路たちの実際の行動を確認することで，「接待を求めて遍路道をはずれた」という仮説を検証したい。しかし，残念ながら著者が調べた範囲では，18～19世紀のA地区について直接的にこれを立証する資料は得られなかった。

　そこで，時代は下るが高群逸枝の手記の次のようなエピソードに注目したい。1918年（大正7）7月14日に四国にわたった彼女と同行の伊東老人は逆打ちで遍路行を開始し，23日に土佐に入る。そこで，十何回も回ったという愛知出身のベテランの遍路から，次のような乞食のノウハウを伝えられる。

　　　修行するなら道ばたちや貰ひが少ない，ずっと田舎に入り込んだら少しは
　　　有る。それも米だの栗だのアラ麦だの，やたらにくれるから大変だ。別々に
　　　入れる物を用意してるが好い。夫れから貰つた物はお金に代へるがよろしい
　　　……［高群　1979：101］。

　この時，彼女らは，悪天候のために39番延光寺（寺山院）の遍路宿で足止めされていた。このような時，遍路たちはとくにすることがない。そこで往々にして，宿泊客同士で集まり，情報の交換やとりとめのない話が行われたりする。この日も，「同宿六人戸外の荒れを聞き乍らむつまじげに，或は心細げに，或は頼り無げに，身の上話やら，遍路中の出来事やらを話合ふ」［高群　1979：100］という具合であったのだが，「話はお大師さまの御恩から，修業の事に移る。所謂修業とは乞食の事である。彼等の云ふ所では，遍路の者は幾らお金持でも日に七軒以上修業しなければ，信心家とは云へないさうな」として，途中から乞食の話が登場する。そこで，乞食するのに楽なのは伊予と讃岐で土佐は厳しいとか，宿毛（39番の所在地）では警察に捕まって伊予境まで追いやられたなどの体験談に混じって，話されたのが先の話である[45]。

　このベテラン遍路の語りから，大正期においても，乞食・接待が両面的なもの

として理解され，実践されていたことがわかる。乞食が修業（修行）と言い換えられていること自体がそうであるのだが，所持金の多寡にかかわらず乞食が信心家の条件とされるなど，乞食は第一に宗教的実践として語られる。しかしながら，もらいの多少を気にかけ，もらった物を金銭に交換するという箇所からは，乞食が単なる宗教的儀礼にとどまるのではなく，実際にある程度の接待品を確保する必要があったし，また金銭に交換して利用（この後米代，宿代の相場が語られる）する必要があったのだということが理解できよう。だがこうした語りの中でも，「話すうちにも流石にお大師様は忘れない。連中で南無大師遍照金剛は何度も何度も口の中で唱へてゐる」［高群 1979：101］と，すぐさま信仰の文脈に回収されるのである。

　すでに述べたように彼女らも，最初から十分な費用を持たずに，「修行」しながら遍路を行うことを決めていた（実際には伊東老人が高群にはさせず，専ら彼がひとりで「修行」したのであるが）。このベテラン遍路から教わった「修行」のノウハウが，彼らにどのように生かされたのかをしばらく追いかけてみよう[46]。
　高群らは8月4日に37番岩本寺に至る。伊東老人が「修行」を始めたのは，その翌日からである［高群 1938：56］。財布が軽くなり始めたため，「寺山で修行の話をきいたおぢいさんが，このごろになってそれをはじめた」［高群 1938：62］のだ。高群は，自分たちの「修行」の様子を次のように記述している。

　　おぢいさんは家々に立ち寄つて，赤い総のついた鈴を振りながら，
　　「ヲンアボキヤ，ベイロシヤノ，マカボダラ，マニハンドマ，ヂンバラ，ハラバリタヤウン」と，光明真言を唱へる。すると人が出てきて，米一掴み，金一銭など供養するのである。おぢいさんはそれを首から吊つた三衣の袋に，ありがたく納める。
　　米は今夜私達が食べるのである［高群 1938：57］。

　さらに，8月14日に31番竹林寺を参拝した2人は，その麓の宿にしばらく滞在することになった。ちょうど四国にわたって1カ月であり，伊東老人が高群の疲れを気づかって，しばらく休むことを提案したのに加えて，もうひとつの理由

が「修行」であった。

> 此頃おぢいさんは修行が上手になり，一日に二三升も貰つたこともあるほどで，それを町家で売れば，市価よりもずっと安いので，わけもなくお金にかはるのである。道中をしながらの修行でさへそんな成績だから，腰を据ゑてかかったら，四五升も貰へるかも知れない。そうすれば此先きの道中も楽になるし，私の欲しがるソーダ水なども十分買へるというものだと，おぢいさんは私に云てきかせた［高群 1938：72-73］。

竹林寺は高知市近郊にあるので，獲得した米の換金に都合がよかったということも考えられる。そのことからうかがいしれるように，ここでの「修行」は，それほど差し迫った状況で行われているものではない。今後の道中の負担を軽減するため備えとして，またあわよくばソーダ水や本といったいわば嗜好品，贅沢品を買う余裕をつくるために，十分に「修行」して所持金を増やすことを試みたのである。

しかし，高知市内を後にし，土佐湾の東沿岸を進んでいくうちに，2人の所持金は次第に乏しくなっていく。

> おぢいさんは道すがらの町や村で怠らず修行をつづける。今夜私達が食べるだけでも貰い出さうという胸算があるからで，収入のありさうに思はれる処では道ばたに荷物を下ろし，私に見張らせて置いて，例の赤い総つきの鈴を片手に出かけて行く［高群 1938：79］。
> おぢいさんは村さへ見れば，修行と善根宿の算段をしに，例の弁慶の薙刀流に金剛杖提げて求め歩いてゐる［高群 1938：116］。

という具合に，「修行」に励むものの，室戸岬を回って徳島県に入り，9月6日に23番薬王寺を越えたあたりで，「私達はいま殆ど無一文らしい。おぢいさんの血の出るやうな修行だけで，どうやら細々と食つて行けてゐるらしい」という状況になる［高群 1938：116］。

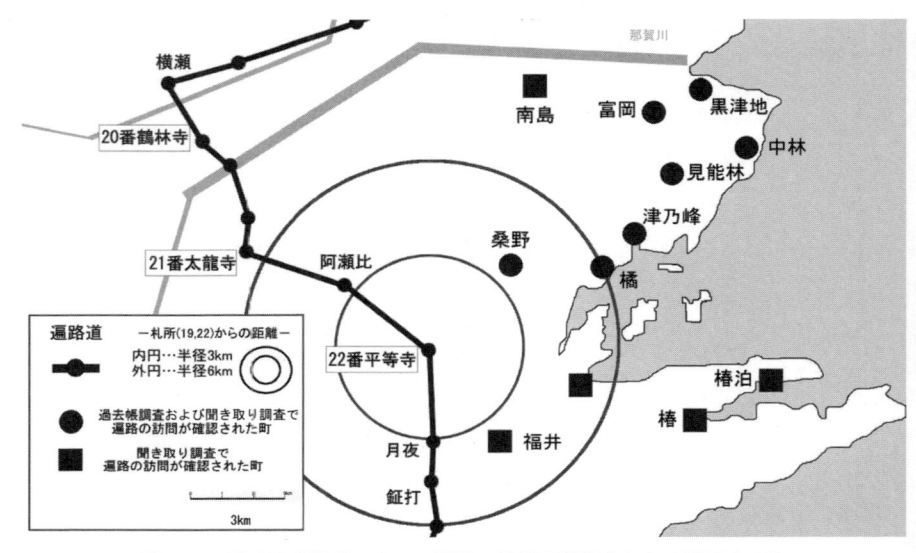

202　第 3 章　巡礼空間の認識論的再考－四国遍路の歴史人類学的考察から－

図 3-16　聞き取り調査によって遍路の訪問が確認された A 地区内の町

　9 月 7 日，22 番平等寺を目前にした 2 人は，那賀郡新野町（現・阿南市新野町）の農家に厄介になる。諸々の事情や旅費の乏しさから，彼女らはこの農家で，再び長期滞在することになる（19 日まで）。そこで伊東老人がとったのが次の行動であった。

　　おぢいさんは相変らず修行をやめないで，朝早くから出掛けてゆく。街道筋ではもらいが少ないので，二里も三里も奥の方に行くのだといふ［高群 1938：117］。

　老人は旅の資金を調達のために「修行」に出かけるのだが，そのとき街道筋では獲得できる接待が少ないので，朝早くから遠出するというのである[47]。つまり伊東老人は寺山で教わったノウハウを実行したのだ。ここで語られている「奥」の方向が不明であるが，「二里も三里も」という範囲には A 地区も該当する。
　もちろん，客死遍路と高群のケースはまったく同一というわけではない。過去帳の客死遍路は，生きるのびるために遍路になった人々である可能性を先に指摘

第4節　四国遍路の歴史人類学的考察と「乞食圏」　203

した。対して，高群と伊東老人の場合は，生活に難渋しているわけではない。高群は遍路記を寄稿していた熊本日日新聞社に旅費の相談ができた。実際，この遍路行中に伊東老人と別れて，いったん一人になった高群は，同新聞社に手紙を書いて10円を無心している［高群 1938：120］。伊東老人も按摩・鍼の技術をもっており，「おぢいさんは，本職の按摩やお鍼をして行つたら，少しも困ることではない」［高群 1938：121］というように，これで金銭を得ることは十分にできた。しかし，彼は「遍路の間は職業としてはやらない」［高群 1938：62］といい，道中でも先々で施術をするのだが，それらはすべて無料で行っている。さらに「また大分の親類からは，難渋したら何時でも，何度でも云つてよこすようにと，立つ時云つてある。おぢいさんの妹さんは，私にまでそのことを呉々もことづけた程である」［高群 1938：121］と，大分に住む伊東老人の親類を頼ることもできた。高群らの場合は，あくまで信仰的実践としての「修行」であったのである。

　確かに客死遍路と高群らとでは，おそらく托鉢の前提が異なっていただろう。しかし，いずれの場合であっても，接待に依存して巡礼を行う以上，十分な接待が得られなければ，遍路としての毎日が継続できないという事情は同様である。であるならば，過去帳調査で明らかになった112例の客死遍路たちも，伊東老人が遍路道を踏み越えていったのと同じ発想[48]で，平等寺方向から接待を求めてA地区にやってきていたのではなかっただろうか。

(2) 検証1：平等寺と阿南市海岸部

　次に視点を地域社会の側に移して，このことを聞き取り調査で得られた話から検証したい。高群らが「修行」の拠点とした新野には22番札所平等寺がある。昭和30年頃，住職が子どもだった時代には，平等寺境内に常に何人かの遍路が滞留していたという。

　　大師堂や境内で寝泊まりしていた彼らは，朝になるとどこかへ出掛け，夕方になると帰ってきて接待で貰った米を自炊していた。また，そのような遍路は1週間もいたかと思うと，ふらりとまたどこかへ行ったきり帰ってこなかったりもした。

この話に登場する遍路たちは，高群らと同じ行動様式をとっている。つまり，彼らは平等寺境内にしばらく滞在し，そこを拠点に乞食で資金をある程度確保して，しかる後に，次の目的地をめざして旅立っていったのではなかろうか。だとすれば，彼らが朝から1日かけて接待を求めて出かけていった「どこか」とは，いったいどの地域なのか。

　「やってきた遍路はたぶん，平等寺のほうから歩いてきたのではなかろうか」と語ったのは，半島部先端の港町である椿泊の寺院[49]の住職（昭和2年生まれ）である。札所を合理的に順拝するなら，まず立ち寄る必要のないこの町にも，昭和30年頃までは遍路が門付けにきていたという。彼らはみな，体は丈夫で病人や足の不自由な者はみかけなかったそうだ。そのような托鉢（門付け）に廻る遍路たちは「再々」きていて，「住民たちもあまり汚い人には布施をしよらなんだ」というが，基本的には応じていたという。今日でいうホームレス的な雰囲気の者が多く，四国順拝の途中で立ち寄ったのか，物乞いだけが目的の者なのかは区別がつきかねるが，遍路の装束は着用していたそうである。

　その他，聞き取り調査では，平等寺との関係は明言されなかったものの，富岡・橘などA地区のほぼ全域で，「かつて遍路がやってきていた」という証言が得られた。そしてそれらの語りには，必ず「その遍路が門付けして回っていた」「そのような遍路がきたのは昭和30年頃まで」という文言が付随していた。つまり，A地区は遍路が接待を求めてやってくる地域であり，そのような状況があったのは，昭和30年代頃までであり，そのターニングポイントとして高度経済成長や東京オリンピックが意識されているようである[50]。

（3）検証2：薬王寺と日和佐町赤松地区

　次に過去帳では判断不能であった日和佐町赤松地区の事例を紹介しよう。赤松は日和佐中心部にある23番薬王寺から，3〜4km離れた場所に位置する農村地域である（図3-16参照。図中の円は，薬王寺を中心とする半径3kmの距離を表す）。この地区の寺総代を務めるK氏は「この地域に，昔，遍路がきていた」といい，続けて「日和佐当たりでは，（遍路が多くて）なかなか接待してもらえん

第 4 節　四国遍路の歴史人類学的考察と「乞食圏」　205

けん，この辺りまできて，門付けしていくのがようけおった」と述べた。

　日和佐は薬王寺門前町が広がる町の中心部であり，遍路も多いため接待にありつけるチャンスが限られてくる。しかし，赤松は農村で米等も豊富にあるため，日和佐で接待にあずかれなかった遍路が，山を越えてやってきたというのである。そして，彼らは何軒か門付けをして，また元来た方向へ帰っていったという。つまり，同地区は『阿南市史』が述べるバイパス・ルートよりもむしろ，薬王寺から門付けにやってくる場所としての位置づけの方が主であったということである[51]。同様の見解はほかにも2人の古老から聞き取れた。

　また，日和佐の海岸部にはウミガメが産卵にやってくることで有名な大浜海岸がある。ここの海蝕洞が当時，托鉢する遍路たちの拠点となっていたという話もあった。

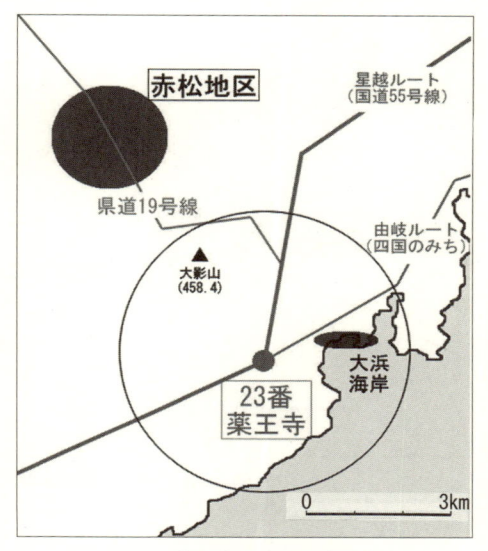

図 3-17　薬王寺と赤松・大浜海岸

（4）その他の可能性

　その他にも，同様の地域であった可能性のある場所が先行研究の中にいくつか見出せる。例えば第1項で取り上げた，真野が示す宇和島市三浦地区である。さらに，真野は俳人・種田山頭火の遍路行に関して述べた箇所でもうひとつ，こんな記述をしている。

> 　　川口のあたりは遍路街道からはずれているだけに行乞成績もよかったらしい。いったいに札所の周辺よりも，遠く離れた村むらでのお修行＝行乞の方がもらいが多いのだという［真野　1980：146］

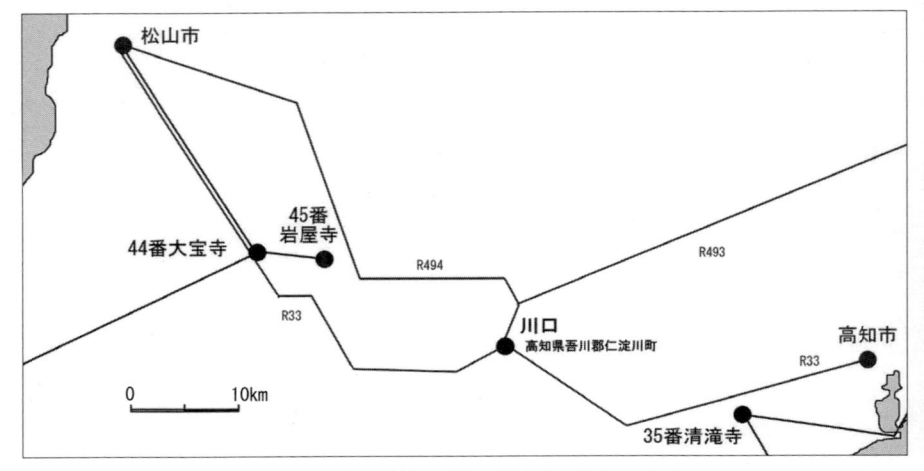

図 3-18　川口（高知県吾川郡仁淀川町）の位置

　この時，山頭火は高知市内で遍路行を放棄し，松山に帰る途中であった。ここでいう川口はその行程から判断すると，現在の高知県吾川郡仁淀川町（旧・吾川村）川口であろう。であるならば，最も近い札所寺院である 45 番岩屋寺よりおよそ 20km も離れた場所であり，これまで取り上げてきた事例に比すると大幅にはずれている。果たしてここも四国遍路と関連した行乞の場所であったのか。それはこのような空間がどの程度の規模で展開していたかという問題を考えるうえで，非常に興味深い事例である。

（5）広域過去帳調査の総括と「乞食圏」の設定

　本節では過去帳調査で明らかになった 112 例の遍路たちが，なぜ遍路道をはずれて調査地 A 地区まで足を伸ばしてきたのかという問いについて，さまざまな面から検討してきた。前半では『阿南市史』を参照しながら，この A 地区が阿波南方の社会・政治・経済的な中心地であったことを確認した。次いで，遍路者の行動様式を検討し，その結果，弘法大師も行ったとされている「乞食（托鉢）」と呼ばれる宗教的実践に注目した。そして，この托鉢およびそれと同等の交換形態をもつ接待が，宗教的実践のみならず経済活動でもあるという点を明らかにした。すなわち托鉢＝接待はともに宗教的かつ経済的な両面的な実践と理解できる

のである。そして，その経済的規模が決して小さいものではないと推定されることも，あわせて指摘した。

　これらの検証を踏まえて，第4項は先行研究者がこれまで指摘してきた，接待と「遍路として生きる人々」の関連を，接待の需給バランスという観点から，当時の四国の地域社会の状況に留意しつつ，独自に再検討した。そして19世紀前半は一貫して，遍路者に比して接待が供給不足であった可能性があることを指摘し，このためさらなる供給源を求めて，接待を必要とする遍路たちが，遍路道を踏み越え，周辺領域にも足を伸ばしていったという仮説を，112例の遍路道をはずれた遍路たちを説明するものとして提示した。そして第5項では，高群逸枝の手記から実際に，遍路者が接待で旅費を蓄えるために，ある場所に一時的に滞留し，そこを拠点としつつ周辺領域まで接待に出かけていくという行動がなされていたことを証明し，さらにそうした遍路の姿が地域社会の側でも確認されていたことを，聞き取り調査から明らかにした。

　すなわち，広域過去帳調査が明らかにした四国遍路における巡礼者像は，巡拝と托鉢が不可分に結び付いた両面的な実践を行う人々としての「遍路」なのである。彼らは，弘法大師ゆかりの聖地である札所を巡るという巡拝行為と，接待を求めて地域の人々の生活圏を巡るという托鉢行為とを実践することで，巡礼行を成立させている。また，その托鉢という行為自体も，宗教的修行であり同時に経済活動でもあるという両義性をもつものとして，理解され，実践されている。すなわち，四国遍路世界は，こうした複合的な両面性・両義性を内包した多義的なシステムとして営まれているのである。

　しかしながら，従来の巡礼研究では，これらの両面性が重要な研究テーマとして焦点化されたことはなかった。それは巡礼研究の認識論的前提として，聖地＝巡礼路モデル，四国遍路においては，四国八十八ヵ所を焦点化するような認識論的モデルがあり，これによって，上記のような遍路者イメージは境界的領域へと疎外されていたからではないだろうか。だとすれば，次に求められるのは，こうした四国遍路の複合性や境界性を正面から見据えることのできる認識論的フレームワークとしての巡礼空間モデルであろう。そのためには，本調査のA地区のように，理念的には巡礼世界とは無関係ながら，しかし巡礼者側からの働きか

けによって，事実上，巡礼世界の一部として取り込まれていく空間領域を，聖地，巡礼路につぐ第3の巡礼空間の構成要素として概念化することが必要である。本稿では，四国遍路におけるこのような空間を「乞食圏」(mendicant zone) と呼びたい。これは，巡礼者の托鉢行為によって拡張され，巡礼社会に取り込まれた日常ともいえるものである。

第5節 接待論の再考と第3世代型巡礼空間モデル

それでは，最後に「乞食圏」を組み込んだ巡礼空間モデルを理論的に提示することで，本章を締めることとしたい。そのための作業として，まず必要なのは，このモデルが焦点化する托鉢＝接待の理論的な再整理である。

5-1. 接待論の理論的拡張

これまでの巡礼研究では，接待を類型論的に把握する傾向があった。例えば前田 卓は，接待の行為主体に着目して，これを3つに分類した［前田 1971：223-248］。同様の類型は民俗学者，真野俊和によっても踏襲されている［真野 1980：208-214］。以下は，前田の記述を基本として，行為主体による類型について簡単に整理したものである。

（1）接待の主体

（A）個人接待

今日では「接待」というと，この個人接待を指す場合が多い。遍路道沿線の住民が家の前を通る遍路に接待するタイプと，篤志家が札所寺院や遍路道まで出向いて遍路を待ち構え，これに接待するタイプの2つがある。善根宿はこの個人接待でなされる場合がほとんどである。

（B）村接待

前田の用語では「霊場付近の村落民による接待」であるが，用語として長過ぎ

る嫌いがあるため，ここでは真野俊和の用語である「村接待」を採用したい。これは，札所寺院付近の住民が，物品を持ち寄って札所に集まり，集団で接待する。行事的な要素が強く，とくに春に集中する。近年は婦人会などの組織が担っている場合も多い[52]。

(C) 遠隔接待

前田・真野ともに，当事者の言葉である「接待講」を採用しているが，先の村接待と区別がつきにくいため，ここでは「遠隔接待」としておく。集団的な接待で，講組織をとるなど村接待に内容は似ているが，接待者の出身地が四国の外にある点が異なる。

和歌山から23番薬王寺にやってくる「紀州接待講」の場合は，3月下旬に1週間ほど行われ，遍路者や薬王寺参詣者に，接待品として手拭いを施与している。著者が調査した1998年の場合は，その数は約1万枚であった。また，同じく和歌山から1番霊山寺にやってくる有田接待講，野上接待講がある。かつては大阪や岡山，九州方面からやってきた接待講もあったが，現在では縮小あるいは消滅している。これも行事的要素が強く，前3者はいずれも春に行われる[53]。

ところで，ここで注意したいのは，後者2つは期間限定の行事的接待であるということである。確かにこれらの行事的接待が行われる春・秋は，遍路者も多い。しかし，それ以外の時期にも，当然遍路たちは巡っている。これらは比較的大規模なのであるが，如何せん期間限定では，恒常的に遍路を養うことができない。つまり，遍路を支えてきた「接待」とは，その大部分は個人によって行われる日常的実践としての接待なのである[54]。

図3-19 紀州接待講
（1998年3月，著者撮影）

(2) 接待の動機

さらに，前田は接待を行う動機について，次のように記述している。やや長くなるが，おもな箇所を抜粋してみよう。

> 接待をする第一の動機は難行苦行する遍路たちに対する同情心を挙げることができる。四国の人々は，八十八ヵ所霊場の全行程を数十日もかけて殆んど徒歩で巡拝する遍路を哀れみ，できるだけ旅中の苦しみを癒してやろうとする態度を持っている（後略）。
> 　第二には四国に広くみられる大師信仰のためである。（中略）遍路に施しをすることは，お大師さまへ供養することなのであり，人々はそうすることによって善根を積もうとする。善根を積むことによって<u>功徳を得る</u>という考え方は，接待する四国の人々に多く見られる現象である。
> 　第三には祖先の冥福のためである。たとえば親の命日とか不慮の事故で死亡した愛児の忌日などに，遍路に接待することはこの上もない<u>功徳である</u>と考えられている（後略）。
> 　第四は，遍路に出るかわりに接待をして善根を積もうとする人々があるからである。身体に障害があって遍路に行けない人や仕事の都合などで遍路にでる時間のない人は，自分の身がわりに巡拝してくれる遍路に接待することによって<u>功徳を受けようとする</u>（後略）［前田 1971：222 ※改行は引用者による］。

ここであげられている4つの動機を端的にまとめると，(1) 遍路への同情，(2) 大師信仰に基づく作善，(3) 身近な死者への追善供養，(4) 代参的発想ということになろうか[55]。

(1) については，本章第4節3項で取り上げた新城常三の「四国民衆の遍路に対する篤い同情」という言葉を思い出して欲しい。新城は，近世の社寺参詣を比較したうえで，「一般参詣界では，参詣者が一方的に参詣社寺・地元及び沿道住民を経済的に利したが，遍路においては，まったく逆で，遍路が四国路に経済的に裨益することは極めて寡く，一方的に，四国住民が遍路に与えるのみであった」

と述べ,「これこそは日本の参詣界に例を見ぬほとんど唯一の現象であった」「広域にわたる多数民衆の善意と愛とが,遍路の永い歴史を支えていたのである」と結論したのであった［新城 1982：1097-1098］。

残る3つについては,実は共通したある発想のうえに成立している。引用部に下線で示したように,それは「功徳」を得るという考え方である。(3)は特殊化された目的について述べられており,(2)と(4)は「功徳」がどのようにして獲得されるのかという,ある種の聖性の源泉についての微妙なニュアンスのちがい（2は弘法大師への布施行為に,4は巡礼という実践にある）に過ぎない。いずれの場合においても,接待者は,作善を通して功徳の獲得を目的としているのである。

この功徳を媒介し,保証するものとして,前田が注目したのが納札である。先述したように,納札は通常,札所に納めるものであるが,接待への返礼として接待者にわたすことも古くから慣例となっていた[56]。すでに紹介した納札の呪術性に着目した前田は,「接待者は遍路に品物を施すことによって,現世利益的なものを得ようとしているということである。換言すれば,接待は必ずしも無償の行為ではなく,お大師さんからの返礼－御利益－を期待している行為なのである」と分析し,これを「ギブ・アンド・テイク」という言葉で表現した［前田 1971：223-224］。

(3) サーリンズの互酬性と接待論再考

このように,一見,利他的没功利的な行為の背景にもなんらかの返礼が期待されているとする見方は,文化人類学の交換論の分野と重なりあう。星野英紀はこうした視点から和歌山県の有田接待講を分析し,モース（Mauss, Marcel）の『贈与論』や,タンバイア（Tambiah, Stanley J）のタイ仏教徒の布施に関する著作を引用しつつ,前田が指摘したような接待者側に返礼への期待があるようなモデルを,より理論的に提示している［星野 1974：84-85］。

交換論の中でも著名な議論のひとつに,経済人類学者のサーリンズ（Sahlins, Marshall）の「互酬性」[57]に関する議論がある。サーリンズは互酬性を交換形態の連続体と捉え,それを「一般的互酬性（Generalized reciprocity）」,「否定的互

酬性（Negative reciprocity）」を両極とし、「均衡的互酬性（Balanced reciprocity）」を中間点とする「互酬性のスペクトラム（The spectrum of reciprocities）」として提示した［Sahlins 1972：191-196］。

これら3つの類型についてのサーリンズの説明を、簡単にまとめると次のようになる。（A）一般的互酬性は、利他的なトランザクションであり、B. マリノフスキー（Malinowski, Bronislaw）の純粋贈与（pure gift）を理念型とする。それ故、贈与に対する返礼は必ずしも期待されていない。例としては、「共有（sharing）」「援助（help）」「ホスピタリティ（hospitality）」あるいは、「親族関係の義務（kinship dues）」「高貴なる者の義務（noblesse oblige）」などがあげられる。（B）均衡的互酬性は、直接的な交換であり、贈与に対して適切な返礼が遅延なくなされるものである。（A）に比べて、非人格的あるいは経済的なものであり、例としては「贈与の交換（gift-exchange）」「支払い（payments）」「交易（trade）」

図 3-20　接待の返礼としてもらった納札
（上）戸口に貼られた納札と、（中）その拡大写真、（下）仏壇に納められたもの．いずれも 2000 年 8 月、徳島県阿南市内の民家にて著者撮影．

「売り買い（buying-selling）」などがあげられる。（C）否定的互酬性は、功利的なトランザクションであり、「値切り（haggling）」「詐欺（chicanery）」「窃盗（theft）」など私利私欲的な欲求に突き動かされる時として一方的な交渉が含まれ

る［Sahlins 1972：193-195］。

　ここで注目すべきは，サーリンズがこのスキームをあくまで，相反的な（A）（C）を両極とし，（B）を中間点とするスペクトラム，すなわち連続性をもつ尺度として提示している点である。すべての交換形態は（A）（B）（C）のいずれかに固定的に「分類」されるのではなく，（A）（B）（C）からの相対的な距離によってスペクトラム上に位置づけられることで理解されるという考え方を，サーリンズはとっている。さらにその指標として，交換される財のみならず，人格・道徳性や経済性などがあげられている点も重要であろう[58]。

　こうした互酬性モデルは，接待についての議論を整理するのに非常に都合がよい。例えば，「同情」をクローズアップする新城の接待解釈や，前田の（1）の動機に基づく接待は，サーリンズの互酬性モデルでは（A）のポジションに相当する。それに対して，前田がギブ・アンド・テイクと呼んだ（2）〜（4）の動機に基づく接待は，（B）のポジションに該当するといえよう。すなわち，前田が行ったのは，接待解釈を（B）の領域まで広げるという，パラダイムの刷新だったのである。

　だが，果たして接待はAとBの間に収まるものなのであろうか。実は地域社会で「接待」という語句を用いて説明される交換にはもうひとつのタイプがある。それが，遍路側の要請で行われる接待，すなわちここまで「乞食（こつじき）」と述べてきた托鉢行為に対する応答である。従来研究者は，このやりとりをおもに巡礼者サイドから捉えて，乞食（こつじき）・行乞・托鉢・門付け等の用語で記述してきた。もちろん地域社会の側でも，「遍路が門付けにようきよった」という具合に使用するが，同時に「ほんな遍路らにも，よう接待をした」というふうに続けることがしばしばある。つまり地域社会が「接待」として捉えている巡礼者とのかかわりあいの中には，これまでおもに論じられてきた，地域社会からみて主体的・積極的な接待のほかに，どちらかといえば消極的・受動的な応乞食（こつじき）的接待も含まれるのである。

　この受動的接待の体験談によく登場するのが，多く「ヘンド」という名称で語られる「コジキヘンロ（乞食遍路）」の類である。「差しだした接待品が少ないと怒り出す」「読経が不明瞭」「身なり格好がとにかく不潔」などの諸理由で，「信心で回っている遍路とはちがう」と説明される乞食遍路への接待体験には，サーリンズが否定的互酬性の特徴としてあげる「値切り」「詐欺」等を含む功利主義

的な側面が盛り込まれている。しかしながら，これらも「遍路への接待」として説明される行為なのである。

(4) 接待論の理論的拡張

このようにみると，地域社会と遍路のやりとりを考えるとき，これまで別の用語で記述されてきた接待と托鉢とはともに，両者を媒介し，接続する行動様式として同一のフィールドで議論することが可能であり，また必要となろう。こうした両者の同一性を，真野は「托鉢と接待とが不可分な一連の現象の，それぞれにとって相補的な現れ」というふうに早くから表現していた［真野 1976：222］。本稿ではそれをさらに押し進め，乞食・托鉢に類するものも，地域社会側の解釈にしたがって接待のフィールドに収める視点を提示する。

それは，サーリンズのいう一般的互酬性と均衡的互酬性との間にあったこれまでの接待観が，否定的互酬性の領域にまで拡大されるということを意味する。この概念操作により，これまで議論されてきた自ら能動的積極的に遍路に施行する人々だけではなく，たまたま遍路から要請があったから金品を施したという受動的接待を行う人々をも，「社会的弱者が多い」という四国遍路の特徴的状況を支える文化・民俗の担い手として射程に含めることが可能になるのである。

5-2. 第3世代型巡礼空間モデルの射程——聖性のフロンティア

巡礼の空間的領域として，宗教的意味性に裏づけられた聖地（巡礼地）とそれらを単純につなぐ巡礼路（田中のいう基本的経路）を想定したモデルを，第1世代のものとすれば，田中がめざしたのは，そのような理念的な枠組みの外側にも目を向け，巡礼者の実際の行為から巡礼空間を立ち上げるものであった。すなわち彼が行ったのは，宗教学に代表されるような理念的な巡礼空間モデルに対し，より実際的な第2世代型モデルの提示であったのである。

これら2つのモデルはともに，点（point）と線（line）からなる構造をとる。その意味で，第2世代型のモデルは，聖地＝巡礼路モデルの発展系といえよう。それに対し，本稿では，「乞食圏」という面（space）的な領域を見出した。

第5節 接待論の再考と第3世代型巡礼空間モデル

　巡礼空間は，聖性を帯びた移動者である巡礼者が巡るという行為によってマーキングされ，日常世界から「聖別」された領域とも考えられる。聖地と巡礼路はこうした巡礼空間を構成するうえで理念的に不可欠のものである。だが，「乞食圏」は，巡礼世界とは理念的な関係性をもたない。なぜなら，巡礼のガイドブックが札所を如何に合理的に巡拝するかという視点から編まれているように，理念的には巡礼中に巡礼路をはずすことは通常の巡礼行動として想定されていないからである。したがって，本来は聖性を帯びた空間ではなく，巡礼とは無関係な日常世界の側に属する領域である。

　しかしながら，前提が宗教的動機であれ経済的動機であれ，巡礼行の実践において，地域社会から提供される接待に依存する巡礼者たちが実際に存在し，彼らは限界のある接待を十分に確保するために，巡礼路を踏み越えて外部へと向かっていった。その彼らの軌跡の集合体を概念化したものが「乞食圏」なのである。したがって，「乞食圏」は，巡礼世界と実践的な関係性をもち，その時々の接待の需給バランスによって，伸縮する空間と考えられる。

　巡礼者が巡礼路をはずれて周辺領域へ入り込んでいったその時，そこに暮らす人々は彼ら巡礼者たちと向かい合うという立場に置かれる。つまり，それは巡礼空間の拡張であると同時に，巡礼者たちを迎えるという体験の拡大でもあるのだ。

　ここで，巡礼路をはずれたところでも接待を得ることができるということは重要である。それは，一見，巡礼とは無関係と思われがちなそのような場所にも，接待という文化が形成され，巡礼者を迎えるための認識論的基盤やコミュニケーションの技法を彼らが有していたということを意味するからである。しかし，この関係性は，四国遍路を即「八十八ヵ所」と換言し，札所・巡礼路のみに着目するような態度からはみえてこなかった部分である。

　接待が行われる時，そこは聖なる巡礼空間と俗なる日常空間とが交錯する場（place）となる。そこでは，接待者による巡礼者へのまなざしによって，絶えず巡礼の意味性が問い直される反省作用がある。例えば，四国遍路では，「オヘンロサン」と「ヘンド」という2つのフォークタームを使い分けて，信仰で回っている巡礼者と乞食まがいのものとに，巡礼者を「評価」し，「吟味」するまなざしが存在する（この点については第5章で議論する）。「乞食圏」はその性質上，後者に類されるような「遍路」が比較的多い。それ故に，巡礼の聖性・宗教性が

揺らぎやすい領域でもある。そうした意味で，ここは聖性のフロンティアなのである。

　すなわち，第3世代型巡礼空間モデルとは，巡礼世界と日常世界の関連性を視野に収めるために，聖性のフロンティアである巡礼の文化的民俗的な拡張領域－例えば四国遍路の場合には「乞食圏」という具体的な領域を見出した－を，巡礼空間の要素として組み込んだ認識論的モデルなのである。

　近年，四国遍路では「世界遺産登録運動」や「四国いやしのみち建設運動」が，行政や経済界を巻き込んで活発化している。そうした文脈の中で，「四国遍路文化」というものが提唱され，地域社会が遍路を迎えてきた歴史が注目されている。しかし，それらは十分な議論の結果出てきたものとはいえない。遍路という特定の意味づけを背負った他者と日々相対するということはどういうことなのか。現在継承されている接待の文化・民俗はこの問いかけの中で紡ぎ出され，日常の中に組み込まれていったものである。そしてその担い手は，「遍路道沿線の住民」のように狭く限定されるものでは決してない。しかし同時に，四国遍路がもたらした民俗・文化を「四国の地には……」[59]というように画一的に記述できるものでもない。遍路道と乞食圏では遍路を迎える経験に格差がある可能性が大きい。しかしながら，その差異こそがこれまでの巡礼研究で等閑視されてきたものではなかっただろうか。

　「乞食圏」を組み込むことで，巡礼者と地域社会の交流を，広角的に射程に収めることをめざす第3世代型の巡礼空間モデルは，ともすれば見逃しがちなこれらのことを具象化し，対象化し得るものとして，四国遍路の歴史・民俗・文化の新

表3-3　3つの巡礼空間モデルの比較

	time	main focus	analysis target	position	discipline contributed
1st model	1950s～	holy place 聖地	belief 信仰	ideological 理念的	Religious Studies 宗教学
2nd model	1980s～	actual pilgrimage route 実際の経路	behavior 行為	empirical 実証的	Geography 地理学
3rd model	2000s～	surrounding area 周辺領域	interpretation 解釈	epistemological 認識論的	Anthropology 人類学

第6節　附録――過去帳調査に関する2つの覚書

　ここでは，過去帳調査に関する2つの話題を覚書として附録する。ひとつは，過去帳に記載された戒名に関するものである。とくにヨソ者と檀家の明らかな差異など，遍路者に対するまなざしというテーマに興味深いポイントをいくつか含んでいるが，これらの問題をより本格的に議論するためには，今回の調査のみでは難しいと思われるため，本稿では覚書として列挙するにとどめたい。

　もうひとつは，過去帳調査の限界に関するものである。著者は，四国遍路研究における著者自身の歴史的パースペクティブを，近世の庶民参加型四国遍路の確立以降においているが，その力点は近世にあるのではなく，むしろ近代・現代を考察するための戦略として近世を捉えている。当然，過去帳調査においても，明治・大正・昭和期も対象としたが，今回閲覧した範囲では，明治以降の過去帳にはほとんど客死遍路は記録されない。これは客死遍路の消滅を意味するのではなく，行路死者の処理方法が変化したため，近世と近代で過去帳の性質が，この点でまったく変わってしまったことによるものである。この点については，本文の議論とは直接的に関係しないものの，過去帳調査を考えるうえで大変重要な点であるので，ここに付記することとした。

6-1. 客死遍路の戒名の特殊性

　客死遍路に関する記述には，単に「死」という以上の特別な暗い雰囲気を読み込む傾向がある。前田も過去帳から，首を吊って死んだ（縊死）遍路の記録を取り上げて，「故郷でなにか不祥事でも起こしたためか」と推測したり，「仁王門ニテ死ス」という添え書きから「癩などの病気のために故郷を追われ，命の灯が消え果てるまで霊場を幾度となくまわり，その末仁王門などで倒れた遍路」としたり，おそらく同様に通夜堂にて死亡した旨の記録を「また乞食同然の生活をし，その生活も底をつき生活苦から，霊場の通夜堂で息を引き取った者も見られる」

などと、口絵等で示された過去帳の写真には見られない記述を付記し、彼らをより悲惨さを背負い込んだ存在として記述している部分がある［前田 1971：口絵 11,101-102］。

　本調査を通じての著者の経験から判断すると、過去帳には死に場所や死亡理由については記載されるが、少なくとも「故郷を追われ」たことや、「生活が底をつき」たことなどは過去帳の記録にはおそらくない。こうした彼らの「背景」に関する記述がなされるのは、むしろ庄屋文書等のより行政的な資料である。もし彼がこれらの事例に関する付帯資料を読み込んだうえで、そのように記述しているのでないとすれば、前田はここである種のバイアスをもって過去帳を解釈していることになる。ほかにも88番大窪寺への道に乱立する遍路墓について、「口べらしのために家を出された遍路は満願の寺である大窪寺へ来て、もう精も根もつきはてて、再び八十八ヶ所をめぐろうとする気力も失ってそのあたりをさまよっているうちに、落命したというのが多いようである」［武田 1980：18-19］というように、最後の札所を目前にして死去する無念さや哀れさを強調する言説もある。しかし、このような説明は、当時在所からの最寄りの地点から打ち始めることが一般的で、したがって四国への上陸点や打ち始めの札所には複数のパターンがあり、大窪寺を最後とする遍路が現在ほど多くなかったと考えられることが考慮されていない[60]。

　そうした客死遍路に付与される悲哀譚の中でも、ここで関係が深いのが戒名の問題である。これまで、通常の死者には4文字の戒名がつけられるのに対し、客死遍路にはとくに2文字の戒名がつけられていたとする説や、また客死遍路につけられた戒名に行き倒れのニュアンスを見出すことが行われてきた［広川 1977：55-57］。こうした問題を考えるには、遍路のみならず、客死者一般や檀家の死者などと比較が有効であると思われるが、今回はそこまで踏み込んだ作業は行っていない。しかしながら、今後の研究のために、本調査を通じて気がついたことを覚え書きとして、ここで付記しておきたい。

(1)「2文字戒名」について

　閲覧したほとんどの戒名は、2文字ないし4文字の熟語に信士・信女などの号がついて、ひとつの戒名を形成している。2文字の戒名はヨソ者に対する差別的

なニュアンスを含んでいるとする説もしばしば聞く。

　生前の名がそのまま戒名になりやすい童子・童女号と出家者の例を除くと，全体では2文字戒名は71例，4文字は58例で確かに2文字のほうが多い。また過去帳には檀家の中から四国遍路に出て帰ってこなかった例も散見される。これらの戒名を調べると2文字が14例，4文字が29例であるので，確かに客死者には2文字が付きやすいといえるかもいれない。

　ただし，A地区とB地区には明らかな差異がある。B地区では4文字が13％，2文字が83％と圧倒的に2文字が多いのに対し，A地区の場合は，4文字が58％，2文字が38％とむしろ4文字戒名の方が多くなる。この差異が，遍路道からの距離に関係しているのか，あるいはAグループが当時の那賀郡東部（現在の阿南市）にあり，Bグループのほとんどの事例は海部郡のものであるという地域差によるものなのかは今のところわからない。

　また，こうした2文字戒名は差別的というよりも，民俗学者の広川勝美が，「昔も今もですが，だいたい巡拝者には戒名は二字の戒名しかつけませんでしたですがね。お宅へ帰ってちゃんとお寺で拝んでもらいな，いうてね」［広川1977：137］という44番大宝寺住職の語りを紹介するように，むしろ客死者につけられた戒名が一時的なものであるという説明のほうが適当だと思われる。

　俗に「捨て往来」とはいうものの，調査した過去帳の中には行き倒れた客死遍路を，後に縁者が尋ねてきたことが書き記されている事例もあった。

「四国辺路　泉州佐野……三回忌墓参三人来」（明治4年・A地区）
「〇右衛門事。丹州永井郡槙生村。四国辺路ニ来リ死ス。文化十一年正月二十四日，国ノ者尋ネ来ル。依テ之ニ改名書付ケ申ス也ト」（文化4年・A地区）

　2番目の事例には4文字の戒名がつけられていたが，添え書きからは国の者が尋ねてきた時点で戒名を直したようにも考えられる[61]。

(2) 戒名を構成する文字種について

　先の前田の遍路判定基準にあったように，客死遍路の戒名には特長的な戒名や文字種があるといわれている。俗名がそのまま戒名になっていると思われる

事例を除く，101のA地区客死遍路の戒名を構成する文字種を分析してみたところ，「道」「法」が各14例，次いで「智」が13例，「覚」「光」が各10例であった。最も多かった「道」には，「還道」「道休」「遊道」「道帰」「至道」「道倒」などの用例があり，確かにどれも道を歩く存在としての遍路が行き倒れた様を連想させる。しかしながら，この「道」が道路を意味するとは限らない。最後の「道倒」以外は「仏道」のような意味と考えることもできる。さらに，「道倒」や「退遠還源」「休夢」「遷流影光」「孤峯月光」「寒空澄心」「法覚道休」など，いかにも行き倒れというイメージをもつ戒名もある。しかしながら，戒名からみてこれが遍路である保証はやはりどこにもない。一般の行き倒れとしても，これらは意味が通るし，仮に宗教的な旅人としても，修験者や六十六部かもしれない。添え書きに遍路と書いてあるから「遍路」とわかるのであって，いくら札所や遍路道であっても，戒名から遍路かどうかを特定するのはいま少し議論を要するところではないだろうか。

また，例にあげたような戒名が，差別的な発想を帯びたものであるかどうかも一概にはいいきれない。檀家出身の遍路にも「道休」「露光」といった戒名が登場するので，ヨソ者である客死遍路に対して，とくにネガティブなまなざしがあったというような言説は戒名から立証することは簡単ではない。

(3) ヨソ者と檀家の記述格差について

過去帳を調べていて気がついたことのひとつが，他所から四国遍路にきて地元で亡くなった者と，地元の檀家から四国遍路に出て帰ってこなかった者の記述には，はっきりとした差異があることである。仮に前者を他所遍路，後者を檀家遍路とすると，他所遍路の記録には，「四国辺路ニ来リ死ス」（文化13年・A地区），「讃州辺路」（嘉永4年・B地区）のように，「遍路（辺路）」という言葉を使って記述するのに対し，檀家遍路の場合には，「四国途中に死去」（享和2年・A地区），「四国順拝。伊予国にて病死スと云」（天保9年・A地区），「四国順拝に到，女房子供行きはぐれ，痢病にて帰ず」（嘉永4年・C地区），「四国順拝出立生死不明」（安政3年・A地区），「四国より不帰」（安政6年・B地区）というように「遍路」という言葉を使わずに，「四国（順拝）」と記述する傾向がある。これらの事例に

ついて，試みに「遍路」が使われる割合を算出すると，他所遍路では実に93.5%に達するのに対し，檀家遍路ではわずかに15%に過ぎない。

　他所遍路も檀家遍路も，同じ遍路中に行き倒れた者にちがいはないが，過去帳を記録する立場からすれば両者は決して同一ではない。こうした意識の差が過去帳に表れているのだとするならば，「遍路」という言葉自体，微妙な他者性をもち，どことなくネガティブなニュアンスが含まれているようにも思える。もちろん，ここでは十分に立証することはできないが，今後の興味深い課題としておきたい。

6-2．客死遍路の処理と過去帳調査の歴史的限界

　過去帳調査では1871年（明治4）以降急速にその事例が減少し，A地区では1879年（明治12），B地区でも1905年（明治38）を最後に消えた。しかし，それは客死遍路がなくなったことを意味しない。1918年の遍路記録にはこの22番札所近辺の話として，首をくくった遍路のことが記述されているし［高群1938：120］，聞き取り調査によっても，戦前までは行き倒れた遍路がいたという話を聞いた。あくまで過去帳から観測不能になるだけで，事例としては明治期以降も存続するのである。では，なぜ過去帳から消えていったのであろうか。このことは，客死者の処理の仕方の変化と無関係ではない。

　まず，近世における客死遍路の行政上の処理についてであるが，『阿波藩民政史料集』（下）に収録されている客死遍路の処理に関する一連の文書のセットに注目したい。それによると，飯尾村組頭庄屋工藤忠兵衛が，行き倒れた京都の遍路を役人に報告するために提出した書類は4通であった。そのひとつ，「同村常教寺導師書付」には，「於当村に病死仕候京都四国辺路死骸見分之上拙僧導師仕処相違無御座候」［徳島県史料刊行会1968b（1916）：1,551-1,553］という記述があり，客死者に関しては，寺院の住職が引導した旨を確認する文書を添えて提出していたのがわかる。

　調査地の過去帳にも，「御上ヨリ御下知ニ依而当寺引導」（1822年〈文政5〉），「御見分相済ノ上当院引導」（1833年〈天保5〉）」という具合に，寺院が行き倒れの処理にかかわった様子が記されている。

一方，明治期はどうであろうか。『徳島県警察史』には「明治六年，四国遍路の行路死人取扱についての通達……」［徳島県警察史編纂委員会編 1965：778］とある。この情報を元に，行政文書（県令布達）を当たったところ，1873年（明治6）発行のもので，該当する内容をもつのは次の条例であった。

　　第五百五十八号　　　途中病死行旅死人区戸長邏卒検分の事[62]
　　　各区　区長　戸長
　他管轄より寄●或は四国順拝にて管下へ入込途中病死又は行倒相果候類，其区戸長必ず聞知せざるはなし。其聞知するに於ては顛末取糺し出張邏卒へも協議を遂げ篤と検分之上，仮埋等取計置。其＝可届出筈に候。処中には用掛而已取計届出候。向儘有之固より人命は不軽儀にて其顛末取糺届出の書類相添原籍へ懸合候義に付，書面上に於ても尚不都合無之様注意し戸長奥書之上可届出事。
　明治六年十一月五日　名東県権令　久保断三
　　（●は「亞」と「田」が上下に一辺を共有している字。＝は「上」と「日」を上下に合わせた字。尚，原文はカタカナで，句読点は引用者による）

　これによると，客死者の処理に関係するのは邏卒すなわち警官と，区戸長であり，寺院はすでにその任に当たっていないことがわかる。翌1874年（明治7）の県令布達第77号では，「従来旅人病死の節，其事に関する書類数多繁雑いたし候に付，自今左の通，改正候條雛形に照準し可差出此旨布達候事」として，旅人病死届の新しい書式示している。その文書には，死亡者の本籍氏名，死亡場所，所持品などを警官立ち会いのもと確認し，病因などについては医師の証書を取り，遺体を最寄りへ仮埋葬することなどが定められている。これをもって明治6年の布達は廃止になっており，以降この明治7年77号が修正・改正を繰り返しながら運用されていく。
　ところで注目したいのは，明治7年77号からは，明治6年558号にあった「四国順拝」の語句が消えていることである。そして以後も行旅死亡人に関する規定からは，遍路や四国順拝といった語句が出てくることはなかった。これは，特殊

な事例としての客死遍路が，行旅死亡人一般に昇華したことを示している。

以上により，過去帳から客死遍路が1871年（明治4）以降みられなくなったのは，行旅死亡者の行政上の処理に関する制度改革のためと理解できよう。1871年4月5日には新しい戸籍法（壬申戸籍）が制定され，同年10月3日には宗門人別帳が廃止されることで，近世的な寺請制度が崩壊する。このように寺院が戸籍管理の任を解かれた時期と，過去帳からの客死遍路の記録が消滅する時期が一致していることも，これを裏づけていると考えられる。

そして，新たに県が客死遍路の処理を担当するようになって，まもなく行旅死亡人に関する文書から「遍路」の文字は消えていく。これは県にとって，客死者が「遍路」であるかどうかが問題ではなかったことを示唆している。かわって問題となったのは，医師が病因を調べていることからわかるように，客死者が伝染病患者かどうかという問題であった。

聞き取り調査の中で，著者はかつて役場に勤めていた人に出会うことができた。その話によると，彼が勤務していた昭和初期から戦後しばらくまで6,7人の行旅死者を担当したが，昭和30年頃以降はいなくなったということである。また，役場は行旅死者の記録を残していたが，その保有期限が50年であったこと，そして市町村合併による役場の統合で書類が散逸したことなどの理由により，現在では当時の行旅死者の記録を探ることは困難だという。よしんば文書があったとしても，そこには前述のごとく，「遍路」であるかどうかの記述はおそらく記載されていないであろう。以上のさまざまな事情から，過去帳等を用いた客死遍路の調査は近世期についてはある程度可能であるが，明治期以降については困難であり，別のアプローチをとる必要がある。例えば，そのひとつに民俗学的な聞き取り調査があげられるであろう。ともあれ，ここではひとまず近世期の遍路の軌跡について，上述のことを確認し，以降の議論は第5章に譲るものとしたい。

〔注〕
1)「四国邊路」という言葉は1280年（弘安3）頃の『醍醐寺文書』等に，「四国遍路」という言葉は1406年（応永13）の鹿児島県川内市（現・薩摩川内市）中村町戸田観音堂の「観音像裏壁板墨書」にそれぞれみられることを，新城常三が報告している〔新

城 1982：436, 483-485].
2) 『かるかや（刈萱）』の異本の中には室町時代末の写本もある．しかし，それには高野の巻が収録されてないという［荒木・山本編 1973：326］．
3) 「八十八ヵ所」の初見は1472年（文明3）とする見解もある。これは同年3月と記された高知県土佐郡本川村越裡門字地主地蔵堂の鰐口の銘文中にある「村所八十八ヵ所」を，四国遍路の写し霊場と理解し，したがって，本四国の八十八ヵ所が文明3年以前に成立していたと推測するものである．この説の問題点は，鰐口の銘文が稚拙で容易に判読できないことである．また，「村所八十八ヵ所」が本四国八十八ヵ所の写し霊場に相当するものかどうかという点についても，検討を要するであろう．これらの理由から，著者は現時点ではこの鰐口に関しては保留の態度をとりたいと考えている．なお，この鰐口にまつわるエピソードについては［愛媛県生涯学習センター編 2001：38-39］を参照されたい．
4) 「爰ニ辺路札所ノ日記ノ板有リ，各買之也」［伊予史談会編（四国遍路日記）1997：27］．この「日記」についての子細は不明だが，これ以前に遍路行を行った人物の手による道中記，あるいは案内記の類するものと推定される．またこの「日記」は，『四国遍路日記』においても随所で参照されており，澄禅もこれを所持していたと思われる．
5) ここまでの述べてきた「起源」論的な議論については，あくまで現時点での資料的制約の中でのものであることを念のため付記しておきたい．近年の四国遍路研究の発展によって，本稿の議論が書き換えられる可能性も十分にある．なかでも著者がとくに期待するのは，澄禅『四国遍路日記』にみえる「世間流布ノ日記」についての新たな知見がもたらされることである．第2章でも述べたように，近世初期の四国遍路に関する著者の最大の関心は，修行者向けの中世的な「四国辺地」から，どのようにして民衆が参加可能な「四国八十八ヵ所巡礼」が成立したか－あるいは＜行場＞から＜巡礼地＞への転換ともいえよう－であり，そのため，こうした情報の整備・伝達にはとくに関心を抱いているからである．
6) 江戸時代に遍路の道標を建立した人物としては，真念以外にも武田徳右衛門や照蓮などが知られている．とくに「真念再建」と刻印した照蓮は，明確に真念の遺志を継承しようとした人物として興味深い．この照蓮については［福井 1997］が詳しい．
7) もちろん，遍路道は常にひとつのルートに決定されるのではなく，またその経路も不変ではない．『道指南』においても，足摺岬（38番）から寺山（39番）など，いくつかの区間では，複数のルートに分岐する箇所があるし，また古来のルートに替わる新道が紹介されている箇所も散見されるなど，遍路道にも時代や状況に応じての変動

やヴァリエーションはみられる．ただし，現在の遍路道がそうであるように，こうした情報メディアによって，遍路道とそれ以外の道は当事者たちにとっても，ある程度明確に区別されていったと考えるのが自然である．また，メディア以外にも遍路道を規定していくような力があったのだが，これに関しては第4章で述べたい．

8) 巡礼における空間要素としては，「聖地・聖域」といった概念が一般的であろう．これは俗世間から聖別された空間を指すと考えられる［藤井 1987:27］．「巡礼空間」は，そのような宗教的観念とは別に設定する，より実際的社会的な概念であり，本稿で取り扱う「宗教的観念からは捉えきれない，巡礼の文化・民俗的側面」を記述するためのターム設定である．

9) 第4章で議論するように，まさにこうした巡礼者像こそ，近世土佐藩が描き，かつ求めたものであった．

10) 宗教学の主要な先行研究のなかでは，星野英紀の解釈学的分析に「巡礼のプロセスにおいて，そのような"信仰"を如何にして獲得するのか」という，道中に着目したパースペクティブがみられるが，そこに具体的な巡礼路が想定されているわけではない．地理学と異なり，宗教学においては「道」という観点が根本的に欠如しているといえよう．

11) この「基本的経路」と「発展的経路」を表す複数の英語表記は田中自身の英文要旨によるものである．彼は概念の英語化においてかなりの迷いがあったと考えられる．

12) この「巡礼と結び付いた広義の意味での流通という側面」という問題は，田中が参照文献内で今後の課題としてあげているものである［田中 2004：100］．これは，巡礼を移動性に基づく諸現象一般と結びつける意欲的な研究課題であるが，彼はおそらく未解決のままに先年帰らぬ人となった．謹んで追悼の意を表したい．

13) アウトドア雑誌の『BE-PAL』(2003年1月号・小学館) に掲載された「四国お遍路バックパッキング」では，「まだまだ自然が色濃く残る四国を超スローペースで旅するのって，なんだか気持ちよさそう．もしかして，非常にビーパル的な行為なのではあるまいか！？」という見出しとともに，遍路道を「1100kmの超ロングトレイル」「ステキなネイチャートレイル」と解釈して，山歩きやアウトドアのフィールドとして再発見する．また，芸術との関係には多くの事例があるが，俳人の種田山頭火や，日本画家の川端龍子，瞽女三味線の月岡有希子，作曲家・シンセサイザー奏者の喜多郎などをここでは例としてあげておく．

14)「プレゼンス (presence)」は国際関係論の文脈において，主として軍事的・経済的な「存在感」や「影響力」を表す用語として多用されるもので，例えば「太平洋地域における米軍の軍事的プレゼンスが強まっている」のような用いられかたをする．本稿では，

人々の認識や実践にかかわる「文化」としての四国遍路の影響を，とくに地域的に固定的なものではないという認識を表現するために，「文化的プレゼンス」という用い方をしている．

15) 文化人類学者の M. ミード（Mead, Margaret）は，友人ラフル・ブラムの言葉として「時の人間的単位というものを定義して，それは，祖父が記憶している自分の子供時代から，その孫がそれを聞いて憶えている間までである」というものを紹介している［ミード 1975（1973）: 370］．ここで「軌跡」という用語に込めた記憶のとらえ方はこの考えに近い．

16) ほかにも単一の寺院から少数の行き倒れ遍路と抽出した記録はあるが，広範囲をカヴァーしているのは前田のもののみである．また，単に統計的という意味では，新城常三が伊予小松藩「会所日記」を分析し，藩内から遍路に出た人数を集計した研究もある［新城 1982］．

17) ただし，前田の調査ではサンプル数を確保することが重要であったため，札所の過去帳を当たること自体は研究上の戦略として問題があるわけではない．

18) ただし，その表記は「辺路（邊路）」が圧倒的に多い．「遍」と「辺」の意味的な相違や解釈に関する議論［例えば西園寺 1937: 25-28］もあるが，本稿では原則として，ともに「四国霊場の巡礼者」を表す同一語として扱う．同様に，巡拝と順拝についても同義語とする．

19) 図3-4下は，第5章の事例に登場する道原さん（仮名）宅のものである．写真の札は，自宅とは離れた職場で行者Uに接待してもらい受けた．

20) 『虚子五句集』上に収録［高浜 1996: 99］．1935年（昭和10）に松山で詠まれた．

21) 前田 卓も遍路墓からデータを得ることの困難さを指摘している［前田 1971: 100］．

22) このような事例については，例えば真野俊和が紹介するケースがある［真野 1980］．

23) この2つの一般街道については，第2章第2節を参照のこと．

24) もちろんこの地域から出立した遍路の記録については別である．

25) なお，ここで図示されている過去帳には「道喜」とあり，「善」は誤植と思われる．

26) 勿論，これは一種の誤解であり，遍路者の宗旨は多種多様で，真言宗とは限らない．近年の調査でも，宗旨に「真言宗」と回答した割合は43.1％と過半数を下回っている［早稲田大学道空間研究会 1997: 21］．

27) 旧国名で表記したが，「丹州」という表記があったため，丹後・丹波については合計して「丹州」とした．また「九州」という表記が1例あったが，そのまま掲載した．

28) 農村地帯の中で特別に商業を許可された集落を在郷町（郷町）と呼ぶ［阿南市史編纂委員会編 1995: 284］．

29) 椿・吉祥寺住職，福井・真光寺住職夫妻らのご教示による．
30) 大日寺に統合され，現在は廃寺．
31) 「廉（シシ）喰ト所ニ至ル……爰ニ太守ヨリ辺路屋トテ寺在リ，往テ宿ヲ借タレハ，坊主慳貪第一ニテ，ワヤクラ云テ追出ス」［宮崎忍勝校注（澄禅『四国遍路日記』）1977：11］．なおこの部分は，伊予史談会版の翻刻に疑問があるため，宮崎忍勝版に従った．
32) A 地区富岡町某寺の過去帳には「海部郡北川邑善七母．同処七良衛門姪也」とあるが，これは海部郡北川村の女性が，富岡の伯父を訪ねてきた例と考えられる．なお海部郡北川邑とは，現在の那賀郡那賀町木頭北川を指す．
33) 「寛政 12 年庚申年五月吉日　九主人写」の奥付をもつものが現存しており，これを 1973 年（昭和 48）に久保武雄氏が複製した．ほかに伊豫史談双書『四国遍路記集』にも収録（ただしこちらは一部省略されている）．
34) 津乃峰は橘湾へ入る船の目印にもなっており，船乗りの信仰を集めていた．その別当寺が見能林 S 寺である．
35) 原題は『四国名所図絵阿波之部』探古堂墨海（撰文・挿画），大坂・河内屋喜兵衛（刊行）．『阿波名所図絵』の名で歴史図書社より 1979 年複製刊行されたものを参照した．
36) 例えば，1918 年（大正 7）に熊本からやってきた高群逸枝は，伊予八幡浜に上陸し，43 番明石寺から巡拝を開始した［高群　1979：83-87］．
37) 伊予史談会編『四国遍路記集』では，ふりがなが省略されているため，この部分は近藤喜博が編集した『四国霊場記集別冊』に収録された『道指南』の影印から引用した．
38) 以下，本稿全体を通して，テクニカル・タームとしては「托鉢」を優先する．本章では文脈上，「乞食（こつじき）」を多用するが，第 4 章，第 5 章で頻出する「乞食（こじき）」と区別するため，托鉢の意味で使用するときには必ずふりがなを併記することとする．
39) 著者は，番外札所に類するものと理解している．
40) 近藤喜博編『四国霊場記集別冊』に収録された影印を参照．
41) 休浜法そのものは本州で 1771 年（明和 8）に実施されていたが，阿波はこれを拒んでいた．
42) この日記は『小梅日記』と呼ばれ，1837 年（天保 8），1848 年（弘化 5），1849 年（嘉永 2）から 8 年分と 1876 年（明治 9）から 7 年分が現在確認されている［和歌山県史編さん委員会　1980：945］．1849 年以降の分については，平凡社・東洋文庫から 3 巻本（志賀裕春・村田静子校訂・1974-1976 年）として刊行されているが，本稿で取り上げた天保 8 年のものは別に発見されたため（藤田貞一郎が同志社大学の紀要に掲載

した），東洋文庫版には収録されていない．本稿では『和歌山市史』（近世史料2）に収録されたものを参照した．なお，藤田はこの資料紹介の掲載の時点で，筆者名を明らかにすることはできないとしているが，東洋文庫版の校訂者・村田静子が1巻の解説の中で，藤田が紹介した日記を「小梅日記」の一部といち早く指摘した［志賀・村田校訂 1974:303］．また，藤田自身も1年後に筆者を川合小梅と特定し，『小梅日記』を解題している［藤田 1975］．

43) 細かい点だが，注目したいのは「願も有」という部分の「も」という助詞である．庄助は経済的理由から四国遍路に出ることを希望していると考えられるが，同時に彼の遍路行きは「願」からでもあるのである．ここに，ある種の遍路行が宗教的実践であり経済的な活動でもあるという両面的なものであったことが如実に表れていることが理解できよう．

44) ただし，借金等の申し出にていねいに答えていること（1回目はのしを付けて渡しているし，2回目にも米を貸すときにまず白米を探している）や，食事を振る舞ったり，しばらく家に滞在させたりしているので，川合家と親しい人物であると考えられる．東洋文庫版に収録されている家系図には，夫の実家である梅本家の娘婿に「森屋庄兵衛」という名前がみえる［志賀・村田校訂 1976:288］．もちろん，著者としても，両者が同一人物と即断しようとするものでは決してないが，とりあえず気づいた点として付記しておく．

45) ここで語られている，接待・乞食と警察の関係については第4章で述べる．

46) 以下に取り上げる，「修行」に関する一連のエピソードは，高群が遍路を行いながら新聞に送っていた原稿『娘巡礼記』（堀場清子の校訂で朝日新聞より1979年刊）にはあまり掲載されていない．これは，『娘巡礼記』が，彼女の遍路中に随時掲載された新聞記事であり，ルポタージュ的な性格をもったことを高群が意識していため，四国遍路世界で彼女が見聞したことと，それに伴う高群の心理的描写に紙面を割く傾向があるためだと思われる．こうした乞食・接待のエピソードや金銭面の諸事情が明らかにされるのは，後年，再執筆された『お遍路』（1938）である．こちらのほうは，参考文献を適宜引用しながら，とくに札所の紹介が前著よりも充実しているという特徴がある．『娘巡礼記』のほうが，『お遍路』に比してリアルタイムな記述であり，資料的に信頼性が高いと思われるが，高群によると『お遍路』も当時のメモ（文中では「手記に」という形でしばしば直接引用される）を元に執筆しているため，あながち信頼性に欠けるとまでは言い難い．したがって，ここでも，『娘巡礼記』を併読しながら，おもに『お遍路』の記述を引用する．

47) この遠出のエピソードも『娘巡礼記』には掲載されていない．実はこの民家に滞在中，

老人と行きちがいがあって，彼が一人で先に度立ったものの，思い直して引き返してきたという出来事があり，またこの一家の暮らしぶりが彼女には大変印象に深かったようで，『娘巡礼記』ではそのあたりの記述に紙面を費やしている．
48) ここで筆者が「同じ発想」と述べているのは，このように接待を必要とする遍路が，場合によっては周辺に足を伸ばしていくことで十分な量を確保しようとする「戦略」を取り上げているのであり，その背景となる「前提」に対する価値判断（信仰的前提と経済的前提のどちらが優位かなど）は考慮してはいない．
49) 過去帳調査も試みたが，この寺院のものは檀家別であったためか，客死遍路は1例も確認できなかった．
50) ただし，現在でも遍路が時々やってくるとする人も若干あった．
51) 調査では，バイパス・ルートがあったことを確認する証言は得られなかった．『阿南市史』の記すこの枝道が，いつ頃どのような形であったのかについては，今後の調査が必要であろう．
52) 武田が調査した四国山間部の茶堂（四つ足堂・氏堂）で行われる「接待」と呼ばれる饗食行事も，この村接待の傍系と考えられる．武田は，これを「巡る大師」への接待と捉え，その繋がりを示唆している［武田 1969：77, 83-86］．
53) なお，接待講については，前田，真野のほか，星野英紀の有田接待講についての論文がある［星野 2001：334-353］．また，とくに集団的接待を中心とする現代の接待の事情についての詳細な報告書を，早稲田大学道空間研究会が発表している［早稲田大学道空間研究会編 2000］．併せて参照されたい．
54) ただし，個人接待にも，近親者の命日など特定の期日のみに限定して行われるものもある．
55) さらに前田は，これら以外に，自身が遍路をしたときに各地で受けた接待のお返し，すなわち「返礼奉謝」として行うものがあると付け加えている［前田 1971：223］．
56) 例えば，松浦武四郎が，この納札を接待所や宿屋にも収めたこと，そして納札が地元で尊信されたことを書き残している［松浦 1975（1844）：151］．
57) 山内訳では，"reciprocity" に「互酬性」ではなく「相互性」の訳語を当て，訳記で「ひろく社会学や哲学とも通底させるため」と述べてその理由を示している．その意図には著者も賛同できる部分もあるが，本稿では文化人類学の学術用語として定着している「互酬性」を使用する．
58) さらにサーリンズは，「未開社会」を対象として，この図式を親族距離や居住空間などにも拡張している［Sahlins 1972：196-204］．こうした観点も，ここでの議論に多くの示唆を与えるものであるが，その前提となる親族関係と社会構造の関連性が四国

遍路の事例とは相容れないため，ここでは適応することはできない．例えば，親族距離を接待者の巡礼者に対する心的距離，居住空間を巡礼空間と置き換えることで，こうした「距離」の観点を接待の議論にも取り込むことが可能になるという見通しを著者はもっているが，残念ながら現段階では理論化するには至っていない．

59) 一例をあげると，「大師にすがる心，遍路をやさしく迎える心，四国の地には昔のままの人々の優しさと暖かさが溶け合っています」[NHK「四国八十八か所」プロジェクト編 1998 : 34]という表現などである．

60) こうしたバイアスの中でも無視できないのが，「乞食遍路（コジキヘンロ）」等といわれる人々についての地元の語りであろう．第5章で「ヘンド」という問題を通して詳細に議論しているが，少なくとも近代以降についての語りによるイメージで，近世の客死遍路を解釈することはできない．もちろん両者が無関係というわけではなく，そこには確かに一脈通ずる流れがあることは著者も認める．しかしながら，周辺的資料を提示せずに，遍路中に行き倒れたという事実をもって即，乞食遍路的なイメージに結びつけることはやはり危険である．過去帳や遍路墓の調査では何十，何百という数の死者に向かい合うことになる．そこでは積み重なる死の重みを感じるし，なかでもとくに陰惨さを感じさせる記録に出会うことも少なくはない．しかしながら，死の記録や病，貧困の語りが調査者に投げかける重みが，時として研究者のまなざしを規定するバイアスになることを自覚し，場合によっては意識的に距離をとることが重要であることは，今一度確認しておいてもよいだろう．

61) ただし，改名は「戒名」の当て字ともとれる．

62) 徳島県立図書館所蔵のコピーを参照．

第4章
まなざしの構築学 −正統性・境界性・異質性−

　本章では，巡られる日常の側に立つ四国が，巡りくる非日常である遍路たちをどのように認識し，どのように対応していたのかという問題系のうち，とくに近世社会における「藩」・近代社会における「県」を代表とする「権力」に焦点を当てる。

　前章では，遍路者たちの実践から彼らが時に遍路道を逸脱し，「乞食圏」のような理念的には巡礼世界と関係性をもたないような領域を形成していたことを明らかにした。そして，本章の試みは，こうした多様性・多義性を含み込む四国遍路世界を，藩・県がどのように認識し，コントロールしようとしたのかを問うものである。ここで「コントロール」と表現したように，こうした研究は多く，取締令・規制令の研究として行われてきた。そこでは主として，いかにして権力が遍路たちを取り締まり・追放したかという排斥論の文脈で語られてきた。

　そうした諸研究の中でも最も刺激的な論考が，真野俊和による「まれびとの変質」を論じた論文である。そこで真野は「近代的乞食観」という言葉で，近世から近代への巡礼観の変化を端的に表現する。彼は，幕末から近代初期にかけての四国遍路に関する政策転換について，「旅人あるいは巡礼をむかえる人々の側の心情のなにかが，確実にかわってしまったのだと考えざるをえない」と述べ，「訪れてくる巡礼や旅人を受け入れることができない社会」，すなわち「乞食を貧民として，社会的脱落者として遇することしか出来ない社会」の成立を，「伝統的乞食観にかわる，いわば近代的乞食観の形成」と指摘するのである［真野 1991：23-37］。真野の論考は重要な示唆を含んではいる。しかしながら，「むかえる人々の側」に「確実」に訪れた心情の変化という議論は，巡られる側を一面化し，かつそのような変化の不可逆性を強調しすぎているようなニュアンスが感じられる。

　そこで本稿では，真野が「近代的乞食観」と呼んだものを，M. フーコー（Foucault, Michel）の「まなざし」の構造［フーコー 1971（1963）］の概念に引き寄せ，それがどのような近代化の潮流と関連して構築されてきたのか，またどのような知

を背景として練り上げられたものなのか,あるいは何を正統とし何を異質とみなしたのか,そしてどのような権力として行使されてきたのかという視点から,近世と近代の比較を通して,再検討することを試みたい。

第1節では,近世土佐藩の法令集である『憲章簿』辺路の部を通覧し,当時の対遍路政策の基本的な特徴を指摘する。なかでも脇道禁止というルールを取り上げ,これが藩の遍路者認識と深くかかわっていたことを明らかにする。この作業を通して,これまで遍路に対して厳しかったといわれてきた土佐藩の新たな遍路に対する認識構造を提示する。こうした試みは近年,フランスの日本近世史学者のナタリ・クワメ (Kouamé, Nathalie) によってもなされている [Kouamé 1997, 1998:95-139]。彼女は社会秩序・社会組織に焦点を当てるのに対し,本稿ではクワメの議論との共通性を確認しつつ,認識という別の角度からのアプローチを試みるものである。

第2節では,まず1870年代の県令布達等の行政文書の分析を中心に,明治初期の各県の対遍路政策の分析を行う。それによって,近世と近代における遍路者認識の変化を,タームとしては「遍路体の者」から「乞食遍路」,概念としてはambiguousな境界性からambivalentな境界性へのウェイトの移行として提示する。
次に,1878年(明治11)徳島『普通新聞』社説,1886年(明治19)高知『土陽新聞』社説「遍路拒斥すべし乞丐逐攘すべし」という2つの新聞社説を軸に,19世紀後半の乞食遍路排斥の論理の推移が,日本近代史と密接に関係したものであったことを指摘する。その結果,近代の四国遍路世界に,ある合理的な基準に則って「遍路」を明確に類型化していく＜分類のまなざし＞が登場したことを指摘する。
さらにはこうした認識が,地方行政や新聞のみならず,巡礼者自身にも共有されていたことを確認する。これらの考察によって,近代における四国遍路へのまなざしの構造についての複合的な議論を試みる。

第1節 『憲章簿』にみる土佐藩の遍路認識
－堅持された正統性と ambiguous な境界性－

1-1.『憲章簿』について

　従来，近世および近代初頭の四国遍路を論じる際には，土佐民俗叢書に収められている『近世土佐遍路資料』（1966）に多く依拠してきた。これは郷土史家の広江清が編集した謄写版の書物で，遍路に関する文書記録や法令そして巡拝記が111ページにわたってまとめられている［広江編　1966］。その法令編の出典が，今回取り上げる『憲章簿』である。これは，幡多郡山奈村（現・高知県宿毛市山奈町）等の庄屋を務めた兼松家が，藩から通達された触書や覚などの行政文書を編年的に編集したもので，土佐藩法制を考察する重要な史料とされている。それぞれの文書は32の分野別に整理されており，そのひとつに「遍路之部」がある。そこには1663年（寛文3）から1854年（安政元）まで[1]，68本の資料が収録されている。

　『憲章簿』は藩の公式な法令集ではない。あくまで兼松氏が自らの庄屋業務のための事務資料として作成したものであり，そこには兼松氏による取捨選択という資料的なバイアスがかかっている。そうした制約がありながらも，土佐藩が指定した遍路用の公式出入国口であった宿毛口松尾坂番所を擁する幡多郡にあり，また藩の対遍路行政において任務地内の最終責任者[2]であり，かつ藩政と庶民との間を媒介する庄屋兼松家という立場を明確に意識するならば，これらを通時的に眺めることによって，近世期における遍路観の変遷を描きうる可能性を秘めていると思われる[3]。

　本稿では，こうした意図から『憲章簿』を分析することで，当時の四国遍路行政の特徴や近世期の遍路観を分析してみたい。参照した資料はおもに，京都大学経済学部図書館所蔵の写本（原本は焼失）を基に，高知県立博物館が編纂・刊行したものによった[4]。

　なお，引用文の表記については，「辺路」と「遍路」，「摂待」と「接待」，「順拝」と「巡拝」など，本稿で同義語と捉えているものを含めて基本的に原文に従うが，

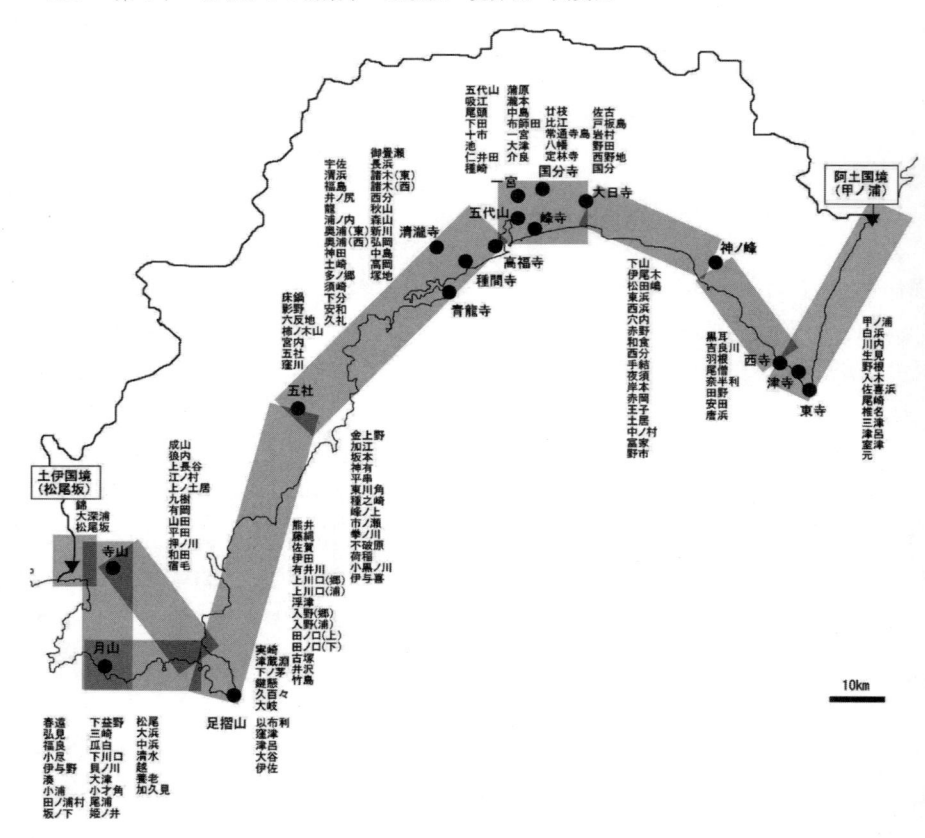

図 4-1 近世土佐藩の遍路街道とその沿線の村々
(『憲章簿』遍路之部「資料3」および「資料4（改訂後のもの）」より著者作成)

読解の便宜上，日付については漢数字からアラビア数字に，固有名詞以外のカタカナはすべてひらがなにそれぞれ変換した。さらに適宜句読点を補ったほか，助詞や接続詞もひらがなに改めた箇所がある。また，本章内での同資料からの引用については，『憲章簿』遍路之部という資料名は省略し，資料番号のみを示すこととする。その他，引用文中の傍点，下線などは原則として引用者によるものであることを予め明記しておきたい。

1-2. 遍路街道の設定と脇道禁止

(1) 土佐藩対遍路政策における基本理念

①資料4「辺路街道筋村浦之事」

『憲章簿』遍路之部の68本の資料群を概観したとき，まず目にとまるのが資料3「御国中札所之事」と資料4「辺路街道筋村浦之事」である。これらは，藩内の札所と「遍路街道」沿線の村々のリストである。資料3には，東寺（24番最御崎寺）から寺山（39番延光寺）までの札所寺社と，月山（番外・月山神社）が，資料4では，阿土国境の甲ノ浦から土予国境の松尾坂までの「遍路街道」筋の村浦が，それぞれ列挙されている。

これらのほとんどが『道指南』で案内されている地名と一致することからも，「遍路街道」とは，いわゆる遍路道のことだと考えてよいだろう。資料4と『道指南』を比較すると，細かい相違はあるものの，全体としてほぼ同じ経路を通過するようになっている[5]。図4-1はこれらの札所と村浦を略図にしたものである。土佐は高知城下を中心として，土佐湾を抱えるように東西に広がっているが，これらの村浦は，各札所をつなぎつつ，全体として帯状の空間を形成していることが理解できよう。

本資料は四国遍路に関する法令集であり，札所名や遍路街道沿線の村落名は基本的な情報である。しかしながら，わずかに17の寺社名が記されているに過ぎない資料3に比べて，189の村浦をあげながら，「御目付方御日記之分違有之ニ付左之通」として，改めて179に及ぶ地名を書き連ねる資料4は，やや異様な雰囲気を読み手に与える。訂正前では村・浦・郷などを分けて書いているのに対し，訂正後では基本的に地名のみを記すなど，フォーマットのちがいこそはあれ，内容的に大きく変わっているわけではない。例えば，阿土国境の甲ノ浦から，25番津照寺がある室津までを例に取ると，訂正前が「甲ノ浦，川内村，生見村，野根浦，佐貴浜村，入木，尾崎，椎名村，三津浦，高岡村，津呂，室津浦」，訂正後が「甲ノ浦，白浜，川内，生見，野根，入木，佐喜浜，尾崎，椎名，三津，高岡村，津呂，室津浦」と，ほとんど変化がない。わずかに白浜が加わり，入木と佐喜浜が入れ替わったのみである。

全体を見わたしてみても，巡礼の経路に影響を与えるような大きな変更点は1カ所しかない。それは，36番青龍寺から37番五社までの「横浪三里」と呼ばれる区間で，「灰方村，深浦村，塩間村，出見村，立目村，摺木村」の6カ村が削除されている部分である。『道指南』に，「いのしりより横なミ船にてもよし。うさよりのかち道ハなんじよゆへ，舟おゆるしのよし申伝ふ」[伊予史談会編（道指南）1997：91,92]とあるように，この区間では，浦ノ内湾北岸を陸路で通過する方法の他，海路で浦ノ内湾の奥に直接入るという選択肢があった。削除された6カ村は，いずれもこの陸路の沿線の村々である。しかしながら，案内記や体験記を見る限り，陸路が衰退したわけではなさそうである。例えば，『道指南』の後継本である『四国徧礼道指南増補大成』(1775)や，体験記的書物の『四国徧礼名所図会』(1800?)，『四国遍路道中雑誌』(1844)には，陸路・海路の両方が紹介されている。このうち，『四国徧礼名所図会』の著者は，「是より横浪村迄海上三里船に乗る。船に乗事十一人より十五人迄よし，其余は乗べからず。壱艘借切七百文，壱人前六十四もん宛也」[伊予史談会編（図会）：251-252]として海路を選択した。他方，『四国遍路道中雑誌』の筆者，松浦武四郎は「此処よりまた船をやとひて，横浪と云へ船にて行もよろし。船せん代廿四文位より八十文位の乗合にて行事なり。然し壱人弐人にてはそんなり」[松浦 1975(1844)：248]として陸路を選択している。
　確かに陸路は坂道や曲道が連続する難路であったが，海路にも費用の点で不都合となる場合があり，ここで見る限り，17世紀から19世紀にかけて，陸路・海路が併存している状況に変わりはない。陸路沿線の6カ村が削除された理由は不明であるが，いずれにせよ，大きな変更がほとんどないことに変わりはない。であるのに，なぜ必要箇所の訂正にとどめず，約180に及ぶ地名リストが全面的に改訂されることになったのであろうか。残念ながら，資料3,4には，日付も差出人も記されていないため，いつ頃そして誰の手によるものなのかはわからない。だが，少なくとも，『憲章簿』の編者であり，かつこの文書を実際の業務に活用していたであろう庄屋・兼松氏にとって，「遍路街道」の沿線の村浦を正確に把握するための情報が必要であったことは間ちがいないといえるだろう。

② 「基本理念」と「公式巡礼路」による巡礼者の時間・空間管理

このことを念頭におきながら、1663（寛文3）年8月21日という『憲章簿』遍路之部で、最も古い日付をもつ資料1をみてみよう。

【資料1・1663（寛文3）】
　　辺路は札所順路にて候間、甲ノ浦口宿毛口より入可申候。其外之道口より堅入申間敷候。右番所において辺路令所持候国手形見届入可申、御国中於村々に無用に数日滞留之節は、其所之庄屋へ相断、先々へ通可申事。

　　　　　　　　［高知県立図書館編　1985：447］

表4-1　土佐藩内の札所間の距離

区　間		道のり
甲ノ浦	東寺	8里
東寺	津寺	1里
津寺	西寺	1里半
西寺	神峯寺	5里
神峯寺	大日寺	8里
大日寺	国分寺	2里
国分寺	一宮	1里
一宮	五台山	1里
五台山	禅師峰寺	1里半
禅師峰寺	高福寺	1里
高福寺	種間寺	1里
種間寺	清瀧寺	2里
清瀧寺	青龍寺	3里
青龍寺	五社	12里
五社	足摺山	18里
足摺山	寺山	9里
寺山	松尾坂	3里
合　計		78里

「土州札所道範之覚」（資料7・1719〈享保4〉）より作成.

ここでは、土佐への出入口を東側の甲ノ浦口（現・高知県安芸郡東洋町甲浦）と西側の宿毛口（現・高知県宿毛市大深浦）の2カ所に限定すること、それぞれの番所で国手形（往来手形）を審査し、通行者が「遍路」であることを確認したうえで札所を順路に沿って進むこと、万一領内でとどまる時にはその地の庄屋に申し出ることの3点が指示されている。この資料1は、1664年（寛文4）、1673年（延宝元）、1690年（元禄3）3月、同年8月と、4度にわたる追記がなされており、切手確認と出入口限定の徹底化がより厳しく通達されている。ここで注目したいのが、出入口を限定する根拠でもある「辺路は札所順路にて候」という文言である。これは、「遍路が札所を順拝する者であり、であるならば、出入口及び経路を、その目的に従って最適化することができる」という認識を藩がもっていたことを示唆するものである。

この考え方は、1714年（正徳4）8月の資料6において、「辺路道筋如順路，無滞御通可有候」［高知県立図書館編　1985：452］、すなわち、「遍路は順路に沿って、滞りなく領内を通過させる」という、より具体的な政策理念として提示される。実はこの方針こそが、近世土佐藩の対遍路政策を貫く「基本理念」というべきも

のであった。以後にみられるさまざまな制度も，この基本理念と現実的な課題を摺り合わせるための細則と考えることができる。例えば，1719年（享保4）の資料7「四国辺路改方并道範入切手等之事」では，日数制限，泊地の庄屋等による行程確認，そして脇道禁止などの規則が設けられているが，これらはいずれも「遍路達を順路に沿って，滞りなく通過させる」という基本理念を，より具体的にルール化したものである。

　そして，これらの諸規則を現場レベルで担当したのが，ほかならぬ庄屋や番所等の役人たちであった。資料7では，甲ノ浦・松尾坂両番所では，遍路の往来切手と宗旨手形を確認したうえで，不審な点がなければ，「辺路札所国中の順路，従是凡78里有之間，今日より日数30日限可被通候。尤一宿の村々にて，庄屋老改の日次を請可通候。素脇道通候儀は堅法度に候。（中略）無益の滞留於有之は，屹度及僉議候」[高知県立図書館編 1985：453]と，申し聞かせたえうで入国させるよう指示している。同様に，遍路街道沿線の村々にも，「道筋一宿の村々にて，庄屋老右入切手見届，日次於相違無きは，其切手に何月何日何村庄屋何右衛門，或老何兵衛改候と，段々に日次判形可仕候」[高知県立図書館 1985：453]と，当地で宿泊する遍路ひとりひとりに対して，日次改を行うことが要請されている。これより，国境の番所から村方の庄屋までが連帯して，遍路たちを「基本理念」に従属させる体制が構築されていたことが理解できよう。

　つまり，『憲章簿』編者である兼松氏は，所轄内を通過する遍路の管理・監督という，庄屋実務を遂行するうえでの基本的知識として，札所や遍路街道，および沿線の村々に関する正確な情報が必要であったのである。先の資料3，4や，資料7に添付された「土州札所道範之覚」等は，実務者同士によって共有され，近世的官僚体制の礎となった公的な情報なのである。

　このようにみるならば，先の資料4で述べられていた「遍路街道」とは，単なる遍路道のことではない。それは，近世土佐藩によって認可された公式巡礼路というべきものなのである。

　これら一連の政策は，四国遍路という巡礼の空間と時間を管理・規制するものである。『憲章簿』遍路之部に見られる限り，藩が遍路街道を行き交う遍路たち

第1節　『憲章簿』にみる土佐藩の遍路認識－堅持された正統性とambiguousな境界性－　239

のために便宜を図った様子はみられない[6]。「遍路街道」はあくまで，巡礼者の行動範囲を制限するための枠組みであった。しかし，これらを藩権力による遍路規制令と一面的に即断することは適当ではない。例えば，資料1の1690年（元禄3）3月晦日の追記では，「手妻猿廻し都而諸勧進人の者」が「一切可指留事」として入国を禁じられている［高知県立図書館編 1985：447］。また，1788年（天明8）4月の資料20では，「古来より六十六部四国辺路の外諸修行者一切，御国内へ不被入御国法に候」として，虚無僧等を入国させないことを強く番所に求めている［高知県立図書館編 1985：464］。このように，他の遊行宗教者との関連で考えるならば，遍路は六部とともに例外的に入国を許可されたともいえる。そうした意味では，藩の規定した「遍路街道」に即して滞りなく領内を通過するということは，他国者に対し遍路を許可するための必要条件でもあった。従来，近世土佐は遍路に対して厳しかったとされてきた。しかし，こうした藩の「基本理念」を遵守する限りにおいては，遍路者の入国・通行を許可するという姿勢が，幕末のある時期を除けば，保持されつづけたということは確認しておいてよいだろう[7]。

(2) 厳格化する脇道禁止――「脇道通候儀は堅法度に候」

それにもかかわらず，「基本理念」の遵守は，少なくとも藩が満足するほどには現場レベルで徹底されなかったようである。そのために当局は，「前々より……段，兼て被仰付置候処，此節に至……」，「……兼々御示被仰付置候処，近頃に至り候而は……甚以不埒之至に候」などと，たびたび通達を重ね，場合によっては新たな制度や罰則規定を整備していった。この意味で，土佐藩の対遍路政策の歴史は，遍路たちに「基本理念」を遵守させるための枠組み整備のプロセスとみなすこともできる。

①厳格化する脇道禁止

こうした諸制度のなかで，最も重視され，徹底化がはかられたのが，資料7にみられる「脇道通候儀は堅法度に候」［高知県立図書館編 1985：453］という「脇道禁止」のルールである。いうまでもないことだが，これは遍路街道という「本道」が規定されることによって可能になる措置である。つまり，資料4で遍路街道筋の村浦として，領内の約180カ村が指定されることで，それ以外の村々を通る遍

表 4-2　脇道禁止令

No.	見 出 し	西暦	年号	支	月日	おもな内容や対策
2	辺路相煩候節，願二寄境目迄青駄ヲ以送遣，且外道往来不相成并追払之事	1708	宝永5	子	2月28日	・札所順路のほかでは宿を貸さない．
5	病死辺路差出案文并病気者送出不相成煩付在所ニ而可為療養事	1712	正徳2	辰	9月11日	・本道を通るように庄屋から指示． ・病人の場合も脇道は通行させない．
6	辺路入切手規本脇道江入込者，人ヲ添候順路迄教可申事	1714	正徳4	午	8月16日	・脇道は宿が不自由の旨，申し聞かせる． ・脇道に入った遍路は，「人相添」た上で村継にて順路まで連れ戻す．
7	四国辺路改方并道範入切手等之事	1719	享保4	亥	12月18日	・札所順路の以外の脇道は堅く法度と「道切手」に明記． ・30日の日数制限を設ける． ・理由なく滞留した疑いのある者には宿を貸さずに取り調べ．
(2)	辺路相煩候節，願二寄境目迄青駄ヲ以送遣，且外道往来不相成并追払之事	1728	享保13	申	4月	・脇道を徘徊する場合は取り調べ．
12	辺路日次村改判并入口御番所へ御郡方朱印裏判紙相渡改方取扱之事	1758	宝暦8	寅	12月28日	・日次印を導入し，毎日入念に改める． ・もし取り調べに不備があった場合には，庄屋らを処罰する．
13	回国并四国辺路共脇道ニテ止宿不相成，若シ迷来候時者順路筋へ追返シ其余改方取扱之事	1759	宝暦9	卯	3月5日	・宿を取ることができないことを通達し，順路往還へ追返す．
15	他国辺路体脇道往来不相成御示之事	1768	明和5	子	5月2日	・村継をもって順路に送り出し．
17	他国辺路脇道へ入り切手ヲ以踏迷来候得者，順路へ追返等御示之事	1785	天明5	巳	7月5日	・脇道への進入は「重き御法度」． ・見つけ次第，切手を改め，不審の者は役場へ連れ出す． ・見逃した村が明らかになった場合，その庄屋らを処罰．

路たちは，「脇道」に侵入したものと認知されるのである．その意味で，「脇道禁止」は，遍路たちに公式巡礼路の順路を遵守することを求める「基本理念」の補助的な規則であるが，『憲章簿』遍路之部からは，時代が進むにつれ，当局がより直接的に脇道禁止の徹底化を図っていった傾向がうかがえる．

「脇道禁止」の萌芽は，資料2の1708年（宝永5）2月28日の追記事項，「御国中にて札所順路之外宿貸不申筈之事」［高知県立図書館編 1985：447］，すなわち，領内の順路以外での宿を貸さないよう通達する文書にみられる．こうした脇道禁

第1節 『憲章簿』にみる土佐藩の遍路認識―堅持された正統性と ambiguous な境界性―　241

18	辺路取扱之事	1786	天明6	午		・順路に連れ出し. ・重病の場合は,（脇道であっても）その場所で養生させる.
23	辺路脇道江入込差押取扱追払等之事	1790	寛政2	戌	3月2日	・とくに不審な形跡がない場合は,「御国禁足」の上, 最寄りの国境から追払.
25	山田金毘羅発向ニ付, 参詣人相対宿不相成, 且辺路改方等之事	1791	寛政3	亥	4月	・脇道厳禁にもかかわらず, そのような者が多いことは,「不埒の至り」.
28	辺路日次改方取扱之事	1801	享和1	酉	12月14日	・脇道にて不埒の仕業（博奕, 売薬等）を行う者を, 見逃さず入念に取り調べること.
33	公義盗賊方来国ニ付, 辺路改方之事	1806	文化3	寅	6月9日	・取締の徹底. 平時であっても入念に改め,「壱人も紛敷者入込居不申様遂吟味可申事」.
32	辺路改方取扱并讃州大内郡辺路御国入被差留, 且御国罰焼鬢者見改之事	1807	文化4	卯	4月20日	・脇道へ入り込む他国の遍路の中には「悪業」を働く者もあるので, 見つけ次第取り調べ, 不審な点がなければ順路に送り出すこと.
42	四国辺路回国千ヵ寺類払之事	1810	文化7	午	10月26日	・脇道に入った遍路は見つけ次第追い返すことになっているが, 不法の者が絶えない.
35	四国辺路脇道不通様御示之事	1817	文化14	丑	5月19日	・日次や荷物を検査し, とくに不審のない者は順路へ差し返し, 不審な点がある者は役場に届け出る.
36	日次改方御示之事	1817	文化14	丑	8月13日	・偽切手や印に注意すること.
67	五台山文殊就開帳辺路改方御示之事	1824	文政7	申	2月16日	・五台山（31番札所）の文殊開帳に伴い, 増加が予想される他国遍路に対し, 脇道厳禁の旨申し渡すこと.
48	四国辺路街道道筋脇道共御国法取扱御示之事	1833	天保4	巳	5月3日	・切手, 日継印等の確認の徹底.
56	他国無切手者并四国辺路改方穿鑿等之事	1837	天保8	酉	8月	・取り調べに協力したものには褒美. ・所持品を検査し, 不審の者には手錠・腰縄をもちいて役場へ送り出し.
66	就大震辺路入込処ヨリ村継ヲ以御境目江可送出事	1854	安政1	寅	11月14日	・（震災のため他国の遍路者を国外退去させることについて）脇道も油断なく取り調べること.

『憲章簿』遍路之部より著者作成. なお各項目は年代順に並べ, 括弧つきの資料番号は, 追記事項を表す.

止の内容をもつ資料をまとめたのが, 表 4-2 である. 実に 20 回を越える文書が通達されているが, 時代を経るに従って, 制度的に厳格化されていることが理解できよう.

　例えば 1712 年（正徳 2）9 月 11 日の資料 5 には,「内々被仰付置候通り, 廻国之遍路等往還順路之道筋通申筈之処に, 脇道山分などへ越申儀毎々有之由, 向後は本道筋を通候様に, 御郡境之庄屋年寄より可被申達候」[高知県立図書館編 1985：452] と, 順路をはずれる遍路や廻国などがいる様子と, 彼らに対し, 本

道を通るように申し渡すことを通達する文書が発行されている。また1714年（正徳4）8月16日の資料6になると，現代の入国ヴィザに当たる「道切手」を発行し，その文面に「辺路道筋如順路，無滞御通可有候。脇道にては宿不自由に候旨，其身被申聞所也」と書き添えてあることが連絡されている。それでも，脇道に逸れた場合には，「其村より村継により人相添辺路順路之往還迄教え可申候」と，監視人をつけたうえで確実に彼らが順路へ戻るのを見届けるよう指示している［高知県立図書館編 1985：453］。

さらに1758年（宝暦8）12月の資料12では，「辺路改方の儀，御下知書の通入念被相改，（中略）若心得違の儀於有之は，庄屋老五人組に至迄，屹度曲事可被仰付候」と，万一，庄屋達の取調に不備があった場合には関係者が処罰されることが記されている［高知県立図書館編 1985：459］。この関係者処罰のルールはさらに厳格化される。1807年（文化4）の資料32では，脇道へ入り込む遍路に対して，その身柄を拘束し，調査するべきはずの庄屋達がこれらを放任している理由を，「実は見咎差押候村々にては，却て彼是費用の筋も有之候」と村々の怠慢であると看破し，このような状況への対策として，「不見咎通候村々は地下役の越度に付，当罰被仰付，其余諸賄等一切入目分，是又通し候村々より為過怠取立被仰付，差押候村へ被遣之筈の事」という罰金等の罰則を付加することを定めている［高知県立図書館編 1985：470］。さらに1810年（文化7）の資料42では，文化4年の御示を継承しつつ，脇道へ入り込んだ遍路を見逃した村々は，「道順跡追」をもって明らかにすると付け加えられている［高知県立図書館編 1985：475］。

すなわち，脇道へ入り込む遍路を見逃した村々は，おそらく拘束した遍路の取調によって逐一明らかにされ，それぞれ処罰されるのみならず，その件に関する一切の諸費用を負担するというペナルティが課せられたのである。

②資料47「於橘村病死辺路作配取扱之事」

こうした通達が執拗に繰り返される様やその文面からは，脇道禁止が現場レベルで徹底されていない様子をうかがわせる。しかしながら，これらの諸制度が有名無実化していたわけでは必ずしもない。資料47「於橘村病死辺路作配取扱之事」には，この点について非常に興味深いことが記されている。

第1節 『憲章簿』にみる土佐藩の遍路認識―堅持された正統性とambiguousな境界性―

　これは1831年（天保2）12月16日に，橘村にやってきた越前蒲原郡の亀吉が，当地で病に倒れたことに端を発するものである。橘村では，当局に届け出たうえで，養生させていたが，その甲斐なく間もなく亀吉は病死してしまう。明くる年の1832年3月，橘村庄屋の卯平は，この件に関する諸費用を精算し，下山郷番頭大庄屋の岡崎幸左衛門を通じて当局に連絡した。

　　　　　　　　　　　覚
　一　人夫14人　但，卯12月16日朝より同22日晩方迄昼夜2人養生人
　一　同6人　　但，22日夜病死仕，同25日迄昼夜死体之番夫
　一　同3人　　但，23日より25日迄，庄屋中村へ御達に罷出候節召連人足
　〆　人夫23人　賃扶持4斗6升也，1人に付2升充
　　　　　　　　　代銀40匁2厘，太米石銀87匁替
　一　銀1匁7分8厘
　　　　但，川崎村地下医師大梁へ薬服料遣す。
　〆　銀41匁8分也
　右之通御座候。以上
　　橘村庄屋　卯平

[高知県立図書館編　1985：478]

　橘村では，亀吉がやってきてから死亡するまでの看護人，死亡してからおそらく埋葬許可が降りるまでの死体番人，それに庄屋が中村へ通達に出る際の随行人などの人件費，および投薬料など諸費用を計銀41匁8分と計上した。これに対し当局は，21カ村に銀2匁ずつ供出させ，計42匁を橘村に支払うことを指示した。つまり，橘村が計上した本件の処理に要した費用の全額を，周囲の村々が共同負担することになったのである。
　ここで問題なのは，この橘村や関係諸村の立地である。銀の供出を指示されている21カ村は，いずれも，藩の公式な遍路街道を定義した資料4には上がってこない。戦前の大字の地名を参考にすると，遍路街道は，窪川から海岸線に沿って南へと下っていくのに対し，これらは窪川から四万十川に沿って西側，ちょうど現在のJR予土線および国道381号の沿線に連なる村々であることがわかる[8]。

表 4-3　橘村と銀の供出を指示された村々

	資料 47（天保 3 年）		高知県統計書（大正 2 年）			参考（2005 年 12 月）
	郷	村	郡	町　村	大　字	現在の市町村名
1	窪川之内	大井野	高岡郡	窪川村	大井野	窪川町
2	同	神ノ川	高岡郡	窪川村	（口神ノ川）	窪川町
3	同	大向	高岡郡	窪川村	大向	窪川町
4	同	川口	高岡郡	窪川村	川口	窪川町
5	同	秋丸	高岡郡	窪川村	秋丸	窪川町
6	上山郷北ノ川内	弘瀬	幡多郡	東上山村	弘瀬	大正町
7	同	北ノ川	幡多郡	東上山村	北野川	大正町
8	同	上岡	幡多郡	東上山村	上岡	大正町
9	同	下岡	幡多郡	東上山村	下岡	大正町
10	同	瀬里	幡多郡	東上山村	瀬里	大正町
11	同	下分村	幡多郡	東上山村	（田野々）	大正町
12	同	上分村	幡多郡	東上山村	（田野々）	大正町
13	同	浦越	幡多郡	西上山村	浦越	十和村
14	同	津賀	幡多郡	西上山村	津賀	十和村
15	同	四手	幡多郡	西上山村	四手	十和村
16	同	久保川	幡多郡	西上山村	久保川	十和村
17	十川之内	大野	幡多郡	十川村	大野	十和村
18	同	川口	幡多郡	十川村	川口	十和村
19	下山郷	江川	幡多郡	江川崎村	江川	四万十市
20	同	半家	幡多郡	江川崎村	半家	四万十市
21	同	川崎	幡多郡	江川崎村	（江川崎）	四万十市
★	同	橘	幡多郡	津大村	橘	四万十市

資料 47 より作成．なお，括弧付きの大字名は推定のもの．

　そして，亀吉が病死した橘村はその突き当たりの，現在は四万十市となっている旧・幡多郡西土佐村橘地区と判明する（表 4-3 および図 4-2 参照）．

　したがって，これらの 21 カ村は，そのまま亀吉の足取りと一致すると捉えるのが妥当であろう．亀吉は何らかの理由で，窪川より藩が規定する公式の遍路街道をはずれ，四万十川を西へ下る「脇道」へと入り込んでいった．このような事態は土佐藩が最も神経を使ってきたことであり，本来なら亀吉は直ちに発見・捕捉されて，取調のうえ，街道筋へと送り返されなければならなかった．しかしながら，実に 21 カ村もの村々が，彼を見逃し続けてしまったのである．遂に亀吉は予土国境付近に至る．あるいは彼はここから宇和島方面へ抜けようとしたのかもしれない．だが，それは叶わず，足取りを南へと向け，再び四万十川沿いを下ろうとした直後，橘村で厄介になり，やがて病死したのだと考えられる．

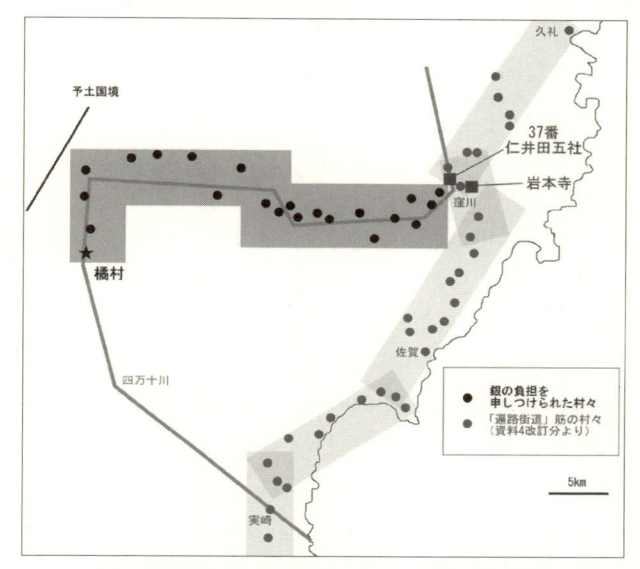

第1節 『憲章簿』にみる土佐藩の遍路認識－堅持された正統性と ambiguous な境界性－　245

図 4-2　亀吉病死の件に関する村々と「遍路街道」の位置関係

　つまり資料 47 は，厳格な取り締まりを義務づけられていた遍路の脇道への侵入に対し，適切な処置をとらなかった村々に，その罰則として，橘村が亀吉の処理に要したすべての費用を連帯して負担させることを指示したものであるとみるのが妥当であろう。すなわち，ここであげられている 21 カ村は，資料 42 にあったように亀吉の「道順」をトレースするなかで浮かび上がってきた村々であり，これらへの負担金供出の指示は，先の資料 32 で制定された「不見咎通候村々は地下役の越度に付，当罰被仰付，其余諸賄等一切入目分，是又通し候村々より為過怠取立被仰付，差押候村へ被遣之筈の事」という罰則規定の実施例なのである。

③認識論的前提としての「聖地＝巡礼路モデル」批判
　ところが近世史研究家の山本和加子は，この亀吉の件を以下のように取り上げている。

　　天保二年（一八三一）十二月十六日，越前からきた亀吉という遍路が，土佐の橘村（高知県幡多郡佐賀村）にきて病気になり，村で養生させたが，五

日後の二十一日に死亡した。その費用は、(中略)合計銀四十一匁八分かかった。
　一村でこれだけの金額はまかないきれず、郡役所の計らいで、窪川より下山郷までの遍路みち沿いの村二十一か村に、各村二分ずつ橘村に払うよう大庄屋に命じさせて、一件落着となった［山本　1995：175］。

　彼女は「橘村」を、窪川から公式遍路街道を南へ下った幡多郡佐賀村としているが、おそらくこれは佐賀村にある「橘川」という集落を誤認していると思われる。また、銀の供出を求められた村々を「遍路みち沿いの21カ村」としているが、資料47に列記された地名をていねいに追いかけていくと、そうではないことがわかるはずである。また彼女は、21カ村が銀を供出した理由を、橘村にかかる経済的負担を軽減するための郡役所のはからいとしているが、だとしたら下山郷という行政範囲を超えて負担が求められている点や、なにより橘村が精算した費用の「全額」を他村が共同負担するのは不自然ではないだろうか。
　21カ村が、橘村から行政範囲を超えて37番仁井田五社を控える遍路街道の沿道都市である窪川まで帯状に偏っていることに着目し、資料32を踏まえたうえで解釈するならば、ここでの銀の供出は、脇道への侵入者に適切に対処しなかったという業務上過失への罰則であることが理解できよう。
　山本のこのような資料解釈にも、第3章で批判的に検討した、認識論的前提としての「聖地＝巡礼路モデル」に、研究者が無意識のうちに拘束されてしまっているという実例をみることができるのではないだろうか。

④土佐藩遍路政策と「乞食圏」の相克

　ともあれ、これまでみたように近世土佐藩は、少なくとも18世紀以降、遍路が脇道へ侵入することを取り締まる法・制度の整備を続けた。1837年（天保8）8月の資料56には、「脇村にて指押候はば、その節遂詮議、相背者於有之は屹度曲事被仰付、心懸宜敷者は時々御褒美被仰付候条、此旨懇に可被示聞候」［高知県立図書館編　1985：484］と、罰則に加えて、取り締まりに協力的な心がけのよい者には褒賞を与えるという懐柔策も提示されている。したがって、近世土佐藩の対遍路政策は、脇道禁止のための法整備史という側面をもつ。だが、最初にみたように、それは他国遍路の入国を前提としたものであったのである。

第1節 『憲章簿』にみる土佐藩の遍路認識－堅持された正統性とambiguousな境界性－　247

　以上のことから，土佐藩の対遍路政策について，次のことを確認しておきたい。土佐藩は他国遍路の入国は原則的に許可し続けた。しかしながら，同時に藩は，彼らの領内における行動に厳しい制限を加え，巡礼者の空間と時間をコントロールすることをめざし続けた。その方向性は，第3章でみた「乞食圏(こつじき)」のような，巡礼者たちが，自らの手で巡礼空間を札所や遍路道の外側に向かって押し広げていった動きとはまったく逆に，そのような遍路を取り締まり，彼らを札所と巡礼路へと押し戻すような，巡礼空間を収縮させる力といえよう。「乞食圏(こつじき)」は近世土佐藩では，その存在を許されない領域だったのである。

1-3．2つの接待禁止令－文化文政期と天保期－

　ところで，「乞食圏(こつじき)」のように遍路者が脇道に入り込むという現象を理解するためには，接待＝托鉢が重要であった。『憲章簿』遍路之部の接待＝托鉢に関する法令についても，ここで確認しておきたい。

（1）文化文政期の接待禁止令──民俗行事としての接待に対する部分的禁止

　『憲章簿』遍路之部に収録されている資料のうち，接待・托鉢に言及するものは意外に少ない。表4-4にまとめたように，全部で6本程度である。なかで最も古いものである1819年（文政2）の資料37をみてみよう。

【資料37・1819（文政2）】
　　（A）辺路共へ対し，堂社ならびに居宅かつ道筋等において，接待を相催候趣，誠に御時節柄をも不相恐，不埒之至に候。此段も前々示聞候共，猶又此度詮議之上，自今以後右等の儀御差留被仰付候。若相背者於有は，屹度曲事被仰付候条，厚可相心得事に候。尤辺路順路向におゐて致托鉢等候者へ，銘々志を以一銭，或は握米等遺候儀は，古来よりの仕来に付，格段の事に候
　　　　　　　　　　　　　　　　　　　　［高知県立図書館編　1985：473］

　従来，この資料は接待禁止令としていささか単純に理解されてきた［例えば新城　1982：1,090］。だが少なくとも，下線部のように，公式巡礼路上での托鉢に

対しては許可されたということに目を向けるならば，このテクストがそれほど単純な議論にとどまらず，再解釈を要するものであることは明白であろう。

そこで，まず検討したいのは，「誠に御時節柄をも不相恐，不埒之至に候」という「接待」禁止の理由である。この直後の文章に，「此段も前々示聞候共」とあるように，実はこの「接待禁止令」は，前段にある「見立」「迎」と称する饗宴についての文章とセットの禁令となっているのである。

【資料 37・1819（文政 2）】
　　（B）支配の者共の内，宿願等を以四国辺路ならびに七ヶ所辺路に罷出候者，数々有の趣に候所，右出立かつ帰足の砌，見立或は為迎と，数人申合趣向を相催候段粗聞候。<u>然に右等志願を以罷出儀に候処，かえって慰同様に相成，実意を取失候次第</u>，殊に御時節柄をも不顧，不心得之至に候。依右前々も御示聞被仰付置候所，此節漸相流候趣相聞，不心得の至に候
　　　　　　　　　　　　　　　　　　［高知県立図書館編 1985：472-473］。

ここでいわれている見立・迎とは，ムラから出た巡礼者が帰郷する際に，在郷の人々が催す歓迎の饗宴である。藩当局は「四国遍路等への巡礼は，宿願や心願といった信仰的な動機に基づくはずなのに，その送迎の際に見立・迎を催すのは享楽的なものであり，本来の意味を取り違えている」いう論理でこれを非難している。同様の趣旨は，同年 12 月 28 日の資料 38 でも，「近年故無七ヶ所遍路に罷出候者数々有之，実は志願の筋のみにて無之，遊歴専の仕方に付，帰宿の砌とても送迎と唱，数人相集令飲食等之儀，当春御示有の通，弥可相守事」と再通達され，さらには 10 年後の 1829 年（文政 12）8 月の資料 43 でも「見立或は迎数人申合，趣向を企楽同様に相成，実意を被失候趣粗相聞，不心得の至に候」［高知県立図書館編 1985：476］と，繰り返し説かれていることにも注意を向けるべきであろう。

ここで一連の禁令の対象となっている巡礼，接待，見立・迎は，明らかに年中行事的な民俗儀礼としてのものである。つまり，ここで禁止された接待とは，第 3 章でみた接待の類型でいえば，とくに「村接待」を指すと考えられる。藩当局はこうした四国遍路に関する民俗行事を，「時節」にそぐわないものとして禁止しようとしているのである。

第 1 節 『憲章簿』にみる土佐藩の遍路認識－堅持された正統性と ambiguous な境界性－　249

　では，この禁止の背景となっている時節柄とはどのようなものなのであろうか。(A)(B) とも，傍点を付した箇所のように，この四国遍路に関する民俗行事を禁ずる法令には，先行するものがあったことがうかがえる。『憲章簿』遍路之部には該当するものがみあたらないが，管見の範囲では，同様の内容をもつものとして，同じく『憲章簿』の浦方之部の資料 51・1822 年（文政 5）2 月の「辺路ニ出ル見立迎等御示并他国辺路往来ニ付廉々御示之事」があり，見立・迎について「文化七年午年にも御示被仰付置事」とし，接待についても「是又右同年右同断」とされている［高知県立図書館編 1984：200］。したがって，1819 年（文政 2）に先立つ四国遍路に関する民俗行事を禁止するものとして，少なくとも 1810 年（文化 7）のものがあったことが推測できる。
　高知県史によると，文化文政期は，土佐藩農村部が天明の改革での農村立て直しを経て，一定の繁栄を享受していた時期であった［高知県 1968］。そのような状況下において，華美になっていく村接待や見立・迎に制限を加えようとしたのが，この法令の意図である。つまりこれは，ある種の倹約令なのである。

　このように考えると，資料 37 で接待禁止を指示しつつも，「辺路順路向において致托鉢等候者へ，銘々志を以一銭，或は握米等遣候儀は，古来よりの仕来に付，格段の事に候」と，托鉢やそれに応えて行う接待については放任されたままであり，また資料 38 で七ヶ所遍路の享楽化を批判しつつ，その付に，「無拠志願をもって罷出者は庄屋老へ申出，切手申受，神妙に罷出候儀は格別の事」［高知県立図書館編 1984：200］と，わざわざ断り書きがなされている理由がよりクリアになる。
　すなわち，文化文政時期の藩が規制を加えようとしたのは，享楽化する民俗行事だったのである。それは信仰や宿願に基づく実践であるはずの遍路の本分をはずしたものなのであり，時節にそぐわないというのが，当局の言い分であった。逆に，信仰的行為としての遍路や接待・托鉢は，古来よりの仕来りとして，むしろその伝統を尊重されたとすら考えられる。すなわち，19 世紀初めの文化文政期における接待禁止令は，あくまで華美化する村接待への規制であり，信仰等から個別の接待や托鉢を否定するものではなかったのである。

(2) 天保期の接待禁止令——食料安全保障政策としての包括的接待禁止

しかしながら、その直後、19世紀中盤の天保期に入ると様相が変化してくる。1833年（天保4）に出された資料48では、他国遍路の脇道禁止を確認したうえで、「致順路中何によらす奇妙が間敷仕業を以銀米取候様の術、并勧化等曽而不相成」として、遍路が勧進等をなすことを禁じているが、その直後に「託鉢を乞候輩、志しを以相与へ候儀は格別」と、依然として個別の接待＝託鉢が放任されていることがわかる［高知県立図書館編 1985：479］。「貪リケ間敷儀等申出候者於有之は、村役人より屹度申付筈」と付記されてはいるが、あくまで道徳的な観点から、貪欲な行きすぎた託鉢行為を注意するに過ぎない。

しかし、その3年後の1836年（天保7）の年末から翌1837年正月にかけて、これまでの方針を覆し、接待＝託鉢の全面的な禁止が通達される。まず天保7年12月28日の資料54をみてみよう。

【資料54・1836（天保7）】
　此年並にて国内別して米穀不自由につき、手の内報謝も爾来之通調不申、仮令(たとい)金銭所持いたし候而も、売米無事可有之、兼而此段相心得候様、銘々へ申聞、一同承知に候はば、例の通相改通し方可致事。

　　　　　　　　　　　　　　　　　　　　［高知県立図書館編 1985：482］

従来は放任されてきたわずかなばかりの「報謝」をも含めた、接待＝託鉢の包括的な禁止令の背景には、いうまでもなく天保の大飢饉という非常な社会的状況がある。第3章でもみたように、天保年間はたびたび飢饉に直面した時期である。とくに天保7年は東北日本を中心に死者10万人という大被害をもたらした。もちろん土佐も例外ではない。『高知県史』によると、山間部の吾川郡池川郷では、平年を10分とする作柄指数が、1833年（天保4）には4分、1834年（天保5）には3分半となり、さらに1835年（天保6）と1836年（天保7）は「皆無」となった。その結果、天保7年には米価が平年の3倍になったことが記されている［高知県 1968：622-623］。

資料54が通達された1836年（天保7）の暮は、たび重なる飢饉で領内が最も

疲弊していた時期のものといえよう。さらに，年が明けた1837年（天保8）正月には，「当年並別而米穀不自由にて，辺路共往還筋托鉢屹度被差留筈」と托鉢等の禁止を再び確認したうえで，国境番所の役人と街道筋の村役人宛に，それぞれの「心得」について具体的に指示する通達を出している。資料55から「心得」の内容を示す箇所をすべて引用してみたい。

【資料55・1837年（天保8）】
「入口番人共取扱心得方左之通」
一　辺路改方の儀，生国往来切手は不及沙汰，<u>納経并路銭有無共入念相改，若納経無之者は乞食に紛敷に付，速に追返可申事</u>(a)
一　去今年並，国内別而米穀不自由に付，托鉢等は壱粒も無之，右の通世並に付，たとえ相応路銭等致所持候而も，飯米の段顕然可致迷惑に付，此段兼而可相心得，若無覚束存候ものは，順路致用捨可然旨可申聞事。
一　<u>路銀無之托鉢を宛に致し候者</u>(b)共は，前件の世並に付，猶更忽及難儀可申に付，決而順路差止可然段申聞筈。<u>然共大願に付不得止，段々道筋にて及餓死に候而も不苦段答出候者は，勝手次第に可為致事</u>(c)。
一　右に不構入込候者へは，道筋止宿の節，時々所の地下役へ断出作配を受，相対宿借候儀決而不相成，且出足の節日継判を請候儀，失念無之様猶又申聞，其余御国法の儀は爾来の通，彼是入念可申聞事。

「往還筋地下役共心得方左之通」
一　他国辺路共へ往還筋郷浦におゐて托鉢相施候儀，屹度御指留被仰付候事。右子細は去今年並に付，<u>諸国共米穀到而不自由の趣に付，此節無拠口過をかたどり，四国辺路に罷出候者夥敷有之趣</u>(d)，然に御国中迚も夫食乏敷，既に此節郷浦人共御慈恵の御作配を以，漸々為取続居申処柄も有之，其中にて他国辺路に聊の手の内たり共相与へ候儀本意無之，其段厚御詮議被仰付候に付，支配中銘々不洩様，委細可示聞事(e)。
一　辺路共止宿の所にて，病気に付順路難相調候時は，宿主より早速地下役へ届出，地下役見聞の上，病気顕然の者は爾来の通，<u>若内心托鉢を志し，作病取構候者も可有之に付，少々にても歩行相調候者は，速に出足可相改事</u>(f)。

一　無切手者は不及申，野宿日継切等の者子細相糺，右等一通の儀にて聊紛
敷事跡無之者は，直様其所より出入口の如く追払の作配致す筈。
　　右等の者は時々留置窺越候而も，費用の儀可有之に付，作配相済候上にて，
委細紙面を以達出る筈。
　一　日数30日相満候者は，其子細遂不審，猥に日数を経候者は，直様其所
より右同断追払の筈。尤川間病気等の訳相立，日継書込有之ものは，向々
無遅滞致順路候様，屹度可申聞事 (g)。

[高知県立図書館編　1985：482-483]

　ここで出された包括的な接待＝托鉢禁止令は，「托鉢等は壱粒も無之」「聊の手の内たり共相与へ候儀本意無之」という徹底化をめざしたものである。領民救済を優先する藩にとっては当然の措置であろう。食料が欠乏しているのは土佐も同じとして，托鉢や接待に加えて，販売することも禁じられており，米穀類を他国者に流出させまいとする確固たる意図が明確に反映されている。つまり，天保期の接待禁止令は，大飢饉という非常事態における食料安全保障的な意味をもつ政策なのである。倹約令的な意味合いから，民俗行事としての村接待を対象とした文化文政期の接待禁止令とは，趣旨もレベルもまったく異なることが理解できよう。

　同時にこの資料には，いくつかの興味深い事柄が記されている。まず1点目は，下線部（b）（d）にみられるように，やはりこの時期に，托鉢＝接待を頼みに四国にやってくる遍路が多数存在したということである。下線部（a）に登場する「乞食」という表現もそれに類するものといえよう。資料55が明らかにするのは，全国的な飢饉に直面した天保期，とくに1836年（天保7）から1837年にかけて，土佐では接待を求めて多数の乞食や遍路が押し寄せたということである。第3章で登場した，紀州和歌山藩の「庄助」が四国に旅だったのも，まさにこの時期（1837年4月）であった。

　しかしながら，当時の土佐藩にも彼らを受け入れる余裕はない。そこで，藩はそのような乞食やそれに近い遍路を国内に入国させないという方針をとった。入口番人宛の心得では，納経を持たない者を追い払うことや，土佐国内では米穀類

を得られないことを事前に通知し，不安がある者には巡礼を断念するよう説得することが求められている。また街道筋においても，托鉢を目的とする遍路が，病の場合は当地で養生させるという日数制限の例外措置を悪用し，仮病を偽って滞留することを防ぐために，少しでも歩行可能なものは早々に出発させるよう指示されている（下線部 f）。

これらの措置により，当時の土佐領内を通行する遍路は，理屈のうえでは必要分の食料を自ら持参してきた者か，あるいは下線部（c）のように道中での餓死を覚悟する者であった。もし，領民がここで下された心得を堅持していれば，遍路達は厳しい管理下におかれ，托鉢・接待に預かることはほとんどありえないはずであった。

だが一方で，こうした心得がわざわざ通達されること自体が，疲弊し困窮する状況下にあり，かつ権力者から禁止を厳命されているにもかかわらず，接待等がどこかで行われ続けたということを，逆に告白している。資料55では下線部（e）に間接的に表現されているが，資料54では，他国者への米穀類の施与や販売が禁じられているにもかかわらず，遍路たちがどこからか調達してきていることについて，「人情深き御国」故のことだろうかと述べる箇所がある［高知県立図書館編 1985：473］。また1837年（天保8）8月の資料56にも，やや文脈は異なるが，脇道へ侵入した夥しい遍路に対し，取り締まるどころか「若心得違を以托鉢相与え，見遁し候者」には，「屹度当罰被仰付候」と述べる部分がある［高知県立図書館編 1985：485］。

なにより藩当局自身が，「乞食」の可能性があるものを徹底排除しようという姿勢をみせながらも，下線部（c）のように，「大願」からやむを得ず巡礼者となり，決死の覚悟をみせるものについては「勝手次第」としたり，厳しい日次改を課し，少しでも不審な点がある遍路や，日数制限を超過した遍路については即刻国外退去の措置をとるように指示しながらも，下線部（g）のごとく，川止めや病気といった正当な理由が立証されれば，その限りではないという例外措置を認めたりするなど，どこかに徹底化されない曖昧さを保持し続けている。

これらは，つまるところ，四国遍路というものを彼らがどのように認識しているかという問題に突き当たる。すなわち，これまでもみてきたように，藩は四国

表 4-4　接待禁止令

No.	見出し	西暦	年号	支	月日	内容(大意)
37	辺路ニ出者へ見立迎御示且堂社摂待被差留,或ハ他国者辺路ケ間敷盗業可改事	1819	文政2	卯	2月	遍路に対し,御堂や社,住居また道筋などにおいて接待をすることは時節柄も恐れず,不埒の至りである.このこと,前々より通達の通りであるが,このたび改めて審議の結果,今後接待は差し止めることとなった.違反者は処分される.ただし,遍路道沿いにおいて托鉢する者へ,銘々志しをもって,一銭や握り飯などを施す場合は古来からのしきたりであるので,例外とする.
43	辺路ニ罷出者江見立并摂待,且髪を剃落姿替候儀等御示之事	1829	文政12	丑	8月5日	遍路に対し,御堂や社,住居また道筋などにおいて接待をすることは,実意を損なうものであり,不心得の至りである.この頃,村によっては,遍路たちへ髪月代をしてやるのみならず,彼らの希望によっては,髪を剃り落とし,姿を替えてやる場合もあるという.不埒の至りである.このように姿を替えられると,盗賊など不審者の捜索にも差し支える.今年は豊作の見込みであるが,接待にかこつけて遊慰することはならない.もしこのように姿を替えた場合は処分される.
48	四国辺路街道道筋脇道共御国法取扱御示之事	1833	天保4	巳	5月3日	勧化等は禁止だが,托鉢を乞うものに志しから施与することは構わない.貪欲な者があれば,役人に申しつけること.
54	辺路入国ニ付,東西御番所江御演舌之事	1836	天保7	申	12月28日	米穀不足につき,手の内報謝もこれまでのようにすることはならない.
55	辺路入口番人并街道筋地下役取扱心得方之事	1837	天保8	酉	正月	(藩が救済政策を行う中)他国遍路にわずかなりとも手の内を与えることは本意を外している.托鉢の為に仮病を使う者もあるので,少しでも歩ける者は速やかに出立させること.
56	他国無切手者并四国辺路改方穿鑿等之事	1837	天保8	酉	8月	脇道に入り込んだ不審な遍路に対し,托鉢を与えることは心得違いであり,(脇道への入込等を)見逃すものは処分される.

『憲章簿』遍路之部より作成.

遍路を信仰に基づく宗教的実践と捉えており,ここでもその基本的認識が完全には崩れてはいない.土佐藩の対遍路政策の「基本理念」自体が,そのような認識から派生したものであるし,先の四国遍路に関する民俗行事への規制などは,む

しろ遊楽化することを戒め，本来の信仰的実践としての姿に戻るべきであるというような，四国遍路の宗教性とモラルを回復させんとする言説にすら聞こえるほどである。天保期の包括的接待禁止令は，食料確保を優先する目的で，そうした信仰的実践のうち接待＝托鉢行為を禁止するに至るが，巡礼そのものを禁じているわけではない。

したがって，『憲章簿』遍路之部という限られた資料からではあるが，ここまでみてきたように，19世紀中盤に至るまで，一貫して土佐藩は四国遍路を宗教的実践と認識し，ある意味でその宗教性を尊重してきたと考えられるのである。逆に，そのような観点からこそ，天保期に，巡礼同様，四国遍路の重要な実践である接待＝托鉢の全面禁止に踏み込んだことの大きさが理解できるのである。

1-4. 四国遍路の正統性と異質性・境界性——遍路「体」の者

(1) 正統化される信仰的実践

ここまで，近世土佐藩においては，(1) 遍路は遊行宗教者のなかでも例外的に通行を許可されていたこと，(2) ただし，その際には藩が認定する公式巡礼路の順路に従い，滞りなく通過することが求められたこと，(3) 逆に，巡礼路以外の脇道に入り込むことは固く禁じられたことなどが，ほぼ一貫する基本的な政策方針であったことを，『憲章簿』遍路之部の分析から明らかにした。これらの原則はそのまま土佐藩が抱く遍路認識でもある。つまり，「諸国廻国修行者辺路，其外廻り者類」（資料5,1712年），「六十六部四国辺路之外諸修行者一切」（資料20,1788年）と述べられているように，遍路とは霊場を巡礼することを目的とする遊行であり，修行にほかならない。つまり四国遍路とは，信仰に基づいて行われる宗教的実践なのである。

このように，四国遍路を信仰的・宗教的実践として捉える藩の認識については，1791年（寛政3）6月の資料26「四国辺路願御示之事」にも興味深い記述がみられる。

【資料26・1791（寛政3）】
近年郷中村々より数人四国辺路に罷出度段願出候。然に御改革以来は諸事

第4章 まなざしの構築学－正統性・境界性・異質性－

費用ヶ間敷儀,（中略）<u>四国辺路心願雖有之,信心の立願等の儀は,在所御国内霊社尊仏有之につき,随分立願成就可致事に候。</u>(a) 実は愚者の至にて苦患の迷にて候。既御侍中以上并諸奉公人,右順拝御聞届不被仰付御作法に付,代々遍路に不罷出候得共,何等の更たる事無之候。就中御国の儀は余国と違,他国入合にて無之に付,容易に他国往来は御聞届不被仰付訳に候処,風儀相流畢竟時節柄宜くに任せ,上の御慈恵且向来の過不足等も不相考,<u>専遊楽のみにて四国辺路に事寄願出候趣粗相聞</u>(b),地下役共甚以示方不宜,其上出国の後於他国病気抔と申立数日致滞留,月限切に相成,御時節柄も不顧日延等致度願出村も有之,不埒の至に候。<u>以来は無拠訳を以不得止者迄尽詮議</u>(c),或は1か村より惣代として1人宛,近村申合可願出候。若近村同行無之時は,2人可願出候。無益に銀銭を他国へ持出遣捨候儀,御趣意に不相叶,各示方等閑故に候。<u>他国より数多辺路に罷越候得は,有徳の者は其身廃疾難儀者等は口過,辺路其外盗人を計抔,辺路と偽入候儀,毎度顕然致事に候間</u>(d),彼是地下人共へ得と可被悟聞,此上心得違の作配於有之は,各屹度被仰付候間,其旨可被相心得候。以上
　　寛政三年亥6月14日　矢野川茂兵衛　藤坂太右衛門

[高知県立図書館編 1985：467-468]

　これは土佐藩の「天明の改革」で示された倹約令に基づいて,領民の四国遍路行きに制限を加えようとする法令である。『高知県史』によると,天明の改革は天明の飢饉とそれに続く一揆,逃散,打ち壊しなどによる荒廃からの復興をめざした,9代藩主の山内豊雍による藩政改革であり,厳しい質素倹約政策を特徴とした。とくに農村再建が重視され,毎年のように農村・農民の心得方を庄屋等に通達し,その徹底化を図るために農民各自に承知の旨の捺印をさせたという［高知県 1968：11-13］。その精神は寛政・享和と続けて継承されたとあるので,文中の「御改革」は天明の改革を指すと考えてまちがいない。
　下線部（b）以下で「遊楽」を主たる動機とする遍路が批判されるのに対し,下線部（a）では,やはり四国遍路が「心願」「信心」「立願」に基づくものであり,それを「成就」させることを目的として行われる信仰的実践であるという認識が示されている。

第1節 『憲章簿』にみる土佐藩の遍路認識―堅持された正統性と ambiguous な境界性― 257

ただし，この法令の文脈上，こうした認識が率直に述べられるわけではない。曰く，(1) そうした心願成就は領内の寺社参詣で十分であり，にもかかわらず (2) わざわざ（日数も費用もかかる）四国遍路を志すことは「苦患」故の愚かな迷い事である。実際に (3) 侍中や奉公人等は四国遍路が禁じられているが，なんら差し障りはないなどと，四国遍路に赴く必要性がないことを強調され，さらには下線部 (d) で，要するに四国遍路世界は，病人・貧者・盗賊に満ちているのだと悟らせようとするなど，四国遍路の魅力を低減させ，遍路に出たいという願望を喪失させるようなネガティブな語りが列挙される。だが，それでも下線部 (c) のように，「無拠訳を以不得止者」には，その道が閉ざされているわけではないのである。そこには藩政上の理由から，領民が四国遍路に出ることには難色を示しながらも，強い信仰上の執着をみせる者に対しては，譲歩せざるを得ないという姿勢が透けてみえる。天保期の包括的接待禁止令のところでも述べたが，土佐藩はさまざまに規制や禁令を遍路者や彼らを受け入れる地域社会等に課しながらも，宗教的・信仰的実践と認識した四国遍路の正統性を，部分的・限定的であっても―あるいはメタ・レベルといった方がよいのかもしれないが―ある意味で尊重し，敬意を表していたという印象を拭いきれない。

四国遍路に対するこのような藩の認識は，その後，19 世紀の見立・迎や接待，七カ所参りなどの民俗行事としての四国遍路に対する規制にも立ち現れていた。つまり，巡礼は「宿願」「志願」「大願」等，祈りや願いに基づいて「神妙」に行われるものでなくてはならず，接待も「志し」から行われるものは，（天保期の包括的禁止令までは）格別とされたのである。さらに藩は，このような宗教的・信仰的な心性を四国遍路の「実意」と表現し，巡礼や接待を「慰」「遊歴」などの快楽的行為として行うことや，托鉢を貪欲に求めることなどを，「実意」を取り失った「不埒」「不心得」なものとして，戒めや規制の対象とした。すなわち土佐藩は，信仰的実践としての四国遍路を正統なものとしてオーソライズしていたのである。

(2) 見出される異質性――「悪業」と民俗宗教

こうした観点からみると，遍路街道からの逸脱とは，そのまま四国遍路の正統性からの逸脱にほかならない。なぜならば，遍路街道とは札所順拝という信仰的

表 4-5 境界性・異質性を帯びた遍路者

No.	見出し	西暦	年号	支	主体（誰が）	行為（何をしている）	対策（どうする）
11	他国御国共辺路不埒者改方取扱之事	1754	宝暦4	戌	辺路にても無之者	偽の遍路切手で入国し、姿をさまざまに替えて国内を俳徊、居着いている．	手形改めの徹底．
15	他国辺路体脇道往来不相成御示之事	1768	明和5	子	他国辺路ならびに流浪体の辺路	みだりに脇道を往来している．	見逃さず，村継で順路へ送出．
24	辺路流浪者盗業体穿鑿御示之事	1790	寛政2	戌	辺路体，あるいは無切手の流浪者	俳徊し，盗みをはたらいている．中には「世帯道具」等を所持しているものもある．	見つけ次第，召捕．他国者は追放，領民は地元へ送り返す．昼夜とも油断無く対処すること．
28	辺路日次改方取扱之事	1801	享和1	酉	他国辺路体の者	博奕（重罪）をしたり，札守・薬などを売って，人々をたぶらかしている．	他国辺路体の者より札守売薬などを買うことの禁止．脇道侵入の取締の徹底．
32	辺路改方取扱并讃州大内郡辺路御国入被差留、且御国罰焼鬢者見改之事	1807	文化4	卯	他国遍路，順路のほか脇道へ入込……色々悪業致候者	脇道に入込み，いろいろと悪業を行っている．	・脇道侵入者取締の徹底． ・悪業を働いた他国遍路には両鬢に焼印し国外追放． ・以後，不審な印のある「辺路体」の者を見たら，改め・差押・届出すること．
42	四国辺路回国千ヵ寺類改方御示之事	1810	文化7	午	不法の者 辺路体の者	脇道へ入込，病気といって数カ月滞留し，まじないや祈祷を行ったり，薬を売ったり，甚だしいものは博奕や窃盗を行うものもある．	仮に「不法の族」であっても「辺路体」であれば見逃してしまう住民は「仏法信仰」を取り違えている．今後は規則に従うこと．
36	日次改方御示之事	1817	文化14	丑	辺路不埒の儀有之者	・脇道へ入込みぶらぶらしている． ・不審な（偽造の疑いのある）切手を持っている．	規則に従って，取り締りを徹底すること．

実践に即したものであり，彼らが「実意」ある正統な遍路ならば，そこからはずれて脇道に侵入する必然性はまったくないからである．かくして巡礼中の遍路が遍路街道からはずれ，脇道に侵入するという行為は，その人物が遍路であるため

第1節　『憲章簿』にみる土佐藩の遍路認識－堅持された正統性と ambiguous な境界性－

37	辺路ニ出者へ見立迎御示且堂社摂待被差留、或ハ他国者辺路ケ間敷盗業可改事	1819	文政2	卯	辺路に事寄、御国内へ入込盗業、且奇妙が間敷致仕業、諸人を誑し候者	他国者が、遍路にかこつけて、国内で窃盗や詐欺を働いている．	取り押さえのうえ、当局へ届けること．見逃した場合は処罰の対象となる．
43	辺路ニ罷出者江見立并摂待、且髪を剃落姿替候儀等御示之事	1829	文政12	丑	同上	同上	遍路姿の不審者の捜査に差し支えるため、髪月代を整える接待を彼らに施した場合は処罰する．
45	辺路体之者御城下ニ而致託鉢候ニ付、支配中詮議之事	1830	天保1	寅	幡多郡辺路体者	御城下で托鉢している．	不審な者や、心当たりの者について村々で詮議し、報告すること．
48	四国辺路街道道筋脇道共御国法取扱御示之事	1833	天保4	巳	不法の族辺路体の者	街道や脇道へ入込、病気と偽って、奇妙がましき仕業、勧化、呪咀、祈祷、売薬、博奕、盗業などを諸々の悪業を行っている．	資料42に同じ
56	他国無切手者并四国辺路改方穿鑿等之事	1837	天保8	酉	辺路体の者御国他国無切手者ならびに四国辺路	・医師、卜者と自称して誑かし、さまざまの悪業（呪灸点卜笠療治）を行っている． ・夥しい遍路が脇道に入り込んでおり、対処が追いつかない． ・なかには肉食を好む者もある．	・男女子どもまでが協力して、不審者の発見・取り締りを行い、切手は勿論、所持品等も入念に調査． ・身柄を拘束し、手錠腰縄をつけて村継で当局へ移送． ・托鉢に応じることを禁止

『憲章簿』遍路之部より著者作成．

の根拠や前提を揺るがすものとなる．1801年（享和元）の資料28に、「脇道へ入込令徘徊候ものは、専ら不埒の所存有之儀、顕然の事に候」と述べられているように、入国の際に手形等から「遍路」であることを確認し、土佐藩が期待し、

要請する遍路像についても通達済みであるにもかかわらず、それ反して脇道に侵入する彼らが巡礼以外の不穏なことを企む者として理解されるのは、ある意味で自然なことであろう。つまり、藩が想定した遍路像は、現実に領内を巡り歩く「遍路」たちとの差異によって揺るがされ、そこに異質性・境界性が流れ込む余地が生まれるのである。

このような藩が正統と考える理念的な遍路像と、村方で実際に目の当たりにする現実的な遍路像のズレは、『憲章簿』遍路之部では、18世紀中頃の資料からみられるようになる。

例えば、1754年（宝暦4）の資料11「他国御国共辺路不愼者改方取扱之事」では、近頃「辺路にても無之者」が、偽切手で入国し、姿をさまざまに替えて正体を隠しながら、国内を徘徊・滞留していると指摘、切手のみならず形体についても入念に改め、遍路以外のものやその疑いのある者は入国させないよう、両番所および村方に指示している。文中に「勿論辺路の外は屹度差留可申事」［高知県立図書館編　1985：458］とあるように、やはり遍路は例外的に入国・通行を認められた存在であった。ここで述べられているのは、遍路の特権を抜け穴として、札所巡礼以外の目的をもった者が侵入しているということであるが、彼らを「辺路にても無之者」と呼ぶがごとく、それは通達を出した藩の奉行所にとって、もはや遍路とは理解されない異質なものなのである。

表4-5はこのような遍路ならざる者、すなわち異質性・境界性を付与される「遍路」について言及された資料をまとめたものである。とくに、「誰が何をしているのか」、それに対して地域の側では「どのように対処するのか」という、主体・行為・対策という3点に注目して整理してみた。こうした異質性・境界性についてこの表からわかることは2つある。順番に検討してみよう。

①悪業――排除するべき異質な者

ひとつ目は、「色々悪業致候者毎々有之候」（資料32・1807年〈文化4〉）のように、彼らが「悪業」を行う者と総称されることである。この悪業は、「辺路に事寄、御国内へ入込盗業、且奇妙が間敷致仕業、諸人を誑し候者」（資料37・1819年〈文政2〉）とも説明され、要するに窃盗と詐欺行為を指すと考えられる。とくに注目したいのは後者である。人々を迷わし、誑かす「奇妙がましき仕業」

第1節 『憲章簿』にみる土佐藩の遍路認識―堅持された正統性と ambiguous な境界性― 261

とはどのようなものなのであろうか。具体的な記述がなされている資料を数例あげてみよう。

- (a) 毎々辺路脇道にて不埒の致仕業，既に重き御制禁の博奕等犯し，不而已(のみならず)札守并種々の売薬等拵，諸人迷し莫大の礼銀を取候者有之（中略）惣而辺路体の者より札守売薬等不買受様申聞筈……（資料28・1801年〈享和1〉）
- (b) 不法の者共入込，毎々於諸所病気と唱数月逗留，或は呪咀祈祷，又は丸散薬等致売買，甚敷に至候而は博奕盗業の事跡も有之趣に候。畢竟札所近の地下人共は仏法信仰の費より取迷い，辺路体の者は別して致心入候を以，仮令不法の族と見受候而も，都而致見逃に……（資料42・1810年〈文化7〉※資料48・1833年〈天保4〉にも同様の記述あり）
- (c) 他国者辺路に事寄，御国内へ入込盗業，且奇妙ヶ間敷致仕業，諸人を誑し候者共有之候処，（中略）右等不行跡の辺路共は，善根功徳と心得施行令介補，行方致し易く弥増(いやまし)悪業及増長……（資料43・1829年〈文政12〉）
- (d) 近年辺路体の者，於御国内奇妙が間敷儀申，或は医師卜者抔と唱諸人を誑し様々の令悪業，既に夥敷(まま)金銭手謀取，且無筋灸治等いたし候者儘有之，（中略）心得違の者致信仰，甚敷者は御掟を背，心儘(まま)に数日留置，或は聞伝候而は遠路をも不厭跡を慕候儀も有之儀，誠に不埒の至に候。（中略）奇妙成儀申ものは勿論，呪灸点卜筮療治等致候儀承候はば……（資料56・1837年〈天保8〉）

端的にいえば，これらのテクストから浮かび上がってくるのは，いわゆる民俗宗教者的な存在である。彼らは，卜筮や呪咀・祈祷等を執りおこない，服薬や札守りあるいは灸点を施術するなど，呪術と民俗医療技術を生業とする人々であり，とくにこの文脈では四国遍路を巡礼する「功徳」を源泉として，そのような技力を発揮する者と考えてよいだろう。(b) (d) にみられるように，当時の土佐でも，こうした民俗宗教が四国遍路と関係づけられながら，現実的な影響力をもっていた。しかしながら，藩は四国遍路を信仰的実践として認識したものの，このよう

な呪術や民俗医療への「信仰」は，迷い，誑かされたものとして否定する。つまり，ここで詐欺的行為として非難されているのは，彼らが行う呪術・民俗医療行為を，領民が信じ，その対価を支払うという両者の結びつきなのである。

「悪業」と理解された窃盗や詐欺的行為は，「辺路体，或は無切手の流浪者共，徘徊盗業致し，地下不用心の趣届出候村も有之候」（資料24・1790年〈寛政2〉）というように，ひとつには治安問題であったことはまちがいない。加えてこれは，領民の，ひいては土佐藩の「富」の流出という経済問題でもある。上掲 (a) (d) の下線部において，民俗宗教者的な遍路が受け取ったとされる金銭の高額さ・莫大さが指摘されていることは，それだけの富が国内から流出する藩の危機感の現れにほかならない。このように，窃盗を働く者や，呪術・民俗医療行為を生業として行う者は，領内の治安と富を脅かす者であり，排除されるべき存在として，村々に取り締まりを要請したのである[9]。

(3) 排除に向かう境界性――「辺路体の者」

だが一方で，遍路たちの入国・通行を認めている以上，彼らの排除を達成するためには，彼らが遍路ならざる者であることを示さねばならない。(a)〜(d) のテクストを注意深く読むと，彼らは「辺路体の者」(a, b, d)，「不法の者」(b)，「他国者辺路に事寄」(c) 等，すでに「遍路」とは呼ばれていないことが理解できよう。そこで，表4-5に立ち返って主体の欄を眺めると，いずれも対象者を「遍路」という概念から微妙に距離をとるような曖昧さを含んだ表現となっているというふたつめの気づきに突き当たる。

とくに著者が注目するのは，「辺路体の者」という表現である。これは字義通りに解釈すれば，「遍路の姿あるいは格好をしている者」の意味である。「辺路にても無之者」（資料11・1754年〈宝暦4〉），「辺路と偽」（資料26・1791年〈寛政3〉），「辺路に事寄」（資料43・1829年〈文政12〉）などの表現が，対象者が遍路とは異なる者であることを言明する異質性のニュアンスをもつのに対し，「辺路体の者」は「とりあえず外見は遍路姿に見えるが，内面的には不明瞭さが残されるので，『遍路』と断定はできない」という，曖昧さや境界性のニュアンスが醸し出される[10]。

第1節 『憲章簿』にみる土佐藩の遍路認識－堅持された正統性とambiguousな境界性－　263

　この「辺路体の者」という表現は，土佐のみならず他国でも広く使われた言葉である。だが，第3章で調査した過去帳には一切みられなかったし，所持者を遍路であると規定する往来手形にもまずは使われない。ある特定の文脈に特徴的にみられる表現であると著者は考えているが，それはどのようなシチュエーションなのであろうか。そこで，いったん『憲章簿』を離れ，他国の例を少しあげてみよう。

①予州新居浜浦『白石家文書』にみる「辺路体の者」

　まず伊予の事例をみてみたい。喜代吉榮徳が紹介する『白石家文書』には，文化文政期と幕末期に新居浜浦を訪れた遍路者をめぐる11例の庄屋記録が掲載されている［喜代吉2005：41-57］。内訳は，病気や怪我の為に巡礼を断念し帰郷を願い出た者が3例，病気に倒れそのまま死亡したものが6例，それに遺体で発見されたものと倒れていた遍路を収容したものの，いつの間にか失踪していたものがそれぞれ1例ずつであり，これらの処置についての御上の判断を仰ぐために，概要説明や本人の口上書に往来手形等の必要な書類を添付し，「乍恐奉伺上御事」等と奏上する形式をとっている。

　最初に『白石家文書』には，第3章での議論にも関連する重要な記述があることを確認しておきたい。それは，11の事例の内，半数以上の6例が「私儀四国順拝仕り当浦托鉢に入込ミ申候」（資料9ニ，1823），「私儀四国辺路に罷出，去ル朔日御当浦へ参托鉢仕候」（資料12ロ，1827），あるいは「……と申者四国順拝に罷出，去ル12日当浦ニ托鉢ニ候」（資料14イ，1851）など，托鉢を目的として新居浜浦を訪れたという，本人ないし庄屋の説明がなされている点である。

　喜代吉は，『白石家文書』は「辺路街道からは大分外れた浦のものである」と述べている［喜代吉2005：あとがき］。確かに，現在の新居浜市付近の遍路道は国道11号にあり，海側の市街地からは2〜3kmほど離れている。第3章でみた徳島県阿南市のようにさまざま要素を総合的に検討したわけではないが，本資料では当事者たちが，新居浜浦来訪の目的を単なる順拝中の移動などではなく「托鉢」と言明しており，巡礼者の乞食圏的行動を証明するものとして注目される。

　また托鉢目的の他には，足を痛めたことから巡礼を中止し帰郷することを決め

た遍路が，大坂行きの船便を求めてやってきた事例（資料 5, 1816）や，札所以外の社寺参詣の事例，「右者四国順拝辺路去ル 16 日当浦夷子宮社へ参」（資料 6, 1817）も紹介されており，これらのことから，新居浜地域と四国遍路世界との関係は，「乞食圏」に加えて，一般交通網や他の社寺参詣などの諸要素も含んだものとして，興味深い考察が期待できるものと思われる。

　これら 11 例のなかで，「辺路体の者」という表現が使われているのは，資料 7 と資料 8 の 2 例である。2 つの事例を要約すると以下のようになる。
　まず資料 7 であるが，1823 年（文政 6）4 月 23 日に遺体で発見された 20 代とみられる若者が，「(辺路) 乞食体の坊主」「辺路体の坊主」と呼ばれている。所持していた手形は，ちょうど 1 年前に新居郡大永山村で発行されたものであり，「百姓八百蔵と申者此度願望御座候に付四国辺路に罷出申候」と記されている。だが発行元の村庄屋に問い合わせたところ，「当村百姓内に八百蔵と申者は無御座候，猶手形も下拙義差出し候覚へ無御座候，是丹セ手形ニ而御座候，且又下拙儀は一昨年より庄屋役儀いたし不申候，一切覚へ無御座候」と，偽造切手である旨の返事が返ってきた。更に，その後，父親を名乗る人物が名乗りでて，遺体の埋葬を願い出る。彼は文化 6 年発行の四国辺路願いの手形をもつ芸州出身者であるが，取り調べたところ，別子銅山で働いたり，各所の御堂や庵を点々としたりするなど，その経歴には不明瞭な点が多いことが記されている。
　次に資料 8 では，新居浜浦の御米蔵の前に病気のために倒れていた相模出身者が「辺体の者」と表現されている。彼は新居浜浦に托鉢目的でやってきたが，暑気に障り歩けなくなったのだという。近辺の者で小屋掛けし，介抱したのだが，間もなく死亡した。所持品を調べたところ，「讃州金毘羅并所々順拝に罷出」と書かれた往来手形はあるが，四国外の者なら携帯することが必須の筈の揚切手（船切手）がなかったという。
　この 2 つの事例を他の事例と比較すると，彼らに不明・不審な要素があることがわかる。資料 7 では，往来手形が偽造された可能性が指摘されているし，父親をなのる人物の経歴も一般的な遍路のものではない。また資料 8 では相模出身の者にもかかわらず揚切手がなく，上陸場所や四国入りした日付が不明となっている。逆に，資料 4,5,6 は「極難渋の辺路にて路銀□等も無御座候」（資料 4

イ,1816),「路銀等も所持不仕極難渋の趣」(資料5イ,1816),「極難渋に付路用等も無之候」(資料6イ,1817)ときわめて困窮した者であることが記されるが,彼らには「辺路」もしくは「四国辺路に罷出候」という表現が使用される。資料8以外の托鉢目的で来訪した者(資料9,12,14,15,17)についても同様である。

つまり,「辺路体の者」という表現が使われるか否かの基準となっているのは,路銀の有無や托鉢行為ではなく,手形・切手への疑惑,すなわち四国内の足取りの不確かさであるといえよう。

したがって,『白石家文書』では,「辺路体の者」という表現は,対象者の経歴に何らかの不明性がある場合に使用される言葉であるということが理解できる。彼らはいずれも,往来手形では四国辺路であることが確認されるが,同時にその切手自体に疑わしさが残される。こうした意味で,資料7,8の事例は3者とも,正統性と異質性の中間的な曖昧な領域にあるものとして捉えられている。すなわち,伊予においても「辺路体の者」は,境界性のニュアンスをもつ表現として使われていることが確認されるのである。

②阿州吹田村「四国辺路体之者取締申上覚」

次に阿波の事例を検討する。阿波については,『憲章簿』遍路之部や『白石家文書』のような,ひとつのまとまった資料は未調査である[11]。そこで『阿淡御条目』[12]および『阿波藩民政資料』[13]に収められている資料を参照したところ,とくに興味深いものとして,以下に紹介する「四国辺路体之者取締申上覚」があげられる。

　　近年四国辺路体之者,御国へ入込専徘徊仕随而,土州表之義は路銀無之辺
　　路は於御境目糺之上直に追返候趣に候。右に付御国へ立返り前段之懸りに候
　　得は,辺路体之内には盗賊も紛込候義も可有之候。依之所々御境目等におゐ
　　て,路銀無之乞食体之辺路老若男女不限直に追返し候様於然は盗賊究りにも
　　罷成自然と減し可申候條究り方之義存寄可申上旨被仰付奉畏乍恐左に奉申上
　　候　　　以上

　一,御境目往来筋住居仕居申百姓共へ逸々被仰渡乞食辺路体之者見及候節

直に追返候様兼而被仰付置度御事
　一，山手村々五人組共へ被仰付月々相廻り制道仕候様被仰付度御事
　一，村々番乞食共往来筋並抜道等相考乞食体之者又は胡亂成体者行逢候節
　　御境目迄追戻し候様被仰付度御事
　一，大阪口御番所讃州より四国辺路通り筋に而御座候へは四国辺路に相紛
　　し乞食体之者入込申様に相聞へ申候右御番所におゐて念を入相改候様
　　被仰付度御事 (a)

　右之通帰究り方由手村々へ被仰付候はば自然と薄き可申と奉存候に付右之
段奉り申上候　以上
　　未二月　吹田村与頭庄屋　吉田次郎兵衛
　　　　　　　　　　　　　　　　　　　　　[徳島県　1968 a（1916）: 786]

　年代は「未」とあるだけで，正確には不明であるが，山本和加子は 1835 年（天保 6）と推定している [14)][山本 1995:184]。また郷土史家の三好昭一郎によると，「大坂御番所（讃岐から阿波に至る遍路道）を控えた板野郡吹田村（現・板野町）の組頭庄屋が遍路取締強化を上奏するために郡代奉行の手代に宛てたもの」であるという[三好 1982: 207]。
　文中では，まず，「土佐藩が国境で『路銀無之辺路』を追い返している為，近年『四国辺路体の者』が阿波国内に入込み，専ら徘徊している。そのような『辺路体』の内には盗賊も紛れ込んでいる場合もある」という現状分析が述べられる。ついで，問題解決のために国境等の要所での審査・取り締まりの徹底し，「『路銀無之乞食体の辺路』については老若男女に関わらず，直ちに追い返すこと」を訴える。そうすれば，自ずと盗賊の類もいなくなるであろうと期待される効果について触れ，具体的な対策を 4 箇条にまとめて奏上している。

　ここで最も重要なことは「辺路体の者」が取り締まりの対象とされている点である。ただし，注意深く読解すると，国境追放の直接的な対象とされているのは，「路銀無之乞食之辺路」「乞食辺路体之者」「乞食体之者又は胡亂成体者」であることがわかる。これらは「老若男女不限直に追返」「見及候節直に追返」「行逢

第 1 節 『憲章簿』にみる土佐藩の遍路認識－堅持された正統性と ambiguous な境界性－　　267

候節御境目迄追戻」など，見つけ次第直ちに排除されるべきものとして扱われている。もちろん奏上者ら吹田村の住民にとっての直接的な脅威は「盗賊」であるが，その被害を未然に防ぐために，路銀をもたない者や乞食を盗賊予備軍とみなし，これを取り締まるという発想がなされている。

　一方で，四国遍路の全面的取り締まりが求められているわけではない。あくまで排除したいのは，盗賊や乞食等である。下線部（a）は，遍路道筋にあたる阿讃国境の大坂口番所には「四国辺路に相紛し乞食体之者」が入り込むので，改めを入念にするよう要請しているが，逆にいえば，乞食に紛らわしくない遍路者は関係ないし，乞食ではないことが証明されれば問題はないのである。

　したがって，ここでの「辺路体の者」の用法からは次の2点が確認できよう。第1に，ここでもやはり「辺路体の者」は，排除の対象としての「盗賊」「乞食」等と，そうではない四国遍路の巡礼者の間にある不明瞭な境界領域を指す用語であるという点，第2にむしろ，両者を区別し，排除を可能にするための予備的・仮説的認識として「辺路体の者」が使われているという点である。

　すなわち「辺路体の者」という表現には，遍路者の中には，本来あるべき正統な巡礼者のほかにも盗賊や乞食といった異質な者が紛れ込んでいるという前提認識があり，それらを排除するために，正統性と異質性の境界領域に光をあて，両者の境目を厳密に見定めようとする思考が埋め込まれている。その意味で「辺路体の者」は，境界性を排除へと方向づける内部から外部へのまなざしなのである。

（4）幕末の遍路追払令――天保飢饉と安政大地震に関連して

①「乞食」概念の変化――排除される者へ

「四国辺路体之者取締申上覚」では，排除されるべきものとして「乞食」や路銀を持たない者があげられていた。土佐藩の法制資料，『憲章簿』遍路之部に立ち返ると，こうした考え方に近いものとして，天保の大飢饉に際してだされた1837年の資料55に，「辺路改方の儀，生国往来切手は不及沙汰，納経并路銭有無共入念相改，若納経無之者は乞食に紛敷に付，速に追返可申事」［高知県立図書館編　1985：482］とあったことを思い出す。ここでは，入国審査の際に，切手はもちろん，それに併わせて路銀と納経帳の有無を調べ，納経帳がない場合は，乞食に紛らわしいとして入国させないことが要請されている。

こうした方針は翌1838年（天保9）4月にも継続され，以下のような文書が松尾坂番人宛に通達されている。

【資料58・1838（天保9）】
　他国辺路改の事
一　生国往来手形并納経，其余四国路外の者は船揚切手
一　路銀相応
一　六拾六部廻国の儀は三ツ道具
　　右夫々所持不致者は通入不相成。右の外病症顕然にて歩行等確に不相調者，并老極幼年者等，壱人立罷越候者は勿論通入不相成，尤片輪者にて志願を以致順拝候者は格別[15]，其余聊にても不相応の品所持居候者，是又通入不相成事[16]。
　　　　　　　［高知県立図書館編　1985：486および広江編　1966：66-67］

　ここでも，手形・切手の類に加えて，納経帳と相応の路銀がなければ入国させないよう要請されている。資料55では路銀のない場合についての指示が明記されていなかったので，それを補完した形ともいえよう。
　この2つから少なくとも1837年までの飢饉を乗り越えた段階で，路銀を十分に持たない遍路は土佐に入国できず，また納経を持たない者に関しては「乞食に紛らわしい」という理由で追い払うこととされていたことが確認できる。つまり乞食や貧者が排除の対象とされたのである。
　しかしながら，それ以前，例えば1791年（寛政3）の資料26では，四国遍路世界に病人や貧者が多いことが指摘されてはいたが，排除の対象となっていたわけではないことを思い出したい。さらには，『道指南』の刊行と同じ1687年（貞享4）の段階で，すでに徳島藩の『阿淡御条目』には，「寺持の出家外は俗人男女又者道心法主，或は百人之内九拾人も貧賎之町人土民，殊更其内奥州九州辺よりも罷越候。路銀丈夫に不持体に相見，辺路之内於所々乞食仕四国廻り候様に相見ヘ候ヘば待合候得とも，路銀丈夫に不持候ヘば至其時難儀可仕候」［徳島県史編纂委員会編　1967：494］と，他国遍路の大部分が貧賎の者であり，彼らが路銀を十分に持たずに，乞食しながら回っているという記述がなされているが，ここ

でも別段，排除に向かう方向性はとくにみられない。

したがって，従来の四国遍路世界では，遍路の中に十分な金銭を持たずに托鉢・乞食しながら巡礼する者が多数存在するということが，ある意味で常識であったし，少なくとも大々的な取り締まりの対象とはなっていなかった。土佐藩では天保期までは，遍路街道筋での托鉢＝接待は放任されていたことはすでにみたとおりであったし，第3章で提唱した乞食圏を立ち上げていくような巡礼者の行動は，こうした状況を前提としていたものであった。しかしながら，天保期から幕末にかけての時期に，遍路を正統と異端に区分する基準として，路銀の有無が追加され，それによって乞食や貧者が排除の対象となっていたと考えられるのである。これは，四国遍路における「乞食」概念の変化であり，同時に「遍路」概念の変化でもある。すなわち遍路の正統と異端を分かつ境界性が変化したということに他ならない。

②安政の大地震と遍路追払令

『高知県史』は1840年の天保の改革以後を，藩政末期と位置づけている［高知県編 1968：1］。ちょうどその中間期にあたる1854年（嘉永7・安政元）[17]，土佐藩は震災によって再び非常事態に陥ることとなった。

地震学者の宇佐美龍夫が編纂した『日本被害地震総覧』の記述を簡潔にまとめると，次のようになる。11月4日五ツ半過ぎに遠州灘沖を震源としてM（マグニチュード）8.4の「安政東海地震」が発生し，その32時間後の5日午後には，潮岬沖を震源とする同規模（M8.4）の「安政南海大地震」が連続して発生した。さらに7日にも，豊予海峡でM7.4の地震が発生するなど，わずか4日という短い期間にM7〜8クラスの大地震が連続して発生し，東海道が寸断されるなど，日本中に大きな被害があった。とくに安政南海大地震では，南四国から松山にかけて推定震度6の強い揺れがあった。現在の高知市付近や阿土国境の甲浦では約1mも沈下し，逆に室戸付近では1m隆起するなどの地殻変動が起き，道後温泉も一時止まったという。さらに，土佐湾西側沿岸や徳島県南部の太平洋に面した地域では5〜12mの津波に襲われ，大きな被害を出した［宇佐美 1987：124-133］。

土佐藩でも，津波や火災，家屋倒壊などで甚大な被害があり，当時江戸にいた藩主・山内容堂は急遽帰国し，復旧作業の陣頭指揮にあたった［高知県編 1968：734-735］。このとき，対遍路政策においても，おそらく前代未聞の荒技が実行された。「就大震辺路入込処ヨリ村継ヲ以御境目ヘ可送出事」という見出しがつけられた，11月14日の資料66には以下のように書かれている。

【資料66・1854（安政1）】
　此度之大変に付，別而里前往還筋大破および，辺路共順路難相成に付，入込居候所の地下役より覚書相添，村継を以可送出旨，辺路街道地下役共え及下知候条，尚於脇道も無油断可遂詮議也。
　　安政元年11月14日　　後藤助四郎
　　後川筋村々庄屋中

［高知県立図書館編　1985：491］

　地震のため街道が大破し，遍路が順路に沿って巡礼することが難しくなった。そのために，現在領内に入り込んでいる遍路たちを国外に退去させるという内容である。その際脇道も油断なく捜索するようにと付け加えることを忘れてはいない。
　この文書の宛先にある「後川」とは，四万十川の支流のひとつである。後川は現在の国道439号線沿いに流れているが，戦前には「後川村」という地名があり，これは国道439号から西側にあたる岩田川沿いの集落となっている。いずれにしても，遍路街道筋ではない「脇道」にあたる地域である。同様の通達は，資料64の11月14日の追記［高知県立図書館編　1985：490］で，街道筋の古塚村から伊与木郷までの村々の庄屋宛にも出されているので，街道筋・脇道を問わず，遍路の国外退去が実施されたことがうかがい知れる。
　実際に11月20日には，伊豆出身の勇吉という人物が，「当時変に付，漸道筋順路難相調」ということを理由のひとつとして，岩田村大庄屋の兼松善助より「御国禁足申渡」のうえ，中村から松尾坂口ヘ移送されていることが資料65に記録されている［高知県立図書館編　1985：491］。ただし勇吉には，ほかにも日数制限超過や脇道入込等の「御国法相背不届の科」があったと指摘されており，従来

第1節 『憲章簿』にみる土佐藩の遍路認識―堅持された正統性と ambiguous な境界性―

の基準でも国外退去に相当するであろう。

　資料66や64には，これまでの法令では書かれていた対象者に関する記述がまったくない。したがって，そのまま解釈すれば，これは他国遍路の無差別・強制国外退去を指示しているともとれる。残念ながら『憲章簿』遍路之部には，これ以後の資料が収録されていないのであるが，著者は，この安政の遍路追放令が領内の他国遍路全員を対象としたものだとする仮説を提示したい。その根拠は，土佐藩の対遍路政策の基本理念であり，入国許可の前提である順路遵守が，震災による街道破壊で成立しなくなったということに加えて，『憲章簿』官掟之部巻之四の資料3および52を参考に，少し踏み込んだ解釈を試みる。

　震災直後の11月16日に通達された資料3「大変ニ付，小民之人心為惑候者并生業御示之事」では，まず，混乱する領民に対して，平静を取り戻し，復旧作業と生業への立ち返りを求めた後，こうした混乱の一因が，占卜で人心を惑わす「社人僧修験」にあるとし，このような「妄説を唱え候者」を警戒し，処罰するよう指示している [高知県立図書館編 1983：355-356]。震災後の混乱の中で，噂や流言が大きな社会的混乱を引き起こす可能性があることは，関東大震災の例でも明らかであるが，ここではその発生・媒介源として，民俗宗教者があげられていることが注目される。さらに，1858年（安政5）5月の資料52「安政度御法令之事」では，他国遍路の改めについて従来の方針を繰り返した後，同一の項目で「何にても奇妙ヶ間敷義有之抔と，雑説を申触し諸人を惑し，風俗をそこのを族於有之には，可為曲事事」[高知県立図書館編 1983：391] と付け加えられている。

　また，宇佐美龍夫によると，震災後も大きな余震が頻発し，被害に拍車をかけたという [宇佐美 1987：128]。さらに，震災から7年後の1862年（文久2）3月の遍路者の記録に「去る嘉永7寅歳11月大地震より，土州へは辺路一円入れ不申，只今にては三国辺路に相成候て，嘆ヶ敷事也」とあることも紹介されている [愛媛県生涯学習センター 2001：88]。

　これらを併わせて考えるならば，余震の続く被災直後には，単に遍路街道の順路遵守ができなくなったということだけでなく，流言による社会的混乱を避けるためにも，土佐藩はすべての他国遍路の無差別かつ強制的な国外追放に踏み切り，同時にこれまで一貫して許可してきた遍路者の入国自体を停止するという，かな

り思い切った政策をとったという可能性は小さくないのではないだろうか。ただ，幕藩体制の崩壊期に，こうした大規模な政策が実際にどれほど徹底されたかということについては，依然不透明さが残る。しかし，非常事態とはいえ，近世期の最後に，こうした極端な政策を発令したという事実については注目しておいてよいと思われる。

1-5. まとめ——近世的遍路認識の諸特徴

　近世土佐藩の対遍路政策について，これまでみてきたことをまとめてみたい。まず最も重要なことは，土佐藩は一貫して，遍路者を遊行宗教者として入国を許可し続けたということである。もちろん，遍路者が国内で自由に振る舞うことは許されず，さまざまな規制が課せられるのだが，それには入国許可という大前提を基とするというきわめて基本的なことがこれまで軽視され，土佐藩は遍路に厳しいという言説が再生産されてきた感がある[18]。

　他国遍路に対してはさまざまな規制や制約が課せられるが，そのほとんどは他国遍路を順路に沿って，滞りなく領内を通過させるという基本理念に基づいている。入・出国口の限定，遍路街道の設定，日数制限，庄屋による日継改など，遍路者の時間・空間を管理しようとする諸制度はすべて，この基本理念から導き出され，かつ基本理念の徹底を制度化したものである。なかでも重要な役割を担ったのが，日継改であろう。これは毎日宿泊地にて，各庄屋等の役人の承認を受け，これまでの行程を確認したうえで，当日の日付と承認印をもらう。このように，遍路者のトレーサビリティを確保することと密接に関係していたのが，基本理念と裏表の関係にある脇道禁止の鉄則である。これは近世土佐藩において最も重視され，かつ遍路者および地域社会の双方に繰り返し通達されたものである。だが第3章でもみたように遍路たちは，しばしば巡礼路を踏み越えて「乞食圏」へ侵入していった。ここに遍路たちの実践と藩の認識が対立することになる。脇道＝「乞食圏」は，遍路たちによる巡礼空間を押し広げようとする力と，藩による遍路道へと押し戻そうとする力の2つがぶつかりあう場となった。そこで，藩は罰則や褒賞など権力を行使しつつ，脇道禁止の徹底を求めていくが，近世期を通じて，少なくとも藩が満足するほどには十分に遵守されることはなかったと思われる。

第1節 『憲章簿』にみる土佐藩の遍路認識－堅持された正統性とambiguousな境界性－

　遍路者の脇道侵入をこれほどまでに問題にした背景には複雑な事情があろう。しかし本稿で注目したいのは，これが単に移動の問題にとどまらず，彼らが果たして遍路といえるのかという認識の問題にもつながっていったということである。藩にとって，遍路者は信仰に基づいて四国霊場を巡礼する宗教的実践を行う者であった。逆にいえば，土佐藩の遍路規制令が行ってきたのは，藩のこうした遍路認識に基づき，札所を順路に沿って粛々と巡礼する遍路者像を正統化するということであった。脇道侵入とは，まさにこうした正統な遍路者像からの逸脱を意味するのである。

　そうした遍路ならざる者として認識されたのが「悪業」を行う者であり，主として盗賊と「奇妙ヶ間敷致仕業，諸人を誑し候者」等といわれた詐欺があった。卜占，呪咀，祈祷，売薬等の民俗宗教・民俗医療技術をもつ民俗宗教者は後者のカテゴリーに入れられ，領内の治安と富を脅かす，排除されるべき異質な存在として，地域社会に取り締まりが要請されたのである。

　また，このような排除を可能にする認識方法が，「遍路体の者」というカテゴリーの創出である。これは，「とりあえず外見は遍路姿に見えるが，内面的には不明瞭さが残されるので，『遍路』と断定はできない」という曖昧なニュアンスをもち，正統性と異質性との間で揺らぎを示す境界領域に光をあてる概念である。つまり，「遍路体の者」は，対象者を正統性から引きはがし，異質な遍路ならざる者として解釈することを可能にする予備的・仮説的認識カテゴリーであり，境界性を排除へと方向づける内部から外部へのまなざしなのである。

　こうした排除の対象として，新たに19世紀中頃から幕末にかけてクローズアップされてきたのが，「乞食」である。天保の大飢饉や安政の大震災といったこの時期に社会が経験した非常事態とも関連して，路銀の有無が正統性・異質性を分かつ判断基準となり，納経をもたない遍路が乞食に紛らわしいとして入国不許可の措置がとられるなどした。だが，第3章でもみたように，あるいは17世紀の『阿淡御条目』にみられるように，従来，四国遍路世界には経済的貧者が相当数入り込んでいた。つまり，路銀を十分に持たないものが，新たに排除の対象となったということは，遍路の正統と異端を分かつ境界性が変化したということにほかならない。路銀を持たないものを排除するという論理は，次節にみる近代初期に顕著にみられるものであるが，その萌芽がすでにこの時期に用意されていたという

ことは非常に重要である。

　ところで，そんな彼らが頼みとしたのは托鉢＝接待であった。托鉢は巡礼と密接に関係づけられ，「日々人の門口ニ立而，一手一銭の功徳をうけて廻るものを上遍路と云ひ」［松浦 1975（1844）：152-153］のように，土佐藩も認める「信仰」の度合いを保証する必須の要素と意味づけられ，体系化されていった。土佐藩は文化文政期に接待禁止令を領内に通達する。しかしこれを詳細に検討すると，禁じられているのは，遊楽・慰安と読み替えられた民俗行事としての集団的村接待であり，順路上での個々の托鉢＝接待は放任されていた。すなわちこれは，藩政改革を背景とする贅沢禁止令の一環と再解釈されるべきなのである。逆に本当の意味での接待禁止令は天保期に登場する。これは飢饉における食料安全保障政策というバックグラウンドをもつ包括的接待禁止令であり，従来の方針を覆し，米穀一粒の例外も許さないという，非現実的なまでに徹底を求めるものであった。

　だが興味深いことに，そのような非常事態であっても，托鉢＝接待禁止の厳命を，例え餓死しても遵守することに同意し，かつやむを得ない「大願」をもつと認められた遍路は入国を許可されたのである。この奇妙な不徹底さは何故なのであろうか。こうした目で，土佐藩の対遍路政策を再度みつめ直すと，土佐藩の遍路認識の根幹にも関係するであろう，重要な事柄がみえてくる。例えば，日数制限における発病の場合のほか，倹約令的接待禁止における個人的托鉢＝接待の放任や，領民の巡礼を制限する一方で，よんどころなき「志願」をもって，「神妙」に巡礼する者は許可という断りを入れるなど，さまざまな規制令・禁止令には抜け穴や例外事項が設けられていることに注意するとき，まるで藩自らが，規制・禁令に一定の制限枠を設けているような印象を受けるのである。したがって，近世土佐藩の遍路政策の特徴は，制度的・論理的な曖昧さ（ambiguity）を常に含み込んだ思考にあるということを，ここで指摘したい。

　こうした曖昧さの存在が，藩と地域社会との間に不明瞭な領域を残し，結果，政策の実行が不徹底になるという負のループに陥ってしまうとも考えられる。だが，藩政サイドも，さまざまな制度や規則を整備・精緻化するのであるが，原則としてその一定の枠組みを突き崩すまでには至らない。そして，その枠組みこそ

第1節 『憲章簿』にみる土佐藩の遍路認識―堅持された正統性と ambiguous な境界性― 275

が，遍路とは「信仰に基づく修行者」であるという，藩がオーソライズした遍路認識にほかならないのである。

このように考えると，規制令・禁止令に開かれる抜け道のキーワードの多くが「志願」「大願」「信心」等の信仰表明に関するものであったことも理解できよう。また，正統性と異質性を分かつ基準に「納経」があったことも同様である[19]。何よりも「遍路体の者」という排除に向かう境界的概念の創出が，遍路の正統性に対する認識変化では決してなく，逆に遍路の正統性を堅持するものともいえるのである。その意味では，土佐藩が行った遍路の正統性への権威づけは，ある意味で「教学的」なものであったとすら考えることも，決して無理のあるものではないと著者は考えている。

現代的な感覚で『憲章簿』遍路之部の規制令・禁止令を眺めるならば，土佐藩はことさらに遍路者の「自由」を奪い，厳格な取り締まりを行ったと映るかもしれない。だが，幕藩体制や身分制社会という近世社会の限界の中で考えるならば，むしろ弘法大師の聖蹟巡礼としての遍路行や信仰的実践としての托鉢＝接待等の四国遍路の諸実践は，一貫して許可され，仮に積極的な保護に転じることはなく，放任に近い態度だったとしても，不可侵な領域として尊重されたともいえるのである。それこそが，さまざまな社会的状況・条件から，遍路の中に紛れ込む異質さを排除するときに必ずみられた曖昧さの源泉ではなかっただろうか。

このように考えるならば，天保期の包括的接待禁止令と安政期の他国遍路の無差別ともとれる追払令（当然これは遍路者の全面的入国禁止を伴ったはずである）という，近世的 ambiguous な思考を覆す遍路政策を，わずか20年足らずの間に集中して経験してしまったことの意味は非常に大きなものであったことが理解できよう。確かにそれは幕末の動乱期に起きた大災害という非常事態における緊急措置であったかもしれないが，しかしながらそうした経験と記憶が，非常な危機意識とともに，権力にそして民俗にすり込まれたということもまた事実である。

真野俊和は，幕末から近代初期にかけての政策転換について，「旅人あるいは巡礼をむかえる人々の側の心情のなにかが，確実にかわってしまったのだと考えざるをえない」と述べ，「訪れてくる巡礼や旅人を受け入れることができない社会」，すなわち「乞食を貧民として，社会的脱落者として遇することしかできな

い社会」の成立を,「伝統的乞食観にかわる, いわば近代的乞食観の形成」と指摘した [真野 1991 : 32, 34]。

著者は, 地域社会の心性が確実に変化したとは即断しないが, 真野に倣うならば「たとえ建前であったとしても,「大願・心願」に基づく移動が認められ, 受け入れられる社会」というものが, ここで保証されなくなったという変化があったことは確かだと思われる。

近代初期には遍路取締令が各県で通達されるのであるが, 次節で述べるように, それが四国会議という場で, 四国 13 藩によって確認されたコンセンサスによるものであり, かつその会議を主導したのが土佐＝高知県であったことを考えるならば, 真野のいう「近代的乞食観」が指し示すものを見極めるという作業において, 土佐藩のこれまでの対遍路政策および対遍路認識を, 従来の「土佐は遍路に厳しい」という一面的な言説から解放し, 具体的な法令を通時的に確認する作業を通して, 再考しておくことはきわめて重要なことと思われる。

第 2 節　遍路者認識のモダニティ
－ ambivalent な境界性と排除に向かう＜分類のまなざし＞－

前節では,『憲章簿』遍路之部を主たる資料として, 土佐藩の遍路者認識について論じてきた。その結果, 土佐藩は信仰的実践としての遍路を正統なものと認め, それから逸脱する者を, 盗賊・詐欺・乞食などのネガティブな隣接概念に引き寄せることで, 排除してきたことを確認した。これは「遍路」を正統と異質に分化させていくまなざしといえよう。しかしながら, その分類には「遍路体の者」という言葉に代表されるように, 常に境界性が読み込まれ, どこか分かちきれない曖昧さを残すものであった。

このような思考を近世的な遍路観と仮に呼ぶならば, 近代的な遍路観はどのようなものであったのだろうか。また近代初期は, 四国遍路に対する「排斥論」が吹き荒れた時代と理解されている。それはいったいどのような論理からなされたものであったのだろうか。本節では, このような問題に対し, 県令布達等の行政文書のほか, 1878 年（明治 11）徳島『普通新聞』社説, 1886 年（明治 19）高知『土陽新聞』社説「遍路拒斥すべし乞丐逐攘すべし」という 2 つの新聞社説を軸

第2節　遍路者認識のモダニティ—ambivalentな境界性と排除に向かう＜分類のまなざし＞　277

に，近代初期の遍路に対するまなざしを，当時の日本近代史と絡めながら分析する。さらには，こうした近代的遍路観が，地方行政や新聞のみならず，巡礼者自身にも共有されていたことをも確認し，近代における四国遍路へのまなざしについての複合的な議論を試みたい。

2-1．四国会議——排除のコンセンサス

　近代日本社会の幕が開けられた直後の1869年（明治2），四国をひとつの共同体としてまとめ上げ，近代日本に影響力をもって参画していこうとする意図から，当時四国にあった徳島，高知，宇和島，大洲，新谷，松山，今治，小松，吉田，西條，多度津，丸亀，高松の13藩の代表者による地方会議が，高知藩の主導で設立された。これを「四国会議」あるいは「四州会議」などという[20]。第1回の会議は丸亀で開かれ，皇上を奉り朝旨を遵守して違背しないという基本方針や，具体的な運営方法を定めて閉幕し，第2回以降は琴平に場所を移して開催された。これの会議は，明治維新直後の混乱期に開催された地方会議として，全国に注目されたものだったという［香川県　1987：38-51］。

　琴平では各藩の代表者が常駐し，親睦を深めつつ，情報の交換やさまざまな案件の議論が行われたが，そのひとつに「遍路（辺路）取締の件」があった。これは従来「近路取締の件」と誤読されていたものであるが，喜代吉榮徳によって近年，そのまちがいが指摘されることによって再発見された資料である［喜代吉2003：6］。

　　一　四国辺路取調之事
　　四国中之民真言八十八ヶ寺巡拝之者は必其所役人聞済ニ而里正より指出し候往来証文可所持筈，尤国所男女何人并日数も限り置可申方
　　四国外遠国にて同断順礼にて往来証文有之もの相改候上無相違者是迄の通為致候筈
　其外大社大寺参詣の者同断之振合を以相改候筈
　　但八拾八ヶ所順拝之向，日数大凡百ヶ日限り　遠国江者初入込候地之政所にて日限の義能為相心得可申方，万一病気等にて日限延候向者其地其地の里

278　第4章　まなざしの構築学－正統性・境界性・異質性－

　正より病気療養滞在相成候旨添状差遣候様
　　右の通に者候得共無拠して滞留致乞食候義一切無用 (a)
　四国遍路之姿にて札挟を首に掛東西流浪乞喰を業とし，又盗賊悪事を業とする者此間に身を潜め居候者有之 (b)，彼是民間の患不少，依之往来手形不持者共早々生国へ指戻可申事 (c) 但四国中の者共向寄方へ村送りに為送漸々生国へ相達候様取計可申，又遠国の者に候はば取調地の役人にて入業致世話中国或西国向寄之海路渡し遣し，早々生国へ可被帰る，屹度申渡し追払候方

　各藩談合再案
　一　手形所持致しをる者は取調べ，四州の内の者は駅継を以送帰，四州外の者は里正送り状を以生国向寄土地へ送り遣し可申事
　右の通細條目相立四州各藩為取替来る三月朔日より取行候方申合候事
　琴陵　会議所
　正月

[喜代吉　2003：1-3]

　ここでは，四国遍路の巡礼者や社寺参詣者について往来証文（手形）の改めや，日数制限と発病した場合の特例事項などがまず確認されている。近世土佐藩の遍路政策でもみられた基本的な内容がそのまま継承されているといってよいであろう。そのうえで，理由なく乞食のために滞留する者は一切無用と宣言する（下線部a）。続けて，彼らの具体的な様が説明され，その存在が社会不安を引き起こしていると指摘される。そのため，対策として，手形を持たない者を早々に出身地に送り返すことを求める，議論の結果，3月1日より各藩で実施することを申し合わせ事項として確認している。
　この「辺路取調の件」は1870年（明治3）正月15日に決議され，2月24日「琴陵会議所，四国辺路取締之義別紙之通相定候間被相心得各組下村々江急度取締候様可有御申通候」として，民事局より大庄屋に向けて通達されたものである。言葉使いなどのニュアンスに差異はあるが，内容的には近世土佐のものと大差はない。しかし，「外部」を規定する境界が藩から四国に拡大し，四国内で厄介者を押しつけ合うのではなく，海の向こうに追い払おうとする意志が象徴的に語るよ

うに，明治のごく初期に，四国各藩が四国遍路の取り扱いに関して一定のコンセンサスを得ていたことは，きわめて重要である[21]。

遍路の取り締まりが，近代国家の枠組みや基盤に関する問題のひとつとして取り上げられたことも重要であるが，下線部 (b)，(c) にあるような遍路の中に乞食が紛れ込んでおり，それらは排除されなければならないという認識が共有されたことも見逃せない。その結果，彼らを出身地に送り返すという基本方針を確認し，各藩にもち帰って，庄屋たちに通達されたことは，近代における対遍路政策の方向性を決定づける要因ともなったと考えられよう。

2-2．近代国民国家と各県の遍路政策―明治初期の県令布達から－

(1) 解体される関係性――乞食遍路追放と接待禁止

四国会議は1870年（明治3）中に廃止されたが，各県の条例にあたる県令布達[22]等をみると，1872年以降に4県で遍路取締条例が相次いで公布されているのがわかる。例えば，真野俊和は高知県では1872年（明治5）2月に，香川県では1872年秋に，次のような遍路取締令が出されたことを取り上げている。

(A) 高知県　1872年（明治5）2月欠日　『高知県史料三』[23]
　遍路乞食体の者は所在村役人に於て之れを国境より追放ち，且つ人民たるもの総て右体の者へ施物等をなすものあるを禁ず (a)
　（令）此節他県管轄遍路乞食体の者入来徘徊致し候趣に付，戸長以下什長に至迄，精々遂不審印鑑所持不致者は戸長作配を以最寄御境目より追払之首尾有之筈。
　但捕卒巡卒共見逢次第取計候時は，戸長へ引渡右同断の作配の筈
窮民札不願受者袖乞不相成候に付，当県他県の無差別縦令遍路体の者たりとも右札所持不致者へ食物米銭等総て手の内の施致候儀，決而不相成 (b) 旨諸所へ掲示可致事 [広江 1966：75]

(B) 香川県　1872年（明治5）秋
　仏法に沈溺するの情より，遍路乞食等へ一銭半椀の小恵を施し (c)，乞

食等も亦甘んじて小恵に安んじ，更に改心の期なし。却て害を招く基と相成，甚以宜しからざる儀に付，<u>今後，右等小恵を施し候儀，堅く不相成</u> (d)，万一右の令にそむく者これあるにおいては，爾後<u>其者厄介に申付儀も有之べく候</u> (e) 条，何も心得違ひこれなき様致すべき事。但し<u>其身体不具にして自存する事態能はざる者は親族は申すに及ばず，其村町に於て厚く世話方いたし，他村他町間に袖乞致さざる様，戸長村御役人共取計可申事</u> (f) ［真野 1991：28］

　下線部（a）〜（d）にみられるように，ここでは接待が禁止されているのだが，近世土佐藩で出された2つの接待禁止とはまた趣が異なっている。「手の内」（高知）や「一銭半椀の小恵」（香川）を禁じているので，天保期型の包括的接待禁止令に近いが，接待の対象者が，「遍路乞食体の者」（高知），「遍路乞食等」「乞食等」（香川）といずれも，「乞食」という言葉に引き寄せて記述されている。すなわち，ここでクローズアップされているのは，「遍路者の中でも遍路あるいは托鉢で生計を立てている者」であることが理解できよう。

　本稿では以下これらを指し示すために「乞食遍路」という用語をテクニカル・タームとして使用する。また「乞食」については，遍路性からは引き離された一般的な物乞人を意味するテクニカル・タームとして使用することとする。

　また，この乞食遍路に類するタームには，近世期によくみられた曖昧な境界性を含んだ「遍路体の者」に比べて，はっきりと「乞食」という別概念が接続されている点が異なっている。だが，「乞食」そのものでもない。その意味では矛盾した表現だが「クリアな境界性」とでもいうべきものである。ひとまずここでは，多義的な境界性のニュアンスをもつambiguousな「遍路体の者」に対して，両義的な境界性のニュアンスをもつambivalentな「乞食遍路」と捉えておこう。

　ここで接待禁止の対象者が，このような乞食遍路であり，さらには乞食であることは，単に接待を禁止するのみならず，下線部（f）のように，一種の救貧政策も考慮されていることからも明らかである。

　こうした観点からの接待禁止令は，愛媛・徳島においても発令されている。とくに愛媛県では，明治6年4月番外，明治6年11月第139号・第140号，明

治6年12月第148号,明治7年3月乾第27号,明治7年12月坤第166号と,1873年(明治6)から1874年(明治7)にかけて,実に5回にわたって6通もの県令布達を出して接待を禁じている。

(C) 愛媛県令布達　明治6年　番外　4月
　遍路物貰等之儀は夫て不相成段兼て御布達にも相成居候処,此節に至ても猶旧習を存し,<u>四国順拝抔と唱へ人之門に立て食を乞の類全く野蛮の弊風にて其醜態不可云ものなり</u> (a)。又<u>食を与るものは,仏説の所謂後生之為抔と心得候は必竟姑息の私情にして,却て人民保護の障碍たる事無論に候</u> (b) 條,区々の長たる者此理を篤と了解し,遍く管内の人民に説諭し,向後屹度心得違之無様厚く注意致し,右体の者は見当り次第速やかに呵責放逐して片時も管内に置べからず。もし<u>食を与る者は送り付の入用等出費申付</u> (c) 且品により屹度可及沙汰候條,此旨区々無洩可触示候,尤右等の儀は区長戸長の責に候條説諭於不行届は其役前の落度たる可き者也[愛媛県生涯学習センター2001：109]。

(D) 愛媛県令布達　明治6年　第139号　11月30日
　本年四月番外を以遍路物貰の儀及告諭置候処,今以徘徊致候者之右は全く姑息を以食物等与へ候者有之より立入候儀に付,以后<u>一銭一飯と雖遍路乞食に与ふる者は厳重に捜索し</u> (d),兼て相達候通原籍へ送り立候人足を始総ての旅費を為差出可申,且<u>原籍無之向は其家へ付籍可申付候</u> (e) 事。

(E) 愛媛県　明治7年　乾第27号　3月12日
　当管下は釈空海の遺跡有。之に付遍路札納と相唱へ,毎年春暖を得て旅人往来す。然るを<u>村々より接待と号し,金穀食物或は草鞋等を所在の路上に要して相与へ来候</u> (f) 処,右様の儀有之候ては自然□宿無の徒立入候に付,<u>旧県々以来□令停止候</u> (g) 得共,今以右様の儀有之哉に相聞以之外之事に候示後,違犯の者有之は<u>無宿無産の者,救助方申付候</u> (h) 條兼て郡村申合心得違無之様可致候。此段布達候事

(F) 名東県令布達 明治 8 年 第 54 号 摂待旅人参詣人へ米銭施し候義は不相成の件

　　各区　　区長・戸長

　貧人扶助の為，米金を与え，或は旅人の困難を見受け宿を与え介抱致し遣す義は，奇特の事に候得共，<u>従来接待と称し，社寺境内其外各所へ出張致し，旅人参詣人へ米金雑品類を施し候義は，不相成候</u>(i) 條，此段相達候事

　　明治八年三月三日　　名東県権令　古賀定雄

　　※ (D) (E) (F) は注22にあげた一次資料を参照。下線は引用者による。

　繰り返し分には重複も多いため，ここではおもなものを取り上げたが，愛媛県も香川・高知と同様に，「遍路物貰等」「遍路乞食」と呼ばれる乞食遍路に対して，「一銭一飯と雖」厳重に取り締まるような接待禁止が通告されているし，(E) の下線部 (h) では，(A) (B) 同様に救貧的措置についても言及されている。

　この愛媛の条例でさらに注目されるのは，(D) の下線部 (e) である。似たような表現は香川県の (B) にもある。その「厄介を申しつける」という発想は真野も着目したものである［真野 1991 : 28-29］が，愛媛県の場合はさらに具体的かつ制度的である。ここではもし命令に背いて，乞食遍路に接待をした場合，当該の乞食遍路に原籍がある場合には，乞食遍路を原籍まで送還し，その費用を接待者に申しつけるが，原籍がない場合には，その接待者の家の戸籍に入れることを申しつけると述べられている。同様の趣旨は，愛媛県明治 7 年 12 月坤第 166 号でも，四国遍路に関連した「乞食物貰」の取り締まりおよび接待禁止の違反事項として，「無籍の者は永く其家の加籍たるべく候」と通達されている。

　名東県[24]（徳島）のものは，「貧人扶助の為」に接待などすることは「奇特の事に候得共」と，「乞食」が譲歩的表現に使われた柔らかい文章であるが，接待禁止の対象者は「旅人参詣人」ととくに限定がかけられておらず，包括的接待禁止令に近いものになっている。管見の範囲では，他に資料がみつかっておらず，現時点では確かなことはいえないが，あるいはこれは村接待禁止に近いものと理解すべきものなのかもしれない。ただしこの 54 号につづく 55 号「路上門戸に立，人形を舞し米銭貰ひ受け不相成」では，人形使い等が門付けすることが禁じられ，

さらに後述する『普通新聞』社説では，名東県時代に乞食＝托鉢を禁止する厳命が出ているとし，違反者には「其家に食客居候たらしむ」と，やはり香川県の（B）に近いニュアンスをもつものがあったということが理解できよう。

だがなぜ，接待禁止令で，「原籍」の有無が問題になるのであろうか。さらには無籍の場合，なぜ接待者の戸籍に編入させるという措置がとられるのであろうか。そこには，単に扶養者がひとり増えるというリスクを罰則として与えることで，接待禁止の徹底を図ろうとする以上の特別な意味があったと，著者は考える。

ともあれ，ここで紹介した資料に先立つ条例がいくつかあることがわかっているが，ここでは，少なくとも1872年（明治5）から1875年までの間に，四国4県で例外なく接待禁止が通達されたということを確認しておきたい。1870年（明治3）の四国会議では，接待禁止は取り決め事項にはなかったが，「無拠して滞留致乞食候義一切無用」と，接待禁止と表裏一体である托鉢禁止が盛り込まれていた。4県での接待禁止も，同時に托鉢行為の禁止や乞食遍路の追放などが含まれていることから，明治初期に各県が取り組んだのは，托鉢＝接待という地域社会と遍路者とのつながり，すなわち彼らの「乞う＝乞われる」という関係性の解体であったということが理解できる。

ではなぜ，この時期に，各県でそろって接待＝托鉢関係が解体されようとしたのであろうか。先の接待禁止に原籍の問題が関係していることを思い出す時，ひとつの手がかりがみえてくる。それは「戸籍制度」という近代国民国家の礎たる制度である。

(2) 戸籍制度と脱籍無産者としての遊行宗教者

明治政府は，1871年（明治4）4月5日に戸籍法を制定し，10月3日に近世的戸籍制度ともいえる宗門人別帳（寺請制度）を廃止したうえで，1872年（明治5）1月29日から初の全国戸籍調査を実施，2月1日に壬申戸籍と呼ばれる新しい戸籍制度を開始している。ここで注目したいのはその直前の動き，1870年（明治3）9月4日の「脱籍無産者復籍規則」の制定，そして1871年10月の六十六部の禁止および普化宗廃止を通達する2つの太政官布告である。

【六十六部禁止】「太政官日誌」明治4年第78号

　明治4年10月14日・六十六部禁止の事

　平民廻国修行の名義を以て，六十六部と称し仲間を立，寄宿所を設置，米銭等の施物を乞ひ候儀，自今一切禁止候事

　但し，従前寄宿六部共の内，<u>脱籍の者は，復籍規則に照準し，其の本貫へ帰籍可為致事</u>［橋本編　1966a：62］

【普化宗廃止】「太政官日誌」明治4年第84号

　明治4年10月28日・御布告書写

　普化宗の儀，自今被廃候條，住僧の輩，<u>民籍へ編入し，銘々之望に任せ，地方の適宜を以て，授産方可取計事</u>

　但，廃寺の寺跡，<u>帰俗之本人より相望候へば，相当の地代を以て払下げ，年貢諸役可為相勤事</u>［橋本編　1966a：69］

　真野もこの2つの資料をあげるが，「普化宗廃止の真意が奈辺にあるかは定かではないが，彼らの存在形態からいって，一連の遊行宗教者政策の一環に位置づけられることが可能だろう」と述べ，これを「近代にはいると，巡礼は乞食・物乞いの類にほかならないとする視点」によるものと理解するにとどめている［真野　1991：33］。

　確かに六十六部と普化宗つまり虚無僧の禁止は，神仏判然令や真野が問題にする托鉢行為に対する負のまなざしも関係しているであろう。しかしながら，この2つの布告が，戸籍法の制定から新戸籍の基盤となる全国戸籍調査の実施の間に通達されたということの意味を読み込むとき，真野が取り上げなかった下線部に自ずと目が向く。ここでは明らかに，国家が脱籍無産者とみなした六部や虚無僧を，戸籍に組み込み生産手段を与えることで，国力の一助とするという富国強兵・殖産興業をめざす近代日本の意図の一端がうかがいしれるはずである[25]。

　このことに気づくならば，先の接待＝托鉢禁止令や乞食遍路取締令の中で，原籍送還や原籍なき者には，接待者の戸籍に編入という措置があることも理解できよう。四国でこれらの県令布達が出される1872年（明治5）から1873年にかけ

第2節　遍路者認識のモダニティー ambivalent な境界性と排除に向かう＜分類のまなざし＞

表 4-6　近代初期における各県の四国遍路政策と明治新政府の動向

西暦	元号	四国				日本	
1868	明治1					3月28日	神仏判然令
1869	明治2						
1870	明治3	1月15日			四国会議・遍路取り調べに合意	9月4日	「脱籍無産者復籍規則」制定
1871	明治4					1月5日	寺社領を没収
						4月5日	戸籍法(壬申戸籍)制定
						7月14日	廃藩置県の詔書
						7月22日	寄留・旅行者の鑑札制を廃止
						8月9日	散髪廃刀の自由を認める
						10月3日	宗門人別帳(寺請制度)廃止
						10月14日	六十六部禁止
						10月23日	東京府に邏卒をおく
						10月28日	普化宗(虚無僧)廃止
1872	明治5					1月29日	初の全国戸籍調査実施
						2月1日	壬申戸籍開始
		2月	高知		乞食遍路取締・接待禁止令		
						4月9日	庄屋・名主等を廃止、戸長制へ
						4月25日	僧侶への肉食・妻帯・蓄髪許可
						8月3日	学制発布
						10月	官営富岡製紙工場開業
		秋	香川		接待禁止令		
						11月8日	東京府「違式詿違条例」公布
						11月9日	僧侶の托鉢行為を禁止
						11月	大教院設立．乞食人を収容．
1873	明治6	4月	愛媛県		乞食遍路取締・托鉢禁止令	1月10日	徴兵令公布
						6月9日	初めて会計見込表を発表
						6月11日	第一国立銀行設立
						7月19日	「各地方違式詿違条例」公布
						7月28日	地租改正条例公布
						9月13日	遣欧使節団，岩倉具視帰国
						11月10日	内務省設置
		11月30日	愛媛県		接待禁止令		
		12月	愛媛県		乞食遍路取締令		
1874	明治7	3月12日	愛媛県		接待禁止令	1月15日	東京警視庁設置(内務省所属)
						12月8日	恤救規則(救貧法)制定
		12月24日	愛媛県		乞食取締・托鉢禁止令		
1875	明治8	3月3日	名東県		接待禁止令		
1876	明治9					9月6日	元老院に憲法起草を命令
1877	明治10					1月4日	地租軽減(3%→2.5%)
						2月15日	西南戦争勃発
						9月24日	西南戦争終了
1878	明治11	4月23日	徳島		『普通新聞』に社説掲載	5月1日	パリ万国博覧会に参加
		8月16日	高知県		接待を違式詿違へ追加		

「日本」の欄は，主として歴史学研究会編，1993：『日本史年表』(増補版)山川出版社を参考に作成した．

ての時期は，徴税，軍隊，教育，産業など，近代国民国家の基盤整備が急ピッチで進められた時期にちょうど重なる（表4-6）。これらの諸制度を下支えする基本的単位が国民であり，それは近代日本の場合，戸籍によって把握された。

したがって，これら乞食遍路追放令ならびに接待＝托鉢禁止令は，乞食遍路が無産者として存続しうる温床とみなされた接待＝托鉢の解体が不可欠であり，そして脱乞食化した後は，労働・納税・兵力の単位として活用されるために，戸籍制度に確実に編入することが必要だったのである。

真野は，戸籍制度には触れず，また上記の資料についてこうした解釈をとらなかったが，1886年（明治19）4月9日の『朝野新聞』に「浪遊者処分法」を制定し，乞食を北海道開拓に活用することを検討中という記事があることを紹介し，「かつて乞食と呼ばれる階層が果たしていたさまざまな社会的役割のいっさいを否定し，逆に近代国家としての国力増強に役立てるべき浮遊労働力とのみ位置づけようとする，まさに近代的論理につらぬかれた姿勢をみてとることができよう」と，ここで述べたことと同様の趣旨を述べている［真野 1991：34-35］。正に卓見というべきだが，しがたって本稿のここでの貢献は，六十六部や普化宗の廃止の太政官布告を，真野とはちがった角度から読み直し，明治初期の遍路取締令に新たな資料を加えて詳細に分析することで，1872年（明治5）から1875年（明治8）の時期に，これらが四国4県で出されていたことを確認し，その共通要素として接待＝托鉢禁止令を取り上げ，これを当時の国政の文脈に位置づけることで，同様の論理がみられたことを，別の角度から検証したということをあげておきたい。

2-3．文明開化と四国遍路―明治11年・『普通新聞』社説を中心に―

(1) 風俗改良運動と違式詿違条例

ところで，先の県令布達の中には，もうひとつ注目すべき別の時代背景に関連する部分がある。それは資料Cの下線部a，すなわち1873年（明治6）4月に出された愛媛県令布達の番外の「遍路物貰等之儀は夫て不相成段兼て御布達にも相成居候処，此節に至ても猶旧習を存し，四国順拝抔と唱へ人之門に立て食を乞の類全く野蛮の弊風にて其醜態不可云ものなり」という部分である。要するに，托鉢行為は「野蛮」な悪しき「旧習」であり，いい表わせないほどの醜態なのだと

いう表現だが、このような托鉢＝接待に対する価値づけは、文脈の相違はあるにせよ、「古来よりの仕来に付、格段の事に候」（『憲章簿』遍路之部・資料37・1819（文政2））とした近世のそれとは、完全に異なるものといえよう。

このように、托鉢＝接待を悪しき風俗としてみなす論理を読み解くためには、「違式詿違条例」についての理解が不可欠である。違式詿違とは、国家による風俗改良を目的に制定されたもので、現在の軽犯罪法に相当する。条約改正を緊急課題とした明治政府の意図を背景に含み込む風俗統制政策の根幹を担うもので、対象となった悪しき「風俗」には、男女混浴や男装・女装、路上での立小便などがあげられ、違反者には贖金（科料）等といわれた罰金刑が課せられた。また民情・風俗の地域差も勘案され、府県ごとに制定・施行された。最も早い東京府下では1872年（明治5）11月8日に東京布達第736号によって、各地方違式詿違条例は1873年7月19日に太政官布告第256号によって公布された［小木・熊倉・上野校注 1990］［橋本編 1966b：153］。

このような文明開化の流れに関連した風俗改良運動に四国遍路を位置づけ、批判を展開したのが、次に紹介する1878年（明治11）に出された、徳島『普通新聞』社説である。

（2）徳島『普通新聞』社説――風俗改良問題としての四国遍路

1878年（明治11）4月、発刊2周年を迎えた徳島『普通新聞』紙上において、四国遍路を論じた社説[26]が、23日、24日の両日にわたって掲載された。管見の範囲では、この社説は、四国遍路を社会問題として論じたものでも、時期的に最も早いものであり、かつこれまで初出に近い資料である。そこで、社説の全文を引用しながら、要点を確認し、当時の新聞がどのような四国遍路観を提示していたのかを追ってみたい。

① 4月23日分――現状分析と問題の指摘

（1）嗚呼世間弊習の掃除し去る可らざる。此の如きの困難なるべき乎、我が南海四国の地たるや四囲皆水足を挙げて東馳西走せんと欲せば舟船の便を借らざる可らず。是を以て人民の多くは国疆を越ることをなさず、孤島の中

に安居逸楽するがゆへに，終に都会の風俗を知るに由なく，只習慣を守るを以て善なりとなすものの如し。是れ僻地人民の開化に赴くの遅緩なる所以なり。

　まず論者は，この社説の主題が「弊習」の「掃除」，すなわち風俗改良運動に関するものであることを述べる。そして，徳島の地域性として，島国四国の閉鎖性・保守性をあげ，これが都会の風潮や文明開化に乗り遅れる理由と指摘している。この地方の「弊習」と捉えられたのがほかならぬ四国遍路であった。

図 4-3　霊験を語る真念庵の碑文
(弘化 2 年建立．所在地：高知県土佐清水市市野瀬．1999 年，著者撮影)

（2）然り而して四国地方の習慣として何んの頃より始まりしや，彼の空海上人が遺業也と唱へ，八十八個の寺院に巡拝場を設た浮尾氏之が，虚喝を放て曰く「八十八個の寺院を巡拝する者は聾者視る可く，躄者立つ可く，宿病愈ゆ可く，痼疾治す可し」と．

　論者は空海その人に敬意は示すものの，八十八ヵ所がその聖蹟であるとは考えない。彼にとって八十八ヵ所は空海とは無関係の仏教者が設けたものにすぎない。したがって，四国遍路の霊験・奇跡についても否定する。

　また，ここであげられている霊験の語りは，高知の真念庵にある 1845 年（弘化 2）の碑文を思い起こさせる。そこには，「いざり立ち　めくらが見たと　おしが言い　つんぼが聞いた　お四国の沙汰」とあり，現代的な感覚では差別用語に満ちたものであるが，著者はこれを病気直しの場としての四国遍路のコスモロジーを

第2節　遍路者認識のモダニティ—ambivalentな境界性と排除に向かう〈分類のまなざし〉　289

的確に表象するものと捉えたい。すなわち，遍く病者に連続的に奇跡が起こりうるということを，失われた五感の回復をもって現に実感できる場が四国遍路なのである。しかしながら，論者はこうした近世的な民俗宗教性が凝縮した四国遍路の霊験コスモロジーも「虚喝」といい放つ。

　(3) 是等の虚喝の流布するや愚民の脳髄に浸入し，幾百年の久しき四国地方の人民而已ならず，東奥西肥北越の人民に至るまで浮屠氏が虚喝に籠絡せられ各自が一個の慾心より，空海上人を医家者流と思ひ，<u>木杖菅笠乞食の風体を学び，恬然恥じざるものの如く</u>，且つ疾病あるに非ざる者と雖も，八十八個の寺院を巡拝して<u>乞食の風体を学ぶを以て栄とするの顔色あり</u>。是に於て乎，老翁も行き，老媼も行き，壮夫も行き，婦女も行き，春夏の交に至ては道路陸続として菅笠相望み，『南無大師遍照金剛』の声は耳朶を穿ち去り避く可く厭ふ可きに似たり。加之のみならず，<u>巡拝するものは相互に巡拝したる数度の多きを誇り，「我れ彼れより度数多きがゆへに赤札（巡拝する者皆住所氏名等を書したる札を携ふ）なり。彼れは我れより度数多きがゆへに黄札なり。某々は既に二十一回に及びしゆへに無字札也。」抔と喋々し自から其醜態を知らず。</u>

　論者の価値観とは逆に，こうした霊験を信じて遍路する人々が，全国から四国にやってきていることが述べられているが，これも彼らが欲望から空海上人を医者と取り違えるなど虚言に惑わされていると否定する。
　また論者の感覚によれば，遍路の「杖」「菅笠」「乞食」は恥ずべきものである。すなわち論者の理解によれば，遍路とは「愚民が虚言に惑わされ，好んで乞食風体に身をやつす恥ずべきもの」なのである。にもかかわらずこぞって巡礼に出かけるため，真言を唱える声も騒音に近いという。さらに，遍路者が巡拝数を札の色で互いに競い合っているという話が続き，そのような風習も論者には醜態と映るのである。

　ここまでの記述は，当時の四国遍路世界の様相の描写にもなっている。同時期のものと考えられる『高知県史料 二』には次のように, 当時の「遍路」の「定義」

ともいえるべきものが掲載されている。

　　　高知県　年代不明　「民俗総説備考」『高知県史料二』
　　　遍路とは専ら下等の賤民，仏教熱心の余り，昔時，弘法大師か曽て剏建せる所の四国八十八カ所の札所なるものを順拝するか為廻国するもの，謂にして，毎年春夏の間，信仰の民，夫妻子弟，若しくは隣人相供ふて，郷里を出て，各本業を廃業なすにも拘はらす，懇ろに山間僻郷を廻くり，到る処，仏号を唱し，福利を祈り，各札所に納むるに，其の名札を以てす，如此きもの年々廻国度数を重ぬるを以て，其冥福を得るとなし，頗る其徒の栄となすに至る。[広江　1966：1]

　同様の文面は，史誌編輯委員会のメンバーであった松野尾章行による『私本土佐国風俗記附録』（1880）に掲載されており，「史誌編輯係奉務の時，国史風俗の部に載記せん事を欲し，同僚久家胤平とともに筆記せしものを以て，姑く此に附録とし写置ぬ」[高知県　1977：532] とあるので，彼らの筆によるものと考えられる。
　この『高知県史料』と『普通新聞』社説の描写は，内容・視点ともに類似のものを含んでいる。それぞれの著者の価値評価とは別に，当時の四国遍路が賑わいをみせていたことや，巡礼者が巡拝回数と納札の色を競い合っていたことなどがともに指摘されているし，八十八ヵ所を弘法大師の歴史的遺跡とはみなさない点も共通の視点といえよう。『高知県史料』では，「遍路とは専ら下等の賤民，仏教熱心の余り」していたものを，『普通新聞』社説では，「虚喝」に惑わされる「愚民」と知識の問題に焦点を当てていることが注目される。いずれにせよ，双方とも近代初期の遍路観を端的に語るものとして興味深いものである。

　　（4）此の如きは風俗を乱すの弊害あるは無論也と雖も未だ直接に他人に害を加ふるものに非ざるを以て焦眉の急害と云はずして可なるも，此の四国巡拝の中に於ては悪奸の徒，甚だ鮮少ならざるを以て，或は「空海上人の再生せし也」と唱へ，愚民の家に入て金銭を貪り，或は「弘法大師が夢告の良薬也」と称し，頑民を欺き得て謝儀を掠むる等，其類最も多し。是れ等の如きは実に直接に他人に害を被むらす可き者にして速に之を除去せずんば有る可ざる

者也。

　これまであげたものは，風俗を乱すものにはちがいないが，直接的・緊急的な実害があるわけではないという。まさに違式詿違の範疇に入るものである。しかし遍路者の中には，のみならず「悪奸」という具体的な実害をもたらすものが少なくないと指摘する。彼らは弘法大師の生まれ変わりと偽り，あるいは大師が夢で（製法を）告げたと称する薬を売りつけるなどの詐欺行為を働き，金品を巻き上げるものだというのである。『憲章簿』遍路之部でも取り沙汰された，民俗宗教者の問題である。論者はこれを「直接的な弊害」と捉え，早急に対策をとるべきだと主張する。

　　（5）既に是れ等の除去すべきもの有る可き而已ならず他人に害を与えざる平常の巡拝者にしても風俗を害するの弊あり。宜しく相束にて除去するの方法を施行すべきなり。此の論題や頗る僅小なるの事にして社説欄内を点汚するに足らざるが如しと雖も細に之を思考するに及ぶときは，我が南海四国地方の悪む可き弊害にして概略以上に論したるが如し。是を以て吾儂は此の弊害を除去するにつき，尚ほ一條の論説ありと雖も，其論説或は冗長に渉るの恐れあるがゆへに之を明日の紙上に譲り看客に向って其可否を乞はんと要するなり。

　再び論点が立ち戻り，そのような犯罪行為に手を染めない「平常の巡拝者」であっても，「風俗を乱す害」があると述べる。したがって四国遍路は，犯罪，風俗という2つの問題を含み込んだ「四国地方の悪むべき弊害」であるというのである。その具体的な対策については24日に譲るとして，23日分の社説を終えている。

② 4月24日分――対策の提言

　　（6）昨日の続き。夫れ四国巡拝者が木杖菅笠異様の風姿をなし乞食を学ぶの醜態は風俗を乱るの弊害勝て算ふ可らざるも，尚ほ一層の弊害たるや，昨日

の紙上に述ふが如く，奸悪の徒が巡拝を名として愚民を欺き金銭を貪むるより甚だしきはなし。此の甚だしき弊害を除去するに於て，到底四国巡拝者が異様の風姿をなし乞食を学ぶの醜態を一洗するに非ざれば，終に此の弊害を除去す可らざる也。

24日分は対策についての話となる。四国遍路の問題とは，(1)「異様の風姿で「乞食」を学ぶことが醜態であり，風俗を乱すこと」であり，(2)に「遍路を偽るに「奸悪の徒」が詐欺まがいの犯罪行為を働くこと」であった。これらを廃絶するには，遍路達の杖・笠等の服装と，乞食すなわち托鉢行為を一掃することが不可欠だと述べる。つまり，論者のいう対策とは，托鉢禁止なのである。裏返せば，論者は四国巡拝それ自体を問題としているわけではない。あくまで，四国遍路の風潮としてまかり通っている托鉢が問題視されているのである。

　(7) 故に仮合人民各自が志願に因り八十八個の寺院を巡拝するにもせよ，躄者立つ可く，聾者視る可くが如き，浮屠氏が虚喝を信ぜず，只平常旅行の装をなす而已にして，決して人の門戸に立ち食を乞の醜態をなさざらしめざる様の厳命を下さずんは有る可らず。現に巡拝者の中に於て，木杖菅笠異様の風姿をなす者にして食を人の門戸に乞ざる者なきに非ずと雖も，食を乞ふの醜態を恥ざる者は食を乞はざる者と混同するを以て益々醜態を恥じざるに至り，且つ最初に食を乞ふの醜態を自から悪む者も，亦戯れに食を乞ふの醜態をなすに至るあり。

巡礼そのものが問題ではないことがここで表明される。霊験を盲信せず，平服で，門戸に立って托鉢を行わなければ問題はないのである。なかには托鉢を恥じる遍路もいるが，多数の遍路がいわゆる遍路姿をし，托鉢をしているのを見て，周りに流されてしまうのだと，論者は指摘する。つまり，問題なのは乞食＝托鉢と密接に関係する遍路の習俗であり，それを再生産する構造なのである。

　(8) 而して巡拝者に非ざる者も，既に此の醜態を認めて怪しとなさざるが故に，或は市街，或は村浦に於て毎戸を廻り，金銭米穀を課集し，其課集する

第2節 遍路者認識のモダニティーambivalentな境界性と排除に向かう＜分類のまなざし＞

所の金銭米穀を以て巡拝者に与え，之を接待と称し，接待をなさざるの村市に向ふて誇り，且つ栄えとするが如きの色あり。嗚呼何んぞ其弊害の人民が脳髄に浸入するの深きや。

次に接待，それも村接待について疑問が呈される。巡礼者ではない地域社会の住民も，遍路たちが食や金銭を乞うことに疑問を感ず，むしろ進んで接待を行っている。世話役が各戸を廻り，接待品を集めて遍路道や札所に出張し，遍路者に米・金品を施与するのである。なかには接待ができるということを村の繁栄の証とし，接待を行わない村に対して優越感をもつ向きもあるが，これこそ脳裏にすり込まれた害として根底から否定するのである。

(9) 総て是れ等の弊害を除去するには，唯政府が厳令を下すより外ならざるは無論なりと雖も，吾儂が記憶する所によれば，土讃予国はいざ知らず，阿波国の如きに至っては，既に旧名東県の其当時に於て乞食を禁止するの厳令を下されたり。其略に曰く「凡そ，同等人民にして食を乞ひ以て生活するは実に恥可きの大なる者なり。且つ小恵を行ふもの之あるより，食を乞ふの人民甘んじて各自其産業を治めざるや必せり (a)。因て向来，小恵を行ふ者あるを見認るときは，必ず其小恵を受くるものをして，其家に食客居候たらしむ (b)」と。この厳令の出るや，誰れあってか其小恵を行ふもののあらんや。是を以て乞食は皆其の親族に附食せしめ，親族なき者は尽く其住所なる村市に於て養はしめたり。是に於て乎，阿波全国は乞食の片影をも留むることなきに至り，且つ接待の如きも厳に禁止されたりき。既に阿波国に於ては此厳令あるの以上は小恵を行ふ者もなく，接待をなす者もなく，乞食をなす者もなき筈なるや，三尺の童子も明かに承知する所也。(」)

彼の今，巡拝者が木杖菅笠異様の風姿をなすが如きに至っては，何んぞ阿波国而已ならんや。既に違式註違の行はるる暁は，土讃予の三国においても施行せらるるや問はずして知る可きなり。果して然らば，四国地方に木杖菅笠異様の風姿をなし，乞食の醜態を学ぶもののなきに至る可きに，未だ今日其蹤跡を絶つのみならず，陸陸続続益々愈々盛んなるが如きの有様なるは，巡拝者が乞食を学ふの出て立は之を異様の風姿と謂う可らざる乎。否や又，

阿波国の如き，旧名東県の厳令を行はるるならば，小恵を行ひ，接待をなすが如きの挙はなさしめざる可し。併しながら，此の厳令も既に久しく年月を閲し，名東県も已に遠く廃せられたるを以ての故に，自然消滅したるものならん乎。吾儂は未だ精密に此の点所までは探索せざるを以て敢て明言せざるも，政府が風俗に関して意を注るるの速なる，先づ此の如し。

この問題を解決するためには，政府からの厳命という上からの圧力が必要であると，論者は述べる。しかし，彼は阿波においては，すでに名東県時代に接待＝托鉢禁止令が出ているはずだという。下線部 (a) にみられるように，その禁令は，乞食遍路とは潜在的生産力をもてあます者であるという認識と，下線部 (b) にみられるような，接待者の戸籍に編入させるという措置がとられていたことが明かされる。論者は，土讃予はいざ知らずというが，すでにこの時期までに各県で，同様の趣旨をもつ接待＝托鉢禁止令が出揃っていたことは確認済みである。

こうした接待＝托鉢禁止令が守られているならば，今頃，阿波からは接待も乞食も消滅しているのは自明の理であり，4県で違式註違も施行されているにもかかわらず，未だに四国地方に，菅笠を被り，杖をつき，托鉢を行うものがますます盛んになるとはどういうことかと，論者は問題を大きく取り上げる。名東県の禁令から月日がたち，県自体が消滅したため，このうえは改めて当局が，風俗改良の厳命を出すべきであると主張するのである。

(10) 昨日，吾儂が四国巡拝者の弊害，及び奸悪の徒が愚民を欺くの焦眉の急害を除去するの方法云々も，違式註違の令に因て，其の異様の風姿を去らしめ，旧名東県の令に由て其乞食の醜態を除かんとするに外ならざる也。阿波国既に乞食の醜態を除かば，其善政の他の三国に及ぶや掌を反すよりも速かに違式註違に依て其異様の風姿を止めば，立所に風俗を乱すの弊害を一洗す可し。果して然らば，吾儂が此の贅言は，向来無用に属す可きなり。

然れども前段にも陳述したるが如く，巡拝者の出て立にして未だ異様の風姿とするに足らず。旧名東県の令にして，年月の久しきを閲したりとするならば，吾儂は切に速かに別途に此の弊害を除去するの厳令を下されんことを，政府に向ふて希望する而已矣。

結局，論者の対策とは，接待＝托鉢禁止令を違式詿違条例に追加することであった。托鉢＝接待こそ，詐欺行為の助長にもつながるすべての原因であり，したがって阿波が率先してこれを施行することで，3県に範を示すべしとして，当局に「厳命」発布を希望する旨を述べて論説を占めている。

③まとめ——接待＝托鉢の制度的禁止の提言

さて，論者の主張は次のようにまとめられる。まず，四国遍路には2つの問題点があり，ひとつは異様な遍路姿と托鉢行為が風俗を乱すものであるということと，もうひとつは，遍路の中に詐欺行為を働く者が紛れ込んでいるということである。社説中では，後者を緊急の課題としていたものの，論説の主眼としては明らかに前者にあった。つまり，この社説は文明開化に逆行する「野蛮」な悪しき風俗の改良運動の一環として四国遍路を取り上げたものということができよう。この時期，普通新聞は，このような啓蒙活動に力を入れていた。直前の4月21日の社説では，「角力ヲ禁止セサレハ文明ノ退歩スルノ論」として「相撲」が取り上げられ，また後には「阿波踊り」が長年にわたって激しい批判にさらされていく。

そのような「悪習」の中でもとくに問題視されたのが，「托鉢」と「接待」である。1872年（明治5）から1875年にかけて各県でも接待＝托鉢関係の解体が目論まれたが，そこでは主として無産者と認識された乞食遍路や乞食を人的資源として開発し，戸籍制度を通して国民国家に組み込んでいく政策的な意図があった。しかし本社説では，その力点は「乞う／与える」という行為そのものを「醜態」と捉える感覚・論理に移行している。もちろんそれは，条約改正，欧化政策，文明開化などを背景としているのだが，直接的に関係した制度は違式詿違条例であった。したがって，本社説の骨子は接待＝托鉢を風俗問題と関連づけることで新たな禁止の論理的背景を与え，これを違式詿違条例に組み込んで法的・制度的に禁止することの提言だったのである。

2-4. 法＝警察システムによる分類と排除――「乞食遍路取扱心得」

(1) 接待の違式詿違条例化――高知県令布達明治 11 年甲第 183, 184 号

　だが，すでに 1872 年（明治 5）から 1875 年（明治 8）までの間に各県で接待＝托鉢禁止令が通達されているにもかかわらず，1878（明治 11）に本社説が，改めて接待＝托鉢禁止令を提言するということは，逆にそれまでの禁令の不徹底さを物語っている。文中にも知識人であるはずの論者ですら，他県で同様の禁令が出ていたことを知らなかったともとれる表現が為されていることにも違和感を覚える。先にみたように，愛媛県ではわずか 2 年足らずの間に 5 回以上も通達を繰り返さねばならなかったほど，明治初期の接待＝托鉢禁止令は不完全なものに終わったのであろう。

　このことに対する問題意識は行政当局にも燻っていたとみえ，あたかも同社説に呼応するかのように，同年夏，旧名東県を合併中（1876 年 8 月 21 日～1880 年 3 月 2 日）であった高知県は，阿波・土佐両国へ乞食遍路取り締まりと接待禁止を改めて通達する。

　　（G-1）高知県令布達　明治 11 年　甲第 183 号
　　　阿土両国一般へ
　　　違式詿違條例中今般左の罪目増加候條此旨布達候事。
　　明治 11 年 8 月 16 日　高知県令　小池国武
　　　　詿罪目増加
　　　第 89 條　乞食遍路の者へ米銭其他の物品を施与する者
　　（G-2）高知県令布達　明治 11 年　甲第 184 号
　　　阿土両国一般へ
　　　乞食遍路等取締の儀は屡々相達候儀も有の所，近来人の門戸に立ち衣食を求むるもの往々相見え，取締上不都合の事に候。右は畢竟，町村の者姑息の小恵を施候より，其迹を不絶義と視認候條自今些少の物品たりも施与候儀は決て不相成候。若し違犯する者は相当処分可及為，今般詿違罪目増加候條心得違の者無之様厚く注意可致此旨諭達候事

第2節　遍路者認識のモダニティ─ambivalentな境界性と排除に向かう＜分類のまなざし＞　297

　　明治11年8月16日　高知県令　小池国武

　すなわち，高知県は乞食遍路への接待禁止を違式詿違条例に追加し，これを違法行為として正式に規定したのである。ここでは違式よりも比較的軽微な罪状である詿違として乞食遍路への接待が定義されている。「各地方違式詿違条例」では，1876年（明治9）5月12日の太政官布告第69号および1878年10月21日の太政官布告第33号をもって「詿違の罪を犯す者は，5銭より少なからず70銭より多からざる科料を追徴す」［小木・熊倉・上野校注 1990：4］と改訂されているので，違反者は先の原籍云々ではなく，罰金刑に処せられることになったと考えられる。まさに『普通新聞』社説の提言が具現化した形だが，当の『普通新聞』は，1878年（明治11）9月3日号で本条例の制定を報道するものの，社説とのつながりは語られていない。

(2) 制度化された分類と排除──「乞食遍路取扱心得」

　この布達でさらに注目されるのが，乞食遍路の取り締まりに関するきわめて詳細なマニュアル「乞食遍路取扱心得」が添付されていたことである。法的な裏づけも確立され，今度こそは取り締まりの徹底を図りたいという当局の意図の現れであろう。内容は3部構成で，1〜3条は取り締まる対象について，4,5条は伝送方法について，そして6〜8条は費用の会計についてとなっている。

　　(G-3) 乞食遍路取扱心得
　　第1條　乞食徘徊するを見受れば，取押え警察署並に警察分署詰巡査及び区詰巡査伝逓を以て他管の者は最寄国境へ（伊予讃岐を云）送出示後，此国に入らざることを示し追払ひ，当県内の者は其本籍区戸長へ可引渡事。
　　　　　　但伝送途中逃走の憂ありと見認るものは，腰縄を付する事
　　第2條　遍路体の者乞食に紛わしき者は，取抑え旅費金の有無を取調，霊所巡拝終る迄の資力無の者は乞食者と見做し，第1條の通可取扱事
　　第3條　乞食又は乞食に紛わしき遍路体の者他人見当り訴出る（時）は，速に取押ふるは勿論取押差出節は之れを受取，第1第2條の手続を以

　　　　て取扱へき事
　第4條　乞食伝送するは其取押へし警察署並警察分署又は区詰巡査より直に伝送をなすべき事
　第5條　乞食伝送途中警察署又は警察分署なき地に於て1泊を要する(時)は，其地の区戸長又は村用掛等へ申談し，便宜の場所へ留置可申事
　　　　　但1泊の節は10人以下に不寐番夫1名付し，10人毎に1名を増すべき事
　第6條　乞食伝送中の賄料は一飯菜代共［菜は梅干又は香の物に限る］金1銭2厘を定額とすと雖も，此額より廉価に賄はしむるは適宜たるべき事
　第7條　賄料は僅の代価にて其賄仕出人より一々其受取証を差出させては迷惑不尠に付，送出の警察署並に警察分署又は区詰巡査より，其賄料支払牒を製し，之れに記載せしめ受取印を取るべき事
　第8條　賄料は伝逓を受けし警察署並に警察分署又は区詰巡査より順次に繰替置［順次とは仮令は，甲へ操替払ひたる分は乙より甲へ払ひ，丙は乙の甲へ操替払ひたる分は併せて乙へ払，丁は丙の乙へ操替払ひたる分は併せて丙へ払ふの類を云う］結局賄料仕払牒は其伝逓終りたる警察分署又は区詰巡査より伝逓牒と供に所轄警察署へ郵送し，警察署に於ては仕払牒を篤と検閲し，其終りの警察分署又は区詰巡査の操替たる金額払渡すべき事
　　以上

　まず第1条から第3条までの取り締まりの対象についてみてみよう。すると，題名には「乞食遍路取扱心得」とあるが，第1条より，取り締まりの対象は実は，遍路でも乞食遍路でもなく，「乞食」であることが理解できる。その乞食を取り締まり，県内の者は本籍地の区戸長に引き渡し，県外の者は，県境から追放するのがこの取り締まりの目的なのである。
　しかし，管轄内には乞食のみならず，「遍路体の者乞食に紛わしき者」「乞食に紛わしき遍路体の者」などの曖昧なものが存在する。そこで彼らも取り押さえ，巡礼を完遂するだけの資金の有無を調査し，もし相当の資金がなければ乞食とみ

第2節　遍路者認識のモダニティ－ambivalentな境界性と排除に向かう＜分類のまなざし＞　299

なし，追放対象とするという方法がとられる。

　この第2条はきわめて重要な意味をもつ。当局は，ambiguousな遍路体の者だろうが，ambivalentな乞食遍路だろうか，境界的存在を放置しないという強い姿勢をみせる。そして，資金の有無というきわめて単純な基準で，彼らを放任してよい「遍路」と，追放の対象である「乞食」に明快に分類していくのである。このような認識＝思考の構造の成立を，本稿では近代四国遍路における＜分類のまなざし＞の登場と捉えたい。近世的な思考では，1837（天保8）年の土佐藩の国境番所役人用の入国審査マニュアル（『憲章簿』遍路之部・資料55）にみられたように，納経帳の有無をひとつの判断基準としても，「若納経無之者は乞食に紛敷に付，速に追返可申事」のように，明確に乞食とは断定されない曖昧さを残す。それに対し近代的思考である＜分類のまなざし＞は，「資力無の者は乞食者と見倣し」というふうに明確に乞食と断定していくのである。

　また，ここにおいて，例えば納経の有無などが考慮されていないように，もはや彼らが信仰者であるかどうかは問題ではない。重要なのは托鉢行為をする可能性があるかどうかという一点にかかっているのである。

　上述のことは，対象について記述した1～3条で，乞食と遍路乞食に類する語句の両方が使われているのに対し，分類後のプロセスである伝送について述べた4条以降では，すべて「乞食」が使われていることからも理解できよう。つまり，当局にとっては，近世期においてはむしろ常識であり，文脈によっては優越的価値を与えられた，托鉢をし，接待を受けながら巡拝する遍路は，理由によらず等しく「乞食」であり，取り締まりと排除の対象なのである。

　また伝送に関しては，4条にみられるように，近世的な村継ぎシステムではなく，権力を与えられ専門化された官僚組織である警察機構のネットワーク・システムを活用することが求められている。さらに，逃走の恐れがある者には腰縄で身柄を拘束し（1条），万一警察署以外の場所で宿泊するときには10人に1人の割合で不寝番をつける（5条）など，乞食追放の任務を確実に遂行させるための制度化がなされている。

　「乞食遍路取扱心得」はその性質上，警察の内部文書に近いものであったと思われる[27]。しかし，『徳島県警察史』には，この心得が実際に運用され，これに基づいて厳重に取り締まりを行ったという記述がなされていることから，これ以降，

徳島と高知ではこのような方針で，乞食遍路の制度的な分類と排除が行われたと考えられる [徳島県警察史編纂委員会編 1965：778-779]。

2-5．衛生観念による排除の新説――明治19年・『土陽新聞』社説

次に，巡礼排斥論として有名な高知『土陽新聞』の論説「遍路拒斥すべし乞丐逐攘すべし」を取り上げる[28]。この論説は，1886年（明治19）5月9日から12日まで3回に分けて（5月10日は休刊日）掲載されたもので，当時土陽新聞の主筆をつとめた植木枝盛の筆によるといわれているが，確かなことはわかっていない。真野俊和は「巡礼排斥論としては，おそらく巡礼史上類をみないほどに体系的かつ理路整然とし，しかも説得力にとんだものである」と評している [真野 1991：26]。『普通新聞』とは異なり，こちらは従来の研究でもしばしば取り上げられてきたので，ここでは本稿の議論に関係する部分を引用し，要点をまとめるにとどめたい。

(1) 社説の概要

①5月9日分――問題の指摘

まず，5月9日分について，論者は「遍路乞丐拒攘論を持出さんと欲するの場合に切迫したるなり」と本社説が，なんらかの緊急の事情によって提示されたものであることを告げる。後述するが，この点は従来の研究が見逃してきたものである。そして論者は，四国遍路について，次のような現状分析を行う。

　　(a) 遍路には相応に旅金をも携へ，身成も一通り整えて来るもあれども，其れにしても，真に祈願の為に来るは少く。つまらぬ事にて来るもの多きことなり。其の大半は旅金も携へず，穢き身成にて朝より晩まで他人の家に食を乞ふて廻り。巡拝も祈願も何の其の，主ら事とするは四方八方を食ひめぐるに在り。

ここでは，さまざまなタイプがいる遍路たちを，資金，祈願，身成などのファクターで特徴づけていくが，注目されるのは，身成において「穢さ」という「衛

生」の問題が，新たに指摘がなされていることである。ここで問題になっているのは，(1) 真の祈願からではないつまらぬ動機で，(2) 十分な資金を持たず，(3) 穢い身成で，(4) 巡礼よりも専ら托鉢に精を出すような「遍路」であり，そのようなものが大半なのだと論者はいうのである。

そのうえで，論者は四国遍路のデメリットが大きく3点あるとして，以下のように列挙する。

　(b) 左れど今の如くに遍路の入り来る事ありては，<u>第一に甚だ危険なるは悪病の蔓延を媒介する事是なり。殊にコレラ病の如きは尤も不潔に取り付き易き先生にして遍路の如き者が続々他県より侵入し来たるときは之れを蔓延せしめる事必然の勢なり</u>。(後述*1) 遍路の侵入し来るや他人の家に食を乞ひ得る処不十分にして糊口に難渋するに至っては変じて強盗となり（中略）極めて兇悪の行いを為す者あり。（中略）是れ第二の大害なり。（中略）概して行き倒れと云ふ者が多く有る事なり。そして其の行き倒れがあれば必ず戸長場の厄介と為るなり。戸長場の厄介は即ち人民の迷惑なり損害なり。是れ第三の大害なり。

　其外他人の家に食を乞ふて与へざれば悪口を突いて往く奴あり。縦ひ然らざるも強請して止まず。或は店先に立って商売の邪間を為し。（中略）是も亦悪むべきの至りと謂ふべし（未完）

すなわち，(1) コレラなどの伝染病を遍路が媒介するという衛生問題，(2) 食に困った遍路が盗賊化する危険性という治安問題，(3) 遍路が行路病者・死者となった場合に地元が負担する経済的・社会的コストの問題の3点である。さらに，倫理的・道徳的観点からも好ましくないものがあると付け加えて，9日分の社説を終える。

② 5月11日分——対策の提言

休刊日をはさんで11日には，遍路対策の緊急性をアピールすることから始められる。

(c) 遍路の侵入し来ることが我県の為めに極めて迷惑となり，乞丐の繁殖することが已に目下の如きの害と為ることなれば，我県たる者は今は早や一日も猶予なく断然として之れを拒斥し之れを逐攘せざる可からざるなり。而して其の之れを拒斥し，之を逐攘するには果たして如何なる措置を以つてすべき乎。

9日に指摘した諸問題のため，遍路の侵入と乞食の蔓延への対策を一刻も早く投じなければならないとし，論者は具体的に次のような4カ条を提言する。

(d) 第一には県下各町村津々浦々に至るまでいずれも其の町，村，津，浦，の申合を為し，彼の遍路乞丐に対しては一切何物をも恵与せざる事と致し。又其の町村津浦の国道とか県道とかに当る処丈きを除き，其他へは遍路乞丐は一切立入らしめざる事に協議を極め。彼をして縦ひ我県に来ると雖も決して身を容るべき処なく，食を得べき処も無きに至らしむべし。（中略）
　第二には州境の近傍に在る巡査の如き者をして常に他県より侵入し来らんとする遍路乞丐を捕へ，（中略）説諭して其の猥りに来る者を防ぐべし。
　（中略）隣県同士言合を為し，互に右の如く遍路と称へ乞食をして廻る為めに出行せんとする者を制する方法を立てるが宜しき事と思ふなり。近来近県同士の警部長の会議と云ふ如き事が折々あるように承聞せり。此の警部長の会議などにて協議をなせば随分話が円まらぬと云ふ事も無かるべし。是れ第三の方法なり。
　第四には日本の大政府より1つの法律を作り，凡そ遍路なり何なり卒然他人の門内に侵入して食物其他の物品を乞う事を制止せられん事を欲する也。（中略）今日我国の刑法中にては僅に違警罪中に「定りたる住居なく平常常生の産業なくして諸方に徘徊する者」と云う個条あり。之を犯したる者は3日以上10日以下の拘留に処し，又は1円以上1円95銭以下の科料に処する事と定めてあれども，別に他人の家に食を乞ふて廻る事を禁制する個条とては無き事なれば（後略）

つまり論者の提言する対策は，(1)遍路乞丐への接待の禁止と，遍路等の脇道

第2節　遍路者認識のモダニティ—ambivalentな境界性と排除に向かう＜分類のまなざし＞　303

への侵入の禁止を町村レベルで申し合わせる。これによって，遍路の居場所をなくし，かつ食料を得る手段を絶つこと，(2) 県境に巡査等を配置し，遍路に対し(1) の旨を通達し，説諭することで，遍路がみだりに県内に入ることを軽減する，(3) 来るものを拒むためには，まず出るものを止めるという観点から，近県の警部長級の会議において「遍路と称し托鉢をして廻る為に出県するもの」を互いの県内で阻止する旨を協議する，(4) 乞食・托鉢行為の国家的な禁止令の制定，の4カ条である。

③ 5月12日分——総括と説諭

12日分ではフランスの刑法や救貧制度を紹介し，制度的・抜本的な対策をとることを主張する。

さらに「接待と慈悲」について論を進め，「一概に慈悲である慈悲であるとて訳も分からざる者に物を与えて仁愛の道に称ふと云うことはなきものなり」と，仏教および儒学的な知識を背景に接待を批判する。他者に対して援助をすることに関しては，「如何にも不次の災難に遭うて困却をして居る場合などには之れに対して救助を為すこと甚だ宜しく。天然不具にして不幸を極むる者には相応の救助をも与うるが可なり」としつつも，遍路に対する接待は，「然れども強壮にして働きを為せば出来る者が食を乞うて来たからと云って恵与するが如きは決して宜しからざることなり」という理由で否定するのである。すなわち論者にとって，乞食遍路は合理的な理由なき貧者であるのである。貧民問題に関しては，その救済のために減税措置などを別途考えるべきとしつつも，「今の遍路乞丐の如きは宜しく拒斥すべし逐攘すべし」と結論する。そして，そのために遍路たちに悪評をかったとしても，「土佐の国を鬼国などと評すれば評するに任すべし。遍路輩に物を与へざるが為めに鬼の名を受くる如きは，我が土佐の国の一向頓着せざる所なり」として社説は終わる。

(2) 論説の背景——コレラ大流行と関連して

ここまでみてきたように，確かに本論説は，きわめて論理的で説得的な遍路排斥論である。だが，これまで，近世期からの四国遍路に関するさまざまな規制や禁止の歴史を紐解いてきた我々の目からみると，個々に指摘される問題点や提案

される対策については，それまでにいく度も提言・実施されたものばかりともいえよう。そのように考えると，本論説で最も注目すべき点は，問題点（1）で指摘された，遍路が衛生問題として議論されていることである。論者はこれを遍路の弊害として真っ先にあげており，こうした切り口は確かにこれまでの排斥論や取締令ではみられなかった新しいものである。

なかでも，「殊にコレラ病の如きは尤も不潔に取り付き易き先生にして遍路の如き者が続々他県より侵入し来るときは之れを蔓延せしむること必然の勢いなり」として，とくにコレラが注意されていることに着目したい。上掲資料（b）では（後述 *1）として省略した部分は次のようになっており，その伝染力の強さと遍路の往来との関係性が論理的に議論されていたのである。

　　例えば今若し阿州にてコレラ病の流行する事ありと仮定せよ。其真っ最中は尤の事，少しく之れが徴候あるやうの場合などに，其の地方より遍路の如きが頻りに侵入し来るなれば忽ち之を伝染する事なるべし。（中略）遍路の来往する事あれば，之れを蔓延せしむるもの豈に何ぞ小なりと謂ふべけんや。

実は，本論説は，連載中の別の論説「維新後道徳の頽廃せしを論ず」を一時中断して（といっても切りのよいところではあるが）掲載された。論説冒頭部に「遍路乞丐拒攘論を持出ださんと欲するの場合に切迫したるなり」とあるが，掲載を急いだ理由は，このようにコレラに代表される伝染病問題が緊急の課題であったからにほかならない。

この社説が掲載された，1886年（明治19）はコレラ大流行の年であった。全国の死者数10万8495人は史上最大であったという［小野 1997：65］。また『高知県警察史』の巻末年表によれば，前年1885年にも赤痢・腸チフス・コレラなどの伝染病流行とあるが，1886年にもこれらの伝染病禍は引き継がれていた。同書「第四章　衛生警察」の活動の項によると，同年の様子として次のようにある。

　　明治19年　この年，前年に引き続き腸チフス（罹患772人・死者142人）赤痢（罹患1289人・死者256人）痘瘡（罹患1073人・死者196人）の流行と，コレラの爆発的猖獗（罹患1829人・死者1252人）をみ，伝染病患者総

計5018人・死者1879人・死亡率37.4パーセント，県民1000人に対する罹病率は9.05人と非常に高く，また伝染病予防費の支出も1万7682円余でこれは前年の5.8倍，地方税支出決算総額の5パーセントに当たる額であった[高知県警察史編纂委員会編 1975：924]。

なかでもコレラの死亡率の高さに注目される。1886年（明治19）のコレラ大流行が本格化するのは，5月から9月にかけてである。『高知県警察史』には，検疫本部を設けるきっかけとなった患者が5月に出たとある[高知県警察史編纂委員会編 1975：924]が，それと論説掲載の前後関係は，正確には判断できない。だが，前年度の流行があったため，その予兆を感じた論者は伝染病が発生しやすい夏に向けて，いち早く手を打ったのかもしれない。結果的にはその甲斐なく，同年夏にはコレラが大流行し，県も矢継ぎ早に対策の布令を出し，また新聞も県下各地の患者の罹病・死亡状況・防疫活動等を連日報じ，緊迫と不安の様相を伝えていたという[高知県警察史編纂委員会編 1975：925]。

すでに述べたように，この『土陽新聞』の論説で述べられている遍路の問題点や対策等の概要は従来の議論を精緻化し，一歩押し進めたに過ぎない。しかし，当時の緊急問題であった伝染病の原因として，乞食遍路の「不衛生さ」に着目し，この廃絶を議論したとなると事情は異なる。ここでは，『普通新聞』にみられるような風俗改良問題のような概念論ではなく，差し迫る重大な社会問題という現実論として議論されたのである。つまり，1886年（明治19）5月の『土陽新聞』に掲載された遍路排斥論にみられたのは，当時流行の兆しをみせていたコレラと関連づけられ，衛生観念や伝染病学という近代の知を背景とした，新たな排除の論理だったのである。

2-6. 駆動する近代的排除システム――「遍路狩り」について

(1)『土陽新聞』社説の反響と「遍路狩り」

この後，『土陽新聞』が本論説の反響と考えたものがあったことを，高知の地域史学者・平尾道雄が指摘している。

5月21日土陽新聞雑報に攘丐実行と題して「遍路拒斥すべし，乞丐逐攘すべしとは本社の痛論する所なるが，聴く所によればわが高知警察署に於ても，今度各警察署及び交番所の巡査に命じ，乞丐の徒は見当り次第一々これを所轄警察署に連れ来り一日一銭八厘づつの食を与え置き，五日或は十日留め置き，其の集まるを待って本籍に追ひ返すことにせられしとか。誠に斯くの如くなれば，今後県下に此奴等の跡を絶つことにて頗る結構なる次第なり」とあるし，同26日には「本県警察署にて遍路乞食の徒は残らず本籍へ向け追ひ返さることになりし由，前号の紙上に掲載せしが，いよいよ愈々昨日より之を実行することとなりて，現に高知警察署の一手にて同日東西へ護送せられし分二百余名にも及びしと云ふ」と報じている［平尾　1962：309-310］。

　すなわち，論説掲載から10日もたたずに，警察による「遍路狩り」が実行されたというわけである。その後『土陽新聞』には，1890年（明治23）にも，警察が取り扱った4月の「遍路乞食放還者」の実績が273人にのぼることを報じる記事が，1901年（明治34）には，2月1日から10日までに警察が追い払った「遍路乞食」の数が381人であることを報じる記事がそれぞれ掲載された。その後もたびたび関連記事が掲載され，断続的にこのような遍路狩りが警察によって引き続き実行されたことがうかがえる［広江　1966：20-21］。また，1898年（明治31）には，愛媛県でもこのような乞食遍路の取り締まりが行われたことが『海南新聞』に掲載されている[29]。

●乞食の放逐
　温泉郡和気村には太山寺円明寺の両四国札所ありて乞食遍路長袋などを唱ふる類年中絶へず集り，<u>倒死なすあり，伝染病に罹るあり，甚しきは窃盗詐欺脅迫取財等を働き良民に対し迷惑を掛けること少なからず</u>。左れば同村巡査駐在所に於ても其放逐に尽力し居れど，飯の上の蠅を掃ふと一般にして随て追へば随て来ると云ふの有様なりしに，去月十五日頃より厳重なる放逐法を行ひしかば追々其数を減じ，昨今に至りては殆ど皆無の姿となり，村民は大に喜び居けるとなり。

第2節　遍路者認識のモダニティ－ambivalentな境界性と排除に向かう＜分類のまなざし＞　　307

明治31年11月6日

　この報道では，乞食遍路と「伝染病」「犯罪行為」「行路死者処理のコスト」とを関連づける視点が受け継がれている。すなわち，少なくとも明治30年頃には『土陽新聞』論説の問題意識は，隣県にも広がっていたことがここで確認できよう。

　また，警察による「遍路狩り」を新聞が報道するということ自体の意味も重要である。すでにみたように，1878年（明治11）の普通新聞では，接待＝托鉢禁止を違式詿違条例に組み込むことが提案され，同年中に県令布達によって実現された。1881年（明治19）の土陽新聞では，コレラ伝染の脅威から乞食遍路の取り締まり等が緊急提言され，わずかに10日もしないうちに警察が「攘丐実行」を行っている。これは警察や県という実行手段をもった行政権力と，新聞という世論を構築していくメディアが，四国遍路に対して同じ視線を共有し，乞食遍路排除のための連携体制が確立したことを意味する。すなわち，＜分類のまなざし＞や近代によって与えられたさまざまな論理に下支えされた，乞食遍路に対する「近代的排除システム」が構築され，運用されたのである。

(2) 高群逸枝が遭遇した「遍路狩り」

　この近代的排除システムとしての遍路狩りの詳細を確認するために，やや時代は下るが高群逸枝の体験記をみてみたい。1918年（大正7）10月23日，彼女らはすべての札所を打ち終えて九州に帰る直前であった。愛媛県の八幡浜の木賃宿に滞在していたところ，次のように2人の巡査が遍路狩りに踏み込んできたのである。

　　階下で警官の声がする。（中略）見ると二人の巡査さんである（中略）。
　　「ナニ此の娘。此りやお前の孫か。原籍氏名を述べろ [a]」
　　まるで罪人扱ひだ。且曰く，
　　「実は慫う米が高くちや遍路が可哀想だ [b] と云ふので其筋から幾分かづつ給与金を出される事になつたがお前は何か修行してやつて来たと云ふのか [c]。夫れで有つたら遠慮なく申し出るが良い。什うだ」
　　「イエ，私はもう帰り途で御座いまして其必要は御座いませんが，それはマ

ア結構な思し召しで……」
「では受けるか什うか」
「イヤ私は要りません。<u>電報為替が来る筈</u> (d) ですから」
(中略)
「それぢや，遣る必要も無いかな。一人前余程沢山宛やる事になつてるがな。要らないなら其の必要も無し……」
　<u>見え透いた事を云ふ人達だ</u> (e) と私は傍から面白く思つて眺めてゐた。(中略) でも<u>彼れが警官の職責か</u> (f) なぞ思つて，微笑んでいると，お爺さんはプンプン憤つて上つて来られる。
「人を罪人だと思つてやがるが何だあの横柄な態度は」
(中略)
「けふは遍路狩りだつせ。何人も警察へひかれたや云ひまつせ」
　浮かれ筋屋さんが帰つて来て，一同に告げ知らせる［高群 1979：217-219］。

　まず注目されるのが，警官が真っ先に原籍・氏名を問うているところである（下線部a）。乞食遍路の取り締まりで原籍地が問題になることはすでに述べたとおりである。また下線部bは当時の時代背景を反映する文言である。すでにこの3カ月近く前の8月3日に，富山で米騒動が起こっている。米は遍路宿に泊まるのに必須の「貨幣」であったために，当時の遍路が打撃を受けたことは容易に想像できる。そのため，警官は「その筋」が遍路を哀れみ，給与金が出ることになったと述べているが，下線部e,fの高群の反応からみて，これは下線部cのように托鉢を行ったことを告白させるための誘導尋問であろう。それに対し，高群は，「供与金」を断り，かつ下線部dで資金のあてがあることを主張して警官を納得させる。つまりここでも，取り締まり対象の判断基準は資金の有無であったことが明確にわかるのである。

(3) 伊東老人の対抗言説

　これに対して面白いのは，同行の伊東老人の反応である。これは『お遍路』(1938) に詳しいので，こちらから引用したい。

第2節　遍路者認識のモダニティ――ambivalentな境界性と排除に向かう＜分類のまなざし＞

「こら，はつきり云はんか。いんや云はんでも好えから，早くせえ，警察へ行くんぢや」と，おぢいさんに吐鳴つてゐる。
　すると，極度に例の向つ腹を立ててゐるおぢいさんは，「<u>お遍路をどげえ心得るか。お大師様の大切な同行ぢやが，どげえ心得るか</u>(g)。」の一本槍で答へてゐる。（中略）
　私は，いま国の方へ金を送るやう云つてやつてあること，それが届くまでは此宿にゐなければならなぬことを手短に話すと，横からおぢいさんが，「<u>お遍路をどげえ思ふか，お四国の土に生きてゐて，その心得を知らぬか，いまの若い者は生意気ぢや，仏の教へといふことが分つとらんわい</u>(h)。」と，団栗のやうな大きな吸口の煙管を出しながら，悠然としていふ。
　「引つ立てるぞ。幾ら身分はあつても遍路は遍路ぢやないか。こら娘，その爺さんによく云つてきかせろ，分つたか。罪は成り立つのぢやが，特別をもつて許しとくけに。」［高群 1938：268-270］

　つまり彼は，遍路が弘法大師に依拠した宗教的実践であり，托鉢はその重要な実践であるという四国遍路で伝統的な論理を，警察の取り締まりへの対抗言説として主張しているのである。この老人と警官とのやりとりは，四国遍路における「近代」と「伝統」の相克を如実に語っている。まさに当時の四国遍路世界では，「信心と法律が矛盾しているから変だ」［高群 1979：101］という状況にあったのである。
　しかしながら，こうした正攻法で近代的な排除の論理に立ち向かう伊東老人のような遍路は稀であったことが，この後の記述から明らかになる。警官に正面から啖呵を切った伊東老人を，同宿者たちは大歓迎するのであるが，彼は「苦虫を潰した顔」をする。高群によればそれは，同様に警官に弘法大師の修行であることを主張しない彼らの「不信心なこと」が気にくわないからであった［高群 1938：270］。

2-7．戦術としての「遍路」真偽論――巡礼者側からのリプライ

　これまでみてきたように，明治初期以降の四国遍路は，托鉢や接待をネガティ

ブなものとして解体し,「乞食」を隣接概念とする乞食遍路という概念によって,四国遍路の異質性・境界性を明確にしてきた。そして,この乞食遍路は＜分類のまなざし＞によって排除へと方向づけられ,それを担当したのは近代的排除システムというべき専門化され組織化されたものであった。そのシステムの具体的なふるまいのひとつが「遍路狩り」である。だが,ここまで議論してきたことはすべて,県や警察,新聞といった権力・知識人のレベルであり,いわば「上」からの視点によるものであった。では,これらの変容が,巡礼者と直接的な交流をもつ地域社会の現場に,どのような影響を及ぼしたのかということについては次章の議論に譲るとして,本章では最後に巡礼者側への影響を簡単に確認しておきたい。

（1）ベテラン遍路の忠告から

　四国遍路の案内書には,一定の「型」がある。すでに何度も登場した真念の『道指南』のフォーマットである。近世期の遍路案内書は,ほぼすべてこの型に準拠している。これについて,前田 卓は「江戸時代に出版された四国霊場の案内書を集めたところ,年代が異なっていても殆んどすべて同じことを書いており,一歩も前進していない」［前田 1971：108］と指摘する。同様に,真念シリーズの資料化と書誌学的考察を行った近藤喜博も「遍路のガイドブックとして『四国邊路道指南』は,江戸期を通してその右に出ずるものがない。名ガイドブックである。それだからして,以後のものもすべてこれに準據して遍路案内書は編まれてきた」［近藤編 1974：521］と述べている。その後『道指南』は,『四国徧礼道指南増補大成』と改稿され,この「増補大成」本が明治期にはいっても受け継がれていった。

　そうした案内本を出版したひとりが中務茂兵衛（亀吉）である。彼は1866年（慶応2）に,故郷の周防大島を出奔してから,1922年（大正11）に死去するまで,生涯280回の遍路行をなした人物であるが,1882年（明治15）に65度目の巡拝を区切りとして案内書『四国霊場略縁起道中記大成』を出版する。叙文には「自己が実地経験せし道のくまぐまを書き綴り……」とあるが,案内書としては,伝統的な真念タイプに準拠するものである。しかしながら,ひとつ決定的に異なるのは,冒頭部分で中務版には次のような文言が追加されていることである。

道中心得の事
　一　順拝修行の人は，菩提の為の道中なれば……
　一　宿に付（け）ば，木せん宿にても，いかほど草臥たらんとも，看経して臥すべし。……
　一　夜は長話せずふせり。朝は疾（く）起（き）て神仏を拝し，……
　一　夜分帯を解（き）て臥すべからず，用心悪し。
　一　道づれに肌をゆるすべからず，路銀を取（ら）れるなり。
　一　近道を案内するとも，猥（り）に行（く）べからず。本年も阿波鶴山麓にて追剥せられし事あり，用心すべし
　一　足に豆できたるときは……
　此（の）外諸事に気を付（け）用心すべし［中務 1979（1883）］。

　この心得には全部で7項目あるが，うち3項目が「用心」に関することになっている。なかでも近道を案内する追い剥ぎや，路銀を盗む道づれの記述は，当時の遍路世界にそのような輩がいるという認識を表わしている。中務はベテラン巡拝者であり，道標を勧請するなど自身も深く四国遍路に帰依する人であった。いわば真念と同じ遍路者にして，遍路空間のプロデューサーというべき人物である。しかし，その彼が，初心者に向けて遍路を案内するとき，「道中用心」の情報を盛り込む必要があると考えていたことは注目に値しよう。

　さらに，そのようなプロデューサーの系譜において20世紀前半に活躍したのが，徳島県出身の三好広太である。彼は『同行二人』という真念型を発展させた形のガイドブックを毎年刊行し（その数は30版を越えた），遍路を丁重にもてなす約束をした宿を「遍路宿組合」として組織化するなどの形で，遍路空間の整備につとめた。彼もたびたび遍路行に出て，そのつど得た新情報を『同行二人』に反映させていると著書中で述べている。その彼が，1911年（明治44）に出版したのが『同行二人』に先駆となる『四国霊場案内記』である[30]。

　　〇旅行中の心得

……例え独り旅なればばとて，気合の知れざる道連れには決して心を許容（ゆる）すことはなりません，中には巡拝者に仮装（まね）したる掏摸（すり）があちこち徘徊します。又近道を案内する者あるとも，猥りに同伴するは宜しくありません。中には真実らしく装ひ或いは何十度四国順拝したりなどと唱へ病者を見れば，加持祈祷などをいいぐさ口実に金銭を詐欺せんとする悪漢（わるもの）の徘徊しますから，油断はできません。総じて旅行（たびちゅう）中は万事に注意（きをつけ）を払うことが肝要です［三好1911］。

　三好版には，この心得の直後にも「旅中の警察」という項目を続け，「旅行中に好ましからぬこと」があった場合のために，「沿路にある警察署を記し」とくに霊場付近の警察署に関して詳しく書いておくと述べている。さらに「不幸にも災難に罹りたる時」でもうろたえず，「必ず警察署ありて適法に保護し呉れるものと信じ」て，自他のために訴えることが肝要であると説いている。三好の『同行二人』は，1935年（昭和10）に増補31版を数えているが，そこにも同様の注意事項が繰り返し述べられている。
　これらの記述は，その元祖たる真念『道指南』（1687）や『増補大成』（1767）には記載されていない。すなわち近世中期には，このような「心得」は不要であったのに，明治期になると遍路空間の治安の悪化から，彼らベテラン遍路も初心者に対し注意を促す必要を感じていたということになる。
　また三好の「巡拝者に仮装（まね）したる……」や，「真実らしく装ひ或いは何十度四国順拝したりなどと唱へ……」という語り口からは，彼らがこれらの「遍路」を「偽物」と意味づけていくような発想がうかがえる。この時，彼らの脳裏には，その対極としての「本物」の遍路像があったであろう。ここに巡礼者による「遍路」の真偽論，ならびに類型化論が登場するのである。

(2) 横川徳郎「遍路四類型」

　こうした近代の類型化については，横川徳郎のものを紹介したい。彼は遍路の納経帳を収集したり，詩文をつくったりするような，どちらかといえば観察者としての目で遍路を見ていた人物[31]だが，その分析によると，当時の遍路は4類型に分類できるという。

第2節　遍路者認識のモダニティ—ambivalentな境界性と排除に向かう＜分類のまなざし＞　313

　　　斉しく遍路と呼ふも其心術行為を剖判すれば大凡四類有り。甲なる者は信
　　心，乙なる者は信心兼遊覧，丙なる者は乞食，丁なる者は営業なり。営業と
　　は頗（る）美称に過きたれど遍路を稼ぎと為して多くは一家眷属を帯行し，
　　人の慈悲心を奇貨置くへしとして巧みに旅食を拌し春秋両季に数金若くは，
　　数十金を贏し得て郷に帰る者なり。……彼等はあまり遍路を歓遇せさる土佐
　　地方には往かで，専ら阿讃両地に彷徨出没し，時に或は緑林の豪客に化して，
　　警吏の御厄介になることあり。恐ろしき白衣の道士というへし ［横川 1915：
　　11-12］。

　すなわち，彼の4類型は，「信心」「信心兼遊覧」「乞食」「営業」である。この
うち彼が最下層に置いた「営業」が，ベテラン遍路たちが警告した偽者に該当す
る者であろう。また，警察・新聞が排撃の対象としたのは「乞食」「営業」に当
たる。ここで注目したいのは，遊覧というカテゴリーの登場であろう。さらには
冗長になるとして本文中には書かれなかったが，「遍路に対する衛生的観察」も
「書くべきこと」としているのが，『土陽新聞』社説の問題意識につながるものと
して興味深い。

(3) 安田寛明「未来への夢」

　「遍路」の真偽論や分類という発想が巡拝者側にもあったことをより明確に示す
のが，次に紹介する安田寛明の「将来の四国順拝に就て」という文章である。彼
は東京の中野大師堂に住持していた庵住であった。四国遍路へのかかわりは深く，
信者を率いていく度か巡拝したほか，1929年（昭和4）4月1日に接待1万人の
誓願を立て，ちょうど1年後の1930年（昭和5）4月にこれを完了，誓願成就の
碑を50番繁多寺に建てたことで名高い［松山市教育委員会編　1981：156］。また
彼は，『四国八十八カ所御詠歌の解説と縁起』(1926) をはじめとするいくつかの
書物を著して，四国遍路の普及に務めた人物でもあった[32]。

　そんな彼が1931年（昭和6）に発行したのが『四国遍路のすゝめ』であるが，
その最終章「将来の四国順拝に就て」は，ここまでの議論に対する巡礼者側から
のリプライとして非常に興味深いものである。以下，詳細に分析してみたい。

(1) 近き将来に時勢が生み出して実現すると思ふのは，<u>お四国へまいる遍路の服装やその他の改良であります</u>。お四国へ一度び詣つて来た人の内，御帰国なされたからお四国の参拝は実に不愉快な旅行であつたと御話を持ち出され後人の参詣に妨害になるよふなことを口にする人がありますが，其はお四国地の旅が悪ひのではありません。皆な御自身が悪いからであります［安田　1931：346］。

　彼はこのように語りはじめる。最近，四国遍路に対する悪評が取り沙汰されることがあり，それへの懸念から，彼は服装その他の改良を提案しようというのである。この服装の改良は，すでに『普通新聞』が「異様の風姿」を取り上げ，「風俗を乱す」と問題にしていたものであり，これが巡礼者側にも受容されたと考えられる。
　また近頃の風潮として，四国遍路に出た人が「不愉快な思い」をするというのが目にとまる。その理由について彼は，巡礼者，文明開化が進み，進歩的になっている四国の地に「お四国は島国だ。交通は不便で未だ開けぬ国だ」という偏見を持ち込み，昔風の遍路旅を志すところに問題があると述べる。このような「昔風の旅」を続けると，四国の人々と巡礼者の双方にとって不愉快な思いをすることが多いので，これを改良することが必要だ。そして，それは「信心」を損なうことにはならないと話を進めていく［安田　1931：349-351］。そのうえで話題にのぼるのが，ほかならぬ乞食遍路である。

　(2) モウ近頃お四国路では此昔風の一見乞食に見える遍路に対する待遇が悪く，亦一般に歓迎方が変わって来たのであります［安田　1931：351］。

　先の「昔風の遍路」とは，「一見乞食に見える遍路」であることがわかる。近年の四国では，この乞食風の遍路に対する「待遇」が悪くなっているので，そのような格好をしていると不愉快な目に遭うという。最初からすべての遍路が乞食風ではないが，遍路空間には巡礼者を乞食遍路化する構造があると，彼は次に述べる。

第2節　遍路者認識のモダニティ－ambivalentな境界性と排除に向かう＜分類のまなざし＞

(3) 是と云ふのも国元を出立するときには誰れでもお四国まいりは長旅だから身体を大切にせねばならぬ，出来るだけ思ひきって充分にして旅行するといって出発せられたのが（中略）一夜でも四国地の宿屋に泊まったら，早や直ぐに周囲の同行さんから，四国まいりは難行苦行せねば信心にはならぬ，三度の食事も二度に倹約し，或は人の軒端に立ち乞食して成るだけ倹約し，決して銭を消費しないよふ，あまり銭を遣うと罰があたる，などと種々の迷信の許にそんな話の持ち切りで，国元から御札所への御賽銭にする積りで持ち来りし5銭の白銅や10銭の銀貨を乞食でさえ嫌ふ5厘の銅貨に取換へ御賽銭にするようにとうとう悪化させられて，仕舞ひツイ銭を遣はない根性にせられて修行するやふになるのです［安田　1931：351-352］。

　すなわち四国遍路には，「遍路は修行の旅だから贅沢はいけない」という発想が巡拝者側にあるというのである。遍路宿というのは，ベテランも新参も一同に介する場である。そこで，さまざまな情報交換や交流が行われるのであるが，そこでベテランから四国遍路の心得として，「倹約と托鉢」がアドヴァイスされる。これこそは，普通新聞が取り上げていた「乞食を学ぶ」という現象であり，高群逸枝らも体験したものである。そして，この先輩遍路の教えによって，「全く四国地へ行くと御立派な方が平気で御修行の名の下に乞食をなさるのを見受けるのです」［安田　1931：352］という状況が生まれてくるのである。

(4) お四国の地でも一日に十人や二十人位のことなれば左程お心にとどめられますまいが，それが何百人と云よふになる大勢のお四国まいりの遍路さんが，チリンチリンと年中毎日毎日軒端に立たれてはお四国に対してお気の毒さまと言わねばならぬ位い，お四国の人でも毎日のことゆえ，このお遍路さんは神聖の遍路さんか，もぐり遍路かは確と知つて見へますから（中略）四国地では此頃汚ない遍路さんや奇麗な遍路さんでも，ぶくぶくお米を入れた頭陀袋（東京では横掛と云ふ）を持つて居ると，宿屋でも上手に断つて成るだけ泊ない工夫をして居ります，奇麗にして是は神聖の遍路さんだと見ると「お泊まりなさい，お泊まりなさい」と泊よふとして呼びこむ位ひです［安

田 1931：352-353]。

　ここでは日常的実践としての接待＝托鉢が語られている。四国の人々は毎日多数の遍路たちと接待＝托鉢関係を通して交流しているので，彼らが「神聖」の遍路なのか，「もぐり」の遍路なのか見分けられるという。つまり＜分類のまなざし＞をもっているというのである。さらに，その神聖性には「綺麗」という衛生観念が結びつくものだということも指摘される。その反対に「汚い」遍路や，綺麗であっても托鉢行為を想起させる遍路については，ネガティブな意味づけに引きつけられるという。そしてこのような発想は，四国側における最近の変化だというのである。そのうえで，彼の主張が明確に打ち出される。要は次のようなことなのだ。

　　(5)　最初より神聖の立派な遍路と明瞭に見えるよふ改良するのが却つて法(のり)の道と思います。お四国へおまいりに出掛けるときは是非身分に応じた出来るだけ身支度を奇麗にするを望みます。

　彼は，この議論の核心として，托鉢行為と不潔さを廃し，「神聖」の「立派」な遍路にみえるように綺麗に身支度を調えることを提言する。つまり，彼は自身が寺住まいの仏教者であり，かつ四国遍路に深く帰依する大師信仰者でありながら，仏教で重要な宗教的実践として位置づけられる托鉢を否定し，これまでみてきたような県，新聞，警察などが構築してきた近代的な排除のシステムを駆動させる，＜分類のまなざし＞をやはり提示するのである[33]。

　さらに彼は，弘法大師に依拠して「改革」の正当性・合理性を主張する。要約すると，「四国遍路が今でも格安の宿賃で泊まれるのはひとえに篤い大師信仰のおかげである。遍路者はその恩を感じ，できるだけ現地に迷惑をかけないようにしなければならない。（白衣や杖，菅笠，笈といった）伝統の遍路装束は交通の不便だった大師の時代に合わせたものであり，現在では時節に合わなくなっている。そこで思い切ってこれらの伝統的な装備を改良する必要がある」ということになる。そして「お大師さまは服装其他のことを改良したからとて信仰心さへに

第2節　遍路者認識のモダニティ－ambivalentな境界性と排除に向かう＜分類のまなざし＞　317

ぶらかさなければ何の御咎めがありましょう，却つて御賞に預からられる位で少しも心配するには及ばなかろうと……」と，改革と信仰が相矛盾しないものであることを弘法大師と絡めながら主張し，そして具体案に移っていく［安田　1931：354-355］。

　　（6）将来の四国まいりの仕方にしては，出来るだけ奇麗なる服装にして笠の代わりに帽子，金剛杖の代わりにコウモリ傘，頭陀袋の代わりに折りかばん，わらじの代わりにせつたなり下駄，白装束の代わりに被布，其上ならば紋付き羽織袴もよろしい。最一ツ進めば男は洋服，女は洋装洋髪，塗香の代わりに香水でも自分の好みで差支ない。決して荷物なんぞ背負わず<u>普通に旅行すると同一に考えればよろしい</u>。是れが第一に通用が良いので……［安田　1931：355］

　つまり彼が提案する服装の改良とは，普通の「旅行」と変わらぬ服装をすることであった。彼は続けて倹約を批判し，道中の健康維持に金を惜しんではならないとする。また，交通機関の利用も積極的にすべきと主張し，そこから生まれるゆとりがまた「大師さまの有り難さを思ひ浮かべる」ことにつながると考える。彼の言葉でいうならば，「静かな水の面でなくては月は円満の影を宿しません」というなのである。
　そして，「日数は先ず三四十日，少なくとも費用金百五拾円以上」時間と金銭に関する具体的なラインを提示し，「これで有難い旅が出来て長生疑ひなしであります」「人間と生れて一生に一度は必ず四国順拝すべきです」「極楽へ行く近道は此四国順拝をするのが始りです」と，仏教者らしい言葉で，彼が「未来の夢」と名づけた新しい遍路の旅へ誘いつつ，論は終わっている［安田　1931：356-359］。

　さて，以上の彼の議論は何より，四国遍路において「不愉快」な思いをしないために提言されたものであり，ひいては四国遍路の将来への発展のために建議されたものであった。つまり，ここでのポイントは，当時の四国遍路における「不愉快」な思いとは何かということになる。いうまでもなく，それは「昔風の一見

乞食に見える遍路に対する待遇が悪く」なったこと，すなわち近代的排除のシステムが組み込まれた四国遍路の状況を示している．

　そのために彼が提案する改革は，服装を綺麗に整え，托鉢行為を廃することであった．それは，「難行苦行せねば信心にならぬ」という言説に感化され，「平気で御修行の名の下に乞食をなさる」という当時の四国遍路の巡礼行を，「大師さまの有難さを思ひ浮べ」「旅行中の体験により修養を深め信仰上の為に大に活動」[安田 1931：358] するための「お四国まいりの旅行」への読み替えること，すなわち四国遍路の神聖性・信仰性を保証するものを，托鉢行為から，内面的な精神修養へと転換させることである．

　つまり，彼は近代的な排除のシステムから巡礼者を護るために，そのシステムを駆動させる＜分類のまなざし＞を，「戦術」として巡礼者側に持ち込み，托鉢と巡礼が「信仰」を媒介として表裏一体として捉えられていた伝統的な巡礼観を突き崩そうとしたのである．ただし，これが近代的排除システムと決定的に異なるのは，宗教上・信仰上の論理との整合性が確保されたうえでの，一種の真偽論であったということである．

　それは一般的な遍路者を「神聖な」遍路としてアピールしていくと同時に，托鉢する「遍路」や，汚い「遍路」，すなわち乞食遍路を，巡礼世界の内側から異質化させていく認識の変化であった．

2-8. まとめ——近代的排除システムを駆動する＜分類のまなざし＞

　以上みてきたような，狭くみれば1870年代，広くみれば19世紀後半における近代の四国遍路が経験した一連の動きは，従来「遍路排斥」「巡礼排斥」論として捉えられてきた．そうした研究の中でも最も刺激的で興味深いのが真野俊和による「まれびとの変質」を論じた論文である．そこで彼は「近代的乞食観の成立」という言葉で，近代四国遍路ひいては近代日本の巡礼観の変化を表現した [真野 1991：23-37]．

　これに対し，本稿の視点は，真野が「近代的乞食観」と呼んだものを，M. フーコーの「まなざし」の構造 [フーコー 1971（1963）] の概念に引き寄せ，それが

第2節　遍路者認識のモダニティ―ambivalentな境界性と排除に向かう＜分類のまなざし＞　319

どのような近代化の潮流と関連して構築されてきたのか，どのような知を背景として練り上げられたものなのか，何を正統とし何を異質とみなしたのか，そしてどのような権力として行使されてきたのかという視点から再検討した。

　その結果，まず近代遍路排斥論として一括りに論じられてきたものの中に，接待＝托鉢の解体という共通要素を見出し，これが国民国家の立ち上げや文明開化の推進といった近代日本のプロジェクトそのものと密接にかかわって展開されたものであったということを明らかにした。すなわち，これまで一意に把握されてきた接待禁止令は，文化文政期，天保・安政期，そして明治初期の2つの潮流と，それぞれの社会的背景のもとに実施されたものであり，その対象もレベルもまったく異なるものなのである。

　同時に一連の政策において排除・排斥の対象となったのは，遍路や巡礼そのものではなく，その中に見出された異質性としての乞食であるということも確認した[34]。こうした異質性・境界性については，とくに，1872年（明治5）から1875年頃（明治8）に四国全域で通達された県令布達等による四国遍路政策では，近世的なambiguousな多義的境界性としての「遍路体の者」から，隣接概念として「乞食」が明確に意識されたambivalentな両義的境界性を示す「乞食遍路」へと認識のウェイトが移行していったことを見出した。

　さらに，1878年（明治11）には新聞社説という近代的マス・メディアで四国遍路が風俗改良運動と関連して論じられ，乞食遍路が存在しうる温床として捉えられた接待の禁止を，当時の風俗規制令であった違式詿違へと組み込むことが主張され，実際に阿波・土佐では，県令布達によってそれが現実のものとなった。すなわち接待＝托鉢は公式に違法行為として認可されたのである。

　そのような法的裏づけを得て，実際に排除に当たった権力機構が警察である。同布達に関連して警察内部に通達された「乞食遍路取扱心得」では，こうした異質性を徹底的に排除するために，遍路体の者や乞食遍路といった境界的存在に対し，資金の有無という尺度をもって，明確に遍路と乞食に「分類」するという，きわめて近代的な方法・論理がみられたことを発見した。かつての庄屋を媒介とした藩体制にかわって，新聞が世論に働きかけ，県が法的根拠を準備し，警察が

実務にあたるという，それぞれに専門化・組織化された権力のネットワークが形成され，その中で，接待＝托鉢禁止や乞食・乞食遍路の追放は実施されていったのである。

　さらに1886年（明治19）には，新たな排除の論理がこれに加わる。真野俊和をして，「巡礼史上類をみないほどに体系的かつ理路整然とし，しかも説得力にとんだ」［真野 1991：26］といわしめた，著名な巡礼排斥論である『土陽新聞』社説「遍路拒斥すべし乞丐逐攘すべし」を，本稿では伝染病問題という新たな分析視角から読み直した。実際にマイクロフィルムを当たることで，この論説が連載中の社説を一時中断し，コレラの大流行という社会的背景のもとに緊急提言として掲載されたものであること確認したほか，この論説の歴史的意義として，従来の乞食遍路の排除の論理を精緻化したうえで，コレラを中心とする伝染病学や衛生観念という近代の知を新たな排除の論理として追加したという点を指摘した。

　その後，警察による遍路狩りが行われたことを報じる新聞記事や高群逸枝の体験記における遍路狩りの記述を参照しながら，これらの近代的な排除の論理が，メディアや警察権力に浸透し，行使されていく様を確認した。

　すなわち本章で見出したのは，おそらく近世には「遍路体の者」という，隣接概念が不明瞭で曖昧さを含み込んだambiguousな境界性概念で捉えられてたであろう存在が，「乞食」と明確に意識された隣接概念と結合したambivalentな境界性をもつ「乞食遍路」として捉えられるという認識の変化と，さらにはその乞食遍路ですら，時にそのような境界性を許されず，例えば資金の有無という単純な判断基準で，乞食と遍路に明確に類型化されていくという，＜分類のまなざし＞の登場である。このまなざしに晒されたあとは，例え「乞食遍路」等と呼ばれていたとしても，排除すべき異質な存在として再認識されていったのである。

　これらは，近世的な治安問題や経済問題に加え，富国強兵・殖産興業の下支えとなる戸籍制度の制定や，文明開化・条約改正の文脈につながる風俗改良運動，そして公衆衛生といった近代のプロジェクトによって与えられた，複雑で多彩な排除の論理と結合する。こうした乞食遍路をさまざまな角度から排除に向かわしめるように，構造的に構築されたまなざしこそが，真野が「近代的乞食観」と呼んだものの正体ではなかっただろうか。

第2節　遍路者認識のモダニティ－ambivalentな境界性と排除に向かう＜分類のまなざし＞

そしてこのまなざしは，警察やメディアという権力機構とも結びつくことで，「近代的排除システム」をつくりあげたのである。そのシステムの駆動が，例えば「遍路狩り」である。すなわち，本節でみてきたのは，このような近代的排除システムが四国遍路に組み込まれるプロセスであり，そしてこれが如何に近世的な遍路認識と異なっていたかということの確認作業なのであった。

このように異質性と境界性が組織的に排除へと方向づけられる一方で，県などが正統と認めた遍路は決して排除の対象とならなかったことも確認しておきたい。すなわち，近代においても遍路の正統性は保持されたのである。ただし，近世期において正統性の核であった信仰や宗教は，納経の有無が問題にならないことや，あるいは巡礼の功徳が否定されるなど，比較的軽視され，変わって，資金の所持が重視されるという変化があった。さらにいえば，先にみた近代的異質性の反要素の集合体がそのまま近代的正統性にほかならない。すなわち，近代の各県において望まれた遍路者像とは，戸籍を有し，生業をもち（巡礼を生活手段とせず），十分な資金を有し，托鉢をせず，身なりを調え，清潔かつ健康である，そのような遍路者なのである。そしてそれは，そのまま，巡礼者側が提案した新しい遍路像とぴったり重なるのであった。

最後にこのような近代的な巡礼観・乞食観が巡礼者の側にも共有されたことを，安田寛明らの議論を参照することで確認した。それは，近代的排除システムが組み込まれた四国遍路世界という現状を認識し，そこからの巡礼者の保護という戦略に基づき，そのシステムを駆動させる＜分類のまなざし＞を，巡礼世界に戦術的に導入するものであった。彼らは，＜分類のまなざし＞を宗教上・信仰上の論理との整合性を確保し，そのうえで托鉢等と決別し，自らを「神聖な」遍路として正統性を宣言する。それは同時に乞食遍路等を巡礼世界の内側から異質化させていく，一種の真偽論であったのである。

このように近代の四国遍路世界は，＜分類のまなざし＞が広く共有されるようになった。すなわち四国遍路世界は，「遍路」を正統性に引きつけた「本物の」あるいは「無害な」存在と，異質性に追いやられた「偽物の」あるいは「有害な」存在に理念的に切り分けられ，前者のみが「遍路」として，四国遍路世界に存在

することを許されたのである。

　もちろん，こうした状況下では，第3章でみた「乞食圏」のような空間は解体・消滅の運命を免れないはずである。しかしながら，我々はすでに戦後になっても，こうした領域が四国遍路世界に残されていたことを知っている。次章は，実際に巡られるポジションにあった地域社会に焦点をあて，＜分類のまなざし＞や近代的排除システムを限界づけた彼らの「心性」について議論を進めたい。

【補注】：『土陽新聞』論説の掲載年次をめぐる誤解について

　本章で取り上げた『土陽新聞』論説「遍路拒斥すべし乞丐逐攘すべし」は，近代における遍路排斥論等を語るうえで，必ずといっていいほど引用されてきた著明な資料である。だが，この論説はこれまで「明治9年」と，多くの文献で間違って紹介されてきたという，いわくつきの資料でもある。

　著者がこの資料の存在を知ったのは1997年（平成9）の夏で，山本和加子の『四国遍路の民衆史』によってである。彼女は『土陽新聞』の出版元である立志社の歴史を紹介した後，同論説に関して次のような疑問を投げかけている。

　　ところで，前記「遍路拒斥すべし」という論説は，広江清氏の謄写版刷り『土佐遍路資料』から紹介したものであるが，広江氏の同冊子には「明治九年　土陽新聞」とある。しかし明治九年にはまだ『土陽新聞』は刊行されておらず，明治十年の『土陽雑誌』か，十一年の『土陽新聞』のどちらかの誤りであろう［山本 1995：207］。

　だが，これほど有名な論説にもかかわらず，研究者を含めてほとんどの引用者が「明治9年」をそのまま採用しているという問題を抱えた資料であった。1999年になって，作家・土佐文雄のエッセイ「四国遍路考」と，平尾道雄の論文「四国遍路考」に，それぞれ「明治十九年」とあるのに出会ったことから[35]［土佐 1978：256］［平尾 1962：304］，早速，その真偽を確かめるべく，高知県立図書館所蔵のマイクロフィルムを参照したところ，同論説の掲載期日は「明治19年5月9日」から3回分であったことを確認した。

第2節　遍路者認識のモダニティ－ambivalentな境界性と排除に向かう＜分類のまなざし＞　323

　おそらくこの問題は，広江が『近世土佐遍路資料』に掲載する段階で，「明治十九年」と書くはずのところを「十」を落として「明治九年」としてしまったというのが発端であろう。同書にはほかにも「桂井素庵日記」からの引用で，「寛文」を「寛政」とする誤記が数カ所あることも確認している（資料2,5,6）[36]。

　本章第1節でも触れたが，確かに広江の労作は近世土佐の四国遍路関連の資料が集成されており，便利で貴重なものにはちがいない。だが，そうだとしても，これを無批判に受容し，間違った情報のまま延々と30年以上も引用を繰り返していたのは，原資料に当たる努力を怠ったこれまでの引用者の怠慢にほかならない。「明治9年」という誤説が一人歩きした責の何割かは引用者にあると思われる。

　この指摘は，著者がすでに2000年1月に慶應義塾大学大学院政策・メディア研究科に提出した修士論文で指摘し，その後星野英紀によっても取り上げられた［星野2001：170］。近年では愛媛県生涯学習センターの報告書など，地元発の刊行物を中心に明治19年説が定着しつつある感がある。しかしながら，ごく最近の論考にも「明治9年」と書かれたものをしばしば見かけることから，念のため，本稿でも同社説を取り上げるにあたり，以上のような経緯と問題があったことを，再度触れておくことで，明治19年説を確かなものとして共有したい。

〔注〕

1) 『高知県史』近世編が示す時代区分によると，この期間は野中兼山失脚以降の寛文改替に始まる藩政の中期（1663-1752），「国産方仕法」と呼ばれる専売制の強化や貨幣経済の浸透に特徴づけられる後期（1752-1840），そして天保の改革から幕末までの末期（1840-1871）の前半部にあたる［高知県編 1968：1-19］。
2) 近世土佐藩の四国遍路行政の中で庄屋が果たすべき役割にはさまざまなものがある．一例をあげると，遍路者が任務地で死亡した場合の措置がある．『憲章簿』では資料5にその説明があり，どのような点を調査し，どのような書式で文書にまとめて藩に連絡するかが，詳しく記されており，大変興味深い［高知県立図書館編 1985：450-452］。
3) こうした通時的分析を可能にする資料としては，他に伊予小松藩の『会所日記』が知られている．これについては，新城常三の近世四国遍路の研究にその成果をみることができる［新城 1982：1,020-1,103］．
4) なお『憲章簿』（遍路之部）は，高知県立図書館版と『近世土佐遍路資料』以外に，『高

知県史　民俗資料編』（高知県　1977）にも収録されている．また『憲章簿』の資料説明は，『高知の研究』第8巻研究文献目録・年表・索引編［山本編　1989：20］や，高知市民図書館（http://www.library.city.kochi.kochi.jp/）がWeb上で公開している郷土書誌情報を参照した．

5) 資料4と『道指南』の相違点は2カ所ある．ひとつは，37番から38番までの区間の入野（現・幡多郡大方町）から四万十川渡河点である竹島（現・四万十市）までの区間である．『道指南』は「たの浦，これより七八里はまを行」と浜辺の道を通るのに対し，資料4では，現在国道56号線が通る山側のルートにあたる，上田の口，古塚，井沢が記されている．2つ目は，38番から39番までの経路である．この区間では，足摺岬を回ってそのまま海沿いに進み，番外の月山神社を経由するルートと，市野瀬（現・土佐清水市）の真念庵まで打戻，そこから山道で現在の幡多郡三原村を通過するルートがある．資料4では両方のルートの沿線集落が記されているが，『道指南』では真念庵打戻のルートを案内し，月山経由のルートには詳しく触れていない．

6) 遍路が病気になった際には発病地で養生させるという原則があったので，1708年（宝永5）2月28日の資料2のように，病気になった遍路に対し，医師や食物を世話し，本人から帰国の願いがあったときには，場合によって「青駄」（竹製の担架のようなもの）を用い，村継で国境まで移送する等の役割を遍路街道沿線の村々が制度的に担っていたことはあった［高知県立図書館編　1985：447］．しかし，阿波徳島藩の駅路寺制度（本稿第3章を参照）のような，広く遍路一般を対象としたものはみられない．また，この病気遍路に関する諸制度も，遍路者に対する公的なサービスというよりもむしろ，病人を徘徊させて他所に迷惑をかけるというリスクを回避する意味が大きいと思われる．事実，1734年（享保19）の資料8では，隣接する幡多郡と高岡郡の間で，病気遍路の送出を互いに自粛する申し合わせがなされている［高知県立図書館編　1985：456］．この病気遍路に対する処置は，無用の滞在を禁ずるという原則の例外事項に位置づけられていた．後述するように，この点が，日数制限の超過や脇道への入込の抜け穴となった点は興味深い．

7) なお，他国遍路の入国が基本的に許可されていたのに対し，藩内の領民が遍路に出ることについては，資料34・1814年（文化11）や，資料40・1824年（文政7）等の制限令・禁止令がたびたび通達されている．このことを併わせて考えるならば，土佐藩がなぜこのような「基本理念」を設定し，その遵守のための法整備を進めたのかという問題に，ひとつの示唆が得られる．藩レベルでの奨励・保護政策がないことや，『憲章簿』の諸政策が遍路の行動に制限を加えるものであること等から判断すると，少なくとも他国遍路は招かざる来訪者であることは間違いない．おそらく藩は，遍路もで

第2節　遍路者認識のモダニティ－ambivalentな境界性と排除に向かう＜分類のまなざし＞　325

きれば入国禁止にしておきたかったはずである．だが，四国遍路や六十六部は，巡るべき参拝場所が藩内に設定されており，それらの巡礼を完成させるためには，どうしても土佐への入国が理屈上必要とされる．他方，虚無僧等は，こうした建前が存在しない遊行宗教者である．したがって，土佐藩が制限つきながら遍路の入国・通行を許可し続けた背景のひとつには，他藩との関係，すなわち一種の外交的配慮があったとも考えられるのではないだろうか．

8）戦前の大字名は，高知県HPに掲載されている『高知県統計書』大正2年版（http://www.pref.kochi.jp/~toukei/toukeisho/t02/t02-01/t02-01-001f1.xls：2005年12月閲覧）を参考にした．

9）なお表4-5の資料56の行為の欄の「肉食」には注意が必要である．原文では「殊に辺路共の中，肉食等相好者も有之」［高知県立図書館編 1985：485］とあるものであるが，近世の飢饉に詳しい歴史学者・菊池勇夫によると，飢饉下の「肉食」は従来，人肉食までも含むものと理解されてきたという．菊池はこうした捉え方を再考する必要性を説くが，そのうえで，少なくとも当時の不浄感や差別感から強固な禁忌を伴っていた家畜食は事実として認められると述べている［菊池 2003：135-165］．資料56に盛り込まれた遍路に紛れ込む異質性を指摘する「肉食」という言葉の重みも，それに付随する強力な不浄観や蔑視の感覚から理解することが必要であろう．

10）「体の者」という表現についてのこうした解釈については，念のために近世史の研究者に確認してみた．内田九州男氏のご教示によると，確かに「体の者」とはその者についての外見的要素に言及する表現であり，そこに境界性を見出す著者の解釈は近世史学的に妥当と考えられるということである．

11）近年，阿讃国境の大坂口番所付近の村瀬家文書が，滝よし子によって整理され，刊行された［滝 2002］．遍路の逆回りを示す手形など興味深い資料がみられるが，本稿での議論には直接関係するものは，残念なことにみられなかった．

12）『徳島県史料　第二巻』（徳島県史編纂委員会 1967）に収録されたものを参照．

13）大正3年の「物産陳列場版」一巻と，その続編というべき大正5年の「御大典記念版」上下巻を，それぞれ徳島県史料刊行会による複製版（1981,1968発行）で参照．

14）1835年（天保6）という見解は当時の社会状況を考えれば十分に妥当であるが，よりキーポイントとなるのは，土佐藩が十分な旅費を持たない遍路を国境で追い返しているという文言であろう．『憲章簿』遍路之部では，こうした法令は1837年（天保8）および1838年（天保9）に出ており，1847年（弘化4）や1859年（安政6）の可能性も捨てきれない．

15）ここで，歩けないものは通さないという原則を立てているにもかかわらず，「片輪

の者が「志願」をもって順拝する場合は例外とされていることも注目される．先に議論したような，宗教的・信仰的実践としての四国遍路をある意味で尊重していたという，著者の考える土佐藩の四国遍路観に合致するものといえよう．

16) 本稿では原則として高知県立図書館編の『憲章簿』を参照しているが，資料58に関しては，広江 清編『近世土佐遍路資料』を併わせて参照した．ここでの第3項目は「六拾六部の儀は三ツ道具」で改行し，「右夫々」以下は1から3までの付属説明と解釈しなければ意味が通らない．高知県立図書館編は，ここに改行を入れずに文をつないでいるため，上記のことが不明瞭になっている．よって，ここでは箇条書きの項目を明確にするため，広江 清にならって上記のような形に変更した．

17) 安政への改元は11月27日であるため，地震発生時は嘉永7年となる．しかし，本文中に述べたように，これらの地震は通常「安政」の名前で呼ばれるため，本稿でもそれにならうこととする．

18) 近世土佐藩の遍路政策の厳格さを強調する定説への問い直しは，歴史学者ナタリ・クワメ（Kouamé, Nathalie）によってもなされている［Kouamé 1997, 1998 : 95-139］。彼女は，巡礼者と藩当局および庄屋らとの関係に焦点をあて，(1) 当局がどのように巡礼者を管理しようとしていたのか，(2) その管理は効率的だったかどうか，(3) 当局と巡礼者は敵対的であったか好意的であったか等の問いをたてる．そして，一部の遍路が四国の政治権力を悩ませたものの，全体としては社会秩序に対する深刻な脅威とはならず，藩の課すルールに従う巡礼者に対する態度にはなんら影響しなかったと述べる．当局と巡礼者の関係は良好で，19世紀前半の徳川政権下の全体的傾向を反映し，彼らは領内を比較的自由に通行できたのみならず，藩が提供する発病時における村継ぎなどの支援システムを利用することもできたと述べる．藩の遍路認識の構造と変化に焦点をあてる本稿と，近世政治権力システムに着目し，社会秩序に対する脅威をキーワードとする彼女の分析視角の相違から，議論の内容は大幅に異なるし，またとくに巡礼者を個人的な精神的冒険者であり，強い宗教的動機により俗世間の問題には無関心であるという巡礼者理解や，病人の村継ぎを「支援システム」と理解することには異論もあるが，こうした問い直しの姿勢や，「巡礼者の目的と行動が宗教的なものであれば，当局に寛大に扱われた」という指摘は，本稿の主張と重なるものであり賛同を表明したい．

19) 『四国遍路図会』(1800?) には，52番大山寺の本坊が，「納経をとる辺路には白米壱合宛施行」［伊予史談会編（図会）1997 : 273］と納経するものに限り接待を行っていたことが記されている．文脈は異なるが，接待の対象を選別するものとして，やはり「納経」の有無が判断基準になっていたことは，遍路者を分かつまなざしを考える

第2節 遍路者認識のモダニティ－ambivalentな境界性と排除に向かう＜分類のまなざし＞　327

うえで確認しておいてよいだろう．
20) 会議の開催場所をとって，第1回を「丸亀会議」，第2回以降を「琴陵会議」ともいう．
21) ただし，こうした「四国」という境界（border）意識に関しては，後の県令布達等から判断すると，それほど拘束力を発揮しなかったように思われる．
22) 本稿では，徳島県（名東県時代および高知県時代を含む）のものは徳島県立図書館所蔵のコピーを，愛媛県のものは愛媛県立図書館所蔵の活字化された同名の書物を，一次資料として参照した．なお，徳島県立図書館のコピーのファイル背表紙にかかれたタイトルは，県令布達や布告など時代によって名称のちがいがみられたが，本稿では布達に統一した．
23) 広江清によれば，『高知県史料』（全51巻）は，1872年（明治5）から1885年（明治18）にかけて，高知県史誌編輯委員会によって編纂され，中央に提出された1871年（明治4）から1881年（明治14）までの史料ということになっている［広江1966］．
24) なお，この時の名東県は香川県を一時的に合併していた（1873年2月20日〜1875年9月5日）．
25) 1871年（明治4）の名東県でも遍路・袖乞人を含む脱籍無産者を他所より船で県内に入れることを禁止する布達が出されている（明治4年8月27日・130号）．
26) 徳島県立図書館所蔵のマイクロフィルムを参照した．
27) 著者が参照したものには，「これは本庁十四課より支庁四課へ通知し，巡査のみに配布したるもの故，只□日の用に□□□たる事」という書き込みがある．□の部分に綴じ穴がかかっており，十分に読み取れないが，本体の県令布達とは異なり，少なくともあまり公に出回るものではなかったと思われる．
28) 高知県立図書館所蔵のマイクロフィルムを参照した．
29) 愛媛県立図書館所蔵のマイクロフィルムを参照した．
30) ここで取り上げた『同行二人』および『四国霊場案内記』については，喜代吉榮徳氏にご教示いただき，かつ氏所蔵のものを閲覧させていただいた．ここに記して感謝の意を表したい．
31) 実際に遍路行をしたかどうかは現在のところ未確認であるが，その著書から遍路に対する興味関心はあったことはうかがえる．
32) 安田寛明氏に関しては，現在名古屋市に在住の寛明氏の孫にあたる方々からさまざまなお話をうかがうことができた．また『四国遍路のすゝめ』について，本稿では徳島県立図書館所蔵の原本を参照したが，後に同書を復刻・出版された安田一雄氏から復刻本を寄贈していただいた．ここに記して感謝の意を表したい．

33）ただし，付け加えておきたいのは，彼自身「私は寺院生活者であつて此んな極端な建議を持出しましては信仰上にとり矛盾をしはせぬかと或いは御咎なさる人もあらふかと思われますけれども，此儘に改良を怠るときはお四国の人に永遠の損害を与え，亦お四国まいりする人の不利益となりて長旅にとり身体の為にならざるのみならず，不愉快な旅となりますから，時勢に伴ふ旅行をせねば駄目だと思ひまして……」［安田 1931：353-354］と述べるように，あくまでこれは，彼の四国遍路の提言という文脈上のものであるということである．氏の子孫の方によると，安田氏は「乞食」を冷遇するような人ではなく，むしろ庵にくる乞食に対し自らの食物をも分け与えるような人であったという．ここで議論されているのは，あくまで一般の遍路が托鉢行をすることに関してであり，その文脈をはずれたところでの「乞食」にはまたちがった考えをもっていたことを付記しておきたい．まして，ここでの議論を（本稿全体に対していえることであるが）差別意識と関連づけて読まれることは，著者の意図から大きく逸脱するものであることを，念のため強調しておく．

34）この意味で，少なくともこれらの諸政策は，「遍路（巡礼）排斥論」と一括りに呼べないものと思われる．

35）両者は偶然にも同名のタイトルであった．

36）『高知県史』民俗資料編に掲載された「桂井素庵日記」と照合して確認したが，広江自身が解題で「寛文」と述べており，資料3,4については正しい表記がなされているので，たまたま資料2,5,6について誤記が発生したのだと思われる．

第5章
四国遍路のターミノロジー −接待の実践とヘンドの解釈学−

　本章は，複雑なまなざしの力学をもつ，巡られる地域社会の遍路者認識構造を，フォークタームのレベルから解きほぐし，彼らの遍路者認識における解釈の揺らぎのメカニズムを説き明かすことを目的とする。

　まず近代的排除システムが，巡礼者や地域社会に意識されつつも，接待＝托鉢の当事者のレベルで限界づけられていたことを確認する。そのシステムの動力である＜分類のまなざし＞は，「遍路」を明確な基準に従って徹底的に分類していく認識の構造であった。巡られる人々も，これに近い認識構造をもち，フォークタームを用いて遍路を語り分ける。だが，時にその語り分けは反転し，結果的に遍路の両義性を表象するような語りがなされていく傾向がある。

　とくに本章で注目するのは，こうした認識と解釈のゆらぎが顕著に表出する「ヘンド」と呼ばれる来訪者である。信仰の希薄さ，不衛生さ，強欲さなどによって特徴づけられるヘンドは，しばしば「本物」の巡礼者と理解されるオヘンロサンに対比する形で，彼らの語りの中に登場し，乞食概念に引きつけられながらも，時に巡礼者概念に引き戻されるという，両義性をもつ境界的存在であると考えられる。だが，これまでの四国遍路研究はヘンドを，遍路や乞食といった一般概念に回収し，その両義性や境界性，ひいては彼らの「語り分け」という遍路認識そのものについて注意をはらってこなかった。

　本章では，フォークタームの掘り起こしや，その分析概念化，解釈モデルの構築などの作業を通して，巡られる人々が＜ヘンド＞概念や語り分けをどのように駆使して，遍路を認識するのかという具体的な分析を，比較的近年の事例について行う。

330　第5章　四国遍路のターミノロジー－接待の実践とヘンドの解釈学－

第1節　巡られる人々の遍路認識に迫るために

1-1．＜分類のまなざし＞の限界

（1）排除の網をかいくぐる人々――高群逸枝『娘巡礼記』より

　本章の議論を始めるにあたって，まず，高群逸枝の『娘巡礼記』から次のエピソードを紹介したい。

　　　鶴林寺の山を下りた時には日もどうやら晩(おそ)いやうでも有るし，大分疲れたので村の人達に宿を聞くとすぐ其処に善根宿が有ると教へられ (a) 漫珠沙華に埋もった草径を踏みわけて在農家を訪れた。そこには親切さうなお爺さんがゐて声を低くし乍ら，
　　　「此頃警察が八釜(やかま)しくなりまして善根にでもお泊めすると拘留だの科料だのと責められます (b) からお気の毒だが納屋でよろしいか (c)」と怨う言ふので，「え，よろしいとも」とお爺さんが答へると直ぐに其所へ案内され驚いた。
　　　［高群　1979：180-181］

　高群が驚いたのは，通された「納屋」が馬小屋の隣で，その耐え難い臭気とあまりの居心地の悪さにである。可哀相に彼女はその夜，一睡もできなかったらしいのだが，もちろん本書の着眼点はそこではない。
　このエピソードからまず確認したいのは，高群らが巡礼を行った1918年（大正7）の徳島県下では，善根宿は警察が厳しく取り締まっており，見つかると刑罰が科せられたということである（下線部b）。高群は愛媛県で「遍路狩り」にも遭遇しており，警官に原籍氏名と路銀の有無を尋問されている［高群　1979：217-219］。また彼女らは道中，「修行」しながら巡礼を行ったのだが，実は当初から「其の事は，法律上からは禁ぜられて有る」［高群　1979：101］を知っていた。これらのことから，接待＝托鉢を禁じ，戸籍制度や風俗改良運動，公衆衛生など，さまざまな近代の制度，知識，価値観によって理由づけられ，県・警察・

第1節　巡られる人々の遍路認識に迫るために　331

新聞などが一体となって展開した四国遍路の近代的排除システムは大正期にも存在し，リアルなものとして巡礼者や地域社会に意識されていたということが理解できよう。

だが同時に押さえておかなければならないのは，そんな状況下にあっても，この「親切さうなお爺さん」のように，リスクを背負いながらも接待する人々がいたということ（下線部c）と，さらには，それを地域社会の人々が周知していたということである（下線部a）。もちろん高群らも法に触れることを承知で托鉢を行っていた[1]。高知県で彼女らに托鉢のノウハウを教えた遍路は，遍路狩りで留置された経験を踏まえて，「信心と法律とは矛盾している形だから変だ。つまり四国遍路のお修業は公然の秘密になってゐる」[高群 1979：101]と述べている。したがって四国遍路世界では，法の下，警察権力によって実施される，托鉢＝接待禁止令や「遍路狩り」等，一連の近代における遍路取締政策がリアリティをもちながらも，同時にそうした権力の網の目をかいくぐる実践や「近代的乞食観」[真野 1991：34]に回収されきれない認識が，なお併存していたのである。

(2) 反転するまなざし——村上 護「遍路幻想」より

なぜ彼らは，そのような振る舞いを続けたのであろうか。巡礼者や地域社会のこの心性を考察するうえで，重要な手がかりになりうると思われるのが，愛媛県出身の作家・村上 護（1941- ）が，自らの子ども時代を回想した次のテクストである。

　　　四国のほとりに育った者には，お遍路さんに馴染みをもつのも，別段のこととは思えない。いつでも春先になれば，チリンチリンと鈴を鳴らし，おおぜいのお遍路さんがやって来る。その鈴の音を聞くと，報謝のために急いでわが家に帰ったものだ。多い日には，十数回と度重なることもあった。
　　　お遍路さんへの報謝は，たいてい子供の日課であった。私も物心ついたころには，竈のかたわらにあった米櫃に走り，ひとすくいの米を布施とし，軒先のお遍路さんに差し出したものだ。
　　　（中略）
　　　そのころ，やって来る遍路の身なりはさまざまであった。白衣に笈，菅笠

に金剛杖の本格派は少なくて，物もらいに近い遍路が多かった。<u>へんど，へんどと軽んじて呼んでいた</u> (a) ことを思い出す。けれども<u>報謝に分け隔てはなく，与える米の分量は同じであった</u> (b)。そうするように，家の年寄りから教わっていた。

　（中略）

　お大師さまというのは，もちろん弘法大師空海のことである。あるときは旅僧で，あるときは物乞いのへんどに身をやつして，いつ家の軒先に現れるかもしれない。四国にはそういう伝承がなお生きており，祖母などは深く信じるひとりでもあった。

　「<u>もしもその人が，お大師さまじゃったらおおごとだよ。お遍路さんでもへんどでも誰でもええ，わけへだてなくお接待せにゃいけん</u> (c)」

　親は留守番の子にそういい聞かせ，野良仕事に出たものである。
　　　［村上 1984：1-5］

　村上は1941年（昭和16）生まれであるので，ここでの記述は昭和20年代前後のことだと考えられる。当時は多数の遍路がやってきていたことと，彼らには「報謝（＝接待）」を行っていたことが述べられ，次いでやってくる遍路者への認識について興味深いことが語られている。

　まず下線部aでは，遍路を外見から認識上2つに分類していたことが明かされる。ひとつは巡礼服と用具一式を身につけた「本格派」で，もうひとつが「物もらいに近い遍路」である。数的に多かった後者は，「へんど」と呼ばれ，軽視したという。だが接待を実践する局面においては，両者は同一視されたし，そうすることを年長者から伝承されていた（下線部b）。

　なぜ彼らはわざわざ認識と実践とをずらすのであろうか。大人たちが説明する理由が下線部cである。ここでは巡りくる遍路を，「お遍路さん」と「へんど」に分割（divide）しながらも，「お大師さま」を媒介として統合（integrate）するという，反転するまなざしの力学が語られている。

　ここで，「お遍路さん」と呼ばれているものは「本格派」と形容され，「へんど」と呼ばれているものは「物もらい」に近いと形容され，しかも軽んじられていたという。このことから，この分割作用は明らかに正統と異端を両極とするもので

あり，後者を排除へと方向づけるものである。その意味では第4章で見出した＜分類のまなざし＞にきわめて近い。

　＜分類のまなざし＞は，「遍路」を金銭の有無などの明確な基準に従って，存在を許される巡礼者と，無産者とみなされ取り締まり対象となる乞食に徹底的に分類（classify）していく認識の構造であり，近代的排除システムの駆動力であった。それは排除の担い手のみならず，巡礼者側にも戦略的に導入され（もちろん，それによって巡礼者側もシステムに取り込まれることになる），近代の四国遍路世界において，大きな文化的プレゼンスを有していたはずである。だが，ここでは＜分類のまなざし＞は破綻している。なぜならば，この分割作用は確かに，対象者を「物もらい」という他概念に近づけ，異端へ方向づけるが，それが分類として確定される前に，正統の方向へと引き戻され，排除には至らないからである。

　その意味でここにみた「お遍路さん」と「へんど」は，あくまで認識レベルでの一時的で非決定的な分割にすぎない。そしてこの分割作用が反転し，統合へと転換されることで，対象者に対する認識と実践は一致せず，解釈には曖昧さが残される。

　本章の目的は，近代的排除システムと＜分類のまなざし＞を実践レベルで限界づける，このような認識と解釈の揺らぎに対し，日常的実践としての接待の視点から迫ることにある。

1-2. 日常的実践としての接待——本章の視点

　本書の基本的視座は，四国遍路を「遍路という特定の意味性を付与された他者を送り込む装置」として捉えるものである。地域社会は遍路の巡りによって受動的に巡られるという立場を与えられる。そして，巡りが継続的なものである限り，巡られるというポジションは安定的に半固定化され，彼らの生活における文化的・社会的条件のひとつとなる。

　また，これまでみてきたように，時に遍路たちは接待＝托鉢を求めて，地域社会を広域に巡られる立場に巻き込んでいく。そこでは，人々と遍路との接触が日常化され，接待も反復性を獲得する。このとき，彼らの接待は「さまざまな社会，文化のなかで，あるいはそのあいだで差異化しながらも，日常生活のすべての場

面でみられるルーティーン化された慣習的行為」[田辺 2002a : 3]と田辺が規定する日常的実践となる。このような「日常的実践としての接待」は，往々にして受動的で無自覚的なものであり，これまでの四国遍路研究・巡礼研究ではまったく顧みられることがなかった。

だが，日常的実践としての接待への着目は，これまで理念的に一時的体験と理解されてきた巡礼概念[2]を相対化する可能性をもつという点できわめて重要である。巡られる人々にとって巡礼は持続的な体験である。巡られる社会は，繰り返される個々の実践を通して，絶えず再解釈されつづけるダイナミックな巡礼観の貯蔵庫であり，巡礼とは何か，巡礼者とはどのような者であるかという巡礼研究の根本的な問いに対する，オルタナティブの発見が期待されるフィールドなのである。

1-3. 両義性のダイナミズム──課題と方法

(1) 異人論と巡礼研究

本書のような「巡る／巡られる」という関係を，地域社会の側から考察する視線の取り方は，文化人類学・民俗学で展開されてきた異人論に近い。そこでは，巡礼者や遍路もしばしば異人として理解されてきた。

例えば，赤坂憲雄は「巡礼を迎える土地の人々（定住民）にとっては，巡礼は＜漂泊＞の通過者もしくは名もなき＜異人（ストレンジャー）＞である」とし，巡礼者と定住民とが「喜捨」によって両義的につながっているとして，「巡礼は村々に恵みをもたらすと同時に災いをまきちらす存在，いわば，＜聖＞と＜俗＞のはざまを両義性（敬いと怖れ）をおびつつ生きる＜異人＞ということができる」と述べる[赤坂 1992（1985）: 139]。

赤坂の巡礼者＝異人論は，彼が強調する関係概念としての＜異人＞観に基づくものである。この考え方は，著者の巡られる側からの巡礼者へのまなざしという捉え方に重なり合う部分が大きい。赤坂は，「＜異人＞の表象＝産出の場にあらわれるものは，実体としての＜異人＞ではなく関係としての＜異人＞，さらにいって，＜異人＞としての関係である」[赤坂 1992（1985）: 21]と指摘するが，こ

第1節　巡られる人々の遍路認識に迫るために　335

こで「＜異人＞の表象＝産出の場」と呼ばれているものこそが，著者が着目する「接待」の場にほかならない。

　ただし，「かれら（巡礼者）の＜異人＞性とは，巡礼という通過儀礼の境界状況にあるための属性であり，一過性のものである」［赤坂 1992（1985）：139］としながら，直ちに四国遍路の「遍路乞食」や中世ロシアの「遍歴巡礼〔ペレホージェ・カリーキ〕」などの恒常的巡礼者について言及する彼の巡礼理解には，不満が残る。近年の巡礼研究では，例えばイアン・リーダーが指摘する，"Pilgrimage as a Way of Life"［Reader 2005a］というような，巡礼の日常化が議論されていることを踏まえるならば，一過性の巡礼と恒常的な巡礼を区別して議論することが必要となろう。また，四国遍路については，四国自体が死霊のおもむく「死国」であり，海上に浮かぶ浄土という両義性をもつ「他界そのもの」であるとして，「海をわたり＜聖＞なる霊地である四国に足を踏みいれた瞬間から，遍路は＜他界＞を彷徨する人となった」［赤坂 1992（1985）：140］とするが，この「海」と「他界」のメタファーは，四国出身の巡礼者の存在が考慮されていないという欠点があり，賛同できない。

　こうした異人観念のひとつに，折口信夫の創出した「マレビト」概念がある。折口のマレビトは，海の彼方の他界から共同体を祝福するために定期的に来訪する神であり，また同時にそれらを背負う遊行宗教者や芸人であるとされる［折口 1965，池田 1978 等］。小松和彦は，折口のマレビト概念を，「定住農耕民社会としての民俗社会の人びとから見た場合には，彼らが認識するさまざまな位相に現れる「異人」の一部，しかもきわめて重要な一部をなすものであったといえる」と，山口昌男を参照しつつ，やはり関係概念としてその意義を評価する。だが同時に，マレビト概念における民俗事象と分析概念の混在を厳しく指摘し，両者を明確に区別したうえで，後者を精緻化する必要を説く。具体的には，折口のマレビト概念を，「儀礼上のマレビト」と「人間＝異人としてのマレビト」とに分け，発展論的な時間軸を抜き取って超歴史化したうえで，さらに「祝福をもたらす正の側面」と「災厄をもたらす負の側面」を合わせて4つの概念として再構築することを提案している［小松 1995（1985）：172-178］。

　つまり，異人概念は赤坂憲雄，小松和彦という2人の先学によって，正／負あ

るいは聖／俗などの両義性をもつ関係概念・分析概念として捉え直されたわけである。この視点を巡礼研究，とくに接待を通しての巡礼者認識に応用するとき，赤坂においては「異人」の両義性が，「巡礼という通過儀礼の境界状況にあるための属性」［赤坂 1992（1985）：139］と，あくまで概念的なものにとどめられるという限界に突き当たる。

　また小松は，現実社会においては再構築された4つのマレビト概念が，「互いに影響しあい，変形しあうことで，ダイナミックな動きを示していることを私たちは知ることになるであろう」［小松 1995（1985）：177-178］と予言的に述べるが，そこからは，巡礼者に関係することになった巡られる人々が，実際にどのようなリアクションをとり，そのなかでどのように意味づけがなされていくのかという具体化の問題が立ち上がってくる。さらには，接待＝托鉢という関係性を，儀礼的コミュニケーションと理解するならば，V.ターナーのコミュニタスやリミノイド概念がもつ，儀礼による構造や意味の転換という視点を重ねることも必要であろう［ターナー 1996（1969），1981（1974）］。

　つまり，異人論と巡礼研究とを接合するならば，四国遍路では，接待を通して，巡礼者の異人性がどのように「関係性」の中で構築・転換されるのかという，異人の両義性のダイナミズムに関する問いと，その具体的考察という課題が浮かび上がってくるのである。

(2) 認識論的アプローチ

　こうした課題に対して，ここでは認識論的アプローチによる考察を進めたい。これは，巡礼や巡礼者の「実態」を明らかにすることよりも，それらがどのように人々に「認識」されているのかを解明することに主眼をおく方法である。いうまでもなく，この関心は認識人類学や象徴人類学，解釈人類学といった構造主義以降の文化人類学の方法論と深いかかわりがある。参照すべき文献は多いが，ここでの著者の関心に最も近いものとして，本稿ではとりあえず認識論的に構築される秩序の網の目，すなわち分類体系からこぼれ落ちる曖昧なものが，"polluted"，"impure"といった不浄観念と結びつくことで忌避され，排除されるという思考様式を指摘したメアリ・ダグラス（Douglas, Mary）の名前をあげておく［ダグラス 1995（1969）］。

第1節　巡られる人々の遍路認識に迫るために　337

　本章での関心は，巡られる人々がどのようなものを「遍路」として，認識・解釈しているのかという問いに集約される。

　これについては，四国在住の民俗学者が，遍路者の類型としてこれまでにもいく度か言及してきた。例えば藤井洋一は「ひとくちに遍路といってもいろいろあった」として，いくつかの類型をあげているが，重要なことはそのうち「オヘンロサン」だけに善根宿を施し，「ホイト」にはすぐ食べられるものを与え，「オゲヘンド」は敬遠する［藤井 1994：22］，というふうに，呼称（ラベリング）が応対（リアクション）と関連づけられていることである。

　著者はこれまで，四国の地域住民を巡られる人々と捉え，彼らが巡礼者との交流によって培かってきた知識や技法に関心を寄せてきた［浅川 2001,2003］。遍路者の類型，つまり巡礼者イメージのヴァリエーションはまさに知識の問題であり，それは接待というコミュニケーション技法と不可分である。接待は巡礼者への施行の場であるが，同時に巡礼者に対してまなざしを注ぎ込み，想像力を駆使して認識し，概念化する場でもある。そして，彼らの巡礼者理解がそれぞれの体験を通して，蓄積され，洗練され，共有されまた体系化されることで，巡礼者に対する認識構造を形成してきた。巡礼者に対する呼称や巡礼者概念のヴァリエーションを解釈学的に分析することは，地域社会の巡礼者に対する認識構造に迫ることにほかならない。

(3) フォークタームへの着目

　このような関心から，本章ではフォークターム（民俗語彙）に着目する。前述したように，遍路者を指し示す言葉には多くの種類がある。地域社会にとって遍路はひとつの像に収束するのではなく，さまざまなヴァリエーションに展開されて理解されているのである。これまでの研究は，個別の語彙の収集や分類，一義的な解説は行ってきたものの，体系化や総体的な把握については未着手であった。

　ここでは，多様な言葉の中から，とくに村上のテクストにもあった「ヘンド」という言葉に着目したい。これまでの四国遍路研究では，戦前期には盛んに紹介されたものの十分な解明には至らず，戦後期にはほぼ等閑視されてきたこのフォークタームを，実際にフィールドから掘り起こす作業から始めてみたい[3]。

第2節　巡られる人々の民俗誌－昭和30年代頃までの阿南市を中心に－

2-1．巡られる体験に関する聞き取り調査について

(1)「ヘンド」に関する認識論的切断

　地域社会の巡礼者認識の解明に関して，重要な手がかりとなるのが呼称である。そして，これまで何人かの研究者が言及しながらも，いまひとつ明瞭に把握できていないのが「ヘンド」という言葉である。とくに戦前の四国遍路研究において熱心に取り上げられ，四国遍路を指す本来的な用語であるか否かという語彙論展開と，「賤民」論的展開があったことは，第1章でまとめたとおりである。そして前者においては，同時代的なフォークタームの「ヘンド」を，文字化された歴史資料上の「辺土」等に安易に結びつけるという問題があり，後者に関しては乞食等の一般的概念に回収されてしまい，オリジナリティやローカリティが切り捨てられるという問題があった。

　本書では，この「ヘンド」を，歴史資料の「辺土」や記述語としての「遍路」，あるいは乞食などの一般概念から認識論的に切断し，巡られる人々のフォークターム（民俗語彙）として捉え直すことを，改めてここで表明しておきたい。

(2) 巡られる体験に関する聞き取り調査

　最初に，遍路の巡られる体験についての聞き取り調査を紹介したい。これは過去帳調査（第3章）で明らかにした「乞食圏（mendicant zone）」の，その後の展開を調査する目的で行ったものである。「乞食圏」とは，「理念的に巡礼世界とは無関係ながら，巡礼者側の「托鉢（乞食）」と，それに応える地域社会側の接待という両面的な実践によって日常世界側に押し広げられた巡礼世界」として，著者が規定した概念である。第3章では，「乞食圏」が巡礼路をはずれたいくつかの地域で昭和30年代頃まで確認できたことを明らかにした。したがって，遍路に「巡られる」という状況に置かれた人々は，かなり広域に存在していたことになる。彼らはどのような巡られる文化・民俗を構築し，その中で暮らしていたの

第2節　巡られる人々の民俗誌－昭和30年代頃までの阿南市を中心に－　339

であろうか。

　第3章では，巡られる経験を有する語りの「分布」を示すにとどめたが，本章では改めてその内容について，彼らが巡りくる遍路たちをどのように呼称し，関係をもっていたのか。そしてその巡られる経験を彼らがどのように解釈し，内面化していたのかという観点から分析したい。すなわちこれは，巡られる人々の民俗誌的記述から，彼らの遍路者認識の構造を，「ヘンド」という概念に焦点を当てて探る試みである。

(3) 異文化としての四国遍路——著述のポジション

　フィールドワークの記述に入る前に，ここで調査者である著者自身のバックグランドについて若干，触れておきたい[4]。著者は1973年に四国で生まれ，18歳まで当地で生活した経験をもつ。だが，本研究を開始する以前には，「ヘンド」という用語はまったく知らなかった。「四国のほとりに育った者には，お遍路さんに馴染みをもつのも，別段のこととは思えない」［村上　1984：1］と述べていた村上とちがって，著者の場合，そもそも四国遍路自体にほとんど馴染みがなかった。四国に八十八ヵ所霊場があることぐらいは知っていたが，地図等にマークされているローカルな文化財のひとつとして理解していた。巡礼者や巡礼行，接待，遍路道等については意識した記憶がない。このことは，著者が四国で生活した年代や，著者の生活圏が遍路道や札所寺院とほとんど重なっていなかった等の事情が関係しているだろう。というわけで，著者が四国遍路について関心をもつようになったのは，大学院修士課程でこの研究を始めて以降のことであり，四国遍路には常に東京方面からアクセスしている。

　もちろん，フィールドワークにおいては，言語や生活感覚，土地勘などが生かされていることを実感する。しかし，こと四国遍路に関しては，著者は四国出身でありながら，ほとんど「異文化」として接触・理解しているし，現在でも多くの場合，そうである[5]。そこで，次に著者がフィールドワークを通じて，どのようにこの言葉に接するようになったかということについて述べておきたい。

(4) フィールドでの「ヘンド」

　著者は1997年から四国遍路のフィールドワークを行っているが，その最初期

にふたつの疑問に行き当たった。そのひとつが、四国遍路の語りにしばしば登場する「ヘンド」である[6]。当時著者は、過去帳上は不可視化された近代以降の遍路の活動範囲を探るために、過去帳調査に平行してその地域に遍路者が来訪していた（している）かどうかについての、聞き取り調査を行っていた。ある寺院の住職は、遍路道からはずれたこの町にも、昔は遍路がきていたという語りの中で次のように述べた。

　　　ここらではヘンドいうて呼んびょったな。ほんまはヘンロいうんやろうけど……。ヘンドいうんは、まあ、ここらの方言ですわ。

彼は初め、ヘンロを用いて語っていたのだが、ふいに途中でヘンドをもちだし、これをヘンロの方言と位置づけたのである。
　また、県南の牟岐町に縁のある女性2人が交わした会話の中に、次のようなやりとりがみられたことがある。

　　A「昔はこのあたりにも遍路がようけきよったな。」
　　B「ほなけんど、ヘンロとはいわんかったな」
　　A「ほうじゃ、ヘンドじゃ。ヘンドとかコジキヘンドとか、いいよった」

ここでは、ヘンドをヘンロの古語と解釈しているようにみえる。だが、同時にコジキヘンドという別のニュアンスをもつ言葉が想起されていることも、見逃せない。なぜ遍路についての語りの文脈に、ヘンドという別の語彙が持ち込まれ、時にそれは遍路概念を逸脱せんとする傾向をみせるのであろうか。
　こうした疑問を基に1997年から1999年にかけて、過去調査地域の寺院住職を中心に、徳島県内で40名ほどの、主として40歳代以上の人々から話を聞いた。すると、そのほとんどが昭和30年頃まではやってきていたと答え、さらに半数がヘンドという語彙を持ち出したのである。残りの半数においても、「ヘンロじゃなくてヘンドといっていた地域もあるみたいですが」と尋ねると、「ほうじゃヘンドじゃ」と思い起こしたように賛同し、「物乞いみたいな汚い格好で……」と続けられる確率はかなり高い。

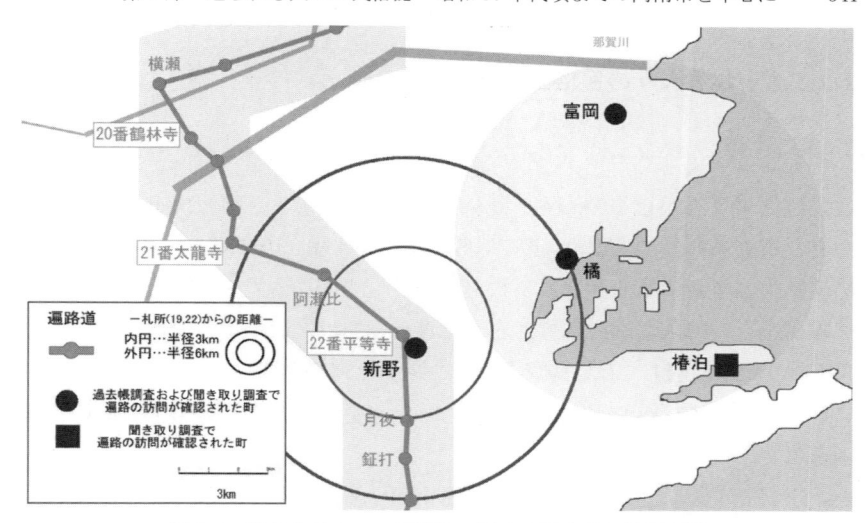

第 2 節　巡られる人々の民俗誌－昭和 30 年代頃までの阿南市を中心に－　341

図 5-1　巡られる人々の民俗誌に関する調査地の位置関係

　さらにヘンドの中身を聞いていくと，「ロクに拝みもせなんだ」「コジキ・ルンペン，今でいうホームレス」など，「今でいう遍路とは別物」という認識が多い。外見については，「菅笠」「鉢」「鈴」などは持っているが，「白衣」「金剛杖」は持っていたり，持っていなかったりと意見が分かれてくる。「納経帳」「納札」になると，持っていなかったという意見の方が多い。接待するとその返礼としてのヘンロは読経を行ったり，納札をわたしたりするのだが，ヘンドの場合はそのようなものはなかったという。

　これらの語りを簡単にまとめると，ヘンロとは，「奇麗な格好で札所寺院で見かけるアレ」であり，当時の日常的に見聞したり，接待＝托鉢を通じてコミュニケートしたりする遍路者にはヘンロは少なく，多数を占めていたのは「汚いコジキみたいな遍路」であり，それらはヘンドと呼ばれていたのである。

　総論としてはだいたい以上のようになる。次にこれらを，より個別的・具体的に地域に引きつけて検討してみたい。事例として，第 3 章で筆者が乞食圏として規定した徳島県阿南市海岸部の中から，中心都市の富岡，港町の橘，半島の先端部という巡礼者にとって極端に訪問しにくい地理的条件下にある椿泊，そして札所寺院近辺の新野という 4 つの地域を取り上げる。

2-2. 巡られる人々の民俗誌

(1) 富　　岡

　富岡は，平等寺から10km程度北東に離れて位置する，阿波南方の政治・経済の中心都市である。ここでは，下町地区のJ寺の住職（1935年〈昭和10〉生まれ）と酒屋経営のT氏（大正生まれ）に話を聞くことができた[7]。

　住職が小さい頃に富岡で見ることができた遍路は，次のようなものである。まず，呼称の問題に関しては，富岡では「ヘンロとはいわずにヘンドと呼んでいた」といい，その後で「ヘンドというのは，ヘンロを指すこの辺の方言」という認識が示された。

　ヘンドが指し示すものには（1）普通の四国霊場巡拝者，（2）物乞いに近いような人の2種類があるのだという。ただし，富岡でおもに見かけたのは（2）に類する人であり，（1）はほとんど見かけなかったそうである。（1）は「札所などに行けば会える」という，どちらかというと非日常的な存在であり，普段から日常的に接する人々ではなかった。日常的にやってくる者としては，富岡では「ヘンド＝物貰い」という図式が一般的で，ヘンドが戸口に立つと「オヘンドハンがきたけん，何ぞあげよか」というふうに思ったのだという。ただし，（2）のタイプもさまざまで，「汚い乞食みたいな人」が多かったというが，彼らが四国霊場を巡っていたかどうかに関しては定かではない。ただ，なかにはどう考えても巡拝はしていない「ただの物貰い」だろうと思われる人もいた。

　子どもたちはそのようなヘンドを見かけると，「ヘンドがきた，ヘンドがきた」といって後についていったりもしたという。さらに，「（富岡でみられた）ヘンドというのは普通の乞食，ルンペンに近いもの。今日ではテレビとかで見るホームレス」とも話したが，ヘンドとホームレスとは装束や（托鉢するという）行為の点で相違があるということも付け加えた。すなわち，富岡における日常的な感覚としてのヘンド像は，巡礼者の格好をし，お経のようなものを唱えながら托鉢する者だということである。

　T氏の語りも，概ね似たようなものであった。T氏は（2）のタイプのヘンドについて語った後で，「昔は福祉がなかったから，そういう貧しいヘンドがよう

け［たくさん］きていた」と付け加えた。

(2) 橘

著者が大潟庵[8]で出会った橘出身の中年の女性Aさんは，昔，彼女の父が自宅に遍路を泊めていたと語った。「うちのお父さんは信心深い人だったけん，善根宿をようしよった。汚いヘンドでも泊めて風呂に入れたりしていた」。当時は橘にも，ヘンドがよくきていたということである。

また別の中年女性Bさんは，「本当の意味でのオヘンロサン」はあまり見かけず，橘に立ち寄って「（接待を）もらいにまわってくるオヘンドサン」が多かったという。

橘のK寺住職は，「ヘンロ（彼はヘンドという言葉は使わなかったという）がよく寺にきていて，大師堂などに泊めた。だいたいは汚いコジキヘンロで，彼らは山水で洗濯したり炊事したりしていた」と語った。そして，そのような遍路がきていた時期をだいたい1955年（昭和30）頃とし，現在では皆無であるという[9]。

(3) 椿　泊

椿泊（つばきどまり）は半島部先端に位置する港町である。戦前は阪神方面への汽船が発着するなど，賑わった街であった。よい漁場にも恵まれ，富岡より小学校の生徒数が多かった時期もあったという。遍路道からはまったくはずれており，四国霊場の巡礼が目的ならば，この町への来訪は，地形的にみてもきわめて非合理的なことである。だが，ここにも遍路がきていたと，F寺住職（1927年〈昭和2〉生まれ）は語る[10]。

　　住職：（阪神方面から汽船で）オヘンロサンがきよったかっていうたら，記
　　　　憶にないし，聞いたこともない。
　　著者：お電話で（事前に）うかがったのは「コジキはようきよった」と……
　　住職：そうそうそう。あれは，オヘンロサンの真似をしよったんか知りませ
　　　　んけど，お寺にもちょいちょいきよりましたよ。そう奇麗な，なんで
　　　　はなかった。椿泊の家を一軒一軒，お経いいよったんかどうか，それ
　　　　も知りませんでしたけど，鈴を振ってね。ただ，あんまり汚い人には
　　　　布施をしよらなんだように思います。奇麗にするというかこざっぱり

しとったら「あげよか」いう気持ちもあるんでしょうけど，割合廻ってきよる人は汚らしい格好してましたね。

　まず，住職は椿泊に汽船で上陸するような遍路はいなかったという。きていたのは「コジキ」というが，その「コジキ」の中身は「オヘンロサンの真似」をしていたような，汚い格好で托鉢を求めてくる人であったそうだ。

　　著者：格好はでも巡礼の格好で……
　　住職：ええそうです。笠被ってね。背中に笈づるやってね。割合大きい荷物を持っとりましたから……。結局まあ，あれ，ホントにお四国を廻りよって（立ち寄ったのか）……。この辺は，善根宿はなかった。お接待があったんでしょうかね。

　外見は「遍路姿」であったというが，荷物が大きいというのがひとつの特徴である。彼らが四国霊場を巡礼している途中に立ち寄ったのか，それとも霊場など巡拝していないただの物乞いに過ぎなかったのかは，よくわからないということであった。また，「お接待があったんでしょうかね」という表現からは，乞食圏を形成するような遍路の行動様式，すなわち接待があるところに遍路は向かうのだという認識が，地域社会の側にもあったことが理解できる。

　　住職：汚い風［格好］しよった。ホントに歩いてお遍路さんしよったら，あなになるんかもしれませんけど……。オヘンロサンといわずにコジキいうてました。またコジキがきた。
　　　　　「ヘンド」。方言というのか，「ロ」が「ド」よね。ヘンドという。ヘンドコジキというか。いやヘンドコジキとややこしいこといわずに，もう簡単にいよりましたけんね。ヘンド，またヘンドがきた，あるいはコジキがきた。コジキという言葉は，よういいよりましたね。豊かな街へ行ったら恵みを与えてくれる。そう思うたんでしょうか。

　彼は，やってきていた者を「コジキ」という言葉で説明していたが，ここで「ヘ

ンド」という言葉が登場する。両者は結合して「ヘンドコジキ」になるが，すぐに分離して，ヘンドとコジキになり，どちらかというとコジキのほうが優勢だったという。ただし両者は同義語に近いニュアンスがある。また，霊場巡拝の遍路を指す「オヘンロサン」という言葉では呼ばなかったというので，直感的に町の人は彼らを「霊場巡拝の人」と完全に同じとは捉えていなかったことがうかがえる。

> 住職：再々見ましたね，ホントに。（一緒にくるのは）そうようけ［たくさん］ではなかったですね。（多くとも）3人ぐらいだったように思います。4,5人はなかった，1人が大方ですね。で，年輩の人ですね，年輩でも腰が曲った人やでなくて，平等寺の方から歩いてきたんでしょう。背筋のしゃんとした人でしたね。必ず1軒1軒（托鉢して）歩いていきよりましたよね。（接待を）出す人もあり，出さん人もあり。

そのような人を，住職はよく見かけた。そして彼らは，福井（半島の付け根の部分）・新野（22番平等寺の所在地）の方面から歩いてきたと思われ，そのために足腰の達者な人が多かったという。ハンセン病患者や足の不自由な遍路は，まったく見かけなかった。また，接待品は米（漁師町なので貴重品だったという）か金銭であり，魚などは接待しなかったという。それは「なまぐさもの」に関するタブーのような宗教的理由というよりも，腐りやすいので接待に向かないという利便性の問題であったという。

まとめると，半島部最先端の港町にやってきていたのは，霊場巡拝のオヘンロサンではなく，ヘンド，コジキと呼ばれた人であった。しかし，彼らは遍路装束を身につけており，鈴を振って托鉢した。彼らが実際に霊場を廻っていたかどうかは不明であるが，廻っていなかったとも断言できない。そんな人たちがたびたび椿泊にやってきて，接待＝托鉢という形で人々と交わっていた。彼らがきたのは，1955年（昭和30）頃までで，現在はやはり皆無だということである。

（4）新　野

新野は22番札所・平等寺の所在地である。ここでは，Z寺住職の紹介で，遍

路道からはやや離れた場所に住むH氏（男性・80歳ほど）と，家人のIさん（女性・40歳ほど）に話を聞くことができた[11]。H氏は元役場の勤務で，客死遍路の処理も何回か担当したことがあるという（第3章の補足で既述）。H家は，先祖も四国霊場や西国霊場の巡拝に出かけたという古くからの篤信家であり，江戸・明治期の納経帳が現在も大切に保管されている。H氏は，戦時中から戦後にかけて廻ってきていた遍路について，次のように語った。

> H氏：（戦争中は戦地での無事や戦死者の供養のために遍路する人があったという話に続いて）戦争中は食べるものが無い無いいいもってでもな，まだちっと余裕があって，（巡拝の遍路が）廻ってきよった。ほて，タクハツ（托鉢）がようけあった。オヘンロサンみたいにして廻って，托鉢がようけあった。網代笠を被ってな，杖をついてやってきてな。習わぬ経をちょっぴり読んでな。
> 著者：それ（托鉢）は，いわゆるコジキヘンロという人ですか。
> H氏：まま，コジキじゃ。もらうんが目的じょ，生きるためにの。
> 住職：タクハツいうたら，これ，ええ言葉使うけどの。
> H氏：ほてな，お経はひとつも知らんのよ。般若心経もなんちゃ知れへんのじょ。知らんけんど，ただ立ってて「南無大師遍照金剛」，これだけしか知れへん。ほれだけいうて，廻っていっきょった。ほて（米などを）もらって行っきょった。ようけおったよ。ここらな。着の身着のままでまわっりょんけんな。ほんできたら，くさーいわだ。風呂も入らんけんな。ほんな人がようけおったわ。
> （そういう遍路がくると）どないしょったか，いいよったらな，ほの時分やけんな，米を一握りじょ，一握りしか与えれんかった。

新野のH氏宅付近では，富岡・椿泊ではあまり見かけないといわれた，四国霊場を巡拝する遍路もきていたということである。そして，それとは別に，「托鉢」が主目的の遍路がいた。これはその特徴（おへんろさんみたいにして・お経を知らない・不衛生）から，他地区でヘンドと呼ばれていたのと同じ人たちと思われる。彼らも接待の対象であったということだ。

H氏：コジキヘンロとはいわなんだ，ヘンロ，ヘンロといよった。
著者：それじゃ，お四国まわりよる人は，なんというんですか。
H氏：ほれもヘンロじょ。ひとつじゃ。言葉はひとつじゃ。コジキじゃのな，タクハツじゃらのな，ヘンロじゃの，そんな区別はない。
住職：家に廻ってきた者には（家の者がそれぞれ）勝手に名前をつけるわけじょの。普通のヘンロだったら，遍路姿できちっとある程度（身なりを）整うて廻りよんでの。托鉢しもってでもの。ほんでほの中に，ちょっとこう，みすぼらしいんがおるでの。ほのみすぼらしいんをコジキヘンロといよったの。
H氏：今やったら，まあいうたらホームレスっしょ，街行ったらな。ほんな人じゃ。ふつう一般的にいうヘンロというたらな。

　さらに，「普通のヘンロと，コジキヘンロとのちがいは……」と聞こうとする著者の言葉を遮って，H氏は「区別はつかん」といった。どちらにしても「ヘンロ」であり，名称の使い分けはなかったということである。住職の方は，そのように巡りくる遍路を，めいめいに呼んでいたので，なかには「コジキヘンロ」と呼ぶ人もあったことを示唆している。
　最終的にH氏の言によると，コジキヘンロと一般のヘンロの使い分けなどはないが，主流を占めたのはコジキヘンロに当たる人であったということである。ただし，ここでいう主流とは，当時の巡拝者に占める割合ではなく，地元の人々が日常的に接する割合，すなわち家に尋ねくる遍路としてはコジキヘンロに類する人の方が多かったという意味合いである。
　またIさんは，巡りくる遍路についての子ども時代の記憶を，次のように語った。

Iさん：昔っちゃ，よう笛ふいたりしてな。編み笠かぶって笛をふいてくるんよ。私，おっそろしておそろしてな，「オヘンロサンに取られる［連れて行かれる］」いうて，悪いことしたら，ほういわれて［そのように叱られて］……笛吹いたり，ほんまにみょーな格好してよう通っりょった。（著者に）知らんで？

著者：「妙な格好」ってどんな格好なんですか？

Ｉさん：妙な格好って，（著者は）ほれも知らんのやな。平等寺いたら車[12]あるでえな，角ーい［角張った］車みたいなんをな引っ張ってな。荷物いっぱい入れてな。自分のまわりの物を入れてな。がらんがらんいうて引っ張って，ほて，行っきょったよ。あのコジキヘンロいう人は，福祉が発達してからこんようになったな。

図 5-2（参考）平等寺に奉納されている「いざり車」
（2001 年 3 月，著者撮影）

側にいた Z 寺住職は「笛を吹いてきていた遍路は記憶にない」といったが，そのような車を引っ張ってきていた遍路がいたということには頷いていた。そして，H さんと I さんは，彼女が指摘したコジキヘンロについて次のように付け加えた。

Ｉさん：ほんでも，お四国はまわりよんちゃうで，ほれが生活なんよな。

Ｈ氏：うちきよった M さんいう人がほうじゃ。托鉢はここがええとか，布施がええところとか厳しいところとか皆知っとんよ。ほてまだ家に（金銭を）送りょんよの。給料みたいなかたちでな。

2-3．認識構造のデッサン――「語り分け」の発見

（1）共通する 2 つのカテゴリー

以上の語りを，まとめたのが表 5-1 である。まず，ここで語られている遍路は大きく 2 つのカテゴリーにわけることができる。富岡であげられていた，（A）普通の四国霊場巡拝者と（B）物乞いに近いような人である。そして各地域とも，

第2節　巡られる人々の民俗誌－昭和30年代頃までの阿南市を中心に－

表 5-1　昭和 30 年代頃までに阿南市域にやってきていた「遍路」たち

	カテゴリー(A)	カテゴリー(B)						
	呼称	呼称	日常	不潔	托鉢	接待	巡礼	隣接概念	曖昧さ
富岡	ヘンド(A)	ヘンド(B) オヘンドハン	○	○	○	○	?	ただの物乞い 普通のコジキ ルンペン ホームレス	・巡礼者の格好をする ・お経のようなものを唱える ・物乞いに近い ・乞食みたいな人
橘	オヘンロサン	ヘンド コジキヘンロ オヘンドサン	○	○	○	○	△		
椿泊	オヘンロサン	コジキ ヘンド ヘンドコジキ	○	○	○	△	?		・オヘンロサンの真似をする ・お経を唱えていたのかわからない ・本当にお四国を廻っていたのか……
新野	オヘンロサン ヘンロ(A)	コジキ タクハツ ヘンロ(B) オヘンロサン コジキヘンロ	○	○	○	○	△	ホームレス	・オヘンロサンみたいにして ・お経は知らず、真言のみ

　日常的にやってきたのはカテゴリー(B)のほうであるという。新野は「乞食圏」ではなく，遍路道沿線の地域であるが，それでもよくきていたのはタクハツ(托鉢)であり，「ふつう一般的にいうヘンロ」とは今でいう「ホームレス」に近いということであったので，4地域ともカテゴリー(B)がほとんどであったと考えられる。そのためか，カテゴリー(A)については，「霊場を巡拝している」とか，「身なりを整えている」などと言及されるものの，語りも広がらないし，イメージも膨らまない。雄弁に語られるのは，カテゴリー(B)の遍路である。

　カテゴリー(B)の語りにはいくつかの特徴がある[13]。まず，ほとんどの人が，「汚い」という形容詞をつけるように，(1)彼らの印象には不潔さがつきまとう。これは見た目のみならず，臭いの面でも指摘されており，視覚・嗅覚の両方で感知されるリアルな感覚として語られる。

　そして，(2)彼らは托鉢をする。語り手や町の人々は，彼らの托鉢に接待で応

えていた。したがって，この接待はほとんどが受動的接待である。唯一，橘の「信心深い」お父さんによる善根宿が能動的接待といえよう。また椿泊では，あまりに汚い者には接待をしない場合もあったという。

さらに，(3) 彼らは実際に巡礼をしているかどうかが，時に疑われる。この点に言及するのは，札所・遍路道から遠い富岡と椿泊であり，橘では直接的に疑問が呈されることはなく，札所がある新野のＨさんは，(彼らは) 巡礼はしているのではないかと述べるため，札所・遍路道からの距離や「乞食圏」というコンテクストによって解釈が分かれるといえる。

また，彼らに対する呼称には多くの種類がみられる。ここであげられたものでは，ヘンド，オヘンドハン，オヘンドサン，コジキヘンロ，コジキ，ヘンドコジキ，タクハツ，ヘンロ，オヘンロサンと9通りに及ぶ。カテゴリー（A）のヘンド，オヘンロサン，ヘンロの3通りに比べるとかなり豊富である。ただそれは，語彙自体の豊さというより，敬称や形容詞の有無という，用法によるともいえる。

これと関連するのが，隣接概念の想起である。カテゴリー（B）についての語りでは，「ただの物乞い」「普通のコジキ」「ルンペン」「ホームレス」のような概念が，説明のためによく用いられる。その意味では，一般語としての乞食等に引き寄せられる，かなり強い傾向をもつ。ただし，カテゴリー（B）とそれらとは，巡礼装束，托鉢行為，読経など，＜遍路性＞を有する点で同一ではない。

したがって，カテゴリー（B）を，語り手たちははっきりと「コジキ」と呼ぶことは少なく，あくまで遍路の延長として「コジキヘンド」等と呼んでいたのである[14]。この遍路の延長という感覚は，何よりこれらの語りが，「遍路がきていましたか」という著者の質問に端を発するものであり，そこから想起されていったものであることからもうかがえる。だが同時に，札所等で見られる巡礼者としてのカテゴリー（A）からも距離をおいて把握されることが多い。これらのことから，自ずとカテゴリー（B）についての語りは，曖昧さを含んだ表現が多用される。この曖昧さは，「オヘンロサンのまねをする」とも「乞食みたいな人」ともいわれ，結果として，カテゴリー（A）と隣接概念の双方から距離をとられることになっていくが，新野Ｈ氏の語りのように，ひとつにまとめ上げられる瞬間もある。

第2節　巡られる人々の民俗誌－昭和30年代頃までの阿南市を中心に－　351

　以上のことから，ここでは2つのことを確認しておきたい。ひとつめは，ここで取り上げた語り手たちも，やはり遍路を2つのカテゴリーにわけて認識していく，認識の分割作用を共通して示すということである。そして2つめに，敬称や形容詞を除外すると（A）はヘンロと呼ばれる傾向が強く，（B）はヘンドと呼ばれる傾向が強いという偏りがあることである。

　だが他方では，富岡J寺住職のように，ヘンドはヘンロの方言とし，両者を同義的に理解する立場もある。しかし，その場合でもヘンドには2種類あるとされて，遍路は事実上（A）と（B）に分けられる。さらに新野のH氏は，言葉はひとつとして「ヘンロ」に統合するが，「オヘンロサンみたい」という説明や，「コジキ」「ホームレス」などの言葉も前後でなされていることから，ここにおいても2つの極に引き裂かれるような認識の傾向がやはりみられるのである。

(2) 類義語的解釈の問題点

　この点を考慮すると，ヘンドを四国遍路の巡礼者を指示する一般語に回収してしまう類義語的解釈，すなわち「ヘンロ≒ヘンド」という図式には問題がある。
　武田明は，「八十八ヵ所の霊場を巡拝して一周することを四国遍路といっている。四国巡礼ともいうが「お四国」「ヘンド」などの呼び方で呼ばれている」［武田1969：2］と，ヘンドを遍路の類語と理解する。真野俊和にも「ヘンロ（＝ヘンド）」［真野 1980：208］という記述があり，両者を同一視していることがうかがえる。しかしながら，両者ともそれ以上，踏み込んだ言及がされておらず，そのため上述のJ寺住職やH氏のように，類義語的解釈を示しながらも，背景にやはり存在する認識の分割作用が切り捨てられてしまうという危険性も否定できない。

(3) 異義語的解釈の戦略的採用

　一方で，ヘンドは特定の意味を帯びたものを指すという異義語的解釈，つまり「ヘンロ≠ヘンド」という図式も存在する。例えば白井加寿志は，遍路を春秋に行われる行楽的で「華やかな集団的なもの」と，季節性をもたず苦しみを背負った「寂しい影をもつ孤独なもの」の「二種類に分けて考えなければならない」としたうえで，「ヘンド的遍路（乞食遍路）」という語句をとくに説明なく文中に登場させ，さらに接待で遍路者を泊める場合，「普通のヘンロ，信心遍路は座敷な

どの上等な部屋に泊め，ヘンド・乞食遍路は軒下とか納屋に泊まっていた」と言及している［白井 1982：207-208,233-234］。

また，著者も1999年4月に，阿南市福井町で，同町出身の3人の老婆と次のような会話をかわした経験がある。

  著者：この辺で「オヘンロサン」見かけますか？
  Aさん：昔はようけきよったけどなあ，今はこんわー。
  Bさん：昔（戦前）はきよったなー。
  Cさん：今はこんな。
  著者：ほんでもこの辺りは今の遍路道ですよね。
  Aさん：うん，オシコクサンは今でも来るでよ。ときどきやけど歩いて行っ
    きょる人もあるなあ。
  著者：え，「オヘンロサン」と「オシコクサン」はちがうんですか？
  Aさん：ほら，オヘンロサンいうたら，あのー，なんていうんじぇ。
  Cさん：あのーな。コジキみたいなやつよ。
  Bさん：ほうじゃ，昔は「ヘンド」いうてな……（物乞いの様子が述べられる）
  著者：そしたら「オシコクサン」は？
  Cさん：オシコクサンいうたら，八十八ヵ所をずーっと遍路して行く人よ。

彼女たちは著者の使ったオヘンロサンという言葉をヘンドに接続し，その対比概念として，八十八ヵ所を遍路する者を表す「オシコクサン」という言葉を示したのである。このようにヘンドを遍路の類義語というよりも，ある特殊な遍路のカテゴリーを示すものとする見解のほうが，フィールドでは優勢である。つまり，巡られる人々はしばしば，フォークタームを用いて遍路を「語り分け」るのだ。

こうした状況を踏まえ，本書ではヘンロとヘンドを戦略的に異義語として捉えていきたい。ただし，これまでの例をみてもわかるように，その境界は必ずしも明確ではない。後の事例に出てくるように，フィールドでもヘンドをヘンロの方言として使用するケースも確かにある。また，ヘンロにもヘンドにもいくつかのヴァリエーションがあり，ややもすれば言葉の多様性の森に迷い込んでしまう恐れもある。したがって，巡られる人々の遍路に対する認識構造に迫るためには，

彼らの用いるフォークタームを分析概念化するという作業が不可欠である。

第3節　遍路を語り分ける－分析概念と解釈モデル－

　ヘンロとヘンドというフォークタームの分析概念化に，大きな手がかりとなると思われるのが，ここで取り上げる2つのテクストである。ひとつは四国出身の作家によって書かれたエッセイである。これは遍路をやはり2つのカテゴリーに語り分けたうえで，さまざまな角度からそれぞれについて詳細に描写したものである。本書では，これを題材に，2つのカテゴリーについての記号論的分析を行い，それぞれの構造的特徴の抽出を試みる。もうひとつは，遍路の語り分けについての多人数による座談会の記録である。こうした試み自体が非常に稀であり，貴重な資料である。ここでは，この記録を合意形成論的に読み解き，語り分けにおけるコンセンサスの地平を探索してみたい。

3-1. 語り分けの記号論――瀬戸内寂聴「はるかなり巡礼の道」より

　最初に取り上げるのは，作家の瀬戸内寂聴によるエッセイである。彼女は1980年に「はるかなり巡礼の道」と題する文章を雑誌『太陽』(1981年1月号)誌上で発表した。徳島市出身の彼女にとって，遍路は子どもの頃から慣れ親しんだ存在だったという。彼女は1980年(昭和55)に西国巡礼に参加し，紀行文『寂聴巡礼』を発表する[15]。本作品は，そのプロローグであり，子ども時代の四国遍路の記憶が細かく描写されている。そのため，地元出身の彼女の遍路者認識の構造を知るには格好の素材である。

　瀬戸内は「幼い昔，春は巡礼の鈴の音が運んで来るものだと思いこんでいた」[瀬戸内 1980：14] と語り始める。

　　ある朝，それはふと，夢の中に聞こえてくる。かすかに遠く，あるいは鮮
　　やかに近く，りんりんと鳴る鈴の音は，清らかになつかしく，まだ夢の中に

漂っている私の枕に響いてくる。
　「おへんろの鈴だ」と気付くことは，「春が来た」と小さな躯いっぱいに受け止めることであった。私は寝巻のまま弾みきって表へ飛び出していく。屋並の低い城下町徳島のせまい道路は，まだ朝靄に濃く包まれていて，朝日に彩られはじめた靄の彼方から，ひとつ，またひとつと，鈴の音が湧き，いくつもの音がからみあいながら，次第に近づいてくる。
　私にとってそれは，まさしく春の跫音であった。なんという爽やかな跫音であったことか［瀬戸内 1980：14］。

　まどろみから醒め，巡礼者の姿をみとめた彼女は，あわただしく家の中に駆け込んで，「おかあさん，おかあさん，おへんろさんのおせったい，早う早う」と叫んだという。彼女が接待を差しだすと，娘巡礼たちは，「抱き上げて頬ずりしてくれたり，頭をなでてくれたりした」のだそうだ。巡礼者らは「足取りも軽やか」で，表情は「和やかで明るく」，そして，彼女らの着ている「真新しくすがすがしい」白衣は，「通って来た春の野の若草の匂いと，ぬるんだ春風の香をしみこませていた」のである［瀬戸内 1980：14］。
　瀬戸内は1922年（大正11）生まれである。したがって，ここで描かれている情景は昭和初期のものと考えられ，そこでは，幼き彼女が，春の使者と捉えた巡礼者たちがやってきた悦びを，身体全体を通して実感していく様子が美しく語られている。
　ところが，彼女は続けて「私の故郷では彼等を巡礼と呼ばずに「へんろ」または「へんど」と称した」と述べる［瀬戸内 1980：16］。このヘンロとヘンドを併置する見方は，いっけんすると類義語的解釈に合致するようだが，彼女はその微妙な差異についても語りだす。

　子供の私の耳には，「おへんろさん」ということばの響きは，やさしく，なつかしく聞え，「おへんど」と聞くのは，なぜか恐ろしく，凶々しい感じがしていた。大人たちは，ほとんど「へんど」には「お」も「さん」もつけなかったことの方が多かった。「へんど」ということばは，軽蔑と嫌悪の感情をこめて吐き捨てられていたようだ。子供たちはよく年寄りに叱られる時，

「ほないいうこときかん子は，へんどにやってしまうでよ」
　と脅された。(中略) それはどんなわんぱくな子供たちをもしゅんとさせる呪力を持っていた。私も格別にその脅しに怯えた [瀬戸内 1980：45-46]。

　ここでは発話のしかたと語感のちがいが示される。一方は尊称をつけ，親近感と安心感をもって受けとめられているのに対し，もう一方は，嫌悪感や警戒感といったネガティブな感覚に引きつけられ，尊称はおろか，吐き捨てるように称されたという。とくに，「ヘンドにやってしまう」という叱り文句によって，子どもたちはヘンドにリアルな恐怖心をもっていたという。さらに彼女はヘンドの細かい描写を重ねていく。

　家の軒下に立つ遍路は必ずしも清潔で幸福そうな人とは限らない。白衣も手甲，脚絆も，見る影もなく汚れきって鼠色に萎えきり，笠は風雨にさらされ，煮しめたような色に変色し，無漸に破れ傷んでいる。
　その笠を出来るだけ深く引き下げ，顔をかくそうとしている。その姿が戸口に立ちはだかっただけで，そのあたりの空気が冷え，陽がかげったような気がする。不吉と不幸の気配が，その姿から悪臭のようにあたりへ滲みだす。彼等は，ほとんどひとりであった。
　お修行のための読経も，鼻や咽喉が業病といわれていた病に冒されていて，くぐもって，しかとは聞き取れない。その声も出さず，ただ黙って，ぬれた石のようにひっそりと立ちつくすだけの者も多い [瀬戸内 1980：46]。

　そんな彼らに対しては，「疫病神でも見たように，ぴしゃっと戸を閉じる家もある」のだが，瀬戸内の実家では，「母はいつでも，黙って，小銭をちり紙に包みこむと自分で立ってお接待をした。子どもの私や姉には，そういうときはお接待には行かせない」のだという。また徳島の寺社の境内で見かける，汚れきった白衣を身に付けハンセン病に冒された人々も，ヘンドと呼んだという。彼らは「ぼろを着て垢だらけの風態でただ物乞いをするだけの乞食」ではなく，「汚れきっていても，もとは白衣だった巡礼着を身にまとい」，金剛杖を所持している。そして，「それはどう変容してようとお四国巡礼のなれの果ての姿」なのだという

表 5-2 「語り分け」にみるオヘンロサンとヘンドの記号論的分析

オヘンロサン	(＋)	項　目	(－)	ヘンド
やさしく，なつかしい	親近	言葉の響き	嫌悪	恐ろしく，凶々しい
敬称をつける	尊敬	呼び方	軽蔑	敬称をつけない・吐き捨てられる
清らかな鈴の音	高音	音　声	低音	くぐもった声・黙って立ちつくす
若草と花の香・ぬるんだ春風の香	香気	匂　い	臭気	(悪臭)・(体臭)
朝日・明るい	陽	光	陰	灰色の空・陽がかげったよう
水色や白・赤	明	色	暗	鼠色・煮しめたような色
真新しく・すがすがしい	清潔	服　装	不潔	ぼろを着て垢だらけ
和やか・明るい	開放	表　情	閉鎖	顔をかくそうとする
幸福そう	祝福	印　象	災厄	不幸と不吉の気配
軽やか	躍動	足取り	停滞	地べたに座り込んでいる
やわらかな肌	生	肉　体	死	紫色の手首
三々五々つれだちながら	集団	人　数	孤独	ほとんどひとり
接待は子どもの役目	厚遇	接待・応対	忌避	戸を閉じる・子どもには行かせない

瀬戸内寂聴「はるかなり巡礼の道」を題材に著者作成.

［瀬戸内 1980：46］。

　最後に彼女は，「若草や花や風の匂いをしみこませた春ののどやかなお遍路さんたち」と，「暗い雨や冷たい雪を帯びる灰色の空が背景となって浮かび上がってくる」「狐影悄然とした宿痾の業病をかかえたへんどたち」を，「あまりにちがう」ものとして描きわける［瀬戸内 1980：46］。そして瀬戸内は，そのどちらもが，彼女の四国遍路の原体験を構成していると語るのである［瀬戸内 1980：47］。

　一方は，娘遍路のような「春ののどやかなお遍路さん」，他方は「宿痾の業病（ハンセン病）をかかえたへんど」をそれぞれ代表例として語り分けられる二者を，より明確に対比するために，ここでそれぞれのカテゴリーの名称として，文中の言葉から「オヘンロサン」と「ヘンド」を取り上げる。この2つの言葉で示される認識カテゴリーについての瀬戸内の描写を，文章中の表現を基に著者がキーワードをつけて整理したのが表5-2である[16]。

　これをみると，オヘンロサンとヘンドが，あらゆる面で対比的に捉えられている関係概念であることがわかる。そして，両者ともさまざまな要素を含み込むが，オヘンロサンに付与される属性はほとんどがポジティブ（＋）な意味をもち，ヘンドに付与される属性はほとんどがネガティブ（－）な意味をもつことも一目に

して理解できる。
　この図式は小松和彦が指摘した「正」のマレビト／「負」のマレビトの対比［小松 1995（1985）］に大枠で重なり合う。しかしオヘンロサンとヘンドの場合，前者を祝福と厚遇，後者を災厄と忌避・排除という交換論的関係にのみ単純化するには，あまりに複雑で多様な要素・属性を互いに持ち合うことも，この分析から指摘できる。

　以上のように，自らも巡られる人であった瀬戸内は，実際の体験に基づく自身の遍路者認識の構造を，作家らしい豊かな言葉使いと巧みな表現で詳細に描き出す。それはまるで，その中に入り込んで，音を聞き分け，臭いを嗅ぎ分けることのできるような錯覚に陥るまでに精密に写実され，描きわけられた，まったく異なる2枚の四国遍路世界の風景画として，我々の前に提示されるのである。

3-2. 語り分けの合意形成論——新居浜郷土史談会「遍路について」より

　先にあげた事例は，瀬戸内寂聴というひとりの人物における巡礼者認識の例であった。次に同様の試みを多人数で行った事例に注目したい。これは新居浜郷土史談会が1996年11月に行った座談会で，10名余りのメンバーが約1時間にわたって議論した「遍路について」の語りが記録されている[17]。
　議論の大まかな流れは次のとおりである。まず遍路の呼称の確認作業を行い，そこで，一般用語としての「遍路」，とその下位類型として「オヘンロサン」と「ヘンド」の2つが，やはり確認される［喜代吉編 1997a：16-17］。次にそれらはどのように区別されるのかという話が続く［喜代吉編 1997a：17-22］。その後，「門付け」の様子や，ハンセン病患者，あるいは橋の下や松林に住みついた人々らの話に及び，最後に「デコマワシ」が登場したところで終了とされている。
　本座談会は，遍路者に対する個人の認識を，相互に確認・検討しているという意味できわめて興味深い。当然のことながら，それぞれの認識にはズレがある。加えて個人の中でも現在の感覚と過去の記憶が錯綜している部分もあり，その整理は大変難しい。かみ合わない議論に，開始早々「もうなにやらかにやら分からん」［喜代吉編 1997a：17］という声も聞かれるが，それでも最終的にはある程

度の共通理解に到達しているように思われる。ここでは，(1) 呼称，(2) 相違点，(3)「ヘンド」の隣接概念に焦点を当てて整理してみたい。

(1) 呼　称

　まず司会の高橋達雄によって，遍路をめぐる呼称の問題が提起される。それについて，近藤日出男は「遍路」と「ヘンド」という2つの言葉があり，前者は専門書などで書かれている言葉で，後者は子どもの頃に田舎のほうで使っていた方言に近いものとする意見を述べる。この「ヘンド」に越智考三郎が反応し，「それはコジキを言う」と述べるが，近藤は「イヤそれはコジキ層とは限らん」と反論する［喜代吉編 1997a：16］。

　一方，議論の中で「普通の遍路」という表現がなされ，それには敬称をつけていたということが，近藤と松本俊清によって確認される。他方，「要するに物貰い」という対象も登場し，それにはヘンドという言葉があてられる。各人によって差異はあるが，ひとまず高橋が「結局はですね，「お」をつけて「おへんろさん」いうたら普通回っているおへんろさんで，それからコジキ的な回っている人はヘンド言うて，「お」を，敬称をつけなんだ。まあそう言う所ですか」とまとめあげる［喜代吉編 1997a：17］。

(2) 相 違 点

　次に，両者の区別について話題が移る。まず，近藤と越智がともに「身なり」というポイントをあげる。オヘンロサンのほうが身なりが綺麗なのだという［喜代吉編 1997a：17］。

　さらに高橋を加えた3名で，両者の居場所（通り道）が議論される。オヘンロサンは四国霊場を回っているので遍路道を通っていく。例えば新居浜市では，やや山よりの喜光地を通るのであり，脇道にそれることはほとんどなく，中心部の方には下りてこなかった。したがって，オヘンロサンに接待する時には，わざわざ遍路道まで出向いていく必要があった［喜代吉編 1997a：18］。一方ヘンドのほうは，脇道に入り込んできたり，あるいは住みついたりする。この2点について，越智は次のようにまとめる。

第3節　遍路を語り分ける－分析概念と解釈モデル－

大体ヘンドとお遍路さん言うのと二種類あるんじゃけど，まああの本式のお遍路さん言うのは八十八ヶ所を回るために回りようるんで，身なりは綺麗なし服装はキチット整えて遍路宿に泊まって，そしてあまり一見物にまあチョット回り道はするけど，あまりようけえ回わらんのですね。脇道には。それが本当のお遍路さんいうわけですよ［喜代吉編　1997a：21］。

傍点を付したように，「オヘンロサン」に対して「本式の」「本当の」という正統性を示す形容詞が重ねて用いられていることが注目される。そして，彼らは札所を巡拝するために移動しているので，あまり脇道にはそれないという理解は，第4章1節でみた近世土佐藩の遍路認識に近い。土佐藩にとって遍路は札所巡拝者であり，だからこそ藩の公式巡礼路である遍路街道を遵守するべき存在であった。ここでも，遍路道から逸脱が遍路者としての正統性からの逸脱につながることが指摘されている。

その後，話題は門付けに移り，四国遍路においては門付けをしなければ巡礼の御利益がないという見解が紹介される。高群逸枝の体験記などにもみられた，托鉢行為を四国遍路の修行性・宗教性の前提とする言説である。これに関連して，高橋は，「お遍路さんとヘンドの違いは納め札を呉れるか呉れないか」という3つ目の相違点を提示する［喜代吉編　1997a：21］。四国遍路では，接待を受けたときに納札を返礼として接待者にわたすことになっているが，ヘンドの場合はそれをしないらしい。

そして，認識を分けるポイントとして重要なのが鈴(リン)である。近藤と越智が，門付けの時に鈴を鳴らすか鳴らさないかを基準としてあげるが，その内容は若干の相違がある。まず近藤は，鈴を鳴らすのは，「本当の」オヘンロサンであり，それはヘンド的属性である身なりの卑しさを上回る評価基準なのだとする。

鈴がね鳴らしもってきようるから，身なりが卑しゅうても「ア，お遍路さん」だと理解してましたがね（中略）鈴を鳴らすのは，本当の四国遍路の人じゃと言うことで，鈴を鳴らしもってくる［喜代吉編　1997a：21］。

一方，越智は鈴の有無から，それまでの2類型を次のような3類型に拡張して提示する。

　　（「本当の」オヘンロサンの）その次にコジキの遍路，ヘンドじゃあなしにもうひとつ，間に遍路さんがいる。これはまあ我々年配の人じゃったら知ってるけど，世立て遍路いうのがあるわけ。（中略）お遍路さんいうのと世立て遍路両方ともお札納めるし，リンを持っている。けんどまああの，物貰い専門のはリンをあまり持っていない。まあリンを持っていればヘンドいわん。まあその三種類あるわけですね [喜代吉編 1997a : 22]。

　越智によれば，遍路にはオヘンロサン・世立て遍路（コジキの遍路）・ヘンドとあり，鈴の有無は，世立て遍路とヘンドの間を分割する基準なのだというのである。
　したがって，両者の間にズレはあるが，すくなくとも，ヘンドは鈴を鳴らさないという点については，合意されていると考えてよいだろう。

　以上，オヘンロサンとヘンドの相違についてコンセンサスが得られたと考えられるものをまとめると表 5-3 のようになる。

表 5-3　オヘンロサンとヘンドの相違に関するコンセンサス

	八十八ヵ所	納札の返礼	鈴（リン）	宿泊地	通り道
オヘンロサン	まわっている	くれる	鳴らす	遍路宿・木賃宿	遍路道・本道
ヘンド	まわっていない？	くれない	鳴らさない	住みつく	脇道に入り込む

新居浜郷土史談会の座談会より．

（3）ヘンドの隣接概念

　この座談会に限るものではないが，いくら語りを重ねても，多くの場合，オヘンロサンとヘンドの境界には不明瞭さが残される。
　これまでみたように，オヘンロサンが本物性や信仰と結びつけられ，「普通の遍路」と理解されることについてはそれほど揺らぎがない。それに対し，ヘンド

第 3 節　遍路を語り分ける－分析概念と解釈モデル－　361

が指し示すものは非常に曖昧であり，座談会ではヘンドという言葉から想起される他の概念との比較や接合がさまざまに試みられている。

とくに問題となっているのが「コジキ」である。越智がヘンドとコジキを同一視する見解を示したことはすでに触れたが，高橋も納札について述べたひとつながりの発言の中で，次のように，コジキとヘンドとを置換して使っている。

　　それともうひとつコジキと遍路の違いはね，必ず納め札を，お接待したら納め札を必ずねくれよったですよ。(中略) だからアノーお遍路さんとヘンドの違いは納め札を呉れるか呉れないか [喜代吉編 1997a：21]。

また，大阪出身の鈴木義則が，大阪にもヘンドという言葉があったという発言したことによって，ヘンドは四国遍路以外の領域にも広がる可能性が示される。鈴木によると，昭和初期の大阪では，「とにかく家の前に立って物貰いに来るような者」をヘンドと呼んでおり，彼らはお経の類は何も唱えず，ただ鈴を鳴らすだけだったという[18]。この流れのなかでハンセン病患者とのつながりが想起されるが，鈴木は彼らをヘンドとは呼ばなかったと述べる [喜代吉編 1997a：18-20]。また，議論後半に言及されている，橋の下や松林などに住みついたものについては，コジキ，お遍路さん，ヘンドと，参加者によって用語にかなりのズレがみられる [喜代吉編 1997b]。

(4) 座談会の合意事項

以上のように整理してみたが，彼らの遍路者認識についての議論において，概ねコンセンサスが得られた事柄として，次の 3 点が指摘できる。

まず，(1) 遍路者に対する呼称として大きく「オヘンロサン」と「ヘンド」という 2 つの語彙があること。

次に，(2) その区別については，瀬戸内のテクストから作成した表 5-2 に加えて，通る道の選び方，宿泊する場所，接待の返礼，鈴の有無など，おもに行動の面での知見が加えられたこと。そしてオヘンロサンについては，それが四国霊場の巡礼者であるという認識から演繹的に理解可能な行動をとるのに対し，ヘンド的行動はそうした意味では理解不可能なため，最終的には彼らが巡礼行をしてい

るのか否かという懐疑のまなざしが向けられる。すなわち，ヘンドは巡礼者としての実存が揺らぐ存在として捉えられているのである。

最後に，(3)「オヘンロサン」には，「本式の」（越智），「本当の」（近藤・越智・村尾），「正式な」（村尾），「普通の」（近藤・高橋），といった形容詞がつながりやすく，それについてはある程度のコンセンサスがみられる一方，ヘンドについては，オヘンロサンの他，ハンセン病患者やデコマワシ，コジキといった他の概念が常に想起され，比較や接合が試みられるなど，その領域や境界が曖昧であることが確認できよう。

また(1)～(3)は，瀬戸内の認識構造とも大きく相反するものではないことも同時に確認しておきたい。

3-3. ＜ヘンド＞概念の解釈モデル

以上のフィールドデータやテクスト分析から，巡られる人々の遍路に関する認識構造について明らかになったことを整理しておこう。

第1は，巡られる人々は「語り分け」の前提となる2つの認識論的カテゴリーをもつということである。すなわち，(A)ヘンロと呼ばれる傾向が強く，ポジティブ（＋）なニュアンスが付与されたさまざまな属性をもつカテゴリーと，(B)ヘンドと呼ばれる傾向が強く，ネガティブ（－）のニュアンスが付与されたさまざまな属性をもつカテゴリーが，彼らに共有されていることを，ここでは確認した。本書ではそれぞれを呼称する代表的なフォークタームをとって，(A)を＜オヘンロサン＞，(B)を＜ヘンド＞として分析概念化する[19]。つまり本章でここまでみてきたことは，巡られる人々が，遍路を＜オヘンロサン＞と＜ヘンド＞という，2つの概念を用いて認識する「語り分け」の民俗を有しているということになる。

第2に，＜オヘンロサン＞と＜ヘンド＞とは相対的な関係概念のマップを構成するということである。＜オヘンロサン＞は巡礼者概念の正統性に集束していく

のに対し，＜ヘンド＞は巡礼者概念を構成するいくつかの要素に懐疑のまなざしを向けられることで，巡礼者概念の境界性に離散していくという認識論的傾向をもつ。＜オヘンロサン＞のイメージは比較的明快であるのに対し，＜ヘンド＞が多義的な曖昧さから抜けきれないのはこのためである。この＜ヘンド＞の認識論的離散作用は，活発な隣接概念の想起を促す。とくによくみられるものとして乞食概念がある。この乞食概念は都市部のホームレスなどが例として用いられ，巡礼者概念とは明確に区別されるものである。したがって，これは巡礼者概念からは異質性として把握される。

つまり＜ヘンド＞は，巡礼者概念と隣接概念－とくに乞食概念－との両義的境界領域に位置づけられるものとして把握できよう。＜オヘンロサン＞と＜ヘンド＞は，巡礼者概念と乞食概念を両極とする，認識論的スペクトラム（The spectrum of epistemology）上に位置づけられるのである。このスペクトラムという考え方は，第3章で参照した，サーリンズの互酬性の議論から援用したものである。彼は互酬性を理解するスキームを，相反的な両極とその中間点からなるスペクトラム，すなわち一定の連続性をもつ尺度として提示し，すべての交換形態はいずれかに固定的に「分類」されるのではなく，両極および中間点からの相対的な距離によってスペクトラム上に位置づけられるという考え方を示していた［Sahlins 1972］。

第3に，＜ヘンド＞概念の特徴は意味的不確定性にあるということである。語り分けにみられる分割と統合は，釣り合いのとれた均等な力学系ではない。遍路を認識するにあたっては，まず分割作用が発動するというかなり強い傾向がみられる。これによって＜ヘンド＞は巡礼者概念の正統性から分割され，異質な乞食概念へと方向づけられる。だが，巡礼者概念から完全に逸脱してしまう前に，しばしば何からのブレーキが働き，＜ヘンド＞を巡礼者概念の方向へ引き戻し，＜オヘンロサン＞との融合を図るような統合作用が顕在化するのである。

つまり，＜ヘンド＞は認識の分割と統合という作用＝反作用関係にある2つのまなざしに晒されており，それ故に巡礼者概念と乞食概念の両義的な境界領域をさまようことになる。そして2つのまなざしの発動には，時間的なズレや個人差があるため，＜ヘンド＞の意味性は常に不確定なのである。

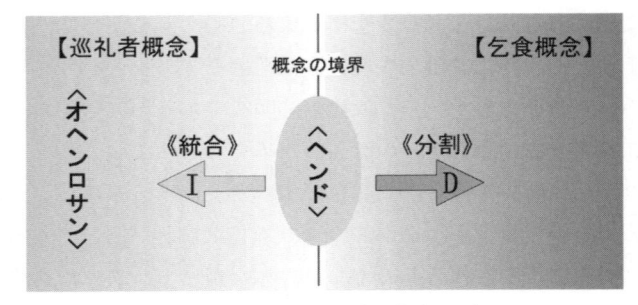

図 5-3　＜ヘンド＞概念の解釈モデル
統合作用（I）と分割作用（D）の力学的関係は，I＜D の傾向が強く観察されるが，一定の限界に近づくと反転する．

　したがって，＜ヘンド＞は正統性・異質性を極とし境界性を中間点とする概念領域のスペクトラム上を，分割と統合の相反する認識によって，不確定に揺さぶられる概念としてまとめられよう．以上のことを，図式化したのが図 5-3 の＜ヘンド＞概念の解釈モデルである．

　上記の図では隣接概念として乞食を選択しているが，すでに述べたように＜ヘンド＞は，巡礼者概念と乞食概念の境界領域のみに位置づけられるのではない．著者が調査した限りでは，フィールドで乞食概念が想起される傾向にあり，かつ四国遍路の近代的排除システムの駆動力であった＜分類のまなざし＞と関連するため，ここでは乞食概念に焦点をあてて議論するが，例えば現代的な隣接概念として「観光」を選択することもできよう．あるいは第 4 章で紹介した横川徳郎の遍路類型論にみられた「営業」［横川 1915］や，新居浜郷土史談会の座談会で越智が提示した「世立て遍路」［喜代吉編 1997a：22］からは，「生業」を隣接概念にとることもできると思われる．この解釈モデルは，その他のフォークタームや記述概念の豊かさを切り捨てるものでないし，さらに多面的な巡られる人々の認識構造に関するマップを形成する可能性も開かれているものであることを付記しておきたい[20]．

3-4．認識のフローチャートと語り分けの民俗知識

　これまでみてきたように，＜オヘンロサン＞と＜ヘンド＞は，多彩で豊かな属

性をもつ。その判断基準も一意的ではなく多様である。したがって，それらをただ羅列するだけでは，概念の見通しの悪さは避けられない。そこで，次にこれらの属性や判断基準を整理した解釈モデルを作成してみたい。

(1) 接待のプロセスと＜ヘンド＞的要素

　そのために著者が着目するのが，ほかならぬ接待＝托鉢である。なぜならば，多くの場合，巡られる人々の遍路認識が行われ，＜オヘンロサン＞や＜ヘンド＞といった概念が活用されるのは，接待＝托鉢を通してであるからである。まさに接待＝托鉢は，両者のコミュニケーションの舞台なのである。

　ここでヒントになるのが，次に紹介する日常的実践としての接待についての語りである。徳島県南部の遍路道沿いで生まれ育ったAさん（1947年〈昭和22〉生まれ・女性）は，昭和30年代頃迄，自宅にやってくる遍路たちに接待を行っていた経験をもつ。彼女は，当時，自宅に接待を求めてやってくる遍路は，どれが巡礼者でどれが乞食なのかはっきりとは区別することができなかったという。しかし，＜オヘンロサン＞と＜ヘンド＞の語り分けは確か行っており，遍路を認識論的に区分するプロセスについて，次のように語った。

　まず，戸口で鈴が鳴ったら，「オヘンドサン[21]がきた」と思って玄関に多少のお金（一円ぐらい）持って出ていく。そして，そのお金を接待としてわたすのであるが，その際，

　　「ごにょごにょと，お経やら何やらわからんような，お経を読む人」
　　「お金を貰うと，さっと読経をやめて出ていく人」
　　「接待されたお金が少ないと言って怒り出す人」

などがしばしばおり，それらに対しては，「ああ，この人は信心の人ではなくて，単なる乞食に近い人だったんやな」と，思ったということである。

　つまり，彼女の場合，鈴の音で遍路の来訪を感知するのであるが，その際まず来訪者を＜オヘンロサン＞と想定し，＜ヘンド＞という意味づけは，接待の体験を踏まえたうえで，後付的に再解釈されて与えられているということがわかる。

接待＝托鉢のフローチャート

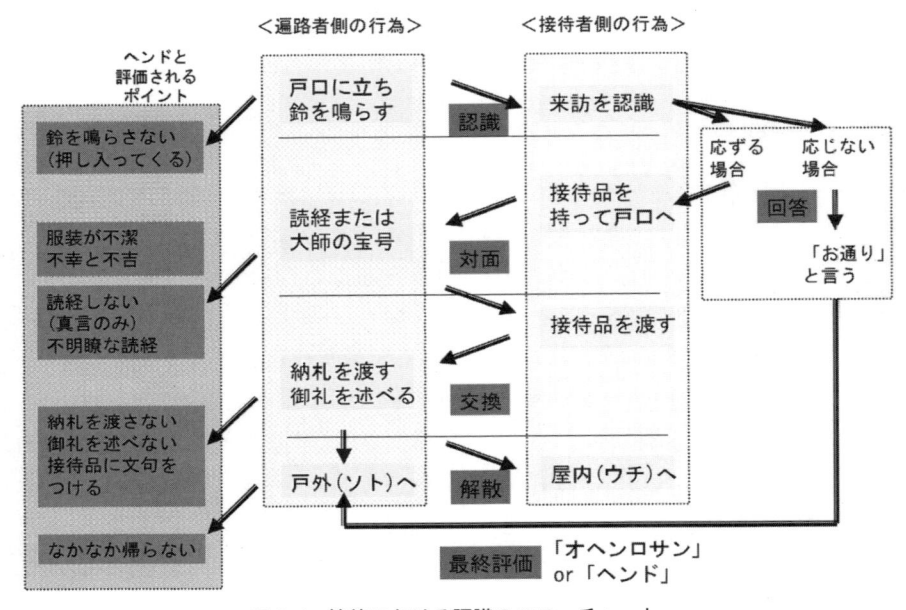

図5-4　接待における認識のフローチャート

＜ヘンドと評価されるポイント＞
- 鈴を鳴らさない（押し入ってくる）
- 服装が不潔　不幸と不吉
- 読経しない（真言のみ）　不明瞭な読経
- 納札を渡さない　御礼を述べない　接待品に文句をつける
- なかなか帰らない

＜遍路者側の行為＞
- 戸口に立ち鈴を鳴らす
- 読経または大師の宝号
- 納札を渡す　御礼を述べる
- 戸外（ソト）へ

＜接待者側の行為＞
- 来訪を認識
- 接待品を持って戸口へ
- 接待品を渡す
- 屋内（ウチ）へ

認識 → 対面 → 交換 → 解散

応ずる場合／応じない場合 → 回答 →「お通り」と言う

最終評価「オヘンロサン」or「ヘンド」

　接待＝托鉢には一定の流れがある。彼女の語りに依拠しながら，これまでの事例等で明らかになった要素も加味し，接待＝托鉢のコミュニケーション・プロセスと，来訪者が＜ヘンド＞と認識されるポイントをフローチャート形式にまとめたものが図5-4である。

①認識のフェーズ──とくに「鈴の音」について

　このチャートは6つのフェーズから構成される。最初の認識のフェーズにおいて，コミュニケーション開始を宣言するのが，「鈴の音」である。Aさんが語るようにこの鈴の音は，＜オヘンロサン＞を特徴づけるものとして大変重要な役割を果たす。

　瀬戸内のエッセイでも，「りんりんと鳴る鈴の音」の響きが，「おへんろの鈴だ」と気づかせ，「おかあさん，おかあさん，おへんろさんのおせったい，早う早う」

と，接待への方向づけがなされていた［瀬戸内 1980：14］。新居浜の座談会でも近藤が「鈴を鳴らすのは，(身なりが卑しゅうても) 本当の四国遍路の人」と述べ，越智も「リンを持っていればヘンドとはいわん」というなど，「鈴の音」が，認識を＜オヘンロサン＞に方向づける大きな影響を与えていたことを思い出したい［喜代吉 1997a：21-22］。

また別の機会にも，著者はこんな体験をしたことがある。2000年夏のある日，著者は調査のために新野の中年男性O氏宅を訪問し，話をうかがっていた。その会話中に突然，チリーンと鈴の音が聞こえた。すると，すぐさまO氏は，「お，オヘンロハンがきたんでないか？」と，さっと腰をあげたのである。実はその音は，遍路の鈴にはちがいなかったのだが，ちょうどタイミングよくテレビに流れたもの[22]であり，一同で大笑いになった。O氏宅には，現在でも遍路者が時折訪れ，接待＝托鉢を行っているという。その時も，最近やってきた遍路者について語っていたところであったが，いかにそのようなコンテクストの下であったとしても，鈴の音に対するO氏の反応の瞬発力には，大変驚かされた。

こうした遍路と鈴の音の密接な関係は，四国遍路の一風景にまで昇華され，メディア作品にも反映されている。早坂 暁（1929年・愛媛県出身）が脚本を書いたテレビドラマ『花へんろ』(1985)や，現代の歩き遍路をテーマとした『ウォーカーズ―迷子の大人たち―』(2006)などでは，オープニングに流れるタイトルテロップに鈴の音が重ねられている。また，戦前の国語の教科書に掲載されていた萩原井泉水（1884年・東京都出身）の「お遍路さん」という文章も，「りんりんといふ冴えた音が，遙かの山裾からこの山荘にまで聞こえる。それはお遍路さんが振る鈴の音なのだ」という書き出しで始められている[23]。つまり，これらのメディア作品では，鈴の音が四国遍路世界への導入的役割を果たしているのである。

岡 正雄は，「異人はその異人たることを表徴する杖及び「音」を有せしこと」［岡 1994：119］と述べているが，まさに「鈴の音」が，異人としての遍路を表象するのみならず，彼らの「来訪」を認識させ，「接待」というリアクションを喚起させるトリガーとなっているのである。

②回答のフェーズ
ともあれ，鈴の音で遍路の来訪を認識した次の回答のフェーズでは，彼らのリ

アクションが2つに分かれる。もしその来訪者を受け入れ、接待をする場合には、米・金銭などの接待品をもって、戸口へと移動する。

逆に受け入れたくない場合は、「お通り」など拒否する旨の言葉を述べる[24]。ここで、鈴の音を鳴らさずにいきなり押し入ってくるような者や、拒否する旨を宣言したのに、ソトへと出て行かない者は、＜ヘンド＞と評価される可能性がある。

③対面のフェーズ

接待をする場合、戸口で遍路者を実際に目の当たりにすることになる。「対面」のフェーズである。この際、外見が評価される。服装や身なり不潔であったり、雰囲気が暗い（瀬戸内の言葉を借りれば不幸と不吉の）印象があったりすれば、＜ヘンド＞へと傾斜していく。悪臭や体臭を感じる場合も同様である。

またこの時、接待者の側からは、遍路者が般若心経などのお経や、「南無大師遍照金剛」などの真言を唱えて待っているはずであると考えられている。しかしながら、そのような読経を行っていなかったり、あるいはそれが不明瞭なもの・節回しがおかしいものだったりすると（本当にお経かどうかわからない、読経するまねをしているなどと印象づけられる）、やはり＜ヘンド＞へと引き寄せられる。

④交換のフェーズ

次の「交換」のフェーズで、接待者は接待品を差し出す。ここで接待の理念的な交換モデルでは、反対給付として納札等が返されることになっている。応乞食（こつじき）的接待の場合、実際には、納札の返礼はあまりないとする語りもままある。そのような場合でも、御礼の言葉があれば、接待者側はだいたいそれで満足するという。とくに受動的接待（応乞食的接待）の場合、納札に対する執着心は能動的接待に比べてかなり薄い。

しかしながら、納札を期待しているのにくれない場合や、御礼の言葉がない場合、さらには施与されたものが少ないなどの文句・ケチをつける場合は、＜ヘンド＞と理解される。端的にいえば、交換が成立しない場合、破綻した場合、つまりサーリンズのいう" Negative reciprocity"（否定的互酬性）[Sahlins 1972]の関係と捉えられた場合に、＜ヘンド＞と評価されるといえよう。

⑤解散のフェーズ

 最後に，両者が別れる「解散」のフェーズとなる。接待者は多くの場合，遍路者の立ち去りを見届けた後，元の場所に帰ることを考えている。しかしながら，なかにはなかなか帰らない者があり，接待者もそこから立ち去ることが叶わない場合がある。この時にもやはり，＜ヘンド＞と評価されることになっていく。
 ここで来訪者が立ち去らない理由は，彼らが接待品に不満を抱いており，さらなる施与品を望んでいる場合が多い。その意味では，やはり否定的互酬性によって＜ヘンド＞が想起されるといえよう。

⑥最終評価

 以上のようなやりとりを総合して，最終的な評価が下されることになる。もちろん，この最終評価は，各フェーズのポイントから単純な数学的計算によって決まるわけではない。また最終評価それ自体も，常に意識的で明確な評価がなされるわけではない。この「認識のフローチャート」は，巡られる人々が接待＝托鉢を通して，遍路を認識するとき，一連のコミュニケーション・プロセスのなかで＜ヘンド＞的「要素」をもつ者は，＜ヘンド＞と解釈される「傾向」があることを示す図と理解されたい。

(2)「語り分け」の民俗知識とハビトゥス概念との親和性

 こうしたプロセスを経て解釈された＜オヘンロサン＞と＜ヘンド＞のイメージは，個人差や地域差があまりみられず，非常に似通っている。＜オヘンロサン＞とは，

> 綺麗な身なりで，「杖」「菅笠」といった巡礼用具を身につけ，「鈴」を鳴らし・読経をして托鉢を乞い，接待品を渡すと御礼を述べたり，納札をくれたりする者

であり，＜ヘンド＞とは，

> 身なりが汚く，貧しい様子で，接待品に文句をつけたり，読経も不明瞭だっ

たりで，全体として霊場を巡礼している気配が感じられない者。

となる。つまり，接待＝托鉢の場において，眼前に立つ来訪者への解釈を＜ヘンド＞に向かわせる主要因としては，「信仰・信心の希薄さ」「不衛生さ・貧困さ」「強欲さ」などがあるわけだが，それはそのまま＜ヘンド＞とは何かという知識にもなっている。

すなわち，彼らの日常的実践としての接待は，＜オヘンロサン＞と＜ヘンド＞という知識を含んだ所与の認識構造を用いて遍路を認識し，遍路と関連づけられた接待という実践を通して交流し，その結果，遍路に対して与えた解釈を，再び知識として認識構造へ差し戻す。こうした認識・実践・解釈のループが成立しているのである。

このループを産出する知識体系をここでは「語り分け」の民俗知識と総称しておく。換言すると，これまでみてきた巡られる人々の遍路者に対する認識構造（民俗知識）は，接待という実践を生み出す母体であり，また個々の接待という実践を通して（微）調整を図られ，時に劇的な書き換えを迫られる可能性も含み込んだ，可変的でダイナミックな知的構造体と概念化できよう。

これはP. ブルデュー（Bourdieu, Pierre）の実践理論における「ハビトゥス（habitus）」概念にかなり近いモデルとなっている。ブルデューのハビトゥス概念は，「主知主義的観念論」と彼が批判するレヴィ＝ストロースの「構造」概念に対比する形で提示される，「構造化され構造化する諸々の心的傾向のシステム（構造）」であり，持続性，移調可能性，後天的学習性に特徴づけられる，実践と表象を産出すると同時に組織化する原理としてはたらく動的なシステムとして理解される［ブルデュー 1988（1980）］。

ブルデューの実践理論は，随所に難解さといくつかの問題[25]を残すものであるが，ハビトゥスの概念を本研究に援用することは，少なくとも次の2つのメリットがある。

第1に，ハビトゥス概念が，巡られる人々の遍路に対する認識や解釈を動態的に説明し，時として表出する不確定性を説明する可能性をもつことである。これは実践とハビトゥスの相互作用により，ハビトゥス自体が「移調可能」な「心的傾向のシステム」と理解されているように，ブルデューの実践理論が随所に変化

や不確定性の「含み」をもたせた理論であるからといえよう。

　第2に，巡られる人々が「なぜ遍路に接待するのか」ということを，自覚的な動機に基づくものとしてしか説明できず，動機の類型化などの作業にとどまっていた，従来の接待論を乗り越える可能性をもつことである。
「なぜ彼らは遍路に接待をするのか」。つまり，来訪者を遍路と認識することが，どうして接待という実践に結びつけられるのかという問題については，日常的実践としての接待，とくに受動的接待の場合，当事者にその理由が明確に意識化されることはあまりない。冒頭のあげた村上 護の場合は，家の年寄りや親から教えられ，言い聞かされたと述べ，鈴の音に敏感に反応した新野のO氏は「親の背中を見て，自然に」と語るように，少なくとも自覚的に獲得したものではない場合が多い。

　従来の研究，例えば前田 卓の接待論は，こうした受動的接待を射程化しなかったために，「なぜ彼らは遍路に接待をするのか」という問いが，動機の類型論のレベルにとどめられてきた［前田 1971：222］。だが，それは接待という実践を生み出す心性を固定的に決定づけてしまう危険性を伴う。とくに接待の動機を「大師信仰」「遍路者即弘法大師の考え」［星野 1974：82］と説明し，遍路を通して弘法大師に接待をするとの解釈は，後述する山内村（仮称）の事例に出てくる「追い払うための接待」を説明することができないのである。

(3) 一致しない解釈と実践

　またこの「認識のフローチャート」に関連して重要なことは，＜ヘンド＞と解釈される者も，原則として接待の対象となることである[26]。Aさんは，「まず鈴が鳴ったら，＜オヘンロサン＞がきたと思って，接待のお金をもって玄関に出た」し，新野のH氏も，「どんな遍路でも差別せず接待をした。『お通り』なぞいわなかった」と語っていた。また，椿泊の場合は「接待に応じる人もあり，そうでない人もあり」だが，応じる人はいたのである。大潟庵で出会った橘生まれの女性の父という人は，「汚いコジキヘンドでも，家に泊めて風呂に入れた」，として＜ヘンド＞も善根宿の対象にしていた。

　四国遍路の近代的排除システムを動かした＜分類のまなざし＞は，乞食への分類が直ちに排除という行為に結びつくものであった。しかし，巡られる人々の認

識構造では，仮に＜ヘンド＞と解釈されたとしても，ネガティブなニュアンスを付与されこそすれ，それが直ちに排除へと向かうとは限らない。この解釈と実践の不一致は，なぜ＜ヘンド＞が完全に異質化されず，境界性にとどまることになるのかという問題につながっていく。このことを考えるために，一連の分析概念化・解釈モデルの構築の最終作業として，＜ヘンド＞の否定性の限界を覗いてみよう

3-5. ＜ヘンド＞における否定性の限界－山内村（仮称）の事例から－

これまで述べてきたように，＜ヘンド＞概念はネガティブなニュアンスを帯びている。こうした否定的意味づけは，時と場合によっては「差別的」と解釈され，なかなか語られないという側面もなくはない。著者も，かつてある場所で，＜オヘンロサン＞や＜ヘンド＞について「よく知っている」と紹介された古老に話しをうかがっていたところ，別の家人がやってきて，調査を遮られたという経験が一度だけだがある。また，別の場所（官公庁に類する場所であった）での調査の際にも，「ヘンド」「コジキヘンロ」等の言葉を使った途端に，差別的表現だからここでは使わないようにとたしなめられたことも，やはり一度だけだがある。いうまでもなく，本研究にはどのような差別的意図もまったくない。本書で取り上げる語り手たちの多くも，おそらくそうであろう[27]。しかし，＜ヘンド＞については，語ることが憚られるような社会的タブーとして受け止められる文脈もないわけではない。それはひとえに，＜ヘンド＞に時として付与される強烈な否定的意味性に根ざしている。

しかし逆説的だが，＜ヘンド＞のネガティブさには限界がある。＜ヘンド＞を否定的に語る中で，興味深いことに，ある程度のレベルを越えかけた途端，そのベクトルは反転され，＜オヘンロサン＞の位置する方へと引き戻されたりもする。これにより＜ヘンド＞の否定性は，有限かつ非決定的なものにとどめおかれるのである。

ここまで，分析概念としての＜ヘンド＞を鍛え上げるために，議論を積み上げてきたが，最後に，ある種の極論を取り上げることで＜ヘンド＞のネガティブさの限界点を示しておきたい。事例として適当な語りはひとつではないが，ここで

は，某札所寺院に近い山内村（仮称）で生まれ育った水沼 均さん（仮名・男性・1950年代生まれ）の語りを使用する[28]。

(1) 四国遍路の「闇の歴史」――山内村と＜ヘンド＞

①四国遍路と山内村

水沼さんは，「山内村は四国霊場の中でも一番キツイところ」であり，遍路の死に場所として最適な場所なのだということから話を始める。

> 哀れなというか，悲惨さ。オヘンロサンのお墓みたらわかりますけどね，土まんじゅうの上に石を置いてるだけですよ。それがすごく多い。その意味では逆にお接待というか，施しというかね。もう，山内の人間はみんなオヘンロサンを助けてきた歴史がずーっとあるわけよね。
> （著者：なぜそのように山内村の人はお接待してきたんですか？）
> ……やっぱりね，うーん，かわいそう。ま，かわいそう（と思う）。門へ来てチーン（と鈴を鳴らして），みんな拝みますわね。とにかく，お米5合でも一握りでも，あるいは10銭や，今だったら1円，100円，1,000円となります。あるいはジュース，ペットボトルのお茶とかを皆さん差し上げてますけどね。もう，10人20人というか，歩き遍路の人（がたくさん来る）。山内は寒くって道がきつい。とにかく他のところとは難渋さがちがうんです。

山内村は厳しい地理的条件下にあり，歩き遍路が難渋する。そんな姿を見ているので，地元の人々は遍路を憐憫の情を持って見ており，托鉢にやってくると，それに応じる（接待する）という形で助けてきたのだと，水沼さんはいう。

ここでは接待の量に随分と幅がみられる。これはオヘンロサンとヘンドコジキでは接待に格差がもうけられることや，かつての接待と現在の接待といった時間の幅，あるいは接待者の個人差などが念頭に置かれているためである。

②列挙されるネガティブな隣接概念

そして，話が＜ヘンド＞の具体的内容に入っていった途端，ヘンドという言葉によって想起されたさまざまな隣接概念が次々とあげられる。

だから，ヘンロ，ヘンドコジキというのを山内村の人は見ております。あれは世捨て人，嫌われた犯罪者，病人，死人，ならず者……。山内村ではオヘンドサンを尊いと見ている人はあんまりありません。あれはもう，悪さをする，いやいやいや，世の中で受け入れられなくなった人々が，ああなった。汚い，危ない，キツイというかね，危険な，デンジャラスな存在なんです。

　だからね。僕ら小さい頃からいわれました。折檻とかお灸とかよりもね，悪いことしたら「ヘンドにやるぞ」と。ヘンドはいっぱい毎日くるわけですから。人さらい。それ聞いただけで，ヘンドにさらわれるって思ったんよね，悪いことしたらあかんなと。

　本書では徳島県の事例をおもに取り上げてきたが，もちろん著者は，他県でも同様の調査を行っている。これまでのフィールドワークから，遍路認識についての四国四県での大きな地域差はほとんどみられないという印象を，著者はもっている。その観点からすると，ひとりの語り手が，＜ヘンド＞から想起されるネガティブなイメージを，ここまではっきりと列挙する例はかなり稀である。しかしながら，本章や第4章の議論を読み返すと，個別的にはすべて既出の隣接概念であることがわかる。
　また，2段目の「ヘンドに子にやる」という叱り文句は，当時の子どもたちにかなり一般的に共有されていたリアルな恐怖感である。本章で取り上げた範囲でも，新野のⅠさんの語りや，瀬戸内のエッセイにも登場している。この感覚が，＜ヘンド＞を危険視するまなざしを下支えしているもののひとつであることは，想像に難くないだろう。

③追い払うための接待

　はっきりいうたらね。早くあげて，早く表から出てもらいたい。そういう世界があるのよ。やっぱり。早く表から追い払ろうと思ってね。（＜ヘンド＞というのは，）いつまでもね，（接待品，あるいは接待品の上積みを）くれ

るまで拝み倒す。ずーっと家の前から退かんの。これはもう迷惑な話でね。
　だから,そうじゃない,本当の純粋な,鉄鉢(で托鉢する人々)の中にも,(種田)山頭火みたいな形？本当に拝んで,托鉢という「行」をしている。純粋なオヘンロサンも五分。
　後の五分は要するに世捨て人,盗賊。どこか居られなくなって,都会や町から出てきて,ヘンドで食うていけるから。死にに行くこともできず,この世の疫病神みたいに,こうして生活していたのも半分あります。

　(著者：本当のオヘンロサンは,「ヘンド」とはいわないんですか？)
　本当の人はね,オヘンロサンという。
　(著者：オヘン「ド」？)
　オヘン「ロ」。オヘンロサン。それでヤバイのはね,ヘンドコジキ。「ヘンドがきてるぞ」とそういう表現になる。だから,裏と表,メリット／デメリットじゃないけど,光と影の部分というかね。これが半々ですよね,実は。

　この語りは,「＜ヘンド＞にだって,お接待したらよいことがあるとは,考えなかったんですか？」という著者の問いに対する回答である。「認識のフローチャート」にも,＜ヘンド＞の判断基準として接待品に満足するまで帰らないというのがあったが,こうした「迷惑」を回避するために,利益の獲得などの通常の接待解釈とは異なり,とにかく接待をして追い払うという「動機」もあったというのである。
　だが,もちろん,遍路はそのような者だけではない。托鉢を乞う遍路の中にも,「純粋な」「本当に拝んで」「行(を修めている)」と解釈される＜オヘンロサン＞もあり,その理念型として俳人の種田山頭火があげられた。つまり,ここでは近代の遍路排斥論にみられたような托鉢行為が分岐点になるような発想は,明らかに行われていない。そして＜オヘンロサン＞と＜ヘンド＞の割合は五分五分であり,裏と表,光と影のような二項対立概念で説明される。
　会話中で,水沼さんは,オヘンドサンという言葉を使っていたので,＜オヘンロサン＞概念の要素が列挙されたところで,言葉の確認をしたのが後半部である。彼が両極と捉えるフォークタームは,主として「オヘンロサン」と「ヘンドコジ

キ」となる。ただし例にあがっているように，実際に運用する場面になると「ヘンド」と略称される。この用法は椿泊のF寺住職の「いやヘンドコジキとややこしいこといわずに，もう簡単にいいよりましたけんね，ヘンド，またヘンドが来た，あるいはコジキがきた」と同様のものであろう。

④最期の地での無名の死

　（著者：ヘンドコジキがきていたというのは，水沼さんが子どもの頃の話ですか？）

　そうです。昭和34,5年頃。40年になったら，高度成長になったらいなくなったから。昭和30年代は確かにあった。（水沼さんの）自宅はB番から1kmほど離れたPという集落なんだけど，B番へまわってくるオヘンロサンが，そこから1km離れたPの界隈を徘徊するわけだね。洞穴があってそこに泊まりにくるわけ。修行というかね。そこでみんな隠れて野垂れ死ぬ。山の中だから，警察官も誰も尋ねたりしない。死んでいくには最高の場所なんですよ。

　（B番から一つ前の）A番まで〇〇km，次のC番まで峠を越えて△△km。だから，ここはデッドスペースなんだよ。しかも，気候が寒いところ (a)。B番も標高差が□□mぐらいあって，健常人でもなかなか行けない。だから，昔の病で足が冒された人は，2号米俵みたいな箱車に乗ってきても，上にあがれないのよ。

　それで，この辺でたむろして，界隈の半径5,6kmのところで物貰いをして。集落がいっぱいありますからね。だから，この界隈で物貰いをしては，お米貰って，穴の中へ帰って，ふつふつご飯を炊いて，それを食べて暮らしとったわけですね。で，死んでいく。いくらでも墓（がある）。墓というか石が積んでいるわけですね。

　同僚たちのヘンドたちが，（托鉢等の折に）「ああ，あれが死んだで」とかなんとかね（それでヘンドが死んだということが，地元にも伝わる）。まぁ，（路上死が問題となっている大阪の）釜ヶ崎みたいなもんだ。ホームレスの人みたいな形で死んでいくのよ。だから我々も知らないわけよ。どこの誰兵衛とか (b)。

水沼さんの語りには2つのテーマがある。それは，下線部aで示した山内のローカリティと，下線部bで示した＜ヘンド＞の背後にある死の影の無名性である。
　ローカリティは，四国霊場全体－B番札所－山内村－P集落－洞穴という，マクロからミクロへいく重にも折り重なった立地関係，とくに隔離性と寒冷な気候特性によって特徴づけられる。B番札所は隣接の札所から離れている。おまけにB番自体がアクセス困難であるため，山内周辺は遍路道の行き止まり的な場所になっている。おまけにP集落には，住み着くのに適した洞穴があり，托鉢にも不自由しない。またそこは人目に付きにくく，訳ありの者が身を隠すのに最適な場所である。だが，そこは決して平和な安住の地ではない。語りの中でも何度か繰り返し強調されるのが「寒さ」である。それによって，＜ヘンド＞たちは死を方向づけられる。
　ここで2つのテーマは結びつけられる。すなわち，山内村は＜ヘンド＞たちの吹き溜まりであり，そのまま人知れず死を迎える最期の場所として表現されるのである。

　　　人が住んでいて，お墓が建てられるところは，遍路墓がいっぱいある。それが立てられないところはね，A番からB番に行く間にね，昔の遍路道がある。そこへ行ってみなさい。お墓が立ってればいいけどね。単なる石，石だけが置いてある。その下にヘンロサンが埋ってるんだね。それが，ずーっとあるんだから，相当死んでるよ。あれは。

　彼らの死は直接的には不可視なものとして表現される。＜ヘンド＞自体が不明性を持ち，ネガティブな隣接概念がつねに想起されるものであるように，彼らの死も個別的な記録をもつ墓ではなく，土盛りと石のように無名性を帯びたものとして表現される。だが，それが個性のないものであっても，「墓」と具体的に読み取られることで，そこに確かに＜ヘンド＞たちの死が刻印されたものとして理解され，死に向かう存在としての＜ヘンド＞のリアリティが確固たるものになる。それによって，彼らは，悲惨で哀れな存在として意味づけされる。しかしそれ故に，この否定的意味性は冒頭にあった接待の動機のひとつとして，逆説的に接続されるのである。

(2) 否定性の限界

　こうした集落と＜ヘンド＞たちの交流史を，水沼さんは「山内村にはそういう闇の歴史がある」と表現する。そして最後に「それは，信心の世界だもんね」と付け加えたのである。

　水沼さんのここでの語りの焦点は，基本的にネガティブな存在としての＜ヘンド＞に据えられている。そして彼によって語られる＜ヘンド＞へ意味づけには，「子に取られる」というリアルな恐怖に裏打ちされたであろう忌避感が貫かれており，否定性の表現の強さという意味でもかなり極端な部分がある。

　しかしながら，これまでの語りの中に傍点で示してきたように，＜ヘンド＞の対比概念である＜オヘンロサン＞に相当する言葉を使ったり，「修行」「信心」といった正統性の言説でくるみこもうとしたり，あるいは，「追い払うための接待」が「遍路への援助」と読み替えられるなど，随所で，＜ヘンド＞と＜オヘンロサン＞とを統合し，一体化する語りがなされている。

　＜ヘンド＞は確かに否定的な意味づけを与えられる。だが，それは有限で非決定的であり，それ故＜ヘンド＞は，完全には異質化されず，巡礼概念の周辺領域にとめおかれるのである。

第4節　＜ヘンド＞の解釈学―接待の実践と両義性のダイナミズム―

　前節で示した分析概念と解釈モデルを念頭に，本節では，実践レベルでの解釈のゆらぎをより具体的に考察する。そのために，ある特定の「遍路」について，通時的・共時的な解釈のズレが生じた事例に注目する。なお，取り上げる事例はいずれも近年の事例である。これによって，語り分けや＜ヘンド＞概念が決して過去の遺物なのではなく，現代においても存続するものであることを示したい。

4-1. 事例1：遍路Aをめぐる解釈の相反

　最初に，ひとりの遍路に対し，ふたりの認識者，姑と嫁がまったく異なる解釈

第4節 ＜ヘンド＞の解釈学－接待の実践と両義性のダイナミズム－ 379

を行った事例を紹介したい。舞台となる大野家（仮名）は，某札所寺院の所在地B町の兼業農家である。大野家がある集落は歩き遍路向けの遍路道から少し奥まったところにあり，現在でも時々歩き遍路が訪れるという。紹介するエピソードは1990年頃のものである[29]。

(1) 姑の視点

　10年ほど前のある日の夕暮れ時，孫が「オジュッサンがきたよ」と告げてきた。姑はこれを聞いて，「妙な。今頃オジュッサン（旦那寺住職）がくるはずはない」と思った。大野家の檀那寺は他町にある。そんな時間に，遠方から住職が突然，連絡もなくやってくるとは考えにくい。姑は違和感を覚えながらも，「オジュッサン」を迎えに戸口にでる。見るとそこには「乳母車」に荷物をたくさんくくりつけた汚い格好をした遍路Aが立っていた。孫が「オジュッサン」と呼んだのは，檀那時住職ではなく，この汚らしい姿のAであったのだ。

　驚いて見ていると，姑がどうこうするより先に，嫁はAを「へえ，どうぞお上がりなして」と迎え入れる。正直なところ，姑は気が進まなかったのだが，嫁が「お上がりなして」といったものはしかたない。Aを迎え入れ，善根宿で一晩泊めてやることにした。突然のAの来訪に大野家は大慌てになる。まずは風呂だ。汚いAが入ると風呂が汚れてしまうので，姑は「みな先に風呂はいらんか」と家族をせかし，皆で慌てて風呂に入る。その後，Aを風呂に入れ，同時にAが「洗濯してくれ」というので，洗濯も全部してやる。Aが風呂から出てくると，着替えがないという。嫁はAに息子の新品のパジャマを下ろして与える。それに対し，姑は「わざわざ新品でのうて，お古でええのに」と思った。食事も終えて，姑はその夜自分の部屋をAに開放し，自分は別室で寝た。

　翌日，姑はAに弁当を持たせて送り出すが，Aはそんな大野家の厚いもてなしに対し，礼一ついわず出ていったっきりである。手紙の一つもよこしてこない。「あれこそ，本家オゲヘンド[30]じょな」と姑は声を荒げる。同時にそんな「本家オゲヘンド」にもかかわらず，即座に自宅に招き入れ，わざわざ新しいパジャマを下ろして与えた嫁を「ウチの嫁はホンマにやさしい」と語るのである。

（2）嫁の視点

　一方，同じように子どもの声を聞いて玄関に出た嫁は，Ａの姿を見て瞬時に＜オヘンロサン＞だと思ったという。

　　　見ただけで，なんか修行して行っきょうみたいで，なんかこう「どうぞ」って。御利益がとにかくあるっていうかねぇ，そんなふうに思えたんです。泊まっていただいて，ありがたいと，そういうふうに思いました。（中略）修行して行っきょう，オヘンロサンが，家にきて，泊まってくれることは滅多にない。ただもう，その姿見ただけで，「ああ，どうぞどうぞ」って私，いうてしもうたんです。

　Ａを修行で巡礼している＜オヘンロサン＞だと解釈したため，嫁はＡに何かと世話をやいたのである。そして，彼女はＡを厚遇した理由に，巡礼者がもたらす御利益への期待があったと述べている。

　　　ウチへわざわざきてくれたんですよ。（見てみると）昔のオヘンロサン，もう，こんなんいうたらいけませんけんど，「コジキ」いうですか。ま，そいうふうな格好でしたけど，別になんとも思いません。ずーっと修行して歩っきようからね，そういうふうなあれ（格好）だったんでしょうけどね。私，神経病みなんですけど，不思議なぐらい，今思たら，なんとも思いませんでした。

　実は嫁も，Ａの＜ヘンド＞的な要素を認識していた。Ａの外見は，かつて嫁も見たことのある＜ヘンド＞そのものであった。だがＡに関しては，「悪いふうにしとうとか，ほんなんはひとつも感じませんでした」というように，嫁はその汚れた外見をネガティブには解釈しなかった。むしろ，この時の嫁は，それが徒歩巡礼という「修行」を積んだ証であると，ポジティブに転換して理解したのである。
　かくしてＡは，服装がぼろぼろになるほど過酷な修行を積んだ霊験あらたかな＜オヘンロサン＞として扱われ，嫁から「お風呂も，まあ入ってください。こ

こへまあ，休んでください」と至れり尽くせりの待遇を受ける。そんなふうにA
を扱った理由を，嫁は次のように回想する。

　　　自分があの折，身が弱かったもんですからね。そういうふうなアレやっ
　　たんかもわかりませんけどね。（中略）なかなか，家へねえ，こないしてね，
　　訪ねて，オヘンロサンに泊まっていただくいうことは，ほんまに有り難いこ
　　とやと思うてね。あれから，ごっつい [大変] 皆元気で。家族が皆患うて患
　　うてしよったんです。滅多にこのごろ病気やしないんですよね。もうほれこ
　　そ……，（著者：「御利益」ですか？），ええ，そんなふうに思います。

つまり，そのような対応をした背景には，家族が病気がちという危機のコンテ
クストがあったというのである。そして，それを打開するために，Aを霊験あら
たか＜オヘンロサン＞と解釈し，思わず家に引き入れて厚くもてなすことになっ
たのかもしれないと嫁は語る。その後，大野家には平穏が訪れたのだが，嫁に
よればそれはAを厚遇したことで授かった「御利益」なのである。嫁にとって，
病気がちだった大野家の人々に健康をもたらしたAは，やはり＜オヘンロサン
＞なのであった。

(3) 増幅する意味性

①＜オヘンロサン＞から「オジュッサン」へ

　この体験は嫁にとって強く印象に残るものであった。今でも春になると，遍路
道を通る遍路を見ては，時折思い出されるのだという。最後に，嫁は次のような
語りでこの話を締めくくった。

　　　ほらもう，とてもありがたいことです。なかなかそんなんして家へきても
　　らえません。おそらく，もうきてもらえないでしょうねぇ。きてくれたら，
　　ほらええんですけどね。
　　　毎朝仕事に行きますでしょ。お遍路道でねぇ，オヘンロサンが行っきょ
　　んですよ。ほしたら，「黒いあの服ね，黒の帽子，ああいう人が家へ来てく
　　れた [a]」。一人自分で見て，ただそう思うんですけど。テレビもみよったら，

あれはきっと，オジュッサン……。私，なんにも信心気もないんですけど，ひょっと思うんですよ。(b) 何年もしてからですけどね，ひょっと，なにげなしに，ほんなん感じるんです。

　この最後の語りはきわめて重要である。なぜならば，現在の嫁は，＜オヘンロサン＞の領域を越えたところにAを位置づけようとしていることがみてとれるからだ。嫁は遍路たちを見てAを思い出すのだが，ここで服装の色が遍路らしい白ではなく，黒と述べられていることに注目したい。Aが本当に黒衣を着ていたのか，白衣が汚れて黒ずんでいたのか定かではないが，当初Aの姿を＜ヘンド＞的なものと理解していたことから，おそらく後者であったのだろう。しかし，それは嫁にとって修行を重ねた証拠と映ったことは，すでに述べたとおりである。いずれにせよ，嫁はAの服装を黒と思い起こしていることから，一般的な巡礼者を越えたものと認識していることが読み取れる。

　さらに，嫁が最終的にAに用いる呼称は「オジュッサン」であるが，ここでのそれは，明らかに檀那時住職という意味ではないし，また住職・僧侶一般を指すものでもない。それどころか，もはや嫁は，Aを生身の人間と捉えようとしていないとすら思われる。それは，遍路たちの中にその影を見たことで想起され，「テレビ」を通して得られた知識によって補強されたものであり，おそらく二度と会えないものであり，「信心」に関するものであり，そして，他者と共有することが憚られるような個人的なものとして感知されるものである。

　おそらく嫁は，断定を避け，表現を弱めながらも，Aを四国では「オダイッサン」と呼ばれてきたような，現世を遊行し，時に我々の前に現れるという聖なる異人として解釈しようとしている。彼女は，当初Aに対してあたえた＜オヘンロサン＞としての意味性を，時間とともに回想を通じて増幅させ，現在では，すでに＜オヘンロサン＞概念を超越した，聖性のより中心的な領域を見通そうとしているのである[31]。

②＜ヘンド＞から「本家オゲヘンド」へ

　一方，Aを一目見たときより＜ヘンド＞と解釈し，現在では「本家オゲヘンド」と結論する姑の場合も，時間とともにAのネガティブな意味性が増幅されてい

ることが理解できる。

　大野家には，時折遍路が訪れることは冒頭に述べたが，Aの後も，B,Cという2人の遍路が大野家で宿泊している。もちろんこれらも善根宿，すなわち接待である。姑によると，Bは淡路島の住職で，立ち振る舞いもきちんとしており，後日きちんと御礼にきてくれた。Cは山形の大学生であり，満願後に，「またおばちゃんに会いたい」とわざわざ会いにきてくれた。その後も山形の名産を贈ってくれるなど交流を重ね，いまだに文通が続いていると，いかにも嬉しそうに姑は語る。姑は，このようなB,Cと比較して，Aが如何に礼儀を欠いていたかということを改めて確認し，「あれこそ，本家オゲヘンド」と断言するのである。

　ただし，姑はAを＜ヘンド＞と認識したが，それでも嫁が受け入れたこともあって，大野家に厄介になることを了承し，Aの寝場所として自らの部屋も提供している。Aの汚れた服を洗濯したのも，翌日弁当をこしらえて送り出したのも姑である。したがって，姑にとって＜ヘンド＞は，これまでの例でもそうであったように，ネガティブな意味を付与しこそすれ，完全な排除の対象ではない。しかしながら，姑の回想を経てAが位置づけられた「本家オゲヘンド」が指し示す領域は，＜ヘンド＞概念の最果てである。もし，再びAが来訪することがあっても，場合によっては受け入れないかもしれない。そんな可能性のある部分まで，Aは遠ざけられたのである。

4-2．事例2：行者Uをめぐる解釈の転換

　次に，自らも巡礼の実践者である人物が，巡礼中に出会った遍路と懇意になり，以後，善根宿の接待を続けてきたのだが，ある出来事を境に解釈が転換された事例をあげる[32)]。このエピソードは1980年代から1990年代のものである。

(1) 出　会　い

　山根さん（仮名・男性・当時70歳）は，民宿を経営している。20年ほど前に，曾祖父の納経帳を発見したことから，50歳になった自分の年齢も考えて「そろそろ信仰しよう」という気持ちになる。そこで遍路経験のある母親を先達に，妻と一緒にオシコクを回った。その際，43番明石寺で一人の遍路者と出会う。彼

は「行者U」を名乗る巡礼回数50余回を誇るベテラン遍路であった。語るところによると，山陰地方の出身。小児麻痺で足が不自由だったが，四国を回れば治ると聞き，一念発起して財産を処分し，遍路行を開始したのだそうだ。足が不自由なため，最初の巡礼には3年を要したが，その後は徐々に足が動くようになり，巡礼を重ねるうちに遂に50回を越えたのだという。山根さん夫妻は民宿を経営している旨をつげ，機会があったら立ち寄ってくれと名刺をわたした。

(2) 再会と来訪

それから半年ないし1年後，山根さんもすっかりそのことを忘れていたある日，Uから連絡が入る。

> 「平等寺さんにきとんやけど，泊まるところがないけん泊めてくれ」いうて電話がかかってきたんじょ。「遠いけん迎えにきてくれ」とこういう。ほな迎えにいたるわちゅうて，軽四の後ろに乳母車を積んで戻ってきたわけよ，ほて一晩泊ったんが初めて。(民宿だけど) お接待じょの，むこう文無しじょ。ほらもう初めからほの (善根宿の) つもりだったんやけど。ほれから後へは，毎年 (Uが) 回ってきたんよ。

山根さんの民宿は第3章で調査した遍路道からはずれた地域であるA地区にある。昭和50年代に平等寺宿坊と門前宿「岡本」が廃業して以来，21番太龍寺の麓から22番平等寺を経て23番薬王寺までの約25kmの区間には，遍路宿が1軒もない状況が続いていた。歩き遍路は21番麓で宿泊し，翌日23番まで一気に歩くか，新野駅から日和佐駅まで鉄道を利用するのが普通であるが，なんらかの事情で平等寺付近に宿をとる必要があるときは，平等寺等で近隣の宿を紹介してもらう[33]。山根さんの民宿もそのひとつといってよいのだが，あまり普段から遍路が泊まる宿ではない。

ともあれUはやってきた。山根さんは接待として無料でUを泊め，弁当を持たせて送りだした。その後Uは毎年のようにやってくるようになり，奥さんや従業員の道原さん (仮名・山根さんの義姉) とも顔なじみになる。道原さんらは，「私らの分も参ってきてよ」とUに代参を依頼し，接待として1,000～3,000円ほど

の小遣いをわたし，一緒に写真を撮るなどして，Uを送り出すようになった。道原さん宅の玄関先には，この接待の返礼としてUからもらった金札や錦札が重ねて貼り付けてある。

(3) 絶　　縁

　Uが初めて来訪したときから4,5年したある日，突然Uから電話が入る。海南町（現徳島県海部郡海陽町）で「乳母車」が故障し，往生しているので助けてくれということらしい。海南は山根さん宅から車で片道1時間半もかかる。仕事もあり，そう簡単に行けるわけではないのだが，山根さんはUを助けにいく。

　帰宅後，Uの乳母車を見てみると，ゴマ（車輪）が1つ故障していた。直してやろうということで，自転車屋に在庫を問い合わせると，Hさんに余分をわたしたとのこと。Hさんは同じ町内に住む女性で，山根さんの旧知である。手押し車で魚の行商をしているHさんにとってもゴマは商売道具を支える必需品なのであるが，事情を聞いたHさんは「オシコクサンを回りょぉオヘンロサンのことならな，あげるわ」といってただでくれた。こうしてHさんの好意によって，山根さんはUの乳母車を修理することができたのである。

　　　ほんでな「これ，ワシのやったら，なーんちゃいらんのやけんど，人さんにもらうたもんやけん，今度くるときはお札（ふだ）の1枚でももろうてきてくれとよ」と，ワシいうたんじょ。……商売繁盛のお札（ふだ）か，なんでもええけん，世話なった礼（れい）をせないかんけん，ほれをせえよというたんよ。

　ここで山根さんがUに求めているお札（ふだ）は，遍路の納札ではない。山根さんは世話になったHさんに対する特別な御礼（おれい）として，Uに改めて商売繁盛などの祈願札を土産としてもってくることを求めているのである。しかし，Uは次の来訪時，Hさんへの御礼（おれい）を持ってはこなかった。山根さんはUに諭す。

　　　「あんだけ約束しとんのに，お前どしたんな」いうて，ワシ怒ったんよ。「人に世話なってな，お布施を受けて，ほのお陰で廻りょんでないか。今度くるときにはゴマの礼（れい）を何か，気持ちだけでええけん，せえよ」いうの

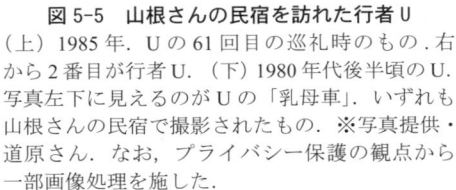

386　第5章　四国遍路のターミノロジー―接待の実践とヘンドの解釈学―

図 5-6　Uの「乳母車」の拡大写真

図 5-5　山根さんの民宿を訪れた行者U
(上) 1985 年．Uの61回目の巡礼時のもの．右から2番目が行者U．(下) 1980年代後半頃のU．写真左下に見えるのがUの「乳母車」．いずれも山根さんの民宿で撮影されたもの．※写真提供・道原さん．なお，プライバシー保護の観点から一部画像処理を施した．

に，ほれをせなんだんよ。ほなまあ，今度は忘せとったけん，次くるときには間違いナシにせえよ，ほしたら言い訳がたつけんの，いうて，ほの時は（これまで通り善根宿で）泊めて，行かしたんじょ。

　山根さんは「次は忘っせんように礼(れい)を持ってこいよ」と念を押してUを送りだす。だがその次も，UはHさんへの御礼(おれい)を持ってこなかった。これにより，山根さんはUに対し，「お前，義理が欠けとんの」と引導をわたし，今後の出入りを禁じたのである。

(4) 後 日 談

　その後も，Uは山根さんの目を盗んで3,4回ほど泊まりにきていたらしい。「き

ても，ワシには会わずに，家内と道原らと話して，お小遣いもろうて，行っきょったわな」と山根さんはいう。

　だがそうしたこともなくなり，やがて音信が途絶えてしまう。絶縁をいいわたしたとはいえ，Uとは10年近くの付き合いであり，山根さんもUのことを少々気にしていた。以前，Uが100回まわるのが目標で，その後はQ番札所の奥さんと気安いので，そこに世話になるといっていたのを思い出し，山根さんは遍路に出かけるたびに，Q番札所やその他の立ち寄りそうな札所で尋ねてみるが，消息は不明である。代わりに，Uがどこかのお寺で数珠を盗んだという話が伝わってきた。

　　　初め会うたときから，「お前，司法の手にかかるようなことしたら，ワシや絶交ぞ。ほんでも信心しとうもんやけん，ほんなことはないだろぉ」いうて，ワシは最初からいうたことがあるんよ。「もしほんなことがあるんやったら，ワシは面倒はみんぞ。ほんなことがないんやったら，真面目にお詣りして廻るんやったら，ワシはなんでもいうこときいたる，面倒みたる」

　Uは初期から常に酒臭く，アルコール中毒のようにもみえた。将来，警察の厄介になるという雰囲気もなくはなかったと山根さんは語る。しかし，山根さんはUの「信心」を信頼し，期待する。だが，徐々に山根さんの気持ちは裏切られることになる。

　それを象徴的に語るのがUの酒の飲み方である。最初は酒が進んでも，山根さんらが酒を勧めると，きちんと手を合わして拝んでから飲んでいたが，後にはお辞儀や御礼の言葉さえもなく，さも当たり前のように飲んでいたという。山根さんは，Uのこうした態度を「倦怠(けんたい)」と表現した。道原さんも，その頃のUの態度について，「賢うない」「酒飲んで暴れるようになった」「生意気をいうようになった」と語る。

　　　初めはもっとしっかりした，自分の体を治すんと信心とで回りょる，ほういう感じがしたんやけど……。あんだけ飲んだくれいうて，コジキヘンロと変わらん。「人に世話になって，オシコクサン何回廻ったいうて，お前，

誰のために，誰の御陰で，これ廻れたんな」いうてワシいうたんよ．皆さんの善意（のおかげ）で廻りよんでないか．ホレを忘っせるようではあかんわ．

　山根さんがUを諭したとき，彼は黙り込んだという．こうして山根さんの中で「最初は一人の先達さんみたいな感じだった」と評され，＜オヘンロサン＞として遇されていたUであったが，最終的には「コジキヘンロと変わらん」存在，すなわち＜ヘンド＞と解釈されたのである[34]．

4-3．考察——解釈のゆらぎと認識の分割／統合作用

　これらの事例では，接待を通して関係をもった，ある遍路への解釈がなされている．いずれの場合も対象者は特定のひとりなのであるが，彼らが対象者に与える解釈はひとつではない．その結果，遍路Aや行者Uは両義性をもつ異人として表象される．
　だが，その両義性を，認識者による解釈の相違（共時的不確定性）と，時間の経過に伴う解釈の変化（通時的不確定性）によるものとして読み直すとき，そこには両義性を産出するダイナミズムがみえてくる．
　異人との関係性，すなわち彼らとコミュニケーションを重ねていくなかで，どのような要因によって解釈は分裂，転換し，異人は両義性を帯びるのであろうか．＜ヘンド＞概念の解釈モデルによると，対象者への解釈は認識の分割作用と統合作用が関係している．実際に対象者への解釈が変化したとき，これらはどのように働いたのであろうか．
　また，2つの語りを読み返すと，これらは遍路という異人の来訪に関する非日常の語りであると同時に，彼らの日常世界についての語りでもあるという「二重の語り」になっていることに気づく．この2つの次元の異なる語りは，どのように絡み合っているのであろうか．
　以上のことを念頭におきながら，彼らの解釈のゆらぎを問い直し，両義性のダイナミズムを考察してみよう．

(1) 並立する＜オヘンロサン＞と＜ヘンド＞

　Aの来訪にほぼ同時に応対した姑と嫁であったが，ふたりはまったく異なる解釈をAに与えた。この分岐点はどこにあるのであろうか。

　大野家のふたりはともに「語り分け」の民俗知識を有している。その民俗知識はともにAを＜ヘンド＞へと方向づけた。おそらくその判断基準となったのは，外見の不衛生さに加えて，「乳母車」の存在である。実は，「乳母車」は＜ヘンド＞的要素をかなり決定的に象徴する。それは，決して持ち物を捨てない＜ヘンド＞の「強欲さ」の表れであり，家財道具を積んだ遍路に生きる者の証として語られることが多い[35]。

　これにより，ふたりには認識の分割作用が発動しはじめるが，嫁は瞬時にAの外見の不衛生さと乳母車を長期にわたる過酷な修行の証と読み替えることで，それを反転させたのである。これによって嫁は民俗知識に反してAを＜オヘンロサン＞と解釈し，姑は民俗知識そのままにAを＜ヘンド＞とした。

　両者の解釈を分裂させたのは，「病気がちの家族」という危機のコンテクストの読み込まれ方である。ふたりは同居家族であるので，コンテクスト自体は共有されていると考えられる。だが，自身も「神経病み」で病気がちであったと告白する嫁のほうが，この危機のコンテクストをより強く読み込んでいたことは明らかである。この危機のコンテクストは，当時の嫁にとってのリアルで同時代的な問題であり，そのため，過去の記憶や経験の積み重ねからなる民俗知識よりも優先されたのである。

　同時に2人の民俗知識そのものにも格差があったと思われる。年齢差に加えて，BやCの来訪時には，おもに姑が応対しているように，働きに出ている嫁と，自宅にいる姑では，接待の経験の豊富さが異なる。より多くの事例にあたってきた姑のほうが，ある意味で「正確」にAの＜ヘンド＞性を判断できたとも考えられよう。

　だが，Aとの交流を終えた後でも，嫁も姑も自分の解釈は正しかったと理解し，しかもその正しさは回想によって互いに増幅されている。2度目の調査においては，語りの場に嫁と姑が同席し，相手の解釈を聞いている。だが，ふたりの解釈

の摺り合わせは行われず，それぞれの解釈は相反したままである。にもかかわらず，この2つの解釈はコンフリクトを起こさない。姑が嫁との解釈のちがいを，「嫁のやさしさ」と読み替えることで，自らがAに与える＜ヘンド＞の意味づけを維持しながら，嫁との解釈の相克を別次元で巧みに解消してしまうのである。

Aが大野家にやってきたことで，嫁は病気がちという危機のコンテクストが解消されるという御利益を授かり，姑は嫁のやさしさを改めて確認した。したがって，Aへの意味づけとは別に，Aという異人の来訪によって大野家にもたらされた変化は，家族にとってともによきものであり，その語りは「健康」と「優しさ」を併わせもつ「家族の平穏」というテーマに終着するのである。

(2) ＜オヘンロサン＞が＜ヘンド＞に零落するまで

①納札にみる行者Uの足跡

この事例については，道原さんの自宅に残されたUの納札を参照することで，山根さんの認識・解釈の変化をかなり細かく読み解くことができる。

先述したように，道原さんは，Uが民宿を訪れた際に，Uに代参を依頼し，「小遣い」を接待していた。この接待を通じてUからもらった納札が，現在も道原さんの自宅の玄関に貼られている（図3-4（下））。納札には日付，巡拝回数，署名等が記入されており，Uの行動を知るための重要な情報となっている。中にはそうでないのもあるが，道原さんは，古い札に新しい札を重ねながら順に押しピンで留めているため，その前後関係から新旧が判断できる。加えて巡拝回数を考慮することで，全部で14枚の札の内，12枚までの日付が明らかになった。これらを整理したのが表5-4であ

表5-4　道原さん宅に残されたUの納札

	西暦	元号	月日	回数	札色	名前
1	1984	昭和59	2月26日	無記入	金	U
2	1984	昭和59	7月9日	58周	金	U
3	(1984)	(昭和59)	12月17日	60周	金	U
4	1985	昭和60	2月27日	61周	銀	U
5	1985	昭和60	5月7日	62周	金	U
6	(1985)	(昭和60)	8月7日	64周	金	U
7	?	?	無記入	無記入	金	U
8	(1986)	(昭和61)	無記入	66周	金	U
9	1986	昭和61	3月12日	67周	金	U
10	(1988)	(昭和63)	2月15日	87周	金	U
11	1988	昭和63	3月22日	89周	錦	U法師
12	?	?	無記入	無記入	錦	U法師
13	1990	平成2	4月4日	111周	錦	無記名
14	(1991)	(平成3)	2月13日	126周	金	無記名

（　）内は前後の納札から推定される年．判定不能なものは？で示した．

る[36]。ここから少なくとも，Uと道原さんの交流は7年間にわたり，Uは民宿を14回は訪れたということがわかる。さらにこの表からは，Uの足跡の特徴が見受けられる。このことに注意しながら，2人の出会いからUに絶縁がいいわたされるまでを振り返ってみよう。

②初期——先達みたいな＜オヘンロサン＞

　最初の納札は1984年2月のものである。Uと山根さんが出会ったのは1982年であり，Uが初めて民宿を訪れたのは，その半年から1年後である。道原さんは，ごく初期の頃からUに接待をしていたことがわかる。

　なぜ，山根さんは初対面のUを自分の民宿に招待したのだろうか。この時の山根さんの心境で重要なのは，彼自身「そろそろ信仰しよう」という動機から，四国霊場を巡礼している最中であったということである。そしてUの語りは，自分の身体を治すために，俗世を捨てて四国遍路の世界に入り，長年巡礼を続けるうちに御利益を得て足が動くようになったというものであった。まさにUは，山根さんが発心した「信仰」の実践者であり，霊験の体現者として山根さんの前に現れたのである。

　山根さんは，Uを「自分の体を治すんと信心とで回んりょる」「最初は一人の先達さんみたいな感じだった」と評している。山根さんにとってUは，同じ信仰の道を歩む同行者であり，そして50回以上の巡礼実績をすでに積み，確かに御利益を頂いたその道の先達なのであった。したがって，この時点ではUは，共感と敬意をもって解釈される紛れもない＜オヘンロサン＞なのであった。

③蜜月期——見え隠れする＜ヘンド＞的要素

　1984年7月（58周目）から1986年3月（67周目）までの間，Uはほぼ毎回（10周中8回）のように民宿を訪れている。この1年9カ月については，山根さんらは少なくとも2,3カ月に1度のペースでUを接待していることになる。Uと民宿の関係が最も親密だった時期といえよう。Uを中心に山根夫妻と道原さんで撮った図5-5の写真も，この時期（61周目，1985年2月）のものである。

　だが，付き合いを重ねるなかで，Uの＜ヘンド＞的属性が次第に明らかになっていったことが，山根さんの語りに見え隠れしている。まず，「文無し」であること。

それから，平等寺まで迎えにこさせるなど要求が厚かましいこと。常に酒臭いこと。また図5-6に写っているUの笠には金札が何枚も貼られているが，これもちょっと異様な光景といえよう。そして＜ヘンド＞の象徴ともいえる「乳母車」の存在である。

Uの乳母車にはかなりの改造が施されている。「四国八十八ヶ所巡拝中」「第〇〇回」「行者U」とマジックで書かれた幟のほか，バックミラー，ヘッドライト，クラクションが装備されている。この辺は歩き続けるUにとって必需品なのかもしれない。空き缶やビニールのカバーもあると便利であろう。だが，「大師の道」「頑張ってください」と書かれた短冊形のメッセージ・カードがぶら下げられているのに目がとまったとき，自らも遍路の経験がある山根さんに疑惑の念がよぎったのではないだろうか。これは道しるべなどと一緒に遍路道に設置されているものによく似ている[37]。山根さんは，なぜUに「お前，司法の手にかかるようなことしたら」などと語る必要があったのだろうか。この言葉のすぐ後に，「信心しとうもんやけん，ほんなことはないだろぉ」「真面目にお詣りして廻るんやったら，ワシはなんでもいうこときいたる，面倒みたる」と山根さんは続けている。しかし，あえてこのようにいわざるを得ないことが，逆に山根さんのUの不信心さや不真面目さに気づいていることを逆説的に示している。

したがって，この時期，山根さんはUの＜ヘンド＞的属性に気づきはじめ，Uを＜オヘンロサン＞から引き離す認識の分割作用が強まっていったことが理解できよう。それを打ち消すように，山根さんはUの「信心」を信頼し，真面目に巡礼することを期待することで認識の統合を発動させ，何とかUを＜オヘンロサン＞の領域に押しとどめようとしている。このように，分割と統合がせめぎ合うことで，Uのポジティブな意味性は次第に不安定になっていったのである。

④絶縁――＜ヘンド＞と変わらん！

絶縁のきっかけとなる事件が起こったのは，初来訪から4,5年後のことであった。海南町のUから「突然」電話があったのだと，山根さんは語る。この電話が突然だという感覚から，Uが民宿をしばらく訪問していなかったことがわかる。頻繁に来訪していれば，巡礼のペースからどの辺にいるのか見当がつくからである。道原さん宅の納札を見ると，9枚目の67周目（1986年3月）と10枚目

第4節 ＜ヘンド＞の解釈学―接待の実践と両義性のダイナミズム― 393

の87周目（1988年2月）の間に，20周2年間もの空白がある。山根さんがUと絶縁したのは，Uの巡拝100周目以前であるので，10枚目の87回目に乳母車が故障し，約40日後の11枚目（89回目）でUを叱り，12枚目の時に絶縁をいいわたしたと考えれば，その後，山根さんの目を盗んで3,4回ほどきていたということとも，だいたいつじつまが合う[38]。

表5-4を確認すると，この時期のUの納札には変化がみられる。納札が金札から織物製の錦札となり，署名も「U」から「U法師」へと変わっている。錦札は巡拝回数100回以上の者が用いるとされ，大変珍重される（図5-7）。その基準からすると89周目での使用はフライングである[39]。なぜUが高額な錦札[40]を所持しながら，Hさんへの御礼(おれい)を持ってこなかったのかは定かではないが，いずれにせよ，この出来事をきっかけに山根さんはUに絶縁をいいわたした。

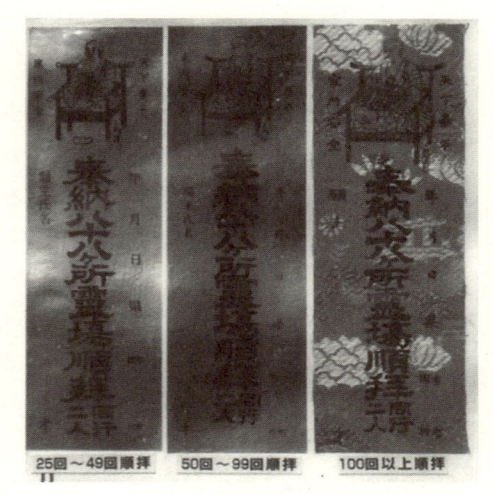

図5-7 札所寺院の掲示された納札の説明
銀色が25〜49回，金色が50〜99回，錦が100回以上となっている（1999年4月，1番霊山寺にて著者撮影）．

この時の山根さんの心境を最も的確に示すのが語りの中の次の部分である。

　　　人に世話になって，オシコクサン何回廻ったいうて，お前，誰のために，誰のお陰で，これ廻れたんな。（中略）皆さんの善意（のおかげ）で廻りよんでないか。ホレを忘っせるようではあかんわ。

この言葉の意味をより深く理解するには，山根さんの心境の変化に加えて，Hさんとの関係を踏まえる必要がある。Hさんは「オシコクサンを回んりょぉオヘンロサンのことなら」と，Uを＜オヘンロサン＞と理解し，そのために商売道具を支える大切なゴマを接待してくれたのである。だが，山根さんの目からは，U

がそのような接待に値する確かな＜オヘンロサン＞であるとは自信をもって断言できなくなっている。そこで，山根さんはHさんの好意を無にしないよう，Uに＜オヘンロサン＞らしい行動をとることを要請し，固く約束したのである。

だが，UはHさんへの義理を果たさなかったばかりか，山根さんとの約束も反故にした。こうした背景を考え合わせるならば，ここで山根さんがUを＜ヘンド＞と再解釈した理由は次のように説明できる。つまり山根さんは，Uが接待への感謝の心を喪失し，単に巡拝回数を誇示するだけの存在になり下がったと理解したのである。それは，Uからすでに「信心」が失われていることの証拠でもあった。交換関係の破綻や，義理の欠如，信頼の失墜に加えて，信心の喪失も確認されたことで，＜ヘンド＞的要素がちらつくUをなんとか＜オヘンロサン＞の領域に押しとどめていた認識の統合作用が消滅し，Uは＜ヘンド＞の領域へと遠ざかっていったのである。

とはいえ，山根さんが最終的にUに与えた解釈が「コジキヘンロと変わらん」という，断定を避け，曖昧な表現であったこともまた見逃してはならない。出入りを禁じながらも，山根さんに隠れてこっそり民宿を訪れるUを黙認したこと。絶縁しながらも，折に触れてUの消息を尋ねていること。ここでもやはり解釈は非決定的で，Uを＜ヘンド＞，つまり負の異人と結論づけつつも，どこかでその解釈が再転換する可能性を留保しているのである[41]。

4-4. まとめ――認識の分割／統合作用と日常性／聖性の関係

2つの事例を詳細に分析した結果，巡られる人たちの遍路認識はいく度となく変化する非決定的なものであることが明らかになった。最後に，遍路の「語り分け」において，彼らの解釈が変化する原動力となる認識の分割／統合作用が，どのような要因に関連づけられているのかをまとめておきたい。

まず，解釈をポジティブへと方向づける認識の統合作用は，信心・信仰を有し，それに基づく巡礼を行っているか否かという，対象者の宗教性・聖性への信頼の度合いによって作動すると考えられる。事例1では遍路Aが過酷な修行の巡礼を行っているという解釈によって，事例2では行者Uが信心に基づいて50余回

第4節 ＜ヘンド＞の解釈学－接待の実践と両義性のダイナミズム－ 395

の巡礼を行っているという解釈によって，それぞれ統合作用が作動した。そしてそれらは，御利益の確認によって増幅され，活性化された。

したがって認識の対象者を＜オヘンロサン＞の領域に結びつけていくような統合作用の原動力は，対象者の宗教性・聖性の確かさによるのである。

次に，解釈をネガティブへと方向づける認識の分割作用は，対象者の宗教性・聖性への反信頼性，懐疑の度合いと，認識者の日常を脅かす危険性の度合いが読み込まれる。後者は，序章で取り上げた廣末 保の「こっちの日常性が脅かされるという一種の恐怖感」［森本・廣末 1976：51］という言葉が端的に表明しているものである。事例1では，その異常な不衛生さから，Aは＜ヘンド＞に位置づけられ，かつ認識者の理解を超えた非礼さによって確固たるものになった。事例2では，信心が懐疑されたことに加えて，義理，約束，感謝などが崩壊・喪失したことが，Uが＜ヘンド＞に転換される決定的要因になった。

ここからわかるように分割作用では，日常の論理が聖性の論理に優先される傾向がある。事例1の場合は，嫁の御利益の語りを聞きながらも，姑は自らの解釈を転換させず，逆に解釈の差異を嫁のやさしさと読み替えることでコンフリクトを回避し，ネガティブな解釈そのものは維持している。事例2の場合，Uの信心の喪失は，分割作用を発動するひとつの要素に過ぎず，解釈を転換させる直接的要因ではない。

したがって，対象者への認識を＜ヘンド＞の領域に結びつけていくような分割作用の要因は，対象者が認識者の日常性を損壊させる危険性を主とし，宗教性・聖性への認識者の懐疑性を従とする複合要因によると考えられる。

つまり，統合作用は聖性の論理にのみ依拠し，分割作用は影響力に差はあるにせよ，日常の論理と聖性の論理の両方に依拠するのである。こうしたまなざしの複雑な力学が，解釈の不確定性，すなわち遍路への意味づけの曖昧さや多様さを生み出しているのである。

ところで，Uへの認識を負の方向へと転換させるポイントとなった「義理」「約束」「感謝」といった論理は，民宿の経営者である山根さんにとって，自らの日常世界を安定的に保つために重要なルールである。主婦である大野家の姑にとっ

ての「衛生」「礼儀」も同様である。このように，彼らがそれぞれの生活で重視している価値や論理に反する対象者の態度が，認識者の解釈を否定的な方向にシフトさせ，時には接待そのものを中止させたということは，接待が宗教性・聖性の論理のみならず，日常性の論理によっても産出され，限界づけられる実践であることを示す。つまり日常の論理を破綻させない限り，接待は可能であるし，逆に日常の論理を防衛するために，接待が行われることもある。とくに功徳や利益が期待されず「乞われるから与える」という受動的接待や，山内村の事例にあった追い払うための接待がそれに該当する。このことは，日常の論理が接待という実践を連続的に産出するハビトゥスのひとつとして理解できることを示唆している。

　日常の論理を接待の解釈に組み込む視点は，これまでの研究者がとってこなかったものである。これは，サーリンズのいう否定的互酬性の領域を射程化し，また田辺がハビトゥス概念の問題として指摘した，限界づけられる行為主体を復元する意図を含みもつ。これにより，大師信仰に集約して説明されてきた接待を脱構築し，異人としての遍路の意味の多様性を射程に収めつつ，かつて新城常三が同情・共感として理解した接待の「心性」の問題を，接待が実践される現場から現在的かつ動態論的に問い直しうるものとして，新たな巡礼研究の開拓に貢献すると考えられる。

〔注〕
1) 伊東老人は高群には托鉢させず，極力自分一人で行ったというが，その理由はここにあると思われる．
2) 近年，巡礼を一時的な体験と捉える理解を批判し，永遠の巡礼者 (permanent pilgrims) に着目する研究もなされている [Reader 2005a]．また小嶋博巳らの研究グループは，西国三十三所を廻る職業的遊行宗教者に関する興味深い歴史民俗学的研究を行っている [小嶋編 1993]．
3) 以下，巡礼・遍路等の語句を記述するときには，記述概念を漢字表記，フォークタームをカタカナ表記とする．ただし引用部に関しては，出典の表記を優先させており，とくに注記しない場合はその限りではない．
4) ここで，このような私的なインフォメーションに類する一文をあえて挿入する理由は，文化人類学における 1980 年代以降に起こった，"Writing Culture" 等の一連の議論 [ク

第4節 ＜ヘンド＞の解釈学－接待の実践と両義性のダイナミズム－ 397

リフォード＆マーカス編著 1996（1986）等］に配慮し，またここでは「認識」について議論することもあって，ある程度，調査者＝著者の背景を，読み手に対して明らかにしておきたいと考えたことによる．
5) 逆にこの点において，本研究がほかならぬ「文化人類学」的研究を指向する古典的な意味での理由がある．
6) ちなみに，もうひとつは，第3章の出発点となった，八十八ヵ所の札所寺院を順拝しているはずの遍路者の足跡が，札所や遍路道からはずれた場所にもみられるのは何故かという問いである．
7) J寺住職へは1999年3月，T氏へは同年8月に調査した．
8) 阿南市大潟町に所在し，現在は無住で共同墓地になっている．
9) Aさんには1999年4月，Bさんには2001年4月，住職には1998年1月に話を聞いた．
10) 1999年8月に調査．
11) 1999年8月に調査．
12) この「車」とは，平等寺に奉納されている「いざり車」のことを指す（図5-2）．足の不自由な遍路が，巡拝のために使用する車輪付きの箱（人力で押したり引いたりして動かす）のことを「いざり車」という．ただし，ここでIさんが語るのは，いざり車に似ているが，用途としては荷物を運ぶためのものであり，必ずしも足の不自由な遍路が使用していたものではない．むしろ後述する＜ヘンド＞の乳母車に近いものである．
13) 表5-1のカテゴリー（B）の特徴については，よく当てはまるものに○を，意見が分かれたものに△，不明なものに？を付けた．なお，「日常」は日常的に出会う存在であること，「接待」は彼らに接待の対象者であること，「巡礼」は彼らが霊場巡礼をする存在であることを表す．
14) この点，椿泊では「コジキ」の名称を使うことが多かったといわれたが，そのコジキとはコジキヘンドの短縮形という説明があり，やはりここでも，遍路の延長上という図式は成り立つと考えられる．
15) 同作品は，『太陽』誌上で発表の後，『寂聴巡礼』（平凡社，1982年刊）の一部として単行本化された．また同書には集英社文庫（1984年初版，2003年改版）もある．本書では，初出の『太陽』の掲載ページを示した．
16) 表5-2は，同エッセイからそれぞれについて記述している箇所の表現や語句をもとに作成した．しかし，文章中には，春遍路の描写に「葬列」や「物哀しさ」といった，ヘンド側に近い表現が使われる部分もある［瀬戸内 1980：15］．彼女はそこで，遍路における旅の哀愁について触れており，その意味ではこうした表現は自然なことと思

われる．本書では，「オヘンロサン」と「ヘンド」を理念型化し，分析概念として提示することを目的としているので，とくに対比的な語り分けがなされている部分に焦点を当て，カテゴリーの境界が曖昧になっている部分については，意図的に省いてある．また，彼女には 2001 年 5 月 27 日の毎日新聞ホームページ上で，ハンセン病訴訟に関連してエッセイを寄稿し，そこでも語り分けの記述を行っている［瀬戸内 2001］．内容的にはほとんど同一であるが，ヘンドへの接待ついての箇所のみ，「はるかなり巡礼の道」では「子供の私や姉には，そういう時はお接待に行かせない」となっているのに対し，同エッセイでは「母はおへんどさんに布施をする時，子供の役割をさせた．その時は必ずおへんどに掌を合わせるように教えた」と正反対の描写に変更されている．本書では，そのことを念頭に置きつつも，先述した目的のために，前者の記述を優先させた．

17) 座談会の内容は機関誌『新居浜史談』に 2 号にわたって掲載された．この原稿は無記名であるが，テクスト化を行ったのが喜代吉榮徳であるので，ここでは喜代吉編とする．

18) この大阪のヘンドという概念は，ここでは考察の対象外とする．

19) 前者はヘンロとしてもよいが，フィールドでは敬称が付けられる傾向があるうえに，発音が似ているヘンドに対し，明確に区別しやすくするためにもオヘンロサンを採用する．

20) なお，巡礼概念と観光概念の関係性については，別稿（拙著 2008「四国遍路のツーリズム化と観光概念のポジション－「観光」が逆照射する「信仰」－」『駒澤大学 文化』第 26 号，駒澤大学文化学教室）にまとめた．また「生業」との関連においては，現代の遍路たちが接待でお金をいただくことにしばしば抵抗を感じるということに，関心をもっている．

21) ここでのヘンドは方言的用法であり，分析概念としての＜オヘンロサン＞と同じものである．

22) 当時，四国地方の NHK では，夕方のニュースの中で『四国八十八ヵ所』の再放送を行っていた．

23)『改訂 帝国読本』巻一（芳賀矢一編，上田萬年訂捕, 1929 年〈昭和 4〉発行・1930 年〈昭和 5〉訂正再版発行, 冨山房）を参照．なお，前田 卓は『巡礼の社会学』のまえがきで，萩原の「お遍路さん」の，まさにこの部分を引用して，「この文章は，大正時代や昭和の初期に生れた人々ならば，中学生の時代に，国語の教科書にあったことを思い出すであろう」と書き始め，「北関東に生れ，一度も箱根を越えたことがなかったその当時の私にとって，この「お遍路さん」とは，なにか遠い外国の人々のように思わ

第4節 ＜ヘンド＞の解釈学－接待の実践と両義性のダイナミズム－ 399

れてならなかった」回想し，四国遍路研究を開始した際に，「生れて初めて見る実際の遍路と，二十数年前にみた教科書から想像していた遍路の姿とは，かなり異なっていることに気づいた」と述べている［前田 1971：まえがき］．つまり，鈴の音で始まる萩原の文章が，彼の四国遍路に対するイメージの「原風景」であり，遍路に対する認識の雛形であったことが告白されており，印象に残る．教科書という特殊なメディアに載ったこの文章は，「ヘンド」を方言化する思考の広まりにも一役かったのではないかという仮説も著者は考えているが，それも含めて，同時期の四国遍路イメージの形成に関与したものとして大変興味深い．

24) この托鉢を拒否する際の文句については，第1章で紹介した宮武省三の論考［宮武 1922］に，いくつか例があがっている．

25) 例えば田辺繁治は，「ブルデューのハビドゥスは，行為主体の自由の可能性を限りなく小さなものとし，構造の限界の中に押し込めてしまう危険性を持っている」という問題を指摘している［田辺 2002b：564］．

26) ただし，接待の内容については見解が分かれる．本章で取り上げたものについてみても，＜オヘンロサン＞と＜ヘンド＞で差をつけることはなかったという村上 護のような語りもあれば，白井加寿志や藤井洋一の報告や，次にあげる山内村のように，格差があったとするものもある．

27) 仮に語り手たちにそのような意図があったとしても，本書はその差別性を告発するような意図はまったくもたない．本研究はあくまで，巡られる人々の遍路認識の構造を探索するという学術的目的に乗っ取って行われるものであることを，改めて表明しておきたい．

28) 2005年調査実施．この項に限り，方言はニュアンスに注意しながら，標準語化した．

29) 調査は2000年8月と2002年8月の2回にわたって行われた．1度目は姑，2度目は嫁からおもに話を聞いた．

30) オゲヘンドとは，＜ヘンド＞のネガティブな意味性をより強調した派生語である．同様のものとして，オゲッタという言い方もある．また「本家」は徳島方言で，正統性・本物性を強調する語として，中高年によく使われる言葉であり，ここでのニュアンスは標準語の「まさしく」に近い．

31) ここで嫁が「オダイッサン」ではなく「オジュッサン」と述べた背景要因として，大野家の宗派が真言宗ではなく，浄土真宗であることが少なからず関係していると思われる．

32) 2001年から2002年にかけて調査した．山根さんには2002年8月，道原さんには2001年夏以降，複数回にわたって話をうかがっているが，本書で採用しているのは

2001年8月と2002年8月の調査分である．

33）このあたりの事情については，第2章第2節で論述しているので参照されたい．
34）なお，行者Uの消息については次のことがわかっている．Uは接待によって四国を巡っていた．山根さんの次には海部郡のH商店が世話をしており，また室戸にもUを無料で泊める旅館があった．別件でその旅館を調査した早稲田大学道空間研究所の研究員・杉本昌昭氏の御教示によると，Uはすでに亡くなっているということである．
35）本章第2節で紹介した新野Iさんの語りや，行者Uの事例も合わせて参照されたい．
36）なおこの行者Uは，イアン・リーダーが，巡礼を一時的体験と捉える人類学的巡礼研究への批判として彼が重視する「永遠の巡礼者」(permanent pilgrims) の一例として紹介する人と同一人物である［Reader 2005a : 257-258］．リーダー夫妻は1984年2月に56周目を巡礼中のUと対面した．リーダーによればUは当時，巡礼を開始してから19年目．高野山の某寺院と関係をもち，得度してUという仏教名を名乗るようになった人物で，托鉢によって生活するという「伝統」を守り，永遠に路上を住処とする遍路であったという．またリーダーは1991年春にも，Uのものとおぼしき乳母車（handcart）を1番札所の外で見かけ，それには126周目と書いたサイン（幟？）があったという．偶然にも，リーダーの報告はUと道原さんとの交流期間の最初と最後の時期にあたり，表5-4にまとめたUの行程とぴったり合致する．
37）第6章の図6-2「へんろころがしの風景」に類似の一例をあげた．
38）10枚目と11枚目の間が40日しか間隔がないのに，巡拝回数では2周分になっている．リーダーによると，Uは巡礼慣れする生活に刺激を与えるため，「気分を変えて」逆打ちをすることがあったという［Reader 2005a : 258］．ほかに乗物を利用していた可能性なども考えられる．
39）ただし，1987年発行の霊場会監修の案内本には，50回以上が金色となっており，錦の記述がない［四国八十八ヵ所霊場会監 1987 : 147］．
40）紙製の他の納札に比べ，織物製の錦札は格段に値が張る．2006年1月にインターネット上で検索したところ，1～4回目の巡礼者が用いるとされている白札は1枚50銭～1円程度なのに比べ，錦札は1枚100円と100倍以上の開きがある．そのため，錦札を取り扱ってないという業者や，特注品扱いの場合もある．
41）山根さんと行者Uの事例とは逆に，負の異人が正の異人へと再解釈される場合も，もちろんある．参考までに，著者が2000年の夏に徳島県阿南市B町（第3章で述べた乞食圏にある）で聞いた話を紹介しておく．30年ほど前，語り手の男性Aさんの姉の家（C家）にひとりの＜ヘンド＞がやってきた．家人は金銭か米を接待し，「どこへ行くのか」などと1時間か2時間ほど話をしたという．話の途中，＜ヘンド＞は

第4節 ＜ヘンド＞の解釈学－接待の実践と両義性のダイナミズム－

ふと，今年は何年かと干支を尋ねた．蛇年だと家人が答えると，彼は蛇の絵を描いて去っていった．その後，C家の運気は急上昇し，ある組織の末端から長へ「ぱんぱんぱーんと」出世したのだという．あの＜ヘンド＞はオダイッサンだったのではないかということになり，額を買ってきてその蛇の絵を飾った．Aさんがいうには，その絵はどうということのない普通の蛇の絵だったという．つまりこの事例では，遍路道をはずれ，接待を求めてやってきた負の異人＜ヘンド＞が，結果的にC家に幸運をもたらしたと理解されたために，御利益をもつ正（むしろ聖か？）の異人と再解釈されたのである．

第6章

響振する苦しみ —ある女性遍路にみる〈救い〉の構築プロセス—

　本書では巡礼の日常性からの再考をテーマに掲げ，主として四国遍路における日常的実践としての接待を議論してきた。その結果，前章では巡られる人々がどのように遍路を認識・解釈しているのかという，彼らの遍路認識に関する民俗知識の構造を明らかにし，その解釈モデルを提示した。こうした視点の取り方は，たぶんに戦略的なものであり，巡礼者側に偏重していた巡礼理解に対し，民俗知識の側からのオルタナティブな巡礼理解を発見する試みであった。そして，この点に関する著者の意図は，前章までの議論である程度達成できたと考えている。

　本章では，巡礼者の語りを取り上げる。これまでの到達点を踏まえつつ，巡る側の語りを追加することで，より多面的な四国遍路世界を描き出すと同時に，本研究の視座が巡礼者側に立つ巡礼研究にどのように応用できるのかという課題に踏み込みたい。

　この分野で活発な議論が行われているテーマに巡礼の動機論・目的論がある。従来，このテーマに関しては，主として社会学的アンケート調査が用いられ，「信仰／観光」等の類型化を切り口に，巡礼者の年齢・性別などの属性と絡めて議論されてきた。だが，近年では巡礼の動機・目的は多様化し，「癒し」や「自分探し」など，「新しい」とされる動機が若者巡礼や徒歩巡礼と結びついて頻繁に取り上げられる。

　だが一方で，巡礼のフィールドでは，病気や死といった「伝統的」とされる動機を隠しもっている巡礼者に出会うことも稀ではない。本章で注目するのも，「苦しみ」を抱えた巡礼者である。事例として取り上げるある女性遍路は，かつて巡られる立場にあったのだが，ある出来事を契機に歩き遍路を思い立つ。このとき，彼女がどのようにして，この巡礼を想起し，実践し，解釈していくのかというプロセスを解釈学的に分析する。

さらに彼女の巡礼体験による一連の心的変容と，それに伴う民俗知識の再編を考察し，「構造化する構造」（structures structurantes）であり「構造化された構造」（structures structurées）であるというブルデューのハビトゥス概念［ブルデュー 1998（1990）］に対する，本書の発展的可能性を提示する。

第1節　苦しみの巡礼世界をみつめなおす

1-1. フィールドで出会った苦しみの巡礼者たち

聖地はしばしば多くの巡礼者を集め，それ故に特有の活気と賑わいを有する華やぎに満ちた場所である。だが一方で，そこは暗い苦しみの影が常につきまとう場でもある。

(1) 四国霊場で

1998年3月，四国霊場のある札所の境内で，著者は貸切タクシーで巡礼している3人組の女性に出会った。白い巡礼服に身を包んだ彼女たちは祖母，母，娘の関係にあり，運転手は先達資格をもっている。当時，著者は質問用紙を用いた巡礼者へのアンケート調査を企画していた。運転手に協力を依頼したところ，彼は快諾してくれ，女性たちは「娘の病気治しのため」に巡礼しているのだといった。だが，参拝を終えた彼女らに実際に質問したところ，娘の病には触れられず，ただ「先祖供養」という回答のみがなされたのである。

災因論的に考えるならば，2つの理由に矛盾はない。彼女たちは，病の原因を「先祖の障り」と理解し，巡礼という手段を通じてそれを解消することで，治癒を実現しようとしていると説明できるからである。もちろん，先達でもある運転手には真の理由を打ち明けたのに対し，出会ったばかりの著者には無難な情報開示にとどめたという見方もできなくもない。ともあれ，この出来事はこうした調査ではみえにくい世界があることを，著者に強く印象づけることとなった。

（2）篠栗新四国霊場で

　同じ年の夏。福岡県の篠栗新四国霊場で，ひとりの中老男性に出会った。沖田晋司（仮名・当時55歳）さんは大阪出身で，建設業に従事しており，単身赴任で九州にきていた。すでに篠栗は2度巡礼しているという。しかし，見た目には先の女性たちとは異なり，白装束も着ていなければ，杖も持っていない。スニーカー履きで，濃紺ジーンズに白いポロシャツ，紺色のキャップというスポーティな服装と，がっちりとした体つきからは，実年齢よりも若々しい体力の持ち主という印象を与えられる。彼は，著者に「若いのに信仰か？それとも観光か？」と尋ね，次のように語った。

　　なんだか最近，仏には自然と手を合わすようになった。不思議なもんじゃなあ。やっぱり人間，何かにすがるという気持ちがあるんじゃなかろうか。みんな何かを抱えて生きとるもんな。わしも嫁さんを3年前に亡くしたけど，それはあんまり関係がない。あくまで自分の問題かな。

　外見からは想像できなかったが，どうやら彼は何か事情があって「信仰」心が芽生え，篠栗を巡礼しているらしい。そしてその事情とは，彼が3年前に妻を亡くしたことではなく，自分自身の問題として別にあるというのである。
　その日，我々は一緒に歩くことになった。さまざまな会話が交わされるなかで，著者がかつて専攻していた遺伝子情報学に話が及んだとき，彼は突然足を止めてゆっくりと空を仰ぎ，自らの病について語り始めた。

　　わし，ガンなんよ。告知されてる。もうそんなに長いこと生きられん。会社の定期検診で，「ちょっとおかしい」いわれて，専門医に診てもうたら「肺ガンや」いうこっちゃ。まず助からんという。ほんでももう思い残すこともない。嫁はんももうないし，55（歳）まで生きたし，子どもも独立して，孫の顔まで見たし。
　　わし，1日60本くらい吸うヘビースモーカーなんやけど，医者に「吸うな」いわれて，「ほな吸わな治るんでっか」って聞いたら，「治らん」いうけん，「ほ

なセンセ，吸わしてよ」ってな。
　　そうやな，後は（還暦の）あの赤いちゃんちゃんこ着てみたいな。息子もそういうんよ。「お父さん，ちゃんちゃんこ着るまで生き。そしたらもうええだろ」。

　この少し前に彼は，篠栗霊場は88回まわることでやっと「解る」のではないかと思うようになったといっていた。88度の篠栗巡礼を九州赴任中に実現すると壮語し，それがあながち虚言とも思えないタフネスを感じさせるこの男性が，実は3年前に妻と死別し，「おったときは『うるさいやっちゃな』とか思ったけど。いざおらんようになるとな……。やっぱり，自分にないものを持っていたと思う。飲み屋の女の子ともちがう，会社の女の子ともちがう，アパートに飯づくりにきてくれる人ともちがう……」と漏らされる哀しみを抱えながら，そして自らも病魔に冒されているという内なる闇を抱えていることに，著者は驚いた。

　　そやから焦っとんよ。あと86回か。ホンマ大変やな。休みのたびにここにきたり，回ったりしよる。逆に体，苛めたろう思ってな。山登ったり，ちょっとの距離でも歩いたりしよんよな。
　　でもなかなかできんな。今日も会社で「部長，送っていきましょか」っていうてくれたんを断ったんじゃけど。結局，自分の車できたもんな。

　篠栗巡礼は通常3日かかる。しかしこれまでの経験から，無理をすれば2日で行けるのではないかと考え，次回は挑戦するという。無謀とも思えるこれらの計画は，ガンに蝕まれる自らの身体への抵抗なのだというのである。
　沖田さんは，自らの巡礼の目的を病気治癒の祈願だとは明言しなかった。もはや回復が容易に期待できる段階ではないからであろう。しかし，「体を苛める」という発想は，病と巡礼との逆説的なリンクをうかがわせる。そして「何かにすがる気持ち」に気づき，「仏には自然と手を合わすようになった」彼が，88度に及ぶ篠栗巡礼に挑もうとする姿勢からは，可能性が低いものに対し，実現が困難な目標をぶつけることで起こるかもしれない「奇跡」をどこかで期待している感じを受ける。あるいは，「解る」という表現から，それは病や死を甘受できるよ

第1節　苦しみの巡礼世界をみつめなおす　407

うになることなのかもしれない。だが同時に，医師に喫煙を止められながらもやめることができず，また苦行を決意しつつもなかなか実行できないという「弱さ」にも突き当たる。沖田さんが抱える「何か」とは，そのようなさまざまな苦悩が絡み合ったものだったのではないだろうか。

　別れ際，沖田さんが著者に投げかけた最後の言葉は，「それじゃお別れやな。また縁があったら会うかもしれん。今度会うときは黄泉の国かな。黄泉の国から呼んであげる。『まだ論文書っきょっんかー』ってな」というものであった。この言葉からは，彼が突きつけられた「死」を一瞬，ユーモラスな装いに包みながらも，確かにその忍び寄る足音を感じているのだという印象をやはり受ける。その彼が「みんな何かを抱えて生きとる」というように，時に賑やかで華やかにも見える巡礼世界の奥底には，そうした闇の世界が潜んでいるのではないだろうか。著者はこうした感覚を，初期のフィールドワークを通じて抱くようになったのである。

1-2.　巡礼動機の再整理に向けて

(1) なぜ巡礼者は巡礼者となったのか？

　巡礼世界は多様性に満ちている。現代の四国遍路を例にとっても，巡礼者の属性，意識，方法等，さまざまな側面で多彩である。なかでも，「なぜ巡礼者は巡礼者となったのか」という巡礼を動機づける意識の説明には，これまで大きく「信仰」と「観光」とがあった。例えば，1969 年に社会学者の前田 卓が行ったアンケート調査では，「信仰のため」「信仰と観光をかねて」「単に観光のため」に 8 割の回答が収まっている［前田　1971：206, 215］。ここでは信仰と観光とを両極とする類型的把握が試みられており，当時はそれが有効性をもっていたことが理解できよう[1]。しかし，同調査を継承した佐藤久光の 1996 年の調査では，先の 3 つの選択肢への集中率は 65％に減少し，かわって，「精神修養のため」が 5.2％から 14.7％に，「その他」が 4.9％から 12.6％にと，それぞれ約 2.5 倍以上に増加している［佐藤　2004：222］。要するにこれは，信仰／観光という 2 分類が，現代の巡礼者の動機を説明する言葉として，次第に説得力を失いつつあるということを示していると考えられる。

もちろん，その背景には「宗教」や「信仰」という言葉自体を取り囲むソーシャル・コンテクストの変化がある。端的にまとめると，脱宗教的な態度・言明をとりながら，一方で宗教的な関心・実践は形を変えて保持されるという逆説的な宗教観への変容である。例えば，宗教学者の島薗 進は，世論調査の結果等を踏まえながら，「「宗教」や「信仰」という言葉に好ましくない響きを感じる人が増えている」と同時に，「宗教団体は好まないが，「霊性」や「精神世界」の探求・育成には熱心に取り組む，個人主義的な求道者が明らかに増大している」と述べ，1970年代以降，先進国や都市社会において増大してきた，欧米の「ニューエイジ」や日本における「精神世界」等を含み込んだ，グローバルな精神的運動である「新霊性運動（New Spirituality Movements）」の反映と位置づけている［島薗 1996：301］。

　このように多様化（あるいは不可視化）する現代の四国遍路の中から，一定の共通性を抽出しようと試みたのが，宗教学者の星野英紀である。彼はとくに徒歩巡礼者に注目し，体験記やインタビューの分析から，「現代の歩き遍路のかなりの人々に共通していることの一つは，四国遍路に出る動機は信仰からではないということの明言，断言である」と述べ，彼らが弘法大師に対する信仰や，諸病治癒などの御利益などを巡礼の動機とする「伝統的」な遍路とは異なり，「人生のリフレッシュ」「チャレンジ精神」「自分探し」「癒し」等の表現をとる新しいタイプの遍路であることを指摘している［星野 2001：361-365］。
　前田・佐藤の調査で増加を示した彼らこそ，星野が指摘する新しいタイプの遍路たちであろう。早稲田大学道空間研究所が1996年（平成8）4月から5月にかけて実施したアンケート調査を分析した鈴木無二は，徒歩遍路に特徴的なのは「その他」の率の高さであり，なかでも歩くこと自体，あるいは歩くことによる自己確認を動機とするものが比較的多いことを指摘している［鈴木無 2003：332］。
　こうした先行研究の成果を踏まえて，愛媛県生涯学習センターが2000年8月から10月にかけて実施したアンケート調査では，同種の設問に「自分探しの旅」という選択肢が取り入れられている。この選択肢への回答は，巡拝手段に大きく特徴づけられており，自家用車では21％にとどまるのに対し，徒歩の場合は59％と過半数を越え，どの年齢層にも共通した重要な動機と指摘されている

[愛媛県生涯学習センター編 2001：205, 2003：286-288]。さらに注目したいのは，同センターが2002年に実施したバス遍路への調査では，「先祖の供養」が実に70％を占めていることである。こちらは母集団の年齢層が60代以上に集中しており，巡礼方法による偏差とは言い切れない。しかし，徒歩巡礼のデータと併わせて考えるならば，「先祖供養」と「自分探し」が「信仰」「観光」にかわる新たな類型として浮上する。ほかにも巡礼の目的が「信仰心，病気平癒の祈願，死者の供養など，遍路によって何かの結果を得ようとする「功徳」から，歩いていること自体が楽しい，遍路することによって心が晴れるという，遍路それ自体を目的とする「癒し」に確実に変わりつつある」［大和 2005：99］と述べる論考も登場しており，多様化する現代の巡礼現象を把握するための新たな概念軸を探る試みが始まっている。

(2) 目的実現型と目的探索型

　だが，その多様性を極力に保持しつつ，巡礼動機の再整理をめざす時，必要なのは安易なラベリングよりも，何らかの指標に基づく「傾向性」を掴むことである。ここでは巡礼を通じて獲得・達成を期待している未来像が明確かどうかという点に着目してみたい。例えば，傷病を契機とする巡礼であれば，一方にその治癒を願うというあり方があり，他方にその傷病と共生する方法を探るというあり方が考えられる。あるいは身近な人の死を契機とする巡礼であれば，供養を行い死者の成仏を願うのが前者にあたり，残された自分の今後の生き方を考えるのが後者にあたる。事前に明確な目的意識をもち，その実現を直接の動機として行われる巡礼を「目的実現型」，実際の体験を通じて再帰的に説明可能になるまで目的や意義をむしろ曖昧なままに保留することを志向する巡礼を「目的探索型」と呼んでもよい。これにより，近年の四国遍路研究で指摘されるのは，目的実現型から目的探索型への変容であるとまとめられる。

(3) 結びつけられる巡礼と病苦

　こうした現代的な目的探索型の遍路たちがもっているトーンは，体験記のタイトルやコピーを一瞥するだけで十分に伝わるであろう[2]。
　そのカラフルでポップなカバーのように，それは爽やかで，明るく，生き生き

としたイメージであり，深刻な病苦や生々しい死者への哀悼といった重暗さとは無縁に思われる。だが，そんな明るい遍路たちのすぐ隣に，滲み出るような苦しみの世界が存在することに気づかされることも少なくない。例えば，2001年9月から翌年5月にかけて，四国遍路を取材した写真家の小林キユウは，若者ならば笑顔で取材に応じてくれるのに対し，中高年にはすべてに拒まれるという，両者の取材に対する極端な反応のちがいを体験し，その相違を次のように「確信」したと述べている。

> 中高年者の多くは，「正しい遍路」であると思う。彼らは人生を重ねていくうちに身近な者を亡くし，あるいは病苦や老いに向かい合い，人生の深淵をのぞき込むような心持ちでやむにやまれず旅に出たのではないか。（中略）僕が拒まれてしまった人たちの何人かは「苦」から出発した遍路であったと思う。それは遍路の動機としてはきっと正しい。愚かな僕は彼らに向かって，「あなたの『苦』をどうぞ今ここで語ってくれませんか」と言っていたのだ［小林 2003：83］。

> なぜ若者遍路は僕を拒まなかったのだろう。彼らは「正しい遍路」というより，「新しい遍路」というべき存在ではないかと思う。（中略）「苦」ではない別の地点から出発している姿はすがすがしく映った［小林 2003：83-86］。

その著書に『四国遍路青春巡礼』と付されているように，小林の興味は，彼が「新しい遍路」と呼ぶ若者に向けられている。その小林がなぜ，自らの興味とは逆に，「苦」から出発することを「正しい」と表現するのであろうか。「遍路に動機を尋ねることはタブーである」といわれていることを知って「冷汗が出た」と述べていることからも［小林 2003：83］，こうした闇の世界をあえて「正しい」とすることで，むしろ不可触のものとしてていねいに隠蔽し，彼が関心を寄せる「新しい遍路」を爽やかに歌い上げたいというような発想があるように思われる。

だが，こうした苦しみは中高年の遍路に限られるわけではない。同書に収録されている若者たちの語りにも，留年や失業，両親の死などの辛苦が登場している

第1節　苦しみの巡礼世界をみつめなおす　411

し，巡礼中にそのような巡礼者を見聞することや，地域社会の側からそうしたまなざしを投げかけられることもままある。著者も，2001年春に歩き遍路を行った際に，接待をしてくれた中年女性から突然，「どこか体が悪いのか」と，遠慮がちに尋ねられた経験をもっている。

　また1980年に，自然のふところに抱かれた「精神的な旅」への憧れ［今井 1981：i］から遍路に出かけたある女性も，その現代的な目的探索型巡礼の先駆ともいうべき自己意識とは裏腹に，早速1番札所で次のように話しかけられたという。

　　　元気に走り回る息子の姿を見て，売店のおばさんが，「身体が悪うて連れて来たんとちがうんけ？」とけげんそうにきいた。「いいえ，あの子は元気です」「そしたら，あんたが悪いんけ？」「いいえ」と，答えるとますますけげんな顔をして私をじっと見る［今井 1981：13］。

　売店の女性は，若い親子の巡礼をまず子どもの病気平癒祈願と理解した。だが当人が元気な様子を見て，今度は母親が病気なのだと考えたのである。ここでは，巡礼と病苦とを結びつける強固な発想が，地域社会の側にあることが理解できよう。このような発想は，高知県出身の作家，土佐文雄の次の文章のように，時にノスタルジックな四国の情景として記述される。

　　　「遍路」という言葉じたいに私の心はなにか郷愁のようなものが感じられる。（中略）不具の娘を連れた親子連れの遍路が，一休みしながら語る因果話に幼い涙をさそわれたことも数度ならずある。（中略）あれやこれやで私には遍路と聞くだけで，「あわれ」というイメージが今でもわいてくるのである［土佐 1972：9］。

　巡礼世界の多様性を複数の声が響き合うポリフォニー（多声音楽）に例えるならば，今日その主旋律を歌い上げているようにみえるのは，明るい目的探索型の巡礼者たちなのかもしれない。土佐が述懐する「哀れ」な遍路の言説は，確かに1990年代以降の四国遍路とは遠くなってしまった感がある。しかしながら，以

上にみたように，依然，苦しみの世界と巡礼は分かちがたく結びついており，それはあたかも，折り重なるさまざまな諧調の底部に流れる通奏低音のように重苦しく響いているのである。

1-3. 研究の対象と方法

このように現代巡礼を考えるうえでもやはり看過できない苦しみの巡礼世界を，ノスタルジックな言説に引きつけて処理するのではなく，当事者の側から接近するにはどのようにすればよいのであろうか。

(1) 対象の設定——苦しみの巡礼

まず，分析対象となる「苦しみを抱えた巡礼」について整理しておこう。本稿では「苦しみ」を，「日常生活につきつけられた非常な困難，あるいは危機的な状況」に由来し，当事者によって「辛い」「苦しい」「悩ましい」などのネガティブな感情で感知されるものの総体として捉えたい。沖田さんの事例でみたように，このような苦しみは，（例えば病という）中心的な核をもちつつも，実際にはさまざまな派生的要素が複雑に絡み合った「何か」である。

また，危機的な状況とは，具体的には病や死といった生命にかかわる問題であり，あるいは貧困や失業，失恋といった社会的・生活的基盤の揺らぎにつながるものがあり得る。そして，沖田さんが「抱える」と表現したように，マイナスの感情は精神的な負荷として意識される。この心的負荷の著しい増大は当事者をして死に至らしめるものであり，なんらかの形で処理・解消を必要とされる。こうした苦しみによる心的負荷の処理を直接の目的とする巡礼を，「苦しみの巡礼」と呼ぶことにしよう。したがってこれは，「日常生活で直面した危機的状況の具体的・直接的な解消を願う＜目的実現型＞の巡礼」である。そして，苦しみの解消に際して，巡礼のモチーフ[3]である超越存在の力が切望されるという意味で，苦しみの巡礼は一種の宗教的儀礼と考えられる。

(2) 分析枠組み——儀礼の動態論的パースペクティブ

儀礼（ritual）は（狭義には聖性と関連した非日常的な場での）形式的反復的

第1節　苦しみの巡礼世界をみつめなおす　413

な行為と理解されている。文化人類学者の浜本満は，因果論的な説明や，象徴＝解釈の問題に収斂してきた従来の儀礼研究を批判する一方，J.G. フレイザーが儀礼をなんらかの現実的な効果をもつ行為とした着眼点を再評価し，「『儀礼』と見なされる行為も，他の行為と同様に「何かをすること」，つまり状況に対して何らかの結果を期待して具体的，現実的に働きかける実践の一種である。この当たり前の事実から始めることは重要である」と述べる［浜本 2001：58］。ここでも，苦しみの巡礼の当事者が，具体的現実的な苦悩の解消を目的としているということに注目したい。

そのうえで，巡礼によって当事者の苦悩がどのように変化していったのか，そして最終的にどう処理されたのか，という儀礼の動態論的パースペクティブを分析の中心におく。これに関しては，星野英紀の「歩き遍路がなにを意図して巡礼を行おうとしているのか，そして道中でなにを考え，さらに巡礼を終えたときや帰宅後になにを得たと感じるのか」［星野 2001：361］という問いにつながる。この意味で，本稿の視点は星野のそれを継承しつつ，しかし焦点を苦しみの巡礼者におくことで，未解決の領域に光をあてるものと位置づけることができる。

（3）調査上の問題の克服——事後的な語りへの注目

かつて著者や小林がフィールドで体験したように，苦しみの巡礼者への接近は時に困難である。その原因は，対象者が苦悩の直中にあったことによると思われる。ならば可能性としては，時間や空間の共有を積み重ねるなかで，語りのチャンネルが開くのを期待するか，あるいは巡礼終了後に述懐の形での語りを採取するというスタイルがありうるであろう。そして後者のような場合にこそ，動態論的アプローチの有効性が期待できる。

以下，本稿では，病気治しを目的として行われたある巡礼の述懐の語りを事例とする。そして，当事者が自らの苦しみをどのように認識し，解釈し，処理していったのかという具体的な分析を通して，現代の四国遍路における苦しみの巡礼世界に接近してみたい。

第2節　ある女性遍路にみる＜救い＞の構築プロセス

2-1. 黒田さん（仮名）の病気直し巡礼

(1) 記憶のなかの遍路

　黒田美穂さん（仮名・1940年生まれ）は，生まれ故郷の徳島県A町で，夫とともに自営業を営んでいる。彼女は子ども時代の遍路の記憶について次のように語る[4]。

　　本家オヘンロサンみたいな人は，あんまり見ませんでしたね。もらいにまわってくるような，オヘンドサンしか見たことなかった。

　ここでは，「遍路道からはずれた」地域にあるA町が，札所，遍路道に次ぐ，第3の巡礼空間である「乞食圏」（本書第3章）であったこと，そして遍路の「真贋」を「語り分ける」ための民俗知識（本書第5章）を，彼女も身につけていることが言及されている。その意味で，彼女は地元の「伝承者」といえる。しかしながら，彼女自身は遍路への接待の経験は乏しく，また「オシコク（四国霊場）なんて行ったことがありませんでした」というように，普段の生活のなかで四国遍路はそれほど意識されてはいなかった。

(2) ＜危機の民俗＞としての病気直し巡礼

　しかし1998年の春，突如として大きな危機が黒田家を襲う。夫妻の愛息が余命6カ月の重病と医師に宣告されたのである。息子は当時30歳代。子どもも産まれたばかりの若い盛りである。さまざまな思いに苛まれる中で，黒田さんの脳裏にふと思い浮かんだのが四国遍路だった。

　　私の母親の里の親が患うたときに，お爺さんがオシコクまわって元気になったという話を思い出したんですよ。「（自分も同じように）行けたらええ

はな」って思たんやけど，ほしたら，お父さん（夫）が，今までほんなこというたことない人が，「お前オシコク行くか」っていうてくれたけん，歩きました。

　この想起のメカニズムは，民俗学者の川村邦光のいう＜危機の民俗＞を彷彿させる。川村は，ある事件によって引き起こされた生活世界の危機に際して，通常の思考・行動パターンで対処不能に陥ったとき，より深部から浮上する非日常的な知の枠組に基づく行動を＜危機の民俗＞と呼ぶ［川村 1997：23 等］。四国遍路に積極的な興味はなかった黒田さんだが，「息子が患うてみたら，やっぱり」と，いざ危機的状況に陥った時，記憶の奥底から想起されたのは，かつて同じような危機に際して行われた祖父の遍路行だったのである。だが，それはすぐに実行されたわけではない。黒田さんには，仕事があり家庭があり，そして看護があった。しかし，同様にそれまで遍路に関心を示したことがなかった夫の提案を受けて彼女は決断する。こうして，夫妻は息子の病気平癒の祈願を直接の目的として，遍路行を開始したのである。

（3）儀礼の「失敗」と＜救い＞の実現

　　やっぱり願い事を叶えてもらうには，「歩く」と思いました。なんにも知らんと飛び込んでいったから，「お接待していただいた人にお札を返す」やいうんも知らんと，お参りするのにこれこれの念仏唱えるというんだけは 1 番札所で話を聞いて。ほんでもう，着るもんも最小限のもの，上の半袖の白だけ揃えて，帳面（納経帳）いれる袋をひとつだけ買うて。

　　7 日で 23 番まで行きました。急ぎましたから。ほのころやったら必死でしょ。ほなけん，せっせと歩きました。県内は歩いたんやけど，あとの遠いところは，汽車に乗ったりバスに乗ったりして行って，ほの辺りは歩いて，また帰ってきて。行ったり帰ったりしもって歩きました。でも，最後の 1 日はとてもでないけど，歩いて回る余裕がなかったんです。屋島（84 番屋島寺）から終い（88 番大窪寺）までと，1 番に参るんは，娘に自動車で送ってもらいました[5]。もうちょっと難しかったもんで……。まわり終えたころに亡くなりましたけど。……高野山までよう行かなんだ……。

地元の「伝承者」であるはずの黒田さんだが，いざ自分が遍路に出立するとなると，「何にも知らんと飛び込んでいった」という。そこには，夫妻の焦燥感と同時にある種の民俗知識の断絶がうかがいしれる[6]。そのような状況の中でも，参拝方法についてはしっかりと教わっていることから，夫妻の遍路行が，あくまで病気平癒を祈念する「儀礼」であることが理解できよう。それは「帳面を入れる袋」という携行品にも現れている。これは頭陀袋と呼ばれる肩掛け鞄のことで，リュックを背負っている現代の歩き遍路では通常，省略される。しかし，彼女は準備もままならない状況でもこれをとくに用意し，祈願の証左である納経帳を保護するために使っていることから，儀礼の背後に想定されている弘法大師などの超越的存在に対する特別の敬意と配慮がなされていることが読み取れる。

「歩く」という巡礼方法についても，黒田さんは祈願成就のための選択であることを明言している。余命6カ月の病からの回復は容易ではないことは，当事者も覚悟してよう。しかしながら，あえてそれを祈念するにあたっての相応の方法として，許された時間は多くはないにもかかわらず，黒田さんは徒歩巡礼を選択したのである。つまり，黒田夫妻の「歩き」は，移動の方法というよりも儀礼の方法なのであり，「必死に歩く」とは「必死に祈念する」ということと等値なのである[7]。

その祈りにもかかわらず，息子は医師の宣告通り約半年後に亡くなってしまう。しかし，彼女が巡礼を振り返って語るのは祈りが叶えられなかったことに対する失望ではなく，「でもやっぱり，行ったら自分やが助けてもうたんな」という感謝の言葉である。「それはお接待のことですか」と尋ねる著者に，黒田さんは「うーん，ほれだけではないねぇ……」と述べ，やや間をおいた後，「ああ，自分やよりももっと……苦しい思いしよう人もあるんやなというんも見えたし……。」と，声をつまらせながら答えたのである。

黒田さんのこの事後の解釈と事前の動機はいっけん矛盾しているような印象を与えられる。黒田さんは苦しみの解消を願って巡礼を行ったにもかかわらず，それが果たされなかったばかりか，同様に苦しむ他者－すなわち更なる苦しみ－との出会いによって，「助けてもらった」のだと語るのである。

この後，黒田さんは「お礼参り」として新たな遍路を行っている。このことか

ら，彼女が最初の遍路行において，ある種の＜救い＞を獲得したと解釈していることは間違いない。この逆説的な救済の感覚は，どのようにして想起されたのであろうか。次に，その契機となった意識の変化に着目してみたい。

2-2. 苦しみの変容から＜救い＞が構築されるまで

（1）個人的で絶対的な苦しみ

まず，いうまでもないことであるが，愛息の死に至る病は黒田さんにとって大きな苦しみであった。「真面目に生きてきた自分やが，なぜこんなにも辛い思いを」と，恨めしく思うこともあったという。黒田さんにとって，それは自らの意志や世の道理に反して突きつけられた理不尽なものであり，自分たちだけが抱え込んだ個人的で絶対的なものとして意識された。

（2）相対化した苦しみ

この苦しみの意識が変化する最初の契機となったのは，ひとりの女性遍路との出会いであった。その日，黒田夫妻は12番焼山寺をめざしていた。11番藤井寺から焼山寺までの道のりは「遍路ころがし」と呼ばれる急勾配の難所[8]である。その登山道にさしかかったとき，40歳代ぐらいの若い女性が飛んできて，「一緒に連れて行ってもらえませんか」と頼まれたという。黒田さんには，息子が命あるうちに何としても遍路行を完成させたいという大前提があり，病床の彼のためにもできるだけ早く帰りたいという思いがある。「私やは気持ちが急いとるでしょ」というように，次第にペースがあわなくなってきた。たまたま，この日はイベントがあることを知っていた黒田さんは，「疲れたら，無理せんでも，後から（遍路が）ようけくるけんな。心配なしに歩けるわ」と励ましつつも，「最後までは連れていってあげれんかった」のだという。途中で別れることにはなったが，先を急ぐ黒田さんがこの女性遍路と一緒に歩いたのにはわけがあった。

　　（見た目は）普通の人やったけど，「あ，やっぱりこの人もなんか悩みをもって一生懸命歩っきょんやな」という感じはしましたよ。「ああ，自分やよりも辛い人もおるわぁ」。私は辛うても主人と2人でまわれるでしょ。「若い

女の人がひとりで，オシコクまわるって並大抵のことでないなぁ」って思いますよね。

　つまり，黒田さんは彼女にほかならぬ苦しみを見出したのである。そして，この女性が黒田さんにすがるように同行を依頼してきたことや，自分より若いにもかかわらずその歩みが進まぬ様子，そしてひとりでまわっているという事実から，その苦悩はより深いものと受けとめたのだ。

　この女性遍路との出会いは，黒田さんにある心的変化をもたらした。それは苦悩に苛まれているのは自分たちだけではないという，同様に苦しむ他者の存在への気づきである。さらにその気づきは，自分たち以上の苦悩を抱えている人をも見出していく。つまり個人的絶対的であった黒田さんの苦しみは，人々が抱えるさまざまな苦しみのひとつとして社会化さ

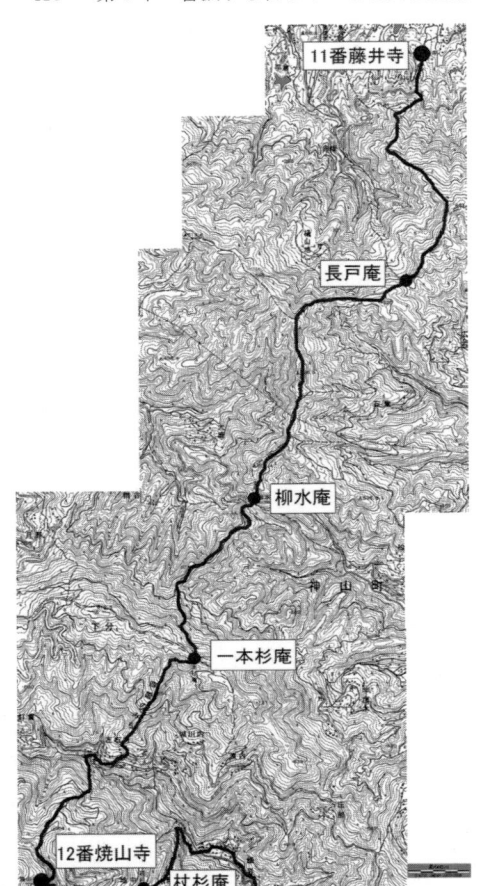

図6-1　藤井寺から焼山寺に至る遍路道
　2万5000分の1地形図「阿波寄居」，「川島」を基に著者作成．

れ，相対化されたのである．

（3）苦しみを「見舞う」

　そんな体験がありながらも，夫妻は徳島県内を歩き終えた．しかし，仕事をもつ夫妻が遍路に当てられるのは休業日をはさんだわずかな日数である．遠方になると往復に要する分だけ行程は進まなくなる．さらに息子の病状も次第に進行し，

第 2 節　ある女性遍路にみる＜救い＞の構築プロセス　419

看病や心配事に気をとられる時間が増えていったことは想像に難くない。

それでも夫妻は，少しずつ行程を進め，さまざまな人と出会いを重ねていく。その出会いを媒介したのが接待であった。愛媛では路線バスに同乗した温泉旅行客から，鮨と菓子をいただいたことがあった。その日は道中に商店が少なく，大変助かったそうだ。また 58 番仙遊寺では，巡拝バスの老遍路から 1,000 円の接待をいただいた。彼は途中で追い越した夫妻の到着を，わざわざ境内で待っていてくれたのだという。

四国遍路における接待は，巡礼の功徳の分与を目的とする施行と説明されており，その意味では非巡礼者が巡礼者に対して行うのが通常である。しかし，老遍路は自らも接待を受ける立場にありながら，より苦行性が高いと考えられる徒歩巡礼を行う夫妻を慰労するために接待を施したのである。

この老遍路の接待は，黒田さんの心に深く印象づけられた。これまでの接待を受けた体験を通して，「お接待してくれるんは嬉しいよねぇ」「やっぱりお接待，いろいろしていただくって，助けてもらうんやな」という思いをもっていた黒田さんは，「あ，この人やったら（接待）してあげたいな」と思う遍路に，「それまでにお接待でいただいたお金をあげる」とい

図 6-2　「遍路ころがし」の風景
（2001 年 3 月，著者撮影）

うやり方で接待を実践するようになった。

　この黒田さんの接待は独特である。それは，自らが接待で「助けられた」ことへの感謝の気持ちを込めた返礼であると同時に，自分たちが接待に感じた気持ちを施された金品に添えて，同じ境遇にある遍路たちへと贈与することで，彼らを労り，慰め，そして励ます行為なのである。それは，自らの体験に裏打ちされた，苦しむ他者への「見舞い」ともいうべき実践，見舞いとしての接待なのであった。

(4) 響振する苦しみ

　夏頃，夫妻はいよいよ香川に入っていった。そんな暑い盛りのある日，彼らはひとりの娘遍路に出会う。

> 　若い若い娘さんにも会いました[9]。（札所に）行ったら，おっきい声で念仏いよんです。男の子かな？ほれにしても小さいなっていう気がしたんです。ほんでこっち向いたら女の子だって，20か21,2（歳）ぐらいかな。「歩いてまわっりょんですか？」と聞いたら，「ずっと歩いてきて，お寺に泊めてもろたり，小屋に泊ったりしてまわってきた」やいうて。（野宿だと）なかなかお風呂に入れないでしょ。暑いときやったから，「自分の匂い（体臭）で嫌になる」とかいいながら。
> 　ほんでも，ほの子も，だいぶん何か持っとんかなという気がして。ほの時は，ほれまでいただいた2,000円ぐらい持っとったんかな。ほのお金を「何でも使うて下さい」いうてわたしたら，ほの子はやっぱり苦労してきたんか知らん，泣きました。
> 　やっぱり，若い娘さんがまわるて難しいわな。（彼女に）何があったんかとまではよう聞かん。私やも何があったんかとかは，誰にもいわんとまわっとったから。

　巡礼の苦労談は時に語られる。その娘遍路は野宿をしながら歩き遍路を行っていた。札所では，まず水道で洗濯し，洗い物をベンチに干してから参拝していたそうだ。悪意ある男性から「泊めてあげる」と誘われて危ない思いもしたという。だが，なぜそこまでして巡礼を続けるのかということについては語られない。黒

田さんも、この娘遍路にシンパシーを抱きつつも、自らの苦しみは語らないし、彼女の苦悩について尋ねることはできない。ただ、彼女も同じ「何か」を抱えた遍路であることを推察し、接待を通じて見舞ったのである。沖田さんの語りにも登場したが、この「何か」をもつ、抱えるという感じ方は、仮に知ったところで、どうすることもできないであろう、それぞれの苦しみの核心に触れることなく、コミュニケートすることを可能にする経験的な知恵といえよう。そしてその「見舞い」に娘遍路が涙を流したとき、黒田さんは、自らが抱える苦しみと、彼女がもっている「何か」が触れあったという感覚をもったのだと思われる。

　この感覚はおそらく、宗教学者の池上良正がいう「共苦共感」の概念が著しく近い。池上は津軽地方のシャーマニズムにおける救済のテーマを、「運命」「共苦共感」「こばみ」と指摘する。このうち共苦共感は、相談者と巫者、そして神々が互いに苦しむ存在として告白し、相手の苦を察し、甘えあうことを求め許すような関係性をいう［池上 1987：109-19］。ここで黒田さんが抱いた感覚もこの概念である程度は説明可能だと思われるのだが、共苦共感の世界では、言葉を介して互いの心情が直接吐露されることが多いのに対して、本事例では苦悩の核心部分については秘されたままであり、超言語的なつながりの感覚として体験されている。その結果、前者では意識や観念の共有が成立するのに対し、後者ではお互いに一方的に推察し合うという傾向が強いように思われる。このような言語が果たす役割の相対的な低さと、不均等なコミュニケーションの方向性という点で、本事例と共苦共感は完全に一致するとは言い難い。そもそも、移動を前提とする巡礼におけるコミュニケーションは、非継続的で刹那的なものとなる傾向を有している。したがって必然的にダイアローグが欠如し、ある意識や感情の共有がお互いに確認されることは、あまり期待できないという特徴がある。そのためここでは、「沈黙の共苦共感」と限定した表現にとどめるほうが適当であろう。

　あるいは共苦共感の認識論的前提のひとつである「苦しみは苦しんだ人にしかわからない」という言葉［池上 1987：111］から再検討してみてもよい。黒田さんの言葉に「ほの子も、だいぶん何かもっとんかいな」とあるように、ここで黒田さんが行っているのは、若い身空にもかかわらず、男性と間違うほどの異形の

外見で，年頃の娘には厳しいであろう不衛生さや性犯罪の危険にさらされながらも，きつい肉体的・精神的疲労を伴う野宿での徒歩巡礼を続けるこの娘遍路が，声を張り上げて読経するその姿の裏側に潜む苦悩を，自らの苦しみに照らし合わせながら推察し，そっと見舞うことである。娘遍路の涙は，その推察が的を射たものであったことを彼女に確認させたと同時に，黒田さん自身の苦しみも，揺さ振り動かせられたのだと考えられる。この反応は，物理学でいういわゆる共鳴現象（resonance）にイメージが近い。

実は池上は後に，3つのテーマを，「運命」「共振」「怨念」と再整理している。このうち，「共振」は共苦共感を拡張した概念であり，共苦共感は観念的・情緒的レベルにおける共感なのに対し，共振は「焼けて死んだホトケサマを降ろせば熱いし，病気で死んだホトケサマを降ろせば自分も具合い悪くなる」というような身体性のレベルにも働く共感を扱い，巫者たちの共感者としての鋭敏な資質を明らかにするための概念なのだという［池上 1999：285-312］。そして，この共振に池上は résonance という仏語を対応させている。

しかし，すでに述べたように，本事例の場合，「共」という文字が醸し出す，両者の対等な双方向性の意味合いについては，ひとまず保留したいと考える。以上のような意図から，ここでは感情の「響き」あるいは「振動」という当事者の体感現象的なニュアンスを込めた「響振」という造語で表現してみたい。

娘遍路の涙が黒田さんにもたらしたものは，意識の底で響き合うような感情の揺さ振りであった。それは，巡礼世界の通奏低音としての響振する苦しみの体験だったのである。

彼女の息子が亡くなったのは，それからしばらくたった晩秋の頃であった。

2-3．矛盾する動機と解釈をつなぐ心的メカニズム

以上，黒田さんが抱える苦しみが巡礼実践の中でどのように変容したのかを分析した。当初，それは黒田さんに固有の厄災であり，絶対的で閉鎖的・内向的なものであった。それが巡礼空間での出会いや体験を通して相対化され，見舞いの実践という開放性・外向性を獲得し，さらに響振する苦しみの体験を通して，ある種のつながりの感覚に至ったのである。それでは，この一連の苦しみの変容は，

第 2 節　ある女性遍路にみる〈救い〉の構築プロセス　423

事前の動機と事後の解釈をどのようにつないでいるのであろうか。

　こうした変化の記述，すなわち動態論的な視座は，V. ターナーのコミュニタス論的巡礼研究のみならず，従来の儀礼論が熱心に取り扱ってきた。例えば E. デュルケムの聖俗論の日本民俗学的応用ともいえるハレ・ケ・ケガレ論的に考えるならば，この巡礼は病苦＝厄災の祓いであり，病がもたらした日常エネルギーの枯渇を回復する儀礼として捉えられるであろう。

　しかし，ここで注意すべきは，この変容は彼女の苦しみそのものの軽減・解消と等値ではないということである。彼女の語りを振り返ると，むしろそれは日常世界，巡礼世界の両方で増大していることがわかるであろう。まず前者においては，病状の悪化に伴う心的負荷の増大があった。そして最終的には，愛息の死という永遠の辛苦の刻印として固定化されたのである。また後者においては，そのプロセスを通じて，他の遍路の中に新たな苦悩を見出していったことはすでに述べた通りである。もちろん，それに加えて，巡礼行為それ自体につきまとう労苦もある。このようにさまざまな面において，苦しみは強化されているのである。

　したがって，本事例の場合，彼女は巡礼を通して苦しみを解消したのではなく，むしろ抱え込んだ苦しみの別なる側面を発見したのだと理解するほうが妥当であろう。それは，絶対から相対へ，閉鎖から開放へ，個人から集団へという，苦しみを多義的な構造体として捉え直す認識の変化である。その苦しみは，一方で息子の病，そして死というきわめて個人的で絶対的なものでありながら，他方では，みんな「何か」を抱えているという認識によって成立する「苦しみの共同体」とでもいうべき世界があり，そこでは苦しみを抱えたままに心を通わせ，慰め合い，労り合うことができる。娘遍路の涙は，まさにそれが実現された証だったのだ。

　ここに「響振する苦しみ」が，現代巡礼における救済のテーマとして浮上する。これによって，苦しみはそれ自体を解消できずとも，脱危機化し，共生可能なものへと変形・処理する方向性が開かれる。それは，息子の死という後戻りできない客観的事実とは別次元での救済の可能性なのである。

　こうした苦しみとの共生可能性を開拓する行為が，「供養」にほかならない。先述したように，黒田夫妻は現在（2001 年 4 月当時）もお礼参りと息子の供養を目的とした新たな遍路行を継続中である。しかし，この遍路行はあまり進捗していない。徳島県内は 1 回目と同様にふたりで歩き，高知の最初の方も娘に車で

連れて行ってもらったものの，それ以降になると「やっぱり特急（JR）のほうが速いな。ほんでもふたりで1泊したら5万円は要る。ほな，僕が年金もらうようになったら続き行こか。松山行きの安いバスができたけん，（高知を）飛ばして先に松山へ行くかい」などと夫はいっているという。

　　1回目の時はお金のことや考えんと，行き帰りしたけど，なーんちゃないようなったらなかなか進まん。ここまでにせなんだらあかんという気持ちがあるときは一生懸命いけるけどねぇ。

　彼女はこう続けるのだが，息子の供養を目的にあげながら「何もない」という語り口からは，彼女の苦しみがもはや早急に処理を必要とするものではなく，すでに脱危機化されていることがうかがいしれる。もちろんそれは，もはや息子が生き返ることもないのだという永遠の辛苦の裏返しでもある。そして，夫の言葉にみられる老後を見据えた未来志向のパースペクティブからは，息子の死という苦しみとともに生きるという意志が読み取れよう。
　さらに重要なのは「金銭感覚」の差異である。1回目は危機的状況下における非日常的な金銭感覚であったのが，ここでは旅費が家計と照らし合わせて検討されている。これは，この供養の遍路行があくまで夫妻の日常生活の範囲で行われることを示しており，こうした点からも，苦しみは夫妻の日常と共生されるものになったということが理解できる。すなわち，病気治しと供養という夫妻の2つの遍路行にある差異は，病と死という儀礼の対象者の状態の差異以上に，むしろ当事者の苦しみの状態の差異と解釈すべきなのである。
　これらのことから，いっけん矛盾する事前の動機と事後の解釈をつなぐ心的メカニズムは，次のように理解できる。彼女の当初の巡礼動機，つまり「病気治し」は，現実的な日常の危機に直面することによって，遠い記憶の彼方から湧き上がった祖父の遍路行に触発されたもの，すなわち＜危機の民俗＞によってもたらされたものであった。それを彼女は，自らの実践を通して獲得された経験的な認識によって，「響振する苦しみ」を救済のテーマとする自らの物語と書き換え，彼女独自の解釈として定着させたのである。すなわち，遍路を通してなされたのは，さまざまな要素が連結する苦しみの構造体のシステム的な変容だったのである。

2-4. おわりに──複合系の民俗知識とハビトゥス概念の脱構築

(1) その後のエピソード

　息子の病によって引き起こされた苦しみが共生可能なものとなった後，黒田夫妻の遍路行はなかなか進んでいない。だが，それは黒田さんの遍路への関心が薄れたことを意味するのではない。むしろ以前とは異なり，普段の生活のなかでも，四国遍路への意識は持続されるようになった。以下に紹介するのは，インタビュー終了間際の雑談の中で語られた苦しみの巡礼の後日談，すなわち黒田さんの新たな四国遍路へのかかわり方についてのエピソードである。

　最後にこの語りの分析を追加することで，黒田さんの民俗知識の変容をより広いスパンで考察し，本書の発展的パースペクティブを示したい。

(a) このところ歩きょる人が増えましたね。私やがまわったときは平成10年やけん，3年ぐらいしかならんでしょ。ほのころは楽に歩っきょるっていう感じの人が少なかったけど，この頃は，定年退職してちょっと優雅に歩きょるっていう感じの人をよう見かけますよね。急に増えたように思います。

(b) 徳島あたりで，ちがう方へ向いとる人に，「どちらへ？」って声かけたら，「恩山寺」っていうけん，「ほっちでないですよ」っていうたら，「いやこっちじゃ」って。ふっふっふ。頑固なサラリーマンあがりのような男の人にも会ったけどな。（著者：がっかりします？）ほんでもまあ，まだ最初の方やけん，これからいろいろ見えて，終わる頃には丸ぅなるかなと思いますよ。

(c) （A町在住の）Hさんがずっと歩いてまわっりょんですけど，（遍路中に）立江の駅（19番札所の最寄り駅）で泊まろうかと思うたらしいんです。それで行ったら，先客がいて，その人はちょっと慣れたような人で，どっかおらんようになったと思うたら，近くの食堂から残飯を拾うてきて，食べ出して。ほんで，「アンタにもあげたらええと思うけど，アンタやったら腹下すわな」やいうて。ほんで一緒に寝かけたんやけど，Hさんは「一

緒に寝たら，何がないようなっとるやら，安心して寝れん」と思うて，最終の汽車で帰ってきたって……。

(a) では，黒田さんが日常的に四国遍路に関心をもっていることが語られている。近年，四国遍路では歩き遍路の増加がますます話題になっている。彼女は，自分たちが歩いた3年前の状況と現在の歩き遍路ブームとを比べて，苦と楽あるいは必死と優雅と対比的に分析している。(b) では，機会あれば積極的に接待にかかわろうとする地元住民としての姿と，現在の歩き遍路ブームを，暖かく見守る先輩遍路としてのまなざしが含まれている。さらに (c) では，地域社会においても，他の四国遍路の実践者と交流をもち，体験や知識を交換している様子が語られる。これに加えて，時折，隣町の札所に出かけて接待を行っていた町内の婦人とも「接待仲間」という新たな親交を結び，一緒に接待をするようになったともいう。つまり，黒田さんは四国遍路を体験し，日常的な関心を抱くようになったことで，地元にいながらもそれまで見えなかった四国遍路を媒介とした社会的ネットワークを発見し，参加するようになったのである。

一連の出来事による黒田さんの変化はこれにとどまらない。息子の死後，黒田夫妻は，檀那寺の檀信徒有志が参加する檀信徒会に加入し，行事の手伝いなどに積極的に参加するようになった。会の活動の一環として，2000年（平成12）に京都の寺院参拝旅行に出かけた時のことである。ある寺院の境内で，一行は10人ほどの僧侶の集団と出会った。彼らを認めた黒田さんは，さっと駆け寄ってお金を接待したのだという。同行していた住職は，黒田さんのその素早さには大変驚かされたのと語る。

黒田さんは，その時の様子を次のように説明する。境内の藤棚の下にある腰掛けで一服していた彼らは，「革靴のような，草履のような」見慣れぬ履き物を履いており，「皆が足が痛そうにしとった」のだという。そこで彼女は，人数が多いのに手持ちの2,000円では少ないと思いながらも「お接待させてもろうた」のだという。

彼らは台湾から来日中の僧侶だった。異国の地で，見知らぬ婦人からの突然の布施行に感激した彼らは，黒田さんに数珠を返礼にわたした。そして黒田さんも，

わざわざ台湾から来日した僧侶との交流の証として，その数珠を大切に保管している。

ここでは，「足の痛み」という，徒歩巡礼を行った経験のある人なら誰しもが実感するリアルな苦痛がきっかけとなっている。黒田さんも，自らの経験から彼らの苦痛を推し量り，「接待」を通してその苦しみを見舞ったのである。

しかしながら，ここでの行為はすでに四国遍路というひとつの枠組みを超越している。何か修行僧のようなものだと考えたと，黒田さん本人もいうように，彼女は彼らを巡礼者や遍路者と認識し，その文脈から接待を行ったのではない。エピソード（a）〜（c）でみたように，現在の黒田さんは，日常生活においても，ことあるごとに四国遍路にかかわり，接待を実践しようする態度をもっている。それは，かつての巡られる人々による日常的実践としての接待ではないし，現代における自らの巡礼体験から紡ぎ上げた接待そのものでもない。京都でのエピソードからは，彼女が巡礼体験で得した知見を母体としつつも，四国遍路のコンテクストによらない，日常生活一般において発動可能な新たな「接待」へと昇華しつつあるということが理解できる。

(2) 接待の多様化と移調するハビトゥス

以上のことから明らかなのは，黒田さんの接待はひとつではないということである。彼女の「接待」の最初期の形態は，巡られる人々が伝承してきた日常的実践，すなわちそれを求めてやってくる「遍路」への受動的消極的な施しであった。第3章で述べたサーリンズのいう否定的互酬性の領域を含んだ応乞食（こつじき）的接待である。だが，それは高度経済期後の乞食（こつじき）圏の縮小に伴い，実践される機会のない実践となって，意識の下層に沈み込んでいった。

長い空白期を経て，接待が再び浮上したのは，黒田さんが遍路になったことによる。接待では接待品と納札とが交換されるという一般的理解，つまり前田 卓がギブ・アンド・テイクと表現した功徳の分与の図式，サーリンズのいう均衡的互酬性の領域があることも，ここで初めて知った。

彼女は，自らが施される立場に立ったことで，接待が相手にどのような感情をもたらすのかということも実感する。黒田さんにとって，接待を受けることは，嬉しいことであり，助けられ，励まされることだった。この感覚と遍路が遍路に

接待すること可能なのだという気づきを元に，彼女は苦しみの境遇を抱えた巡礼者とのコミュニケーションの方法として新しい接待を開発する。本章で述べた「見舞いとしての接待」である。この接待は，それぞれの苦しみの核心には触れないという前提をもち，したがって一方的な推察から発動される。その意味で，返礼を求めない利他的な贈与である一般的互酬性の領域に触れるものである。そして，黒田さんの個人的経験から生み出されたこの新しい接待は，娘遍路の涙によって，確かに他者にも伝わるものと，その有効性を確信されたのであった。

　苦しみの巡礼が一段落し，再び巡られる立場へと戻った後，黒田さんの接待は，ちょっとした機会をも捕まえて積極的に行われる新しい日常的実践となった。そして最終的には，四国遍路のコンテクストを超越し，より普遍化した次元における日常的実践としての「接待」となったのである。

　ブルデューの実践論からは，接待は，接待それ自体について，またよりマクロな四国遍路世界についての諸知識の体系（民俗知識）が含まれたハビトゥスが産出する実践であると理解されよう。そして繰り返される実践は，時にその実践者に新たな気づきをもたらし，民俗知識を変化させる。民俗知識の変化はハビトゥスの変化にほかならない。そして，ハビトゥスが変化すれば生み出される実践もまた変化するはずである。つまり，ここでみてきたのは，ブルデューが「持続性をもち移調が可能な心的諸傾向のシステム」［ブルデュー 1988（1980）：83］としたハビトゥスのまさに「移調」であり，移調したハビトゥスが新たに構造化する実践＝接待の変容だったのである。

（3）複合系の民俗知識——ハビトゥス概念の脱構築へ向けて

　このハビトゥスの移調について，改めて注目したいのは，(c) のエピソードに登場する無人駅を寝床とし残飯を糧とする「遍路」を，「慣れた人」と形容する語り口である。彼のような存在は，第5章でみた「語り分け」の民俗知識によれば，＜ヘンド＞に引き寄せられて解釈される。事実，地元住民として四国遍路に親しみつつ自らも遍路行を実践しているHさんは，盗難を心配して逃げ出している。Hさんはこの先客を＜ヘンド＞と解釈したことは間違いない。

　黒田さんもそのような民俗知識を有していることは，先に述べたとおりである。

第2節　ある女性遍路にみる＜救い＞の構築プロセス

だが，そのような＜ヘンド＞を「慣れた人」，すなわち四国遍路世界に深くなじんだ人物とする解釈は，巡られる人々の民俗知識からなされたものでは明らかにない。むしろ，日常世界の感覚や価値観からは異常にみえたとしても，実は「何か」を抱えた見舞うべき存在なのかもしれないというような，共感の可能性に開かれたまなざしがそこに見える。それは，「遍路」を異人化するソトなる視点から，実際の遍路体験から意識されたリアリティ，つまりさまざまな「遍路」が集う四国遍路世界の多様性を念頭におくことで採用されるウチなる視点への参照点の移行と捉えられる。

　だが，注意したいのは，これらの変容，移調，移行が，不可逆な決定論的なものでは決してないということである。これまでの語りから，現在の黒田さんの四国遍路に関する民俗知識には，大きく3つの系があることが理解できる。(A)「乞食圏」での生活から日常的実践として身体化されていたもの，(B) 息子の病を契機に，＜危機の民俗＞として記憶の深淵から急浮上してきたもの，そして (C) 自らの遍路体験を通して体得した経験的知識によるものである。ここで，遍路体験によって (A) が (C) へと再構成されたと理解することは，いささか単純すぎる。むしろ，これらの3つの系は互いに干渉しながらも，それぞれに独立性を保ちつつ，併存していると考えるほうが適切であろう。黒田さんの語りについてみると，かつての子ども時代の記憶を語る際には (A) の系が参照され，「慣れた人」についての語りでは (C) の系が参照されている。すなわち，民俗知識それ自体が，いくつかの民俗（サブ）知識の複合系としてあるのだ。もちろん，現在の黒田さんの場合，日常的に参照されるのは (C) の系であろう。現在のデフォルトの系といってもよい。だが，コンテクストや状況によっては，(A) や (B) の系が参照されたり，まったく新しい系が創造されたりする可能性もあり得る。

　ブルデューのハビトゥス概念には，そのハビトゥス自体がブラックボックス化されているという問題が指摘されている［田辺 2002a：564］。そのため，語りの内容によって参照される系が使い分けられるような複合系としての民俗知識は，ハビトゥス概念では十分に説明できない。だからこそ，民俗知識を多系的な複合システムとして捉え直すこのような試みは，ハビトゥス概念を脱構築し，認識・実践・解釈の多様性と不確定性をめぐる新たな問いの次元を切り開く可能性をもつと思われる。

〔注〕

1) ただし四国遍路の場合,「単に観光のために」という回答は極端に少ない.むしろ,巡拝バスの登場に代表されるような巡礼の商業化を批判する言説として,「観光」の概念は有効であった.
2) 若干例をあげると,次のようなものがある.以下,書式は「コピー文」,『タイトル』(著者名,刊行年,出版社)とする.
   ・「ときにはケンカもしたけれど,二人で歩けばますます楽しい遍路道!」,『お遍路は大師さまと三人旅―歩いて見つけた夫婦の絆―』(財津定行,2000年,リヨン社)
   ・「お大師さんの心を知る,「同行二人」のホンワカな旅」,『わたしも四国のお遍路さん』(平野恵理子,2002年,集英社)
   ・「泣いた 笑った 感動した 四二日間」「歩いて 歩いて 四国の風になった」,『情け売れしやお遍路ワールド』(佐藤孝子,1994年,近代文芸社)
   ・「笑って,怒って,泣いて,歩いた,四十三日間のペタペタサンダル旅日記」,『サンダル遍路旅日記』(潮見英孝,1999年,文芸社)
3) 四国遍路では弘法大師,西国巡礼では観音菩薩,サンティアゴ・デ・コンポステーラでは聖ヤコブ,ルルドでは聖マリアというように,当該巡礼を象徴する中心的存在を,本稿では巡礼の「モチーフ」と表現する.
4) 本調査は2001年4月に行われた.
5) 「1番」は1番札所霊山寺を指す.遍路行を1番から開始する場合,通常は88番大窪寺が終点となるが,さらに徳島に戻り,1番に帰着した時点で終了とする考え方もある.前者は全札所の巡拝に,後者は円環状に巡礼路を踏破することが重視されている.さらには,弘法大師の在所とされる高野山奥の院への参詣をもって終了とする考え方もある.黒田さんがとったのは3番目の方法となる.起終点の実際的な組み合わせには,より多様なヴァリエーションがあり,詳しくは長田攻一の詳細な分析[長田2003]を参照されたい.
6) この民俗知識の断絶は重要なテーマである.ここで詳細に検討する余裕はないが,ひとまず確認しておきたいのは,今日流布している四国遍路に関する知識のすべてが地元で伝承されてきたものではないという,ごく当たり前の認識論的な前提である.
7) ではありながら,終始車を使うことを選択した「最後の一日」に関するエピソードは,こうした苦しみの解消を願う目的実現型の巡礼において何が優先されるのか,あるいは儀礼の方法が変更されるのはどのような時かといった問いとの関連で興味深い.
8) 四国遍路の難所は俗に,「一に焼山,二にお鶴(20番鶴林寺),三に太龍(21番太龍

寺)」ともいわれている．いずれにせよ，一番札所から順打ちで始める歩き遍路にとって，最初に迎える難所がこの焼山寺の山越えである．

9) なお，ここで「若い若い」と繰り返しているのは誤記ではない．これは徳島方言の特徴のひとつで，強調のための繰り返しの用法である．黒田さんはここで，焼山寺で出会った40代の女性遍路よりも，さらに若い20代の娘が，ひとりで遍路をしているという異常性を強調しているのである．

結　論
四国遍路の日常的実践としての接待

　本書の主たる考察対象である四国遍路は，現代社会における「癒しの場」「自然や地元の人々との触れあいの場」「自分を見つめなおす場」などと意味づけられ，歩き遍路の実践者が大きく増加するなど，社会的な注目が高まっている。とくに2000年頃からは，地域社会においても，接待が四国四県に共通かつ固有のローカルな「文化」として再発見され，四国のアイデンティティを表象するものとして創造，伝承，発信していこうとする動きが活性化している。

　本書でめざしたのは，この接待の徹底的な問い直しであり，文化人類学的な再解釈である。四国遍路の巡礼者歓待習俗である接待は，これまで札所近辺や遍路道沿線で行われる，人々の主体的で自覚的な動機，つまり自由意志に基づく行為とされてきた。それゆえ，接待を行う人々の「心性」は，信心，善意，愛，同情，優しさなどの美的な意味づけで捉えられ，これが四国の文化的なローカリティや風土と理解されてきた。

　これに対して本書で見出したのは，意識されない慣習的行動すなわち実践（pratique）としての接待である。とくに遍路側からの要請によって日常的に行われる接待に着目し，これを田辺繁治らの「日常的実践」［田辺・松田編 2002，田辺 2002b］の議論を援用し，「日常的実践としての接待」と理解した。それは，乞われるがゆえ，求められるがために行われる実践である。「親の背中をみて」と語られるように，そうすることが他の実践者の実践を通して伝承されているのだ。星野英紀は見ず知らずの他者である遍路になぜ接待を行うのかと問う［星野 1974:81］。日常的実践としての接待についていえば，遍路が接待を求めて，人々の日常世界にやってくるがために，彼らは接待をする。周りの人がそうするから，そうしてきたから接待をするである。

　また，日常的実践としての接待は，札所近辺や遍路道沿線などの空間的に限定されるものではない。遍路に巡られることで動的につくりだされる関係論的な場である。遍路との出会いがあるならば，そこは接待がなされる潜在的な場である。

本書では，過去帳調査や聞き取り調査から，高度経済成長期以前の四国では，接待が広範囲で行われていたことを実証し，こうした空間を乞食圏として概念化した。

接待はまた，接待をする人々と遍路とのコミュニケーションの場でもある。そこで人々は遍路とはどのようなものかを知る。その知識が集合したものが巡られる人々の民俗知識である。なかでも重要なのが，正の異人＜オヘンロサン＞と負の異人＜ヘンド＞の概念を用いた語り分けの民俗である。この語り分けは1960年代頃までの四国で生活経験をもつ人々に驚くほど幅広く共有されていると，著者はこれまでのフィールドワークを通して実感している。まさに巡られる人々の「集合的記憶（Mémorie Collective）」［アルヴァックス 1989（1950）］といえよう。

彼らの民俗知識は，信仰に裏打ちされた正統な巡礼者＜オヘンロサン＞と，多様な負の意味性を付与される境界的存在＜ヘンド＞に語り分ける。だがそれは，近代の権力が行使した＜分類のまなざし＞のような排除のための認識ではない。

巡られる人々の民俗においては，認識や解釈の局面では，対象者のカテゴライズが行われるものの，実践の局面では，いずれにせよ接待が行われる。個別的には施与される接待に格差がつけられたり，時に拒絶されたりすることも確かにある。だが総体的にみると，日常的実践としての接待で行われるカテゴライズは何らかの形で無意味化され，負の意味性を付与された対象者であっても完全には排除されない。

この不可思議な認識・解釈と実践とのズレを，本書では認識の分割／統合作用という，まなざしの力学を用いて説明した。認識の分割作用は対象者を意味的に正／負に分割し，統合作用は負と解釈された対象者を再び正の方向へ引き戻す。巡礼者であることが懐疑され＜ヘンド＞と理解された対象者であっても，その否定的意味づけが臨界点を突破する前に，統合作用が働いて解釈の揺り戻しが起こる。巡礼概念の地平線を越えることはほとんどない。第5章では，揺り戻しを引き起こす認識の統合作用の源泉を聖性の論理に関連づけたが，本書の今後の課題を見据えながら，より踏み込んだ解釈を行うならば，それは四国遍路世界における「巡る弘法大師」の両義性が関連している。

四国遍路世界において，弘法大師は遍路の理念型である。同行二人の思想にあ

るように，遍路は弘法大師とともにある存在であり，時に弘法大師そのものと見立てられもする。遍路行とは弘法大師のかつての修行過程の追体験とされ，同時に弘法大師自身も，衆生の救済を行いつつ，自らの聖性を磨くために現在も遍路修行を続けていると考えられている（弘法大師遍路信仰）。

『道指南』にもあったように，弘法大師の遍路修行は，巡拝行為と托鉢行為の2つの内容からなる。弘法大師は巡拝し，托鉢するのである。托鉢の仏教的意味は2つあるといわれている。ひとつはモノを乞うという立場に身を置くことで，菩薩の修行項目，六波羅蜜のひとつ「忍辱」を修すること。もうひとつは同じく六波羅蜜のひとつ「布施」の機会をつくることで，それに応じる衆生の救済を図ることである。いずれにせよ，弘法大師に何らかの形で帰依するならば，この托鉢には応じなくてはならない。そして，「オダイッサンは我々を試す」としばしばフィールドで語られるように，弘法大師は時にみすぼらしい姿に身をやつし，負の異人として人々の眼前に立ち現れ，信心や帰依を試し，利益またはバチを与えると考えられている。つまり四国遍路世界に現れる弘法大師は，＜オヘンロサン＞的でもあれば＜ヘンド＞的でもあるという両義性をもつのである。そして，この弘法大師のイメージは，四国遍路の開創譚である衛門三郎物語に登場する弘法大師そのものでもある。

　以上のような弘法大師像が巡られる人々の民俗知識にあるとき，その語り分けは必然的に不安定になり，認識者は眼前の遍路を決定論的に解釈することはできなくなる。なぜならば，聖なる存在である弘法大師は，人々の認識や解釈力をそもそも超越した次元にあるからである。例え認識者が遍路を正／負に語り分けたとしても，その判断を超えた次元で負が正へと回収される可能性が常に残される。端的にいえば，＜ヘンド＞と解釈したその人が，実は負の異人として人々の心意を試すために現れた弘法大師である可能性を否定できないのだ。村上 護のテクストにあった「もしもその人が，お大師さまじゃったらおおごとだよ。お遍路さんでもへんどでも誰でもええ，わけへだてなくお接待せにゃいけん」［村上 1984：5］という心性は，まさにこのような論理を背景にもつのである。

　ただし，実際の個別の語りでは，このような「弘法大師」が直接的に持ち出され，それによって説明されることはほとんどない。だが，第6章でみたように民俗知識が複合系としてあり，かつ，そもそも日常的実践としての接待がルーティ

ン化された慣習的行動であることを念頭に置くならば，現代において明確に語られないからといって直ちに過去の遺物として扱うことは適切ではない。功徳を得たと実感したことで解釈を増幅させ，＜オヘンロサン＞を聖なる次元へと位置づけようとした大野家の嫁のような事例を見逃してしまい，その結果，現代の四国遍路世界についての理解を矮小化する危険性もあるのではないか。

　これまでみてきたように，日常的実践としての接待は，四国遍路についての民俗知識によって発動する慣習的な儀礼行為である。同時に接待は，その民俗知識の確認作業でもある。したがって，個々の実践が繰り返されるたびに，民俗知識が書き換えられる可能性は常にある。さらには遍路とのコミュニケーションによって参照され，確認されるのは知識だけではない。瀬戸内寂聴のエッセイに細かく記されていたように，遍路とのコミュニケーションにおいては，対象者の多様な要素を認識するたびに，さまざまな感情が読み込まれる。ここにおいて民俗知識は，知識や感覚，心的傾向の総体へと概念的に高められ，拡張されなくてはならない。まさにこれは，ブルデューのいうハビトゥス（habitus）に著しく近いものである。

　すなわち本書の理解においては，日常的実践としての接待とは，遍路に巡られる経験によって構築されたハビトゥスが産出する実践なのである。そして，巡り続けられる限りにおいて，それは常に変化（移調）する可能性をもつ，ダイナミックな構造体である。

　また，本書が事例分析を通して解釈学的に明らかにしたように，その実践は，巡られる人々の集合的記憶に基づく集合的な儀礼的慣習と個々の実践者の内面性を接合するものである。その意味で，本書がめざしたのは，四国遍路という文化的装置を通して意味づけられ，解釈される，人々の＜生＞への接近であった。

あ と が き

　四国遍路は多元的世界である―。このことを衝撃的に私に教えてくれたのが，次のテクストである。修論執筆の最中にあった1999年末のある日，資料の山からこの一文を再発見したとき，本書は胎動を開始したといえよう。

>　十一番の藤井寺は三面山に取囲まれ谷間にへたばりついた形である。寺で休憩してゐたら「接待ぢや」と云つて，老婆が芋のふかしたのを呉れた。又別の婦人は一銭銅貨を掌の上に乗せてくれた。成程これだナ，四國路にはルンペンは居ないといふのは，……[宮尾 1943：15-16]

　乞食遍路と呼ばれる人々の存在は，接待という文化をもつ四国遍路の特徴とされてきた。その極地が，本文でも紹介した「四国が乞食の島であることは誰もが知つて居る」[賀川 1998（1915）：37]という認識である。
　だが，ここであげたテクストは，それを根底から覆す。四国遍路世界には，乞い貰うという行為を別次元から解釈する論理も流れている。そこには「ルンペン」も「乞食」もいない。見えるのは，四国遍路のコンテクストに位置づけられた存在，すなわち「遍路」なのである。
　四国遍路は多様で複雑な世界である。だが，ある側面に光をあてるとき，そこに一瞬の像が結ばれる。それは，当事者たちの―少なくともその時空における―リアルとして，しばしば意味化されるのだ。本書は，このような四国遍路におけるまなざしの力学，あるいは現象学についての研究をまとめたものである。
　研究の遂行にあたっては，平成13,14年度大学院高度化推進研究費助成金，ならびに平成15-17年度科学研究費補助金（特別研究員奨励費，課題番号15・1926）の交付を，本書の刊行に際しては，平成19年度科学研究費補助金（研究成果公開促進費（学術図書），課題番号195090）の交付を受けた。これら諸機関と古今書院編集部の長田信男氏をはじめ，関係の方々に厚く御礼申し上げる。

あとがき

　　　　　　　＊　　　　　　　　＊　　　　　　　　＊

　私がフィールドとしての四国にはじめて立った1997年夏より，本書に至るまでには，ほんとうに多くの方々より，ご指導，ご協力，ご支援を賜わりました。

　修士課程では梅垣理郎先生（慶應義塾大学教授），博士課程では鈴木正崇先生（慶應義塾大学教授），日本学術振興会特別研究員時には星野英紀先生（大正大学教授）に，指導教官としてご指導いただきました。博士論文の執筆に際しては，鈴木先生が主査を，星野先生，宮坂敬造先生（慶應義塾大学教授）が副査を引き受けてくださり，宮家　準先生（慶應義塾大学名誉教授）にもご指導をいただきました。民俗宗教論，儀礼論，巡礼研究など本書に関する領域の第一人者である先生方のもとで学ぶ機会が得られたことは，本当に幸運でした。これまで頂戴しました学恩と温かい励ましのお言葉に，心より感謝申し上げます。

　長田攻一先生（早稲田大学教授），坂田正顕先生（早稲田大学教授）をはじめとする道空間研究所の皆様との共同研究も貴重な経験となりました。梅垣ゼミ，鈴木ゼミを通じての先輩である織田竜也さん（東京大学研究員）は，常によき議論・相談の相手になってくださいました。時差を超え，夜を徹して行われた議論から得た数々の知的刺激や的確なアドヴァイスは，本書の大きな糧となっています。紙幅の都合ですべてのお名前をあげることはできませんが，これまでご指導いただいた先生方，先輩方，学問の垣根を超えて議論を交わした友人たち，そして多くの知的発見と感動を与えて下さったフィールドで出会ったすべての方々に，改めて感謝の意を表します。

　せっかくの重要なコメントや興味深いお話を伺いながらも，本書での議論に生かしきれなかったものもいくつかあります。この場をお借りして陳謝するとともに，今後の課題とさせていただくことでお許しいただければ幸いです。

　博士論文ならびに本書の執筆は，多摩川に近く，秋冬には冷え込む北向きの自室で行われました。体調を崩さないよう細心の注意を払いながら，貴重な時間をつぎ込んで執筆に集中した日々は，苦しくも幸せなひとときでした。

　最後に，研究の道を歩むことに理解を示し，時に巡られた記憶の語り手でもあった両親や家族，そして本研究の着想時から常にともにいて，すべての論考の最初の読み手であり，いくども重要な気づきをもたらしてくれた妻・祐子に感謝します。

2008年1月　　　　　　　　　　　　　　　　　　　　　　　　　　浅　川　泰　宏

参 考 文 献

【学術書・論文等（国内・五十音順）】

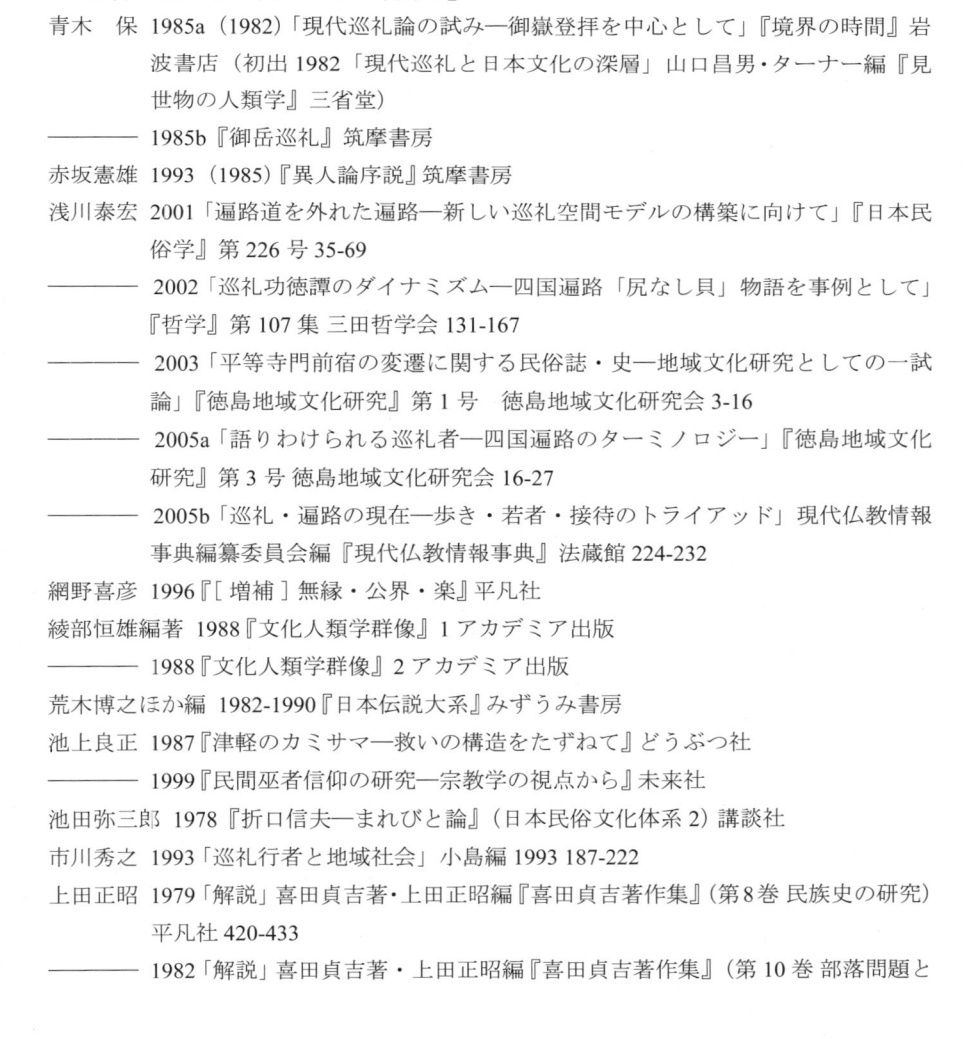

青木　保　1985a（1982）「現代巡礼論の試み―御嶽登拝を中心として」『境界の時間』岩波書店（初出 1982「現代巡礼と日本文化の深層」山口昌男・ターナー編『見世物の人類学』三省堂）
——— 1985b『御岳巡礼』筑摩書房
赤坂憲雄　1993（1985）『異人論序説』筑摩書房
浅川泰宏　2001「遍路道を外れた遍路―新しい巡礼空間モデルの構築に向けて」『日本民俗学』第 226 号 35-69
——— 2002「巡礼功徳譚のダイナミズム―四国遍路「尻なし貝」物語を事例として」『哲学』第 107 集 三田哲学会 131-167
——— 2003「平等寺門前宿の変遷に関する民俗誌・史―地域文化研究としての一試論」『徳島地域文化研究』第 1 号　徳島地域文化研究会 3-16
——— 2005a「語りわけられる巡礼者―四国遍路のターミノロジー」『徳島地域文化研究』第 3 号 徳島地域文化研究会 16-27
——— 2005b「巡礼・遍路の現在―歩き・若者・接待のトライアッド」現代仏教情報事典編纂委員会編『現代仏教情報事典』法蔵館 224-232
網野喜彦　1996『[増補] 無縁・公界・楽』平凡社
綾部恒雄編著　1988『文化人類学群像』1 アカデミア出版
——— 1988『文化人類学群像』2 アカデミア出版
荒木博之ほか編　1982-1990『日本伝説大系』みずうみ書房
池上良正　1987『津軽のカミサマ―救いの構造をたずねて』どうぶつ社
——— 1999『民間巫者信仰の研究―宗教学の視点から』未来社
池田弥三郎　1978『折口信夫―まれびと論』（日本民俗文化体系 2）講談社
市川秀之　1993「巡礼行者と地域社会」小島編 1993 187-222
上田正昭　1979「解説」喜田貞吉著・上田正昭編『喜田貞吉著作集』（第 8 巻 民族史の研究）平凡社 420-433
——— 1982「解説」喜田貞吉著・上田正昭編『喜田貞吉著作集』（第 10 巻 部落問題と

　　　　　　社会史）平凡社 420-457
上野千鶴子　1985『構造主義の冒険』勁草書房
上野千鶴子編　2001『構築主義とは何か』勁草書房
内田九州男編　2005『四国遍路と世界の巡礼―人的移動・交流とその社会史的アプロー
　　　　　　チ―』（平成14年～平成16年度科学研究費補助金（基盤研究（B）(2)）研究成果
　　　　　　報告書）愛媛大学法文学部
愛媛県生涯学習センター編　2001『四国遍路のあゆみ』（平成12年度 遍路文化の学術整
　　　　　　理報告書）愛媛県
―――――　2002『伊予の遍路道』（平成13年度 遍路文化の学術整理報告書）愛媛県
―――――　2003『遍路のこころ』（平成14年度 遍路文化の学術整理報告書）愛媛県
大西一外　1919「「サイコク」といふ賤者に就いて」『民族と歴史』2巻4号 日本学術普
　　　　　　及会 507-508
岡　正雄　1994『異人その他―岡正雄論文集』（大林太良編）岩波書店
小木新造・熊倉功夫・上野千鶴子校注　1990『日本近代思想体系』23（風俗 性）岩波書店
長田攻一　2003「現代「四国遍路」の巡り方」長田攻一・坂田正顕・関三雄編著『現代の
　　　　　　四国遍路―道の社会学の視点から』学文社
長田攻一編　1998『「巡礼の道」の社会学的意味に関する調査報告書―秩父三十四ヵ所札
　　　　　　所巡礼の道を事例として―』早稲田大学第一文学部社会学研究室
―――――　2003『現代秩父三十四所札所霊場の維持・管理』早稲田大学文学部長田攻一研究室
長田攻一・坂田正顕・関　三雄編　2003『現代四国遍路―道の社会学の視点から―』学文社
織田竜也　2001「民俗学的交換論の構築へ向けて―諏訪大社御柱祭における「ふるまい」
　　　　　　を事例として」『日本民俗学』228号 日本民俗学会 67-97
―――――　2004「対抗資本主義が生まれるとき―スペイン・カタルーニャにおける地域
　　　　　　通貨活動」『民族学研究』68-4 日本民族学会 487-508
小田匡保　1989「巡礼類型論の再検討」『京都民俗』7号 京都民俗学談話会 77-87
小野芳朗　1997『＜清潔＞の近代』講談社
折口信夫　1965「国文学の発生」（第3稿）『折口信夫全集1』　中央公論社
賀川豊彦　1998（1915）『貧民心理の研究』本の友社
景浦直孝　1914「四国遍路」『歴史地理』24巻1号 日本歴史地理学会 85-90
―――――　1915「圓明寺と四國邊路」『伊予史談』10号 伊予史談会 1-17
―――――　1972（1923）「四国遍路考・他」『伊予史精義』名著出版社 130-146
川内ツルキ・赤尾泰子・西村敬太郎　1995「四国遍路の精神衛生学的研究（その1）」『四
　　　　　　国大学紀要』(B) 4 四国大学・四国大学短期大学部 25-32

川内ツルキ・斎藤　恵・赤尾泰子・後東美代子・鈴木泰夫・西村敬太郎 2004「四国遍路の精神衛生学的研究（その2）」『いやしの道』創刊号 四国大学・四国大学短期大学部 11-19
川村邦光　1997（1990）『幻視する近代空間―迷信・病気・座敷牢，あるいは歴史の記憶』〔新装版〕青弓社
─── 2000『＜民俗の知＞の系譜―近代日本の民俗文化』昭和堂
菊池勇夫 2003『飢饉から読む近世社会』校倉書房
喜田貞吉 1913「四国へんど」『歴史地理』22巻1号 日本歴史地理学会 85-85
─── 1919a「西国といふ賤民（余白録）」『民族と歴史』2巻1号 日本学術普及会 313-313
─── 1919b（大西1919へのコメント）『民族と歴史』2巻4号 日本学術普及会 313-313
─── 1922「お摂待―四国遍路」『民族と歴史』7巻5号 日本学術普及会 519-520
─── 1982（1933）「六十年の回顧」喜田貞吉著・伊東信雄編 1982『喜田貞吉著作集』（第14巻）平凡社 7-238
喜田貞吉著・伊東信雄編 1982『喜田貞吉著作集』（第14巻・六十年の回顧・日誌）平凡社
喜代吉榮徳 1993『四国辺路研究』第1号 海王舎
─── 1995『四国辺路研究』第6号 海王舎
─── 1998『四国辺路研究』第16号 海王舎
─── 1999『へんろ人列伝』海王舎
─── 2001『四国辺路研究』第17号 海王舎
─── 2002『四国辺路研究』第20号 海王舎
─── 2003『四国辺路研究』第21号 海王舎
─── 2005『四国辺路研究』第23号 海王舎（『白石家文書』収録）
喜代吉榮徳編 1997a「例会座談会―遍路について」『新居浜史談』第258号 新居浜郷土史談会 16-25
─── 1997b「例会座談会　遍路について（続）」『新居浜史談』第259号 新居浜郷土史談会 34-44
黒田悦子 1988『フィエスタ―中米の祭りと芸能』平凡社
小池長之 1950「民間信仰の一形態としての巡礼」『宗教研究』日本宗教学会 83-85
─── 1951「四国遍路をめぐる信仰」『宗教研究』日本宗教学会 29-31
─── 1959「民衆の社寺参詣について」『佛教と民俗』第4号 仏教民俗学会 8-13
小嶋博巳 1987「巡礼・遍路」圭室文雄他編『民間信仰調査ハンドブック』上 雄山閣

158-169
―――― 1989「巡礼―「めぐり」と「もらい」と―」瀬戸内寂聴他監修『仏教行事歳時記：5月峰入り』第一法規 168-179
小島博巳編 1993『西国巡礼三十三度行者の研究』岩田書院
小松和彦 1995（1985）『異人論』筑摩書房
小松和彦編 2001『異人・生贄』（怪異の民俗学7）河出書房新社
小松和彦・関 一敏編 2002『新しい民俗学へ』せりか書房
近藤日出男・高橋達雄ほか 1997「遍路について」『新居浜史談』第258,259号 新居浜郷土史談会
近藤喜博 1971『四国遍路』桜楓社
西園寺源透 1937「四國靈場考」『伊豫史談』92号 伊予史談会 1-29
坂田正顕 2003「道の社会学と遍路道」，長田攻一・坂田正顕・関 三雄編著『現代の四国遍路―道の社会学の視点から』学文社
―――― 2005「比較巡礼研究の分析フレーム―サンチャゴ巡礼と四国遍路の比較分析を通して」『社会学年誌』46号 早稲田社会学会 125-141
坂田正顕編 2000『現代における「坂東観音巡礼と巡礼の道」に関する調査報告書―現代社会における巡礼習俗と巡礼の道に関する社会学的研究』早稲田大学第一文学部社会学研究室
櫻井徳太郎・谷川健一・坪井洋文・宮田 登・波平恵美子 1984『共同討議 ハレ・ケ・ケガレ』青土社
佐藤久光 2004『遍路と巡礼の社会学』人文書院
島薗 進 1996『精神世界のゆくえ―現代世界と新霊性運動』東京堂出版
巡礼研究会編 2003『巡礼論集2 六十六部廻国巡礼の諸相』岩田書院
白井加寿志 1982「四国遍路の実態」石躍胤央・高橋啓編『徳島の研究7・民俗編』清文堂 198-254
新城常三 1964『社寺参詣の社会経済史的研究』塙書房
―――― 1982『新稿 社寺参詣の社会経済史的研究』塙書房
真野俊和 1976「遍路の托鉢」和歌森太郎編『日本宗教史の謎』（下）佼成出版社 221-230
―――― 1979「巡礼研究の現況」『日本宗教史研究年報』1 佼成出版社 23-31
―――― 1980『旅の中の宗教』日本放送出版協会
―――― 1991『日本遊行宗教論』吉川弘文館
真野俊和編 1996『講座日本の巡礼』（全3巻）雄山閣
鈴木正崇 1996『スリランカの宗教と社会―文化人類学的考察』春秋社

―――― 1998a「日本民俗学の現状と課題」福田アジオほか編『民俗学の方法』雄山閣出版
―――― 1998b「特集 日本民俗学の現在 総説」『日本民俗学』第 216 巻
―――― 2005「儀礼と祭―象徴の森の想像力」山下晋司編『文化人類学入門』弘文堂 244-256
鈴木無二 1998「四国遍路における「正統性」の性質」『早稲田大学大学院文学研究科紀要』43 号 1 分冊 早稲田大学大学院文学研究科 113-121
―――― 2003「人はなぜ四国遍路に赴くのか―動機ときっかけからみる現代遍路者の傾向」長田攻一・坂田正顕・関 三雄編著『現代の四国遍路―道の社会学の視点から』学文社
須田圭三 1973『飛驒 O 寺院過去帳の研究』医療法人生仁会須田病院
関 一敏 1993『聖母の出現 近代フォークカトリシズム考』日本エディタースクール出版部
高橋達雄 1997「おへんどはんとへんど」『新居浜史談』第 263 号 新居浜郷土史談会 25-27
高橋 渉 1978「＜札所＞巡詣の宗教的性格」『宮城学院女子大学研究論文集』第 49 号 1-25
―――― 1979「「参詣」の形態と構造」『宗教研究』第 241 号 47-68
竹沢尚一郎 1992『宗教という技法：物語論的アプローチ』勁草書房
武田 明 1969『巡礼の民俗』岩崎美術社
―――― 1980『巡礼と遍路』三省堂
田中智彦 1989「四国遍路絵図と弘法大師図像」葛川絵図研究会編『絵図のコスモロジー』下巻 地人書房 239-256
―――― 2004『聖地を巡る人と道』岩田書院
田辺繁治 2002a「日常的実践のエスノグラフィー―語り・コミュニティ・アイデンティティ」田辺繁治・松田素二編 2002『日常的実践のエスノグラフィー』世界思想社 1-38
―――― 2002b「再帰的人類学における実践の概念―ブルデューのハビトゥスをめぐり，その彼方へ」『国立民族学博物館研究報告』26-4 国立民族学博物館
―――― 2005「日常的実践―ハビトゥスから象徴闘争まで」山下晋司編『文化人類学入門』弘文堂 144-155
田辺繁治編 1989『人類学的認識の冒険』同文館出版
田辺繁治・松田素二編 2002『日常的実践のエスノグラフィー』世界思想社

田村榮太郎　1942a「巡礼（一）」『旅と伝説』15巻1号（169）三元社 68-75
―――― 1942b「巡礼（二）」『旅と伝説』15巻3号（171）三元社 63-75
寺田傳一郎　1976（1934）「弘法さまのお授け」『郷土研究』復刻版第6巻 名著出版 490-492
寺戸淳子　1995「聖地のスペクタクル―ルルドにおける奇蹟・聖体・傷病者」『宗教研究』306 日本宗教学会 73-97
―――― 1997「「患者」からの自由―医師の活動から見たルルド巡礼」『東京大学宗教学年報』14, 東京大学宗教学研究室 13-26
―――― 2000「被る人々―宗教の, 非暴力の, 奇跡のことば」栗原彬他編『越境する知2・語り：つむぎだす』東大出版会 79-104
―――― 2004「開かれゆく参加空間―フランス・ルルド巡礼の世界」森明子編『ヨーロッパ人類学』新曜社 66-85
―――― 2006『ルルド傷病者巡礼の世界』知泉書院
床呂郁哉　2002「語る身体, 分裂する主体―スールーにおけるシャーマニズムの言語行為論」田辺繁治・松田素二編 2002『日常的実践のエスノグラフィー』世界思想社 87-116
長尾　覚　1915「聖啼阪と鉦打」『郷土研究』3-9 26-26
中山和久　2003『巡礼と現代―関東三十六不動霊場を中心として』（平成15年度 博士学位論文：慶應義塾大学）
波平恵美子　1985『ケガレ』東京堂出版
―――― 1994「ハレ・ケ・ケガレ」石川栄吉他編『文化人類学事典』弘文堂 615-616
波平恵美子編 1991『伝説が生まれるとき』福武書店
錦　仁　2001『浮遊する小野小町』笠間書店
橋本和也　1999『観光人類学の戦略：文化の売り方・売られ方』世界思想社
橋本裕之　1993「民俗芸能研究における「地域」」『国立歴史民俗博物館研究報告』第52集 49-78
華園聰麿　1997「「巡礼」研究の多元的視座―「まいり」の宗教学の一構想として―」『東北大学文学部研究年俸』47 99-132
花部英雄　2000「伝説」福田アジオ他編『日本民俗大事典』下 吉川弘文館 167
浜本　満　2001『秩序の方法―ケニア海岸地方の日常生活における儀礼的実践と語り』弘文堂
速水　融　1973『近世農村の歴史人口学的研究―信州諏訪地方の宗門改帳分析』東洋経済新報社
―――― 1988『江戸の農民生活史―宗門改帳にみる濃尾の一農村』日本放送協会

原　秀四郎　1909「八十八ヶ所の研究に就て（弘法大師と幼時）」『有声』32 号 修養団 11-15
平尾道雄　1962『近世社会史考』高知市立図書館
平田欽逸　1963「過去帳から見た昔人の寿命」『民族衛生』29-4
広川勝美　1977『土くれの語り部たち─木地師と遍路』創世記
─────　1978「遍路─同行二人の流民」土橋寛監・広川勝美編『民間伝承集成 2 遍路』創世記 11-33
福井宜夫　1997『四国中千体大師─照蓮をさがせ』（私家版）
福島真人　1993「儀礼とその釈義─形式的行動と解釈の生成」民俗芸能研究の会 / 第一民俗芸能研究会編『課題としての民俗芸能』ひつじ書房
福島真人編　1995『身体の構築学』ひつじ書房
福田アジオほか編　1999-2000『日本民俗大辞典』上・下 吉川弘文館
福田　晃ほか編　2000『日本の民話を学ぶ人のために』世界思想社
福永　敬　1979「四国遍路の構造分析」『伝統と現代』59　伝統と現代社
藤井正雄　1987「聖域とその境界」櫻井徳太郎（編）『仏教民俗学大系 3 聖地と他界観』名著出版 27-36
藤井洋一　1994「四国遍路の話」『四国民俗』第 25 号 四国民俗学会 16-23
藤田貞一郎　1974「天保期和歌山藩下級武士女房の日記（その 1）」同志社大学人文科学研究所『社会科学』16 巻 同志社大学人文科学研究所 196-215
─────　1975「和歌山藩下級武士婦人『小梅日記』考」『歴史手帳』第 3 巻 3 号 名著出版 28-30
藤原久仁子　2004『「聖女」信仰の成立と「語り」に関する人類学的研究』すずさわ書店
藤原武弘　1999「自己過程としての巡礼行動の社会心理学的研究（1）」『関西学院大学社会学部紀要』第 82 号，157-169
─────　2000「自己過程としての巡礼行動の社会心理学的研究（2）─四国遍路体験者のケース・スタディー」『関西学院大学社会学部紀要』第 85 号 109-115
─────　2000「自己過程としての巡礼行動の社会心理学的研究（3）─サンチャゴ・デ・コンポステラ巡礼者の調査的研究」『関西学院大学社会学部紀要』第 88 号 23-31
─────　2001「自己過程としての巡礼行動の社会心理学的研究（4）─四国八十八ヶ所遍路の調査的研究」『関西学院大学社会学部紀要』第 90 号 55-69
─────　2002「自己過程としての巡礼行動の社会心理学的研究（5）─四国八十八ヶ所遍路とサンチャゴ・デ・コンポステラ巡礼の比較」『関西学院大学社会学部紀

要』第 91 号 61-70
────── 2003「自己過程としての巡礼行動の社会心理学的研究（6）─四国遍路手記の内容分析」『関西学院大学社会学部紀要』第 93 号 73-91
藤山正二郎 1991「犠牲の物語の神話作用」波平恵美子編『伝説が生まれるとき』福武書店 161-187
星野英紀 1974「四国遍路における接待の意味─有田接待講の場合」『宗教研究』217 号 75-96
────── 1976「構造と反構造の弁証法─V・ターナーをめぐって」『国際宗教ニューズ─欧米宗教研究の前線』15 巻 3-4 号 65-77
────── 1977a「比較巡礼論の試み」仏教民俗学会編『仏教と儀礼』（加藤章一先生古稀記念論文集）国書刊行会 239-256
────── 1977b「遠隔参詣の類型的研究序説」『密教学研究』第 8 巻 大正大学真言学研究室内日本密教学会事務局 89-104
────── 1981『巡礼─聖と俗との現象学』講談社
────── 2001『四国遍路の宗教学的研究』法蔵館
────── 2002「現代四国遍路と接待─遍路道沿道住民のアンケート調査から」三派合同記念論集編集委員会編『新義真言教学の研究』（頼瑜僧正七百年御遠忌記念論集）大蔵出版 1097-1110
────── 2003「近現代四国遍路と変化─遍路装束の変遷を通して」佐藤良純教授古稀記念論文集刊行会編『インド文化と仏教思想の基調と展開』（佐藤良純教授古稀記念論文集）山喜房佛書林 401-414
────── 2004a「聖空間における絆の生成」池上良正他編『岩波講座 宗教』6 巻 岩波書店 53-76
────── 2004b「活性化する伝統巡礼─四国遍路とサンチャゴ・デ・コンポステラ巡礼」頼富本宏編『聖なるものの形と場』法蔵館 490-508
────── 2004c「現代歩き遍路の特徴とその受容」宮林昭彦教授古稀記念論文集刊行会編『仏教思想の受容と展開』（宮林昭彦教授古稀記念論文集）山喜房佛書林 21-37
────── 2004d「歩き巡礼と車巡礼─本物はどちら？」大正大学真言学豊山研究室小野塚幾澄博士古稀記念論文集刊行会編『空海の思想と文化』（小野塚幾澄博士古稀記念論文集）ノンブル 135-150
前田 卓 1971『巡礼の社会学』ミネルヴァ書房
────── 1993「西国巡礼と四国遍路の今昔」懐徳堂友の会編『道と巡礼─心を旅する

ひとびと』和泉書院 191-235
松井圭介 2003『日本の宗教空間』古今書院
宮崎忍勝 1974『遍路―その心と歴史』小学館
宮武省三 1922「乞食と遍路」『民族と歴史』8巻4号 日本学術普及会 47-54
宮本常一 1984（1960）『忘れられた日本人』岩波書店
宮田　登 1975『ミロク信仰の研究』（新訂版）未来社
宮家　準 1989『宗教民俗学』東京大学出版会
三好昭一郎 1980「四国遍路研究序説―遍路の民衆化と諸藩の遍路政策―」『史窓』10 徳島地方史研究会
─── 1982「四国遍路の近代的展開」石躍胤央・高橋啓編『徳島の研究 第4巻近世編II』清文堂出版
─── 1995「徳島藩駅路寺の展開―領主による寺院利用の一事例―」『地方史研究』253 1-19
三好昭一郎編 1970『阿波の百姓一揆』出版
三好昭一郎・高橋　啓（編）1994『図説　徳島県の歴史』河出書房新社
水野一典 1994「なま大根遍路に食わせ―村と遍路の諸相―」『四国民俗』第25号 43-47 四国民俗学会
本居内遠 1927（1902）「賤民考」『本居内遠全集』（増訂再版）本居豊穎校訂 吉川弘文館
森　正人 2005『四国遍路の近現代―「モダン遍路」から「癒しの旅」まで』創元社
茂呂雄二編著 2001『実践のエスノグラフィー』金子書房
柳田國男 1998（1929）「大師講の由来」『柳田國男全集』第4巻 筑摩書房 348-364
山折哲雄ほか 1991『巡礼の構図―動く人びとのネットワーク』NTT出版
山岸　健編著 1993『日常的世界と人間―社会学の視点とアプローチ』小林出版
山口昌男 2000（1975）『文化と両義性』岩波書店
山下晋司ほか編 1996『移動の民族誌』（岩波講座文化人類学第7巻）岩波書店
大和武生 2005「功徳から癒しへ―遍路目的の変遷について」『四国いやしの道』第2号 四国大学
山本　大編 1989『高知の研究』第8巻（研究文献目録・年表・索引編）清文堂出版
山本和加子 1995『四国遍路の民衆史』新人物往来社
早稲田大学道空間研究会編 1994『現代社会と四国遍路道』早稲田大学文学部道空間研究会
─── 1997『四国遍路と遍路道に関する意識調査』早稲田大学文学部道空間研究会
─── 2000『現代社会における四国遍路道を巡る体験と社会・文化的装置の関係に関する研究』平成10年度文部省科学研究費基盤研究（C）（研究代表者 長田

　　　　　　攻一 10610196) 早稲田大学道空間研究会
―――― 2003『現代四国遍路の宿泊施設』(2000 年・2001 年早稲田大学特定課題共同研究 2000 B― 005 研究成果報告書) 早稲田大学道空間研究会
(無記名)
1909「時事漫語」『有声』33 号 修養団 38-40

【学術書・論文等（海外・アルファベット順）】

アルヴァックス ,M. 1989（1950）『集合的記憶』小関藤一郎訳 行路社
バーナード , A. 2005（2000）『人類学の歴史と理論』鈴木清史訳 明石書店
バーガー ,P. 1979（1967）『聖なる天蓋』薗田稔訳 新曜社
バーガー ,P. & ルックマン ,T. 1977（1967）『日常世界の構成』山口節郎訳 新曜社
ブルデュー ,P. 1988（1980）『実践感覚』1 今村仁司・港道隆訳 みすず書房
―――― 1990（1980）『実践感覚』2 今村仁司・港道隆他訳 みすず書房
―――― 1991（1970）『再生産』宮島喬訳 藤原書店
―――― 1990（1979）『ディスタンクシォンⅠ・Ⅱ：社会的判断力批判』石井洋二郎訳 藤原書店
―――― 1991（1987）『構造と実践』石崎晴巳訳 藤原書店
Bowman, G. 1988 'Pilgrimage conference Report', *Anthropology Today* 4 (6) 20-23
クリフォード , J. & マーカス , G, E.（編著）1996（1986）『文化を書く』紀伊国屋書店
ダグラス , M. 1995（1969）『汚穢と禁忌』塚本利明訳 思潮社
デュルケム , E. 1975（1912）『宗教生活の原初形態』[改訳版]（上）（下）古野清人訳 岩波書店
Eade, J. and Sallow, M.（ed）1991 *Contesting the Sacred: The Anthropology of Christian Pilgrimage* Routledge
フーコー , M. 1971（1963）『臨床医学の誕生―医学的まなざしの考古学』神谷美恵子訳 みすず書房
―――― 1977（1975）『監獄の誕生―監視と処罰』田村俶訳 新潮社
Frey, N. 1998 *Pilgrim Stories: On and Off the Road to Santiago* University of California Press
ギアツ , C. 1987（1973）『文化の解釈学』吉田禎吾他訳Ⅰ・Ⅱ 岩波書店
―――― 1999（1991）『ローカル・ノレッジ』梶原景昭他訳 岩波書店
ファン＝ヘネップ , A. 1995（1909）『通過儀礼』綾部恒雄・綾部裕子訳 弘文堂
Jha, M.（ed）1985 *Dimensions of Pilgrimage* Inter-India Publications
―――― 1991 *Social Anthropology of Pilgrimage* Inter-India Publications

キツセ, J. & スペクター, M. 1990（1977）『社会問題の構築―ラベリング理論をこえて』村上直之他訳 マルジュ社

Kouamé, N. 1997 'Shikoku's Local Authorities and Henro During the Golden Age of the Pilgrimage' *Japanese Journal of Religious Studies* Vol.24-No.3-4 413-425

─── 1998 'Le Pèlerinage de Shikoku pendent L'époque d' Edo: Mythes et Réalités de la Pratique du Settai' *Japon pluriel* 2 221-228

─── 2001 *Pèlerinage et Société dans le Japon des Tokugawa: Le Pèlerinage de Shikoku entre 1598 et 1868* École français d'Extrê me-Orient

クワメ, N.・内田九州男 1997「江戸時代の 1,308 枚の史料について―伊予国阿方村越智家の遍路札―」『愛媛大学法文学部論集』人文科学編 2 47-69

クーパー, A. 2000（1996）『人類学の歴史』鈴木清史訳 明石書店

ルックマン, T. 1976（1967）『見えない宗教』赤池憲昭・ヤン＝スィングドー訳 ヨルダン社

レイヴ, J. 1995（1988）『日常生活の認知行動』無藤隆他訳 新曜社

レイヴ, J. & ウェンガー, E. 1993（1991）『状況に埋め込まれた学習』佐伯胖訳 産業図書

リーチ, E. 1981（1976）『文化とコミュニケーション』青木保・宮坂敬造訳 紀伊國屋書店

─── 1990（1961）『人類学再考』青木保・井上兼行訳 思索社

ルジャンドル, P. 2003（1999）『ドグマ人類学総説―西洋のドグマ的諸問題』西谷修監訳 平凡社

モース, M. 1973, 1976『社会学と人類学』I・II 有地亨・伊藤昌司・山口俊夫訳 弘文堂

Mead, M. 1973 *Blackberry winter, my earlier years* Angus & Robertson, London, Sydney（ミード .M. 1975『女として文化人類学者として マーガレット・ミード自伝』和智綏子訳 平凡社）

Morinis, A.（ed）1992 *Sacred Journeys: the Anthropology of Pilgrimage*, Greenwood

オットー, R. 1968（1917）『聖なるもの』山谷省吾訳 岩波書店

エヴァンズ＝プリチャード, E, E. 1985（1951）『ヌアー族の親族と婚姻』長島信弘・向井元子訳 岩波書店

Reader, I. 2005a *Making pilgrimages: meaning and practice in Shikoku* University of Hawai'i Press, Honolulu

リーダー, I. 2005b「現代世界における巡礼の興隆―その意味するもの」『現代宗教』2005 国際宗教研究所 279-305

Reader, I. & Walter, T.（ed）1993 *Pilgrimage in Popular Culture* The Macmillan Press

Reader, I. & Swanson, P. 1997 'Editor's Introduction: Pilgrimage in the Japanese Religious

Tradition' *Japanese Journal of Religious Studies* Vol.24-No.3-4 225-227
Reader, I. & Tanabe, G.（ed）1998 *Practically Religious: Worldly Benefits and the Common Religion of Japan* University of Hawai'i Press
Sahlins, M. 1972 *Stone age economics* Aldine-Atherton （サーリンズ,M 1984『石器時代の経済学』山内昶訳 法政大学出版局）
サーリンズ, M. 1993（1985）『歴史の島々』山本真鳥訳 法政大学出版局
サイード, E, W. 1993（1978）『オリエンタリズム』（上）（下）今沢紀子訳 平凡社
シュッツ, A. 1980（1970）『現象学的社会学』森川眞規・浜日出夫訳 紀伊國屋書店
レヴィ＝ストロース, C. 1972（1958）『構造人類学』荒川幾男他共訳 みすず書房
――― 1976（1962）『野生の思考』大橋保夫訳 みすず書房
ターナー, V, W. 1996（1969）『儀礼の過程』（新装版）冨倉光雄訳 新思索社
Turner, V, W. 1975（1974）*Dramas, Fields, and Metaphors: Symbolic Action in Human Society* Cornell University（Cornell Paperbacks）, New York（ターナー,V 1981『象徴と社会』梶原景昭訳 紀伊國屋書店）
Turner, V, W. & Turner, E. 1995（1978）*Image and Pilgrimage in Christian Culture* Columbia University Press, New York

【資史料等（五十音順）】

浅川泰宏 2001b「阿州小野・まぼろしの尻なし貝を追え！」『四国へんろ』2001年4月〜12月号 ふぃっつ
安達忠一 1934『同行二人四國遍路たより』欽英堂書店
阿南市史編纂委員会編 1995『阿南市史』（第2巻 近世編）阿南市
――― 2001『阿南市史』（第3巻 近代編）阿南市
荒井とみ三 1942『遍路図会』新正堂
荒木戒空 1961『巡拝案内「遍路の杖」』明王寺（私家版）
荒木 繁・山本吉左右編注 1973『説教節』平凡社（東洋文庫 243）
『阿波の交通』編纂委員会編 1991『阿波の交通』（下）徳島市立図書館
石綿美代子 1998『法を越えてゆく』日本図書刊行会
井伏鱒二 1997（1940）「へんろう宿」『井伏鱒二全集』第9巻 筑摩書房
今井金吾（監）1999『方言修行 金草鞋』第4巻 大空社
今井美沙子 1981『親子遍路旅日記』東方出版
伊予史談会編 1997『四国遍路記集』（増訂3版）愛媛県教科図書（『空性法親王四国礼場御巡行記』（1638?）,『四国遍路日記』（1653）,『四国辺路道指南』（1687）,『四

国徧礼霊場記』(1689),『四国徧礼功徳記』(1690),『四国徧礼名所図会』(1800?)収録)

岩波写真文庫 1956『四国遍路』岩波書店
岩村武勇編 1973『四国遍路の古地図』KK出版
宇佐美龍夫 1987『日本被害地震総覧』(新編)東京大学出版会
NHK「四国八十八か所」プロジェクト編 1988『四国八十八か所 こころの旅』第1巻 NHK出版
愛媛県警察史編纂委員会編 1973『愛媛県警察史』愛媛県警察本部
愛媛県史編纂委員会編 1984『愛媛県史』(民俗下)愛媛県
――― 1985『愛媛県史』(学問・宗教)愛媛県
――― 1987『愛媛県史』(近世下)愛媛県
沖野舜二 1960『新野町民史』新野町史編集委員会
加賀山耕一 2000『さあ,巡礼だ―転機としての四国八十八カ所』三五館
香川県 1987『香川県史』(第5巻通史編 近代Ⅰ)香川県
鍵田忠三郎 1962『遍路日記:乞食行脚三百里』協同出版
川合小梅 1980（1937）『小梅日記』和歌山県史編さん委員会編『和歌山県史』近世資料2 和歌山県 813-912
喜久本朝正 1994『四国歩き遍路の記』新風書房
北 勲 2000『空海の風にのって』求龍堂
北原白秋 1974『日本伝承童謡集成』(改訂新版)第1巻子守唄編 三省堂 初版1947年
喜多村信節 1980（不明）「筠庭雑録」岩本活東子編『続燕石十種』第2巻 中央公論社
喜田川守貞（著）宇佐美英機（校訂）1996（1837以降）『近世風俗志―守貞謾稿』(一)岩波書店
吉良哲明 1959『原色日本貝類事典』(改訂版)保育社
久保武雄複製・発行 1973（1800?）『四国遍礼名所図会』(私家版)
高知県警察史編纂委員会編 1975『高知県警察史』(第1巻明治・大正編)高知県警察本部
高知県編 1968『高知県史』(近世)高知県文教協会
――― 1970『高知県史』(近代編)高知県文教協会
――― 1975『高知県史』(近世資料編)高知県文教協会
――― 1977『高知県史』(民俗資料編)高知県文教協会
――― 1978『高知県史』(民俗編)高知県文教協会
高知県人名辞典刊行委員会編 1999『高知県人名辞典』(新版)高知新聞社
高知県立図書館編 1983『憲章簿』第1巻 高知県立図書館

―――― 1984『憲章簿』第 2 巻 高知県立図書館
―――― 1985『憲章簿』第 5 巻 高知県立図書館
小林淳宏 1990『定年からは同行二人』PHP 出版
小林キユウ 2003『Route 88』河出書房新社
近藤喜博編 1973『四国霊場記集』勉誠社(『四国徧礼霊場記』(1689),『四国徧礼功徳記』(1690) 収録)
―――― 1974『四国霊場記集別冊』勉誠社(『四国辺路道指南』(1687),『四国辺路道指南増補大成』(1767) 収録)
財津定行 2000『お遍路は大師さまと三人旅』リヨン社
佐々木馬吉 1980『窪川のみほとけ』土佐光原社
佐佐木信綱校訂 1941 (1933)『梁塵秘抄』(新訂版) 岩波書店
佐藤孝子 1996『情け嬉しやお遍路ワールド』近代文芸社
潮見英幸 1999『サンダル遍路旅日記』文芸社
志賀裕春・村田静子校訂 1974『小梅日記』1 平凡社
――――校訂 1976『小梅日記』3 平凡社
四国八十八ヵ所霊場会(監) 1987『遍路』講談社
十返舎一九(著)・喜多川月麿(画) 1821 (1979)「方言修行 金草鞋 第 14 編四国遍路」高野義夫(編)『十返舎一九全集 3』図書刊行センター
白神忠志 1997『お遍路』洋々社
瀬戸内寂聴 1980「はるかなり巡礼の道」『太陽』No,214 (1981 年 1 月号 (1980/12 発行))平凡社
―――― 2001「時代の風」『Mainichi INTERNET』(毎日新聞 Web サイト) (http://www.mainichi.co.jp/eye/ kaze/200105/27-1.html: 2002 年 9 月 9 日閲覧・現在はリンク切れ)
高田京子 2000『ある日突然,お遍路さん』JTB
高田伸夫 1999『還暦のにわかおへんろ』新風書房
高野義夫編 1979『十返舎一九全集 3』図書刊行センター
高浜虚子 1996『虚子五句集』上 岩波書店
高群逸枝 1938『お遍路』厚生閣
―――― 1979『娘巡礼記』朝日新聞社
滝 よし子 2002『大坂口御番所 村瀬家文書』(私家版)
「太政官日誌」橋本博編『維新日誌』(第 3 〜 5 巻) (名著刊行会,1966) に収録)
辰濃和男 2001『四国遍路』岩波書店

田宮虎彦　1999（1949）『足摺岬―田宮虎彦作品集』講談社文芸文庫
探古堂墨海　1979（1811）『阿波名所図会』歴史図書社
近松全集刊行会編　1988『近松全集』第9巻　岩波書店
月岡祐紀子　2002『平成娘巡礼記』文藝春秋
津村庵淙　1969（1795）「譚海」原田伴彦他編『日本庶民生活資料集成』8　三一書房
鶴村松一編　1979『四国霊場略縁起道中記大成』松山郷土史文学研究会
徳島県　1968a（1916）『阿波藩民政資料　御大典記念』（上）徳島県史料刊行会
─────　1968b（1916）『阿波藩民政資料　御大典記念』（下）徳島県史料刊行会
徳島県観光振興課　1993『徳島県観光調査報告書』（平成五年版）
徳島経済同友会ほか　2000『四国の『遍路文化』を世界の人々に―「四国遍路文化」情報発信の提言―』四国遍路文化調査委員会
徳島県教育委員会　2001『徳島県歴史の道調査報告書』第5集遍路道　徳島県教育委員会
徳島県警察史編纂委員会編　1965『徳島県警察史』徳島県警察本部
徳島県史編纂委員会編　1964a『徳島県史』（4 近世上）徳島県
─────　1964b『徳島県史』（5 近世下）徳島県
─────　1964c『徳島県史』（6 近代）徳島県
─────　1967『徳島県史料』第2巻　徳島県（『阿淡御条目』収録）
徳島県物産陳列場　1981（1914）『阿波藩民政資料』徳島県史料刊行会
「徳島県令布達」（徳島県立図書館所蔵のコピーを参照。明治5〜22年分）
土佐文雄　1972『同行二人：四国霊場へんろ記』高知新聞社
─────　1978「四国遍路考」広川勝美『遍路　彼岸に捨てられるもの』創世記 251-260
中務茂兵衞　1979（1883）『四国霊場略縁起道中記大成』（鶴村松一編）松山郷土史文学研究会
波部忠重・小菅貞男　1967『標準原色図鑑全集3 貝』保育社
西端さかえ　1964『四国八十八札所遍路記』大法輪閣
日本古典文学大辞典編集委員会編　1983-1985『日本古典文学大辞典』岩波書店
野間光辰監　1973『翻刻絵入狂言本集 上』般庵野間光辰先生華甲記念会
橋本徹馬　1950『四國遍路記』紫雲荘出版部
橋本　博　1966a「太政官日誌」明治4年第42-116号『改訂維新日誌』3巻 名著刊行会
─────　1966b「太政官日誌」明治6年第1-166号『改訂維新日誌』4巻 名著刊行会
平端良雄　1969『四国八十八ヵ所』（第2版）札所研究会
広江　清編　1966『近世土佐遍路資料』土佐民俗学会
堀之内芳郎　2002『喜寿の遍路日記』朱鳥社
マクラクラン, G.　2000『ガイジン夏遍路』小学館

松浦武四郎 1975（1844）「四国遍路道中雑誌」吉田武三編『松浦武四郎紀行集（中）』冨山房 149-338
松坂義晃 1997『空海の残した道』新風舎
松山市教育委員会編 1981『おへんろさん―松山と遍路の民俗』松山市教育委員会
松山市史編集委員会編 1993『松山市史』(2 近世) 松山市
宮尾しげを 1943『画と文 四国遍路』鶴書房
宮崎建樹（へんろみち保存協力会）1997『四国遍路ひとり歩き同行二人』（改訂 5 版）へんろみち保存協力会
宮崎忍勝校注 1977（澄禅著）『四国遍路日記』大東出版社
三好広太 1911『四国霊場案内記』版元不明
武藤暢夫 1996『四国歩き遍路の旅』MBC21
村上 護 1984『遍路まんだら』佼成出版
森 實臣 1993『ふるさと福井の昔話』福井公民館
森本哲郎・廣末 保 1976「対談：ぼくらはなぜ旅に出るのか」『理想』1976 年 11 月号（No.522）理想社 29-52
安田寛明 1931『四国遍路のすゝめ』中野大師堂
横川徳郎 1915『四国霊場奉納経』私家版
頼富本宏・早坂 暁監 2004『四国八十八か所へんろ文化と美術展』日本経済新聞社
和歌山県史編さん委員会編 1980『和歌山県史』近世資料 2 和歌山県
和田性海 1951『聖蹟を慕ふて』高野山出版部
渡辺安広 1999『四国八十八ヶ所霊場巡り』文芸社

（無記名）
1956『徳島県那賀郡福井村誌』（阿南市立図書館所蔵）
1974『阿南地域商業近代化地域計画報告書』阿南商業近代化地域計画策定委員会
1977『橘町商店街診断報告書』徳島県中小企業総合指導所
1979『桑野町商店街診断報告書』徳島県中小企業総合指導所
1998『道路交通センサス一般交通量調査箇所別基本表』（交通量調査及び道路状況調査編）徳島県
1807『四国徧礼絵図』（復刻古地図 9-25）人文社

人名索引

〔ア 行〕

青木　保　37
赤坂憲雄　334
池上良正　421
折口信夫　335

〔カ 行〕

景浦直孝　45
川村邦光　40,415
喜田貞吉　43,47
黒田悦子　38
クワメ，N.　53,232,326
小池長之　30,41,52
小松和彦　335

〔サ 行〕

サーリンズ，M.　211
西園寺源透　45
島薗　進　408
新城常三　53,56,58
真念　75
真野俊和　52,231

〔タ 行〕

ターナー，V.　7,33,34,35

高橋　渉　30
高群逸枝　39,199,307,330
ダグラス，M.　336
田中智彦　57,154
田辺繁治　1,40
寺戸淳子　31

〔ハ 行〕

原　秀四郎　42
ファン＝ヘネップ，A.　9,33,35
福島真人　38
藤原久仁子　32
ブルデュー，P.　40,370,428
星野英紀　9,31,36,52,56,408

〔マ 行〕

前田　卓　52,56,161

〔ラ 行〕

リーダー，I.　13,53,57
リーチ，E.　7

〔ワ 行〕

早稲田大学道空間研究所（会）　53,56

事項索引

〔ア 行〕

歩き遍路の復活　134
違式詿違　287,295,297,319
異人論　334,336
応乞食的接待　213
＜オヘンロサン＞　362,363,369,434

〔カ 行〕

過去帳　160,161,165,170
語り分け（の民俗）　352,362,363,370,434
＜危機の民俗＞　415
共苦共感　421
響震する苦しみ　422,423,424
儀礼　6,33,412
近代的乞食観　231,276,320,331
近代的排除システム　307,310,318,321,331
空海　17
苦しみの共同体　423
苦しみの巡礼　412
構築主義　2,6
弘法大師　17,89,434
弘法大師遍路信仰　90,101,435
乞食　273,280
乞食遍路　213,280,310,319,320
乞食遍路取扱心得　297,299,319
互酬性　211
乞食（托鉢）　186,188,190,199,206,207,213,214,273,274
乞食圏　208,215,338,434
コミュニタス　7,34,36
コレラ　301,304,305

〔サ 行〕

『四国八十八ヶ所』（テレビ番組）　19
四国辺地　18,74
四国遍路　2,13,17,18,148,157,207,223,333,433
四国徧礼絵図　79
四国徧礼功徳記　74,75,82
四国遍路道指南（道指南）　76,77,79,150
巡礼　5,8,9,10,12,14,15,28,30,31,72
巡礼空間　11,12,151,159,176,215,225
巡礼空間モデル　214,216
巡礼功徳譚　73,74,90,100,101
順拝バス　132
尻なし貝　84,86,87,88,100
信仰　32
新霊性運動　57,408
聖地　11,32
聖地＝巡礼路モデル　147,151
接　待　57,61,103,157,188,190,199,206,208,209,210,213,214,335,337,419,433
接待禁止令　247,249,252,274,280,283,286,319

〔タ　行〕

第3世代型巡礼空間モデル　216
大師信仰　62
沈黙の共苦共感　421
通過儀礼　35
同行二人　18,24
『土陽新聞』（社説）　300,305,320,322

〔ナ　行〕

日常的実践　1,4,334
日常的実践としての接待　3,40,316,334,433,435,436
認識の分割／統合作用　394,434

〔ハ　行〕

八十八ヵ所　147,148,149,150,151,224
ハビトゥス　370,404,428,429,436
ハレ・ケ・ケガレ　7
日継改　272
風俗改良運動　287,319
『普通新聞』（社説）　287
文化的プレゼンス　158,226,333

＜分類のまなざし＞　232,299,310,316,318,320,321,333
＜ヘンド＞　362,363,364,369,372,378,434
ヘンド　43
遍路　14,168,207
遍路街道　235,238,239,257
遍路狩り　306,307,310,321
遍路体の者（辺路体の者）　262,263,265,267,273,275,280,319,320
遍路取締令　276,279
遍路道　151,224
遍路道をはずれた遍路　153,176,207
遍路宿　104,106,137,142,315

〔マ　行〕

マレビト　335
道の覇権　126
見舞いとしての接待　420,428
巡られる（人々，社会）　5,12,13,103,157,333,334

〔ワ　行〕

脇道禁止　154,239,272

著者略歴

浅川泰宏（あさかわやすひろ）

1973年生まれ．博士（社会学，慶應義塾大学）．専攻は文化人類学，民俗学，宗教学．2000年，慶應義塾大学大学院政策・メディア研究科修士課程修了．2003年，慶應義塾大学大学院社会学研究科後期博士課程単位取得退学．日本学術振興会特別研究員を経て，現在，明治大学兼任講師．

　おもな論文に，「響振する苦しみ－ある女性遍路にみる＜救い＞の構築プロセス」（長田攻一・坂田正顕・千葉文夫編『道空間のポリフォニー』音羽書房鶴見書店，2007年），「語り分けられる巡礼者－四国遍路のターミノロジー」（『徳島地域文化研究』第3号，2005年），「遍路道を外れた遍路－新しい巡礼空間モデルの構築に向けて」（『日本民俗学』第226号，2001年）．共著書に，櫻井義秀・三木 英編『よくわかる宗教社会学』（ミネルヴァ書房，2007年）などがある．

書　名	巡礼の文化人類学的研究－四国遍路の接待文化－
コード	ISBN978-4-7722-4118-2 C3014
発行日	2008（平成20）年2月28日　初版第1刷発行
著　者	浅 川 泰 宏
	Copyright　©2008 ASAKAWA, Yasuhiro
発行者	株式会社古今書院　橋本寿資
印刷所	株式会社太平印刷社
製本所	高地製本所
発行所	古今書院
	〒101-0062　東京都千代田区神田駿河台2-10
電　話	03-3291-2757
FAX	03-3233-0303
振　替	00100-8-35340
ホームページ	http://www.kokon.co.jp/
	検印省略・Printed in Japan